Guia de Procedimentos do Processo de Promoção e Protecção

Guia de Procedimentos do Processo de Promoção e Protecção

António Manuel R. Clemente J. Pinto
Magistrado do Ministério Público

3.ª Edição

2011

GUIA DE PROCEDIMENTOS DO PROCESSO DE PROMOÇÃO E PROTECÇÃO

EDITOR
EDIÇÕES ALMEDINA, S.A.
Rua Fernandes Tomás, n.ᵒˢ 76, 78 e 80
3000-167 Coimbra
Tel.: 239 851 904 · Fax: 239 851 901
www.almedina.net · editora@almedina.net

DESIGN DE CAPA
FBA.

PRÉ-IMPRESSÃO
Jorge Sêco

IMPRESSÃO E ACABAMENTO
PAPELMUNDE, SMG, LDA.

Maio, 2011
DEPÓSITO LEGAL
328129/11

Apesar do cuidado e rigor colocados na elaboração da presente obra, devem os diplomas legais dela constantes ser sempre objecto de confirmação com as publicações oficiais.

Toda a legislação contida na presente obra encontra-se actualizada de acordo com os diplomas publicados em Diário da República, independentemente de terem já iniciado a sua vigência ou não.

Toda a reprodução desta obra, por fotocópia ou outro qualquer processo, sem prévia autorização escrita do Editor, é ilícita e passível de procedimento judicial contra o infractor.

 GRUPOALMEDINA

BIBLIOTECA NACIONAL DE PORTUGAL – CATALOGAÇÃO NA PUBLICAÇÃO

PORTUGAL. Leis, decretos, etc.

Guia de procedimentos e do processo de promoção e protecção / [org.] António Manuel R. Clemente J. Pinto. 3ª ed. (Guias práticos)
ISBN 978-972-40-4535-1

I – PINTO, António Manuel R. Clemente J.

CDU 347
     364-7
     316

A intervenção do Estado justifica-se e exige-se quando o exercício e desenvolvimento do poder de autodeterminação do menor são ameaçados por factores que lhe são exteriores (de protecção, abandono, maus tratos, etc.).

Por isso, a particular fragilidade dos menores em face das adversidades do mundo externo levou a CRP – seguindo de perto a Convenção sobre os Direitos da Criança, art.º 8.º e 19.º – a atribuir à sociedade e ao Estado um dever de protecção das crianças, com vista ao seu desenvolvimento integral (art.º 69.º da CRP).

NOTA – Todas as referências relativas a artigos sem indicação imediata do diploma devem ser entendidas como referindo-se a artigos da Lei 147/99, de 01/09.

PREFÁCIO DA 1.ª EDIÇÃO

Foi com muita honra e prazer que aceitei o convite para escrever este prefácio ao livro organizado pelo Dr. António Pinto, Procurado-Adjunto e um dos responsáveis da Comissão de Protecção de Crianças e Jovens (CPCJ) da Trofa. E isto, porque esta obra é um documento fundamental para o bom funcionamento futuro das Comissões de Protecção de Crianças e Jovens de cada um dos nossos municípios. Trata-se de um "Manual de Procedimentos", que visa dar conselhos, sugestões, apresentar propostas e esclarecer toda a "teia" jurídica que envolve a actividade das CPCJ's no nosso País.

Esta obra é também uma ajuda decisiva para a Comissão Nacional de Protecção de Menores e Jovens, não só porque se propõe harmonizar procedimentos e métodos de trabalho e actuação, como se assume também como um manual prático que pretende agilizar e garantir um rigoroso e transparente funcionamento das CPCJ's.

Como é sabido, estas instituições, fundamentais para o desenvolvimento da acção social no nosso Estado de Direito Democrático actuam na vanguarda da protecção e promoção dos direitos da criança e do jovem, prevenindo ou pondo termo a situações susceptíveis de afectar a sua segurança, saúde, formação, educação ou desenvolvimento integral e, ainda na retaguarda face à tragédia social das famílias que necessitam de apoio, olhando sempre, não o lado mais fácil da vida, mas o lado mais difícil como são as vidas marcadas pelo sofrimento.

São incontáveis as crianças, jovens, mulheres e homens que as CPCJ's de todo o país já ajudaram. Demonstram todos os dias uma sensibilidade própria que tem os seus alicerces na opção preferencial pelos mais desfavorecidos, na insatisfação com as injustiças e na recusa da cómoda neutralidade face ao que o nosso tempo ainda tem, e tem muito, de negação dos direitos da pessoa e de degradação da condição humana. Todos nós esperamos que também este livro contribua para não menos do que essa inquietação. Precisamente, esse ter de fazer algo mais por quem tem menos. Está, por isso, de parabéns o autor deste manual. Um esforço e um contributo que acredito representar uma mais valia crucial para o estabelecimento de uma nova ordem nestas instituições.

Uma palavra de reconhecimento também para a CPCJ da Trofa. Esta instituição, criada em 2003, com o apoio da Câmara Municipal da Trofa, está a desenvolver um trabalho de grande mérito e competência, no sentido de solucionar alguns casos mais problemáticos ao nível social com que nos debatemos no Concelho.

A terminar desejo o maior sucesso para este importante manual. Será um sucesso de todos nós e também um sinal do importante trabalho que estamos a desenvolver para dar resposta aos dramas sociais dos nossos dias. A transformação de Portugal num país competitivo, a modernização das nossas empresas para gerar riqueza e trabalho, a reforma do Estado, tudo isso é preciso e não se faz sem uma transição que não é isenta de dificuldades. Ora, quanto mais a economia é exigente mais o social é urgente. Por isso, acredito na capacidade da sociedade e das instituições para chegar onde o Estado não chega, e fazer, na sociedade e com a sociedade, tarefas que o Estado por si só não faria melhor.

Ex-Presidente da Câmara Municipal da Trofa
BERNARDINO VASCONCELOS, DR.

LEI DE PROMOÇÃO E PROTECÇÃO DE CRIANÇAS E JOVENS EM RISCO

1. NOÇÕES GERAIS

1.1. Aplicação da lei – Requisitos cumulativos

Art.º 2.º
O presente diploma aplica-se às crianças e jovens em perigo que residam ou se encontrem em território nacional.

1.1.1. Crianças e Jovens, dos 0 aos 18 anos (ou até aos 21)

Aplica-se a todas as crianças após o momento do seu nascimento e até completarem 18 anos.

EXCEPÇÃO: A LPCJP tem aplicação aos jovens até aos 21 anos, desde que este requeira – até perfazer os 18 anos – a continuação da aplicação da medida.

Noção de crianças e jovens.

Art.º 5.º, al. a)
Criança ou jovem – a pessoa com menos de 18 anos ou a pessoa com menos de 21 anos que solicite a continuação da intervenção iniciada antes de atingir os 18 anos.

1.1.2. Que se encontrem numa situação de perigo

Para além de outras, a lei apresenta uma enumeração, exemplificativa, de situações enquadráveis como constituindo situações de perigo.

Art.º 3.º, n.º 2
Alínea a) Está abandonada ou vive entregue a si própria;
Alínea b) Sofre maus tratos físicos ou psíquicos ou é vítima de abusos sexuais;

Alínea c) Não recebe os cuidados ou a afeição adequados à sua idade e situação pessoal;

Alínea d) É obrigada a actividades ou trabalhos excessivos ou inadequados à sua idade, dignidade e situação pessoal ou prejudiciais à sua formação ou desenvolvimento;

Alínea e) Está sujeita, de forma directa ou indirecta, a comportamentos que afectem gravemente a sua segurança ou o seu equilíbrio emocional;

Alínea f) Assume comportamentos ou se entrega a actividades ou consumos que afectem gravemente a sua saúde, segurança, formação, educação ou desenvolvimento sem que os pais, o representante legal ou quem tenha a guarda de facto se lhes oponham de modo adequado a remover essa situação.

1.1.3. Aplica-se a TODAS as crianças ou jovens

Considerando o carácter de protecção que se visa atingir, esta lei aplica-se a TODAS as crianças ou jovens, de nacionalidade portuguesa, ou não, desde que:

- Residentes, em território nacional ou
- Que se encontrem, de facto, em território nacional. Aqui, estamos a considerar as crianças que, ainda que temporária e provisóriamente se encontrem, a qualquer título, em território nacional.

1.2. Objecto da lei

Art.º 1.º

O presente diploma tem por objecto a promoção dos direitos e a protecção das crianças e dos jovens em perigo, por forma a garantir o seu bem-estar e desenvolvimento integral.

Dando corpo a outras determinações legais (Convenção dos Direitos da Criança, Constituição da República Portuguesa e recentemente a Convenção Iberoamericana dos Direitos dos Jovens), a LPCJP visa:

- ▸ Directamente:
  - A Promoção dos direitos e
  - A Protecção das crianças e jovens em perigo.

- ▸ Indirectamente:
  - O bem-estar e o desenvolvimento integral daqueles.

1.3. Intervenção

1.3.1. QUANDO DEVE ocorrer a intervenção?

Art.º 3.º

1 – A intervenção para promoção dos direitos e protecção da criança e do jovem em perigo tem lugar quando os pais, o representante legal ou quem tenha a guarda de facto ponham em perigo a sua segurança, saúde, formação, educação ou desenvolvimento, ou quando esse perigo resulte de acção ou omissão de terceiros ou da própria criança ou do jovem a que aqueles não se oponham de modo adequado a removê-lo.

1.3.1.1. SEMPRE que:

- Os pais;
- O representante legal ou;
- Quem tenha a guarda de facto da criança ou do jovem;
- Aquele que estiver a substituir os pais no exercício das responsabilidades parentais – Art.º 1908.º do Código Civil, na redacção introduzida pela Lei 61/2008, de 31/10.

1.3.1.2. PONHAM EM PERIGO (isolada ou cumulativamente):

- A sua *segurança*;
- A sua *saúde*;
- A sua *formação*;
- A sua *educação* ou *desenvolvimento*;

ou

1.3.1.3. O PERIGO RESULTE de:

- Acção ou Omissão;
- De terceiros ou da Criança;

e

1.3.1.4. Os pais, aquele que estiver a substituir os pais no exercício das responsabilidades parentais – Art.º 1908.º do Código civil, na redacção introduzida pela Lei 61/2008, de 31/10 – o representante legal ou quem tenha a guarda de facto da criança ou do jovem, **NÃO SE OPONHAM àquele de modo a removê-lo**.

1.3.2. Princípios a que deve obedecer a intervenção

Segue-se, de perto, o que dispõe o:

Art.º 4.º

a) *Interesse superior da criança e do jovem* – a intervenção deve atender prioritariamente aos interesses e direitos da criança e do jovem, sem prejuízo da consideração que for devida a outros interesses legítimos no âmbito da pluralidade dos interesses presentes no caso concreto;

b) *Privacidade* – a promoção dos direitos e protecção da criança e do jovem deve ser efectuada no respeito pela intimidade, direito à imagem e reserva da sua vida privada;

c) *Intervenção precoce* – a intervenção deve ser efectuada logo que a situação de perigo seja conhecida;

d) *Intervenção mínima* – a intervenção deve ser exercida exclusivamente pelas entidades e instituições cuja acção seja indispensável à efectiva promoção dos direitos e a protecção da criança e do jovem em perigo;

e) *Proporcionalidade e actualidade* – a intervenção deve ser a necessária e a adequada à situação de perigo em que a criança ou o jovem se encontram no momento em que a decisão é tomada e só pode interferir na sua vida e na da sua família na medida do que for estritamente necessário a essa finalidade;

f) *Responsabilidade parental* – a intervenção deve ser efectuada de modo que os pais assumam os seus deveres para com a criança e o jovem;

g) *Prevalência da família* – na promoção de direitos e na protecção da criança e do jovem deve ser dada prevalência às medidas que os integrem na sua família ou que promovam a sua adopção;

h) *Obrigatoriedade da informação* – a criança e o jovem, os pais, o representante legal ou a pessoa que tenha a sua guarda de facto têm direito a ser informados dos seus direitos, dos motivos que determinaram a intervenção e da forma como esta se processa;

i) *Audição obrigatória e participação* – a criança e o jovem, em separado ou na companhia dos pais ou de pessoa por si escolhida, bem como os pais, representante legal ou pessoa que tenha a sua guarda de facto, têm direito a ser ouvidos e a participar nos actos e na definição da medida de promoção dos direitos e de protecção;

j) *Subsidiariedade* – a intervenção deve ser efectuada sucessivamente pelas entidades com competência em matéria da infância e juventude, pelas comissões de protecção de crianças e jovens e, em última instância, pelos tribunais.

1.3.3. Legitimidade para a intervenção

REGRA GERAL – O princípio da SUBSIDIARIEDADE – art.º 4.º, al. j) Pretende-se, desta forma, que seja a própria sociedade a intervir na solução da situação em que a criança ou o jovem se encontram.

Daí a criação de um critério de intervenção sequencial, de forma a assegurar que os primeiros responsáveis pela intervenção sejam as entidades implantadas

na própria sociedade e que, por esse facto, dispõem de agentes com uma maior ligação e proximidade à comunidade.
Assim:

1.3.3.1. Entidades com competência em matéria de infância e juventude

Art.º 6.º
Na primeira fase da intervenção surgem as entidades com competência em matéria de infância e juventude.

1.3.3.2. As comissões de protecção de crianças e jovens (CPCJ)

Art.º 6.º, 8.º
Posteriormente, intervêm as comissões de protecção de crianças e jovens (CPCJ)

I) Natureza da CPCJ:

Art.º 12.º
As comissões de protecção de crianças e jovens, adiante designadas comissões de protecção, são instituições oficiais não judiciárias com autonomia funcional que visam promover os direitos da criança e do jovem e prevenir ou pôr termo a situações susceptíveis de afectar a sua segurança, saúde, formação, educação ou desenvolvimento integral.

II) Colaboração com a CPCJ:

Art.º 13.º
1 – As autoridades administrativas e entidades policiais têm o dever de colaborar com as comissões de protecção no exercício das suas atribuições.
2 – O dever de colaboração incumbe igualmente às pessoas singulares e colectivas que para tal sejam solicitadas.

III) Apoio logístico à CPCJ

Art.º 14.º
1 – As instalações e os meios materiais de apoio, nomeadamente um fundo de maneio, necessários ao funcionamento das comissões de protecção são assegurados pelo município, podendo, para o efeito, ser celebrados protocolos de cooperação com os serviços do Estado representados na Comissão Nacional de Protecção de Crianças e Jovens em Risco.
2 – O fundo de maneio destina-se a suportar despesas ocasionais e de pequeno montante resultantes da acção das comissões de protecção junto das crianças e jovens, suas famílias ou pessoas que têm a sua guarda de facto.

IV) Composição, Competência e Funcionamento

Art.º 15.º a 29.º

V) Acompanhamento, Apoio e Avaliação

Art.º 30.º

As comissões de protecção são acompanhadas, apoiadas e avaliadas pela Comissão Nacional de Protecção das Crianças e Jovens em Risco, adiante designada por Comissão Nacional.

e

Art.º 31.º

O acompanhamento e apoio da Comissão Nacional consiste, nomeadamente, em:

a) Proporcionar formação e informação adequadas no domínio da promoção dos direitos e da protecção das crianças e jovens em perigo;

b) Formular orientações e emitir directivas genéricas relativamente ao exercício das competências das comissões de protecção;

c) Apreciar e promover as respostas às solicitações que lhe sejam apresentadas pelas comissões de protecção sobre questões surgidas no exercício das suas competências;

d) Promover e dinamizar as respostas e os programas adequados ao desempenho das competências das comissões de protecção;

e) Promover e dinamizar a celebração dos protocolos de cooperação entre as entidades referidas na alínea d) do artigo 5º e as comissões de protecção necessários ao exercício das suas competências.

VI) Auditoria e Inspecção

Art.º 33.º

As comissões de protecção são objecto de auditorias e de inspecção sempre que a Comissão Nacional o entenda necessário ou a requerimento do Ministério Público.

VII) Controle das decisões

Art.º 72.º

1 – O Ministério Público intervém na promoção e defesa dos direitos das crianças e jovens em perigo, nos termos da presente lei, podendo exigir aos pais, ao representante legal ou a quem tenha a sua guarda de facto os esclarecimentos necessários.

2 – O Ministério Público acompanha a actividade das comissões de protecção, tendo em vista apreciar a legalidade e a adequação das decisões, a fiscalização da sua actividade processual e a promoção dos procedimentos judiciais adequados.

3 – Compete, ainda, de modo especial, ao Ministério Público representar as crianças e jovens em perigo, propondo acções, requerendo providências tutelares cíveis e usando de quaisquer meios judiciais necessários à promoção e defesa dos seus direitos e à sua protecção.

Cfr. Diretiva Conjunta PGR/CNPCJR de 2009, ponto 2.2. e 2.3.

1.3.3.3. Tribunais

Por último, poderão intervir os tribunais. Art.º 100.º

EXCEPÇÃO: as situações de urgência – art.º 91 e 92.º
Através deste instituto devemos admitir uma quarta entidade com legitimidade para a intervenção: a autoridade policial.

2. ENTIDADES COM COMPETÊNCIA EM MATÉRIA DE INFÂNCIA E JUVENTUDE

2.1. Noção

Art.º 5.º, al. d)
Entidades as pessoas singulares ou colectivas públicas, cooperativas, sociais ou privadas que, por desenvolverem actividades nas áreas da infância e juventude, têm legitimidade para intervir na promoção dos direitos e na protecção da criança e do jovem em perigo.

Ex.: Estabelecimentos de ensino,
Associações culturais de âmbito juvenil,

2.2. Modo de actuação

Art.º 7.º
A intervenção das entidades com competência em matéria de infância e juventude é efectuada de modo consensual com os pais, representantes legais ou com quem tenha a guarda de facto da criança ou do jovem, consoante o caso, de acordo com os princípios e nos termos do presente diploma.

Pela forma e condicionalismos de actuação próprios destas entidades cremos poder tratar-se de uma INTERVENÇÃO PREVENTIVA.

Assim:

2.2.1. Pressupostos para a intervenção

Exige-se, SEMPRE:

I – **Consenso** no modo de actuação, entre a entidade e:

- Os pais;
- Aquele que estiver a substituir os pais no exercício das responsabilidades parentais – Art.º 1908.º do Código Civil, na redacção introduzida pela Lei 61/2008, de 31/10;
- O representante legal ou;
- Quem tenha a guarda de facto da criança ou do jovem.

II – **NÃO OPOSIÇÃO** da criança ou do jovem

Art.º 10.º

1 – A intervenção das entidades referidas nos artigos 7º e 8º depende da não oposição da criança ou do jovem com idade igual ou superior a 12 anos.

2 – A oposição da criança com idade inferior a 12 anos é considerada relevante de acordo com a sua capacidade para compreender o sentido da intervenção.

2.2.2. Aplicação de Medidas de Promoção e Protecção?

- **NUNCA** – art.º 5.º, al. e).

É *expressamente vedada, às entidades referidas, a possibilidade de aplicação de uma qualquer das medidas de promoção e protecção* mencionadas no art.º 35.º.

2.3. Dever de comunicação OBRIGATÓRIA:

- À CPCJ – art.º 65.º, n.º 1
- Ao Ministério Público – art.º 65.º, n.º 2 e 3 e 70.º.

Estas comunicações surgem apenas e quando a abordagem efectuada pela entidade, junto da criança, não funcionou.

Todas as entidades com competência em matéria de infância e juventude devem estar integradas num programa centralizado de alerta e comunicação de factores de risco, a implementar através de acções das comissões alargadas.

3. COMISSÃO DE PROTECÇÃO DE CRIANÇAS E JOVENS (CPCJ)

3.1. Denúncia

QUALQUER PESSOA pode comunicar situações de perigo. Porém, a denúncia de situações de perigo é:

3.1.1. Obrigatória:

Art.º 66.º, n.º 2
A comunicação é obrigatória para qualquer pessoa que tenha conhecimento de situações que ponham em risco a vida, a integridade física ou psíquica ou a liberdade da criança ou do jovem.

3.1.2. Facultativa:

Art.º 66.º, n.º 1
Qualquer pessoa que tenha conhecimento das situações previstas no artigo 3º pode comunicá-las às entidades com competência em matéria de infância ou juventude, às entidades policiais, às comissões de protecção ou às autoridades judiciárias.

Embora, no normativo em causa, o legislador tenha utilizado o termo "faculdade", afigura-se-nos que, perante o superior interesse da criança aquela assume o carácter de **PODER/DEVER**.

3.2. Iniciativa de intervenção

A sinalização inicial de uma situação de risco – a comunicação – tem por "remetente" qualquer pessoa que tenha conhecimento de uma situação que, segundo a sua perspectiva, é susceptível de colocar em perigo a integridade física ou a vida da criança; e, como "destinatário" qualquer das entidades consideradas como tendo intervenção junto dos jovens, a CPCJ, a autoridade policial ou mesmo o tribunal. É este o sentido dos mecanismos instituídos pela LPCJP nos artigos 64.º a 69.º.

A CPCJ actua após ter conhecimento da situação, podendo aquele advir por uma das formas seguintes:

3.2.1. A solicitação de terceiro:

- A pedido da criança ou jovem – art.º 93.º, al. a);
- A pedido dos pais daqueles – art.º 93.º, al. a);

- A pedido do representante legal – art.º 93.º, al. a);
- A pedido de quem tenha a guarda de facto – art.º 93.º, al. a);
- A pedido daquele que estiver a substituir os pais no exercício das responsabilidades parentais – Art.º 1908.º do Código Civil, na redacção introduzida pela Lei 61/2008, de 31/10.

3.2.2. Por iniciativa própria – art.º 93.º, al. b)

3.2.3. Após comunicação:

- Das autoridades policiais – art.º 64.º, n.º 1;
- Dos tribunais – art.º 64.º, n.º 1;
- Das entidades com competência na infância e juventude – art.º 65.º, n.º 1;
- De qualquer pessoa – art.º 66.º, n.ºs 1 e 2.

4. O PROCESSO, NA CPCJ

> É recebida a notícia
> a sinalizar a situação

4.1. Início do processo:

4.1.1. Abertura do processo

Art.º 97.º, n.º 1
O processo inicia-se com o recebimento da comunicação escrita ou com o registo das comunicações verbais ou dos factos de que a referida comissão tiver conhecimento.

Trata-se de uma fase burocrática, realizada por um funcionário administrativo ou, não o havendo, por quem exerça tais funções.

Regras gerais de aplicação aos processos na CPCJ:

- Deve ser aberto **1 (um) processo por cada menor** – art.º 78.º
  EXCEPTO: a existência de vários menores na mesma família e tal se justificar – art.º 80.º

- **Apensação de processos** – art.º 80.º
  – A apensação é facultativa.

- Requisitos:
  - Quando a mesma situação de perigo abranger mais de uma criança;
  - Quando as relações familiares ou as situações de perigo justificarem a apensação.

- Outros casos de apensação de processos:
  - Apensação entre Processos de Promoção e Protecção, Tutelar Educativo e Providência Tutelar Cível – apensam-se ao que primeiro for instaurado – art.º 81.º, n.º 1;
  - A apensação de Processo de Promoção e Protecção a correr termos na CPCJ pode ser efectuada se o juiz assim o determinar por entender que poderá existir incompatibilidade entre as medidas – art.º 81.º , n.º 2;
  - Apensação entre Processo de Promoção e Protecção e Processo Penal – art.º 82.º.

- O processo dever ser **organizado, tratado e conduzido de forma simples e clara** para que a criança ou o jovem o entenda – art.º 86.º, n.º 1.

- Sempre que necessário, o processo deve:
  - Ser **assistido por**: (art.º 86.º, n.º 2)

  - Médicos,
  - Psicólogos,
  - Outros especialistas,
  - Pessoa da confiança da criança,
  - Ou serem utilizados meios técnicos adequados à situação.

- Regras específicas relativas aos exames médicos – art.º 87.º.

- O processo tem **carácter reservado** – art.º 88.º, n.º 1.

  Por isso,

  - Cada membro da CPCJ só tem acesso aos processos pelos quais é responsável – art.º 88.º, n.º 2.
  - Apenas **podem consultar os processos**:

a) Pessoalmente, ou através de advogado – art.º 88.º, n.º 3:
  - Os pais;
  - O representante legal; ou
  - Quem tenha a guarda de facto da criança ou do jovem.

b) Directamente, ou através de advogado – art.º 88.º, n.º 5:
  - Qualquer pessoa que manifeste interesse legítimo e o presidente da CPCJ autorize.

GUIA DE PROCEDIMENTOS DO PROCESSO DE PROMOÇÃO E PROTECÇÃO

- Consulta para fins científicos – art.º 89.º.
- **Divulgação** à **comunicação social** – art.º 90.º
- Prazo para a destruição dos processos da CPCJ – art.º 88.º, n.º 6.
- As comunicações não determinam a cessação da intervenção – art.º 70.º, n.º 1.

> EXCEPTO: – Se não for prestado o consentimento;
> – Se for retirado o consentimento.

- As comunicações devem conter as medidas entretanto tomadas – art.º 71.º, n.º 2

4.1.2. Distribuição a um técnico

De acordo com o novo procedimento informático estabelecido pela Comissão Nacional é este o sistema a seguir.

Contudo, sempre se deverá reter que, sendo uma acção meramente burocrática, por regra, deve obedecer a um critério de aleatoriedade, executado segundo os meios técnicos informáticos disponíveis. Assim, em função do número de técnicos da CPCJ, deve ser atribuído, alternada e sucessivamente, um processo a cada técnico. Nesta matéria admitir-se-ão como excepção os processos que, pela sua especial repercussão social, devam ser atribuídos a um técnico em particular ou em que a urgência no seu tratamento imponha critérios especiais (os quais deverão ser previamente definidos pela CR).

4.1.3. Actuação do técnico

Art.º 94.º

1 – A comissão de protecção, recebida a comunicação da situação ou depois de proceder a diligências sumárias que a confirmem, deve contactar a criança ou o jovem, os titulares do poder paternal ou a pessoa com quem a criança ou o jovem residam, informando-os da situação e ouvindo-os sobre ela.

2 – A comissão de protecção deve informar as pessoas referidas no número anterior do modo como se processa a sua intervenção, das medidas que pode tomar, do direito de não autorizarem a intervenção e suas possíveis consequências e do seu direito a fazerem-se acompanhar de advogado.

A primeira actuação é atribuída à comissão de protecção. Contudo, e apesar desta menção feita à comissão de protecção, deve entender-se que a referência

se reporta ao técnico a quem foi distribuído o processo. Não se compreenderia que as diligências a encctar tivessem que ser executadas pela comissão restrita (CR), enquanto órgão.
Assim:

4.1.3.1. Critérios de actuação do técnico

O técnico, de acordo com:

- **Critérios de oportunidade** (técnicos e humanos, definidos por si, face ao caso concreto, ou predeterminados pela CR) e
- A melhor **estratégia que a situação exigir**,

4.1.3.2. Procede a:

- **Diligências que confirmem a notícia** – art.º 94.º, n.º 1

– **Não devem ser repetidas diligências** já efectuadas – art.º 83.º
– A fim de preservar o direito constitucional da reserva da vida privada (de cada um dos potenciais envolvidos, onde se inclui a própria a criança ou jovem):

- Devem ser efectuados **os contactos mínimos** possíveis;

e

- Apenas **os indispensáveis**;
- A **divulgação dos elementos de identificação** dos envolvidos poderá ocorrer, **APENAS se for totalmente imprescindível**, preferindo-se a utilização de abordagens genéricas;
- Deve condensar-se a **realização destas diligências num prazo, MAXIMO, de 15 dias.**

e

- **Contactos** – art.º 94.º, n.º 1 (preferencialmente, o contato pessoal, no local, ou no serviço e após convocatória por carta).

    Cfr. Diretiva Conjunta PGR/CNPCJR de 2009, ponto 2.1.1.

> Nota: **a convocatória através da autoridade policial deve ser excepcional.** Só deve ser utilizado este recurso após esgotadas todas as outras formas de comunicação e ser indispensável a pratica de tal acto.

com:

- A criança ou o jovem;
- Quem tiver o poder paternal;
- Aquele que estiver a substituir os pais no exercício das responsabilidades parentais – Art.º 1908.º do Código Civil, na redacção introduzida pela Lei 61/2008, de 31/10.
- A pessoa com quem a criança ou o jovem residam.
  EXCEPÇÃO: art.º 96.º

Naqueles contactos, o técnico deve:

4.1.3.3. Informar:

- Da situação – art.º 94.º, n.º 1;
- Do modo como se processa a intervenção – art.º 94.º, n.º 2;
- Das medidas que podem ser tomadas – art.º 94.º, n.º 2;
- Do direito de não autorizarem a intervenção e das suas consequências – art.º 94.º, n.º 2;
- Do direito de se fazerem acompanhar por advogado – art.º 94.º, n.º 2.

> NOTA: Se existir uma situação de perigo eminente e oposição à intervenção DEVEM ser accionados os procedimentos de urgência – art.º 91.º.

4.1.3.4. Ouvir em declarações (reduzidas a auto): art.º 94.º, n.º 1

- A criança ou o jovem – art.º 84.º

  As crianças ou jovens com mais de 12 anos, ou com idade inferior quando a sua intervenção o aconselhe, são ouvidos:

  – individualmente, ou
  – acompanhados pelos pais, representante legal, advogado da sua escolha ou oficioso ou por pessoa da sua confiança.

- Quem tiver o poder paternal – art.º 85.º.
- Aquele que estiver a substituir os pais no exercício das responsabilidades parentais – Art.º 1908.º do Código Civil, na redacção introduzida pela Lei 61/2008, de 31/10.
- A pessoa com quem a criança ou o jovem residam.
- Qualquer outra pessoa cujo depoimento se mostre relevante.

4.1.3.5. Obter o consentimento e a manifestação de não oposição

Cfr. Diretiva Conjunta PGR/CNPCJR de 2009, ponto 1.1. e 2.1.
– art.º 98.º, n.º 2,

> Nota: Pode ser requerido **o prazo de 8 dias** para prestar o consentimento ou manifestar a não oposição – art 98.º, n.º 2.

Relativamente ao consentimento e manifestação de não oposição, apesar do texto do n.º 2 do art.º 98.º poder apontar para um momento posterior – após a proposta de aplicação de uma medida – para a prestação do consentimento ou a manifestação de não oposição, cremos não ser este o momento certo para o efeito. De facto, se estes são dois requisitos de legitimidade para a intervenção da CPCJ, faz sentido promover a sua obtenção num momento inicial, designadamente quando a CPCJ faz a primeira abordagem à situação. Desta forma, fica garantida a "participação" dos progenitores ou de quem detém o poder paternal em todo o processo de intervenção da comissão, para além de garantir uma legitimação superior aos membros da CR que necessitem realizar diligências "de investigação".

Se o consentimento for **recusado**, o processo é levado à reunião da CR e decidido o seu arquivamento. De seguida, é remetido o original ao Ministério Público.

Se o consentimento for **prestado** e não houver oposição,

4.1.3.6. Após estas diligências o técnico **elabora um relatório** ou **uma informação social** (opção previamente definida pela CR para todos os casos) de síntese, onde deverá constar:

- Todos os dados de identificação das partes;
- Todo o trabalho desenvolvido até aí;
- Embora por súmula, as declarações obtidas;
- A apreciação do técnico e
- A proposta sobre a medida a aplicar.

> Nota: Se existir uma situação de perigo eminente e oposição à intervenção DEVEM ser accionados os procedimentos de urgência – art.º 91.º.

4.1.4. O relatório deverá ser distribuído

Por forma a permitir uma análise prévia do caso e uma mais célere discussão e deliberação em sede de reunião da CR, **o relatório** (ou a informação) **deve ser distribuído**:

- **A todos os membros da CR**;
- **Com antecedência** de, pelo menos, cinco dias em relação à data da reunião onde vai ser apreciado o processo.

4.1.5. Agendar o processo para reunião da Comissão Restrita (CR)

Uma vez mais, esta é igualmente uma função meramente burocrática.

No entanto, de acordo com uma eventual informação do técnico nesse sentido pode – e deve – ser agendado como processo com carácter prioritário.

Nesta matéria convém não descurar as situações de urgência. Também aqui a problemática em que a criança ou o jovem possa estar envolvido impõe alterações à regra, no que tange, designadamente à calendarização das reuniões e até ao próprio horário da sua realização. De facto, sempre que a situação o exigir, deverá o técnico contactar o Presidente da CR e sugerir-lhe a conveniência da realização de uma reunião com carácter de urgência (independentemente da hora e do dia). Esta a regra prevista no n.º 4 do art.º 22.º

4.1.6. Reunião da Comissão Restrita (CR)

Para além das situações de urgência já referenciadas – art.º 22.º, n.º 4 –, a CR deve reunir, no mínimo, quinzenalmente – art.º 22.º, n.º 2.

4.1.6.1. Formalismo da reunião da CR – art.º 97.º, n.º 4

- **É transcrita em acta** onde se registam, de forma sumária;
- As incidências;
- As decisões tomadas;
- Qual a respectiva maioria obtida; e
- Os eventuais votos de vencido.

4.1.6.2. Conteúdo da reunião

Art.º 98.º:

1 – Reunidos os elementos sobre a situação da criança ou do jovem, a comissão restrita, em reunião, aprecia o caso, arquivando o processo quando a situação de perigo não se confirme ou já não subsista, ou delibera a aplicação da medida adequada.

A CR deve apreciar:

- A competência:
  - Material; e
  - Territorial – art.º 79.º e ss.
- A situação.

4.1.6.3. Após, Decide:

- Arquivar o processo:
  - ▸ se a situação de perigo denunciada não se confirmar – art.º 98, n.º 1;
  - ▸ se a situação de perigo já não subsistir – art.º 98, n.º 1.
- Aplicar uma medida – art.º 98.º, n.º 1.

> Nota: **Se não houver decisão 6 meses após a comunicação**, a CPCJ deve arquivar o processo e remeter o original ao Ministério Público art 68.º, al. d).
> Cfr. Diretiva Conjunta PGR/CNPCJR de 2009, ponto 3.

5. MEDIDAS DE PROMOÇÃO E PROTECÇÃO

5.1. Generalidades

5.1.1. Conceito

O art.º 5.º, alínea e) define:
Medida de promoção dos direitos e de protecção – a providência adoptada pelas comissões de protecção de crianças e jovens ou pelos tribunais, nos termos do presente diploma, para proteger a criança e o jovem em perigo.

5.1.2. Objectivo

De acordo com o art.º 34.º, as medidas de promoção e protecção destinam-se a:

a) Afastar o perigo em que as crianças ou jovens se encontram;

b) Proporcionar-lhes as condições que permitam proteger e promover a sua segurança, saúde, formação, educação, bem-estar e desenvolvimento integral;

c) Garantir a recuperação física e psicológica das crianças e jovens vítimas de qualquer forma de exploração ou abuso.

5.1.3. Elenco das medidas

A LPCJP define, no art.º 35.º e de forma taxativa, o elenco possível das medidas de promoção e protecção. Desta forma, fica afastada a possibilidade de criação e aplicação de qualquer outro projecto.

Em função da sua forma de execução, a lei distingue dois tipos de medidas:

5.1.3.1. Medidas a executar no meio natural de vida:

Art.º 35.º
a) Apoio junto dos pais;
b) Apoio junto de outro familiar;
c) Confiança a pessoa idónea;
d) Apoio para a autonomia de vida; (...)
g) Confiança a pessoa seleccionada para a adopção...(1.ª parte)

5.1.3.2. Medidas de colocação:

Art.º 35.º (...)
e) Acolhimento familiar;
f) Acolhimento em instituição;
g) Confiança (...) a instituição com vista a futura adopção.(2.ª parte)

5.1.4. Qualquer medida pode ser **aplicada provisoriamente**, pelo prazo máximo de 6 meses.

Art.º 37.º
As medidas provisórias são aplicáveis nas situações de emergência ou enquanto se procede ao diagnóstico da situação da criança e à definição do seu encaminhamento subsequente, não podendo a sua duração prolongar-se por mais de seis meses.

5.1.5. O acompanhamento das medidas é feito pela Segurança Social – art.º 7.º do DL 332-B/2000, de 30/12.

5.2. Medida de Apoio junto dos pais

5.2.1. Noção

Art.º 39.º
A medida de apoio junto dos pais consiste em proporcionar à criança ou jovem apoio de natureza psicopedagógica e social e, quando necessário, ajuda económica.

5.2.2. A aplicação desta medida pode – E DEVE – ser complementada

- Com programas de educação parental

Art.º 41.º

1 – Quando sejam aplicadas as medidas previstas nos artigos 39º e 40º, os pais ou os familiares a quem a criança ou o jovem sejam entregues podem beneficiar de um programa de formação visando o melhor exercício das funções parentais.

2 – O conteúdo e a duração dos programas de educação parental são objecto de regulamento.

- Estender-se ao agregado familiar

Art.º 42.º

As medidas de apoio previstas nos artigos 39º e 40º podem abranger o agregado familiar da criança e do jovem.

- NOVO REGIME de execução das medidas em meio natural de vida – DL. n.º 12/2008, de 17/01

NOTA:

Duração das medidas	art.º 60 e 61.º
Revisão das medias	art.º 62.º e 62.º-A
Cessação das medidas	art.º 63.º

NOTA:

Durante o cumprimento de uma medida já aplicada podem surgir situações que imponham uma **intervenção de urgência**.

Neste caso, não pode, apenas, fazer-se uma "simples comunicação ao processo".

DEVE INTERVIR-SE, nos termos do art.º 91.º da LPCJP.

5.3. Medida de Apoio junto de outro familiar

5.3.1. Noção

Art.º 40.º

A medida de apoio junto de outro familiar consiste na colocação da criança ou do jovem sob a guarda de um familiar com quem resida ou a quem seja entregue, acompanhada de apoio de natureza psicopedagógica e social e, quando necessário, ajuda económica.

5.3.2. A aplicação desta medida deve ser comunicada ao Ministério Público – art.º 68.º, alínea e).

5.3.3. A aplicação desta medida pode – E DEVE – ser complementada

- Com programas de educação parental

Art.º 41.º
1 – Quando sejam aplicadas as medidas previstas nos artigos 39º e 40º, os pais ou os familiares a quem a criança ou o jovem sejam entregues podem beneficiar de um programa de formação visando o melhor exercício das funções parentais.
2 – O conteúdo e a duração dos programas de educação parental são objecto de regulamento.

- Estender-se ao agregado familiar

Art.º 42.º
As medidas de apoio previstas nos artigos 39º e 40º podem abranger o agregado familiar da criança e do jovem.

- NOVO REGIME de execução das medidas em meio natural de vida – DL. n.º 12/2008, de 17/01

5.3.4. Se com a execução da medida cessar o perigo, deve promover-se, junto do Ministério Público a instauração de processo tutelar cível:

- Limitação do exercício do Poder Paternal;
- Inibição do exercício do Poder Paternal;
- Tutela.

Cfr. Directiva Conjunta PGR/CNPCJR ponto 3.9.

NOTA:

Duração das medidas	art.º 60 e 61.º
Revisão das medias	art.º 62.º e 62.º-A
Cessação das medidas	art.º 63.º

NOTA:
Durante o cumprimento de uma medida já aplicada podem surgir situações que imponham uma **intervenção de urgência**.

Neste caso, não pode, apenas, fazer-se uma "simples comunicação ao processo". DEVE INTERVIR-SE, nos termos do art.º 91.º da LPCJP.

5.4. Medida de Confiança a pessoa idónea

Art.º 35.º, 43.º

5.4.1. Noção

Art.º 43º
A medida de confiança a pessoa idónea consiste na colocação da criança ou do jovem sob a guarda de uma pessoa que, não pertencendo à sua família, com eles tenha estabelecido relação de afectividade recíproca.

5.4.2. A aplicação desta medida deve ser comunicada ao Ministério Público – art.º 68.º, alínea e)

- NOVO REGIME de execução das medidas em meio natural de vida – DL. n.º 12/2008, de 17/01

5.4.3. Se com a execução da medida cessar o perigo, deve promover-se, junto do Ministério Público a instauração de processo tutelar cível:

– Limitação do exercício do Poder Paternal;
– Inibição do exercício do Poder Paternal;
– Tutela.

NOTA:

Duração das medidas	art.º 60 e 61.º
Revisão das medias	art.º 62.º e 62.º-A
Cessação das medidas	art.º 63.º

NOTA:
Durante o cumprimento de uma medida já aplicada podem surgir situações que imponham uma **intervenção de urgência**.
Neste caso, não pode, apenas, fazer-se uma "simples comunicação ao processo". DEVE INTERVIR-SE, nos termos do art.º 91.º da LPCJP.

5.5. Medida de Apoio para a autonomia de vida

5.5.1. Noção

Art.º 45º
1 – A medida de apoio para a autonomia de vida consiste em proporcionar directamente ao jovem com idade superior a 15 anos apoio económico e acompanhamento psicopedagógico e social, nomeadamente através do acesso a programas de formação,

visando proporcionar-lhe condições que o habilitem e lhe permitam viver por si só e adquirir progressivamente autonomia de vida.

2 – A medida referida no número anterior pode ser aplicada a mães com idade inferior a 15 anos, quando se verifique que a situação aconselha a aplicação desta medida.

5.5.2. Tem aplicação apenas a jovens com idade superior a 15 anos

5.5.3. A aplicação desta medida deve ser comunicada ao Ministério Público – art.º 68.º, alínea e)

5.5.4. Existem alguns programas definidos para esta medida: "Projecto Escolas-Oficina" – Portaria 414/96, de 24/08,
"Programa Geração Millennium" – Portaria 1010/2001, de 18/08,

- NOVO REGIME de execução das medidas em meio natural de vida – DL. n.º 12/2008, de 17/01

NOTA:

Duração das medidas	art.º 60 e 61.º
Revisão das medias	art.º 62.º e 62.º-A
Cessação das medidas	art.º 63.º

NOTA:

Durante o cumprimento de uma medida já aplicada podem surgir situações que imponham uma **intervenção de urgência**.

Neste caso, não pode, apenas, fazer-se uma "simples comunicação ao processo". DEVE INTERVIR-SE, nos termos do art.º 91.º da LPCJP.

5.6. Medida de Acolhimento Familiar

Art.º 46.º, 47.º e 48.º

5.6.1. Noção

Art.º 46º

1 – O acolhimento familiar consiste na atribuição da confiança da criança ou do jovem a uma pessoa singular ou a uma família, habilitadas para o efeito, visando a sua integração em meio familiar e a prestação de cuidados adequados às suas necessidades e bem-estar e a educação necessária ao seu desenvolvimento integral.

2 – Para efeitos do disposto no número anterior, considera-se que constituem uma família duas pessoas casadas entre si ou que vivam uma com a outra há mais de dois anos em união de facto ou parentes que vivam em comunhão de mesa e habitação.

5.6.2. NOVO REGIME de execução das medidas em meio natural de vida – DL. n.º 11/2008, de 17/01.

Revoga o regime de acolhimento familiar – DL n.º 190/92, de 3/9.

5.6.3. Requisitos da família de acolhimento – art.º 14 e segs. do DL n.º 11/2008.

5.6.4. Tipos de família de acolhimento – art.º 47.º

- Acolhimento em lar familiar:

É constituída por uma família de duas pessoas casadas entre si ou que vivam uma com a outra há mais de dois anos em união de facto ou parentes que vivam em comunhão de mesa e habitação.

- Acolhimento em lar profissional:

É constituída por uma ou mais pessoas com formação técnica adequada.

5.6.5. Modalidades de acolhimento – art.º 48.º

O acolhimento familiar é de:

- Curta duração – tem lugar quando seja previsível o retorno da criança ou do jovem à família natural em prazo não superior a seis meses.
- Prolongado – tem lugar nos casos em que, sendo previsível o retorno à família natural, circunstâncias relativas à criança ou ao jovem exijam um acolhimento de maior duração.

5.6.6. A aplicação desta medida deve ser comunicada ao Ministério Público – art.º 68.º, alínea e)

NOTA:

Duração das medidas	art.º 60 e 61.º
Revisão das medias	art.º 62.º e 62.º-A
Cessação das medidas	art.º 63.º

NOTA:

Durante o cumprimento de uma medida já aplicada podem surgir situações que imponham uma **intervenção de urgência**.

Neste caso, não pode, apenas, fazer-se uma "simples comunicação ao processo". DEVE INTERVIR-SE, nos termos do art.º 91.º da LPCJP.

5.7. Medida de Acolhimento em Instituição

5.7.1. Noção

Artigo 49º
A medida de acolhimento em instituição consiste na colocação da criança ou jovem aos cuidados de uma entidade que disponha de instalações e equipamento de acolhimento permanente e de uma equipa técnica que lhes garantam os cuidados adequados às suas necessidades e lhes proporcionem condições que permitam a sua educação, bem-estar e desenvolvimento integral.

5.7.2. Modalidades de acolhimento – art.º 50.º

• Prolongado.

O acolhimento prolongado tem lugar em lar de infância e juventude e destina-se à criança ou ao jovem quando as circunstâncias do caso aconselhem um acolhimento de duração superior a seis meses.

• Curta duração.

– destinado às situações previstas no art.º 37.º e 91.º;
– Prazo máximo: 6 meses;
– Se exceder – art.º 50.º, n.º 3;
– Regime especial de revisão da medida, art.º 59.º, n.º 4.

5.7.3. A aplicação desta medida deve ser comunicada ao Ministério Público – art.º 68.º, alínea e)

5.7.4. Lares – DL 2/86, de 02/01

5.7.5. Instituições de acolhimento

NOTA:
Ver Anexo com **Lista de alguns Centros de Acolhimento**

5.7.5.1. Natureza – art.º 52.º

5.7.5.2. Funcionamento art.º 53.º

• Regime aberto art.º 53.º, n.os 1 e 2;
• Visitas – art.º 53.º, n.º 3.

5.7.5.3. Equipas técnicas art.º 54.º

> NOTA:
>
> | | |
> |---|---|
> | Duração das medidas | art.º 60 e 61.º |
> | Revisão das medias | art.º 62.º e 62.º-A e EXCEPCIONALMENTE, 59.º, n.º 4 |
> | Cessação das medidas | art.º 63.º |
>
> NOTA:
>
> Durante o cumprimento de uma medida já aplicada podem surgir situações que imponham uma **intervenção de urgência**.
>
> Neste caso, não pode, apenas, fazer-se uma "simples comunicação ao processo". DEVE INTERVIR-SE, nos termos do art.º 91.º da LPCJP.

5.8. Medida de Confiança para adopção

Art.º 35.º, n.º 1, alínea g) e 62.º-A

5.8.1. Noção

Artigo 38º-A

A medida de confiança a pessoa seleccionada para adopção ou a instituição com vista a futura adopção, aplicável quando se verifique alguma das situações previstas no art.º 1978.º do Código Civil, consiste:

a) Na colocação da criança ou do jovem sob a guarda de candidato seleccionado para a adopção pelo competente organismo de segurança social;

b) Ou na colocação da criança ou do jovem sob a guarda de instituição com vista a futura adopção (alterado pela Lei n.º 31/2003, de 22/08).

5.8.2. A CPCJ não tem competência para aplicar esta medida. DEVE comunicar estas situações:

Ao Ministério Público – art.º 68, alínea a);

À Segurança Social – art.º 67.º.

O **TRIBUNAL** tem **competência EXCLUSIVA** para aplicar esta medida.

5.8.3. Medida sem prazo – art.º 62.º-A, n.º 1.

Mantém-se a aplicação da medida até ser decretada a adopção.

5.8.4. Não há revisão da medida – art.º 62.º-A, n.º 1

Semestralmente, devem ser pedidas informações sobre o decurso do processo de adopção à Segurança Social.

5.8.5. Devem ser aplicadas todas as regras do art.º 167.º da OTM.

5.8.6. Não há visitas.

5.8.7. Deve ser mantida a reserva das identidades no caso de adopção – art.º 87.º, n.º 7

6. GESTOR DE PROCESSO

Se decidir a aplicação de uma medida, a CR *nomeia um gestor de processo*. Este é, a partir deste momento, o responsável pela execução da medida.

Deve ser nomeado como gestor do processo aquele de entre os membros da CR cuja área que represente tenha maior afinidade com a problemática que envolve a criança ou o jovem.

Apesar de decidir a aplicação de uma medida de promoção e protecção, a CR pode não a executar de imediato optando antes pela realização de mais alguma diligência. Neste caso, deve ser incumbido o gestor do processo da realização das diligências concretamente definidas pela CR.

6.1. Funções do gestor

• Convoca as pessoas:

– Por carta, ou (se esta se frustrar ou o gestor entender mais oportuno);
– Por contacto pessoal.

> NOTA:
> A **convocatória através da autoridade policial deve ser excepcional**. Só deve ser utilizado este recurso após esgotadas todas as outras formas de comunicação e ser indispensável a pratica de tal acto.

• Comunica-lhes a proposta – art.º 98.º, n.º 2

> Se o consentimento e a não oposição, já prestados, **forem retirados, o processo é arquivado** e remetido o original ao Ministério Público – art.º 95.º

Se **não houver acordo,** e mantendo-se a situação que justifique a aplicação de medida, o processo é arquivado e remetido o original ao Ministério Público – art.º 98.º, n.º 4.

Se **houver acordo,** este é reduzido a escrito – art.º 98.º n.º 3.

> NOTA:
> Apesar do acordo, DEVEM SER COMUNICADAS ao Ministério Público todas as situações:
> Em que seja necessária medida tutelar cível – art 69.º;
> Em que a situação de perigo constitua crime – art.º 70.º.

7. ACORDO DE PROMOÇÃO E PROTECÇÃO

7.1. Noção:

Art.º 5.º al. f)
"Compromisso reduzido a escrito entre as comissões de protecção de crianças e jovens ou o tribunal e os pais, representante legal ou quem tenha a guarda de facto e, ainda, a criança e o jovem com mais de 12 anos, pelo qual se estabelece um plano contendo medidas de promoção de direitos e de protecção".

7.2. Âmbito:

Art.º 36.º
"As medidas aplicadas pelas comissões de protecção ou em processo judicial, por decisão negociada, integram um acordo de promoção e protecção".

Art.º 98.º, n.º 3
"Havendo acordo entre a comissão de protecção e as pessoas a que se referem os artigos 9.º e 10.º no tocante à medida a adoptar, a decisão é reduzida a escrito, tomando a forma de acordo, nos termos do disposto nos artigos 55.º a 57.º, o qual é assinado pelos intervenientes".

Na fase judicial – art.º 112.º e 113.º.

7.3. Forma:

Art.º 55.º a 57.º.

7.3.1. Requisitos Obrigatórios Gerais:

Requisitos Positivos

- Identificação do membro da Comissão ou do técnico a quem cabe o acompanhamento do caso – art.º 55.º, n.º 1, al. a);

GUIA DE PROCEDIMENTOS DO PROCESSO DE PROMOÇÃO E PROTECÇÃO

- Declaração de consentimento dos pais, representante legal ou pessoa que tenha a guarda de facto – art.º 55.º, n.º 1, al. c);
- Declaração de não oposição da criança ou jovem com idade igual ou superior a 12 anos – art.º 55.º, n.º 1, al. c);
- Indicação da medida de promoção e protecção concretamente aplicada;
- Período de duração da medida de promoção e protecção art.º 55.º, n.º 1, al. b);
- Prazo de Revisão – art.º 55.º, n.º 1, al. b);

Requisito Negativo

- Não podem ser estabelecidas no acordo cláusulas que imponham obrigações abusivas ou que introduzam limitações ao funcionamento da vida familiar para além das necessárias a afastar a situação concreta de perigo – art.º 55.º, n.º 2.

7.3.2. Requisitos Obrigatórios Específicos

De acordo com o tipo de medida aplicada são diversos os requisitos específicos obrigatórios. Assim:

– *Medidas em Meio Natural de Vida* (art.º 35.º, n.º 1 al. a), b), c), d) e g) primeira parte)

- Os cuidados de alimentação, higiene, saúde e conforto a prestar à criança ou ao jovem pelos pais ou pelas pessoas a quem sejam confiados – art.º 56.º, n.º 1, al. a);

> NOTA:
> A obrigação de prestação de alimentos, por parte dos progenitores, ainda que inibidos do exercício do poder paternal, mantém-se independentemente da criança ser colocada à guarda de outros familiares, outras pessoas ou em instituição.

- A identificação do responsável pela criança ou pelo jovem durante o tempo em que não possa ou não deva estar na companhia ou sob a vigilância dos pais ou das pessoas a quem esteja confiado, por razões laborais ou outras consideradas relevantes – art.º 56.º, n.º 1, al. b);
- O plano de escolaridade, formação profissional, trabalho e ocupação dos tempos livres – art.º 56.º, n.º 1, al. c);
- O plano de cuidados de saúde, incluindo consultas médicas e de orientação psicopedagógica, bem como o dever de cumprimento das directivas e orientações fixadas – art.º 56.º, n.º 1, al. d);

LEI DE PROMOÇÃO E PROTECÇÃO DE CRIANÇAS E JOVENS EM RISCO

- O apoio económico a prestar, sua modalidade, duração e entidade responsável pela atribuição, bem como os pressupostos da concessão – art.º 56.º, n.º 1, al. e);
- Nos casos em que a criança ou jovem está sujeita, de forma directa ou indirecta, a comportamentos que afectem gravemente a sua segurança ou o seu equilíbrio emocional (art.º 3.º, n.º 2 al. e)), se o perigo resultar de comportamentos adoptados em razão de *alcoolismo, toxicodependência ou doença psiquiátrica dos pais ou das pessoas a quem a criança ou o jovem esteja confiado*, o **acordo inclui** ainda a menção de que a permanência da criança na companhia destas pessoas é condicionada à sua submissão a tratamento e ao estabelecimento de compromisso nesse sentido – art.º 56.º, n.º 2;
- No caso de a criança/jovem assumir comportamentos ou se entregar a actividades ou consumos que afectem gravemente a sua saúde, segurança, formação, educação ou desenvolvimento, sem que os pais, o representante legal ou quem tenha a guarda de facto se lhes oponham de modo adequado a remover essa situação (art.º 3.º, n.º 2 al. f)), ***podem, ainda***, constar do acordo, directivas e obrigações fixadas à criança ou ao jovem relativamente a meios ou locais que não deva frequentar, pessoas que não deva acompanhar, substâncias ou produtos que não deva consumir e condições e horários dos tempos de lazer – art.º 56.º, n.º 3.

– *Medidas de Colocação* (art.º 35.º, n.º 1 al. e), f) e g) parte final)

- A modalidade do acolhimento e o tipo de família ou de lar em que o acolhimento terá lugar – art.º 57.º, n.º 1, al. a);
- Os direitos e os deveres dos intervenientes, nomeadamente *a periodicidade das visitas por parte da família ou das pessoas com quem a criança ou o jovem tenha especial ligação afectiva*, os *períodos de visita à família*, quando isso seja do seu interesse, e o *montante da prestação correspondente aos gastos com o sustento, educação e saúde da criança ou do jovem, bem como a identificação dos responsáveis pelo pagamento* – art.º 57.º, n.º 1, al. b);
- A *periodicidade* e o *conteúdo da informação* a prestar às entidades administrativas e às autoridades judiciárias, bem como a identificação da pessoa ou da entidade que a deve prestar – art.º 57.º, n.º 1, al. c).

Nos termos do art.º 57.º, n.º 2, esta *Informação* deve conter os elementos essenciais para avaliar:

- O desenvolvimento da personalidade do menor;
- O aproveitamento escolar do menor;
- A progressão em outras actividades;

GUIA DE PROCEDIMENTOS DO PROCESSO DE PROMOÇÃO E PROTECÇÃO

- A adequação da medida aplicada; e
- A possibilidade de regresso da criança ou do jovem à família.

7.3.3. Incumprimento do acordo:

Dá origem a comunicação ao tribunal:

- Quando o incumprimento **não tem carácter reiterado** – art.º 68.º al. b).
- Quando o incumprimento **TEM carácter reiterado** – art.º 11.º al. b).

8. APLICAÇÃO E EXECUÇÃO DA MEDIDA DE PROMOÇÃO E PROTECÇÃO

8.1. Competência – Aplicação das medidas:

Regra Geral:

Art.º 38.º, 1.ª parte
A aplicação das medidas de promoção e protecção é da competência exclusiva:

- Das Comissões de Protecção;
- Do Tribunal.

EXCEPÇÃO: Art.º 38.º, "in fine".

A aplicação da medida de promoção e protecção de confiança a pessoa seleccionada para a adopção ou a instituição com vista a futura adopção é da competência exclusiva dos **tribunais.**

8.2. Execução das medidas de promoção e protecção:

Art.º 35.º, n.º 4
"O regime de execução das medidas consta de legislação própria" – DL 11/2008, de 17/01 e DL 12/2008, de 17/01

e

Art.º 6.º, n.º 1 e 2 do Dec.-Lei n.º 332-B/2000 de 30.12

8.2.1. Formas de execução das medidas de promoção e protecção:

- Em meio natural de vida (art.º 35.º, n.º 2)

– Apoio junto dos pais;
– Apoio junto de outro familiar;

- Confiança a pessoa idónea;
- Apoio para a autonomia de vida;
- Confiança a pessoa seleccionada para adopção.

- Em regime de colocação (art.º 35.º, n.º 2)

- Acolhimento familiar;
- Acolhimento em Instituição;
- Confiança a instituição com vista a futura adopção.

NOTA:
Considerar sempre a regra geral prevista no art.º 4.º, alínea g) – princípio da prevalência da família.

8.2.2. Competência para a execução das medidas:

8.2.2.1. Regra Geral:

▸ **Processo na C.P.C.J.**

Art.º 59.º, n.º 1
"As comissões de protecção executam as medidas nos termos do acordo de promoção e protecção".

▸ **Processo no Tribunal**

Art.º 59.º, n.º 2, por remissão do art.º 125.º
"A execução da medida aplicada em processo judicial é dirigida e controlada pelo Tribunal que a aplicou.

Art.º 59.º, n.º 3.
"Para efeitos do disposto no número anterior, o tribunal designa a entidade que considere mais adequada para o acompanhamento da execução da medida".

Art.º 7.º do Dec.-Lei n.º 332-B/2000 de 30.12
"O acompanhamento dos menores em perigo junto dos tribunais compete às equipas multidisciplinares do sistema de solidariedade e de segurança social, a constituir, consistindo, designadamente:
No acompanhamento da execução das medidas de promoção dos direitos e de protecção aplicadas".

Excepção:

Art.º 79.º, n.º 4

"Se, após a aplicação da medida, a criança ou o jovem, mudar de residência por período superior a três meses, o processo é remetido à comissão de protecção ou ao tribunal da área da nova residência".

Assim:

Passa a ser competente para a execução da medida a CPCJ ou o Tribunal diferente daquele que efectivamente a aplicou.

Nota:

Esta ressalva não se aplica no caso do jovem ter sido colocado numa instituição, nem nas situações em que a medida aplicada se reveste de natureza provisória.

8.3. Duração das medidas:

A duração das medidas aplicadas difere em função da sua própria especificidade.

- **Medidas a executar no meio natural de vida (art.º 35.º, n.º 1 al. a), b), c), d)).**

Art.º 60.º, n.º 1.

O prazo da medida é o **estabelecido no acordo** ou na **decisão judicial**.

Com os seguintes limites:

- MÁXIMO – **12 meses** ou
- **18 meses,** em caso de prorrogação das mesmas, se:
  - O interesse superior da criança/jovem o aconselhar, no caso das m.p.p.: **apoio junto dos pais** e **apoio para autonomia de vida;**
  - O interesse superior da criança/jovem o aconselhar **e** desde que se mantenham os consentimentos aos acordos legalmente exigidos, no caso das medidas de **apoio junto de outro familiar** e de **confiança a pessoa idónea.**

- **Em regime de colocação (art.º 35.º, n.º 1 al. e), f))**

Art.º 61.º
  - As medidas têm a duração que consta no acordo ou na decisão judicial.
  - Limite temporal: não tendo sido estabelecido prazo deve ter-se como limite máximo os 18 ou 21 anos (no art.º 5.º al. a).

EXCEPÇÃO:

– Medida de Confiança a pessoa seleccionada para a adopção ou a instituição com vista a futura adopção – Art.º 62.º-A.
– Duração: *Até ser decretada a adopção.*
– Não se aplicam as regras previstas nos art.ᵒˢ 60.º e 61.º.

8.4. Revisão da medida

8.4.1. Em que pode consistir a revisão da medida:

A decisão de REVISÃO pode determinar: Art.º 62.º, n.º 3
a) *A cessação da medida;* (ver infra, 8.5.)
b) *A substituição da medida por outra mais adequada;* (ver infra)
c) *A continuação ou a prorrogação da execução da medida;* (ver infra)
d) *A verificação das condições de execução da medida.*

8.4.2. Competência

8.4.2.1. Na CPCJ – Enquanto mantiver a competência para a intervenção a CPCJ procede à revisão nos próprios processos – art.º
21.º, n.º 2, al. f).

8.4.2.2. No Tribunal – Tem competência para proceder à revisão das medidas aplicadas em todos os processos que corram termos no tribunal.

8.4.3. Prazo

8.4.3.1. Regra Geral

Nos termos do art.º 62.º, n.º 1, as medidas são revistas:

– **Findo o prazo fixado** no acordo ou na decisão judicial;
ou
– **Decorridos, *no máximo,* seis meses** após a aplicação da medida ou de uma primeira revisão desta.

EXCEPÇÕES:

a) *A medida de colocação de acolhimento em instituição de curta duração* (em casas de acolhimento temporário por período não superior a seis meses) é **obrigatoriamente *reexaminada/REVISTA de 3 em 3 meses*** – art.º 59.º, n.º 4.

GUIA DE PROCEDIMENTOS DO PROCESSO DE PROMOÇÃO E PROTECÇÃO

b) A revisão pode ter lugar **antes de decorrido o prazo** (de revisão) referido no acordo ou na decisão e desde que ocorram factos que a justifiquem – art.º 62.º, n.º 2:

– Por requerimento:

- dos pais,
- do representante legal,
- da pessoa que tenha a guarda de facto,
- do próprio menor com idade igual ou superior a 12 anos,
- do Ministério Público,

– Oficiosamente:

c) A medida de confiança a pessoa seleccionada para a adopção ou a instituição com vista a futura adopção **não está sujeita a revisão,** a menos que o projecto de vida da criança/jovem se altere de alguma forma, seja pelo facto de a medida dever ser substituída ou cessada, seja porque, a continuar a ser necessário manter-se aquela medida, algum dos elementos integradores da mesma deva ser alterado – Art.º 62.º-A, n.º 1.

NOTA:

As medidas provisórias são, OBRIGATORIAMENTE, revistas dentro no prazo máximo de seis meses – Art.º 62.º, n.º 6.

8.4.4. Formalidades:

8.4.4.1. Junção ao processo do **relatório social**.

8.4.4.2. São **obrigatoriamente ouvidos** os pais, o representante legal e as pessoas que tenham a guarda de facto da criança ou do jovem – art.º 85.º.

8.4.4.3. É igualmente ouvida a criança/jovem com idade igual ou superior a 12 anos – art.º 84.º, n.º 1.

PODE ser igualmente ouvida a criança com idade inferior desde que revele conseguir compreender o sentido da intervenção e seja aconselhável a sua audição.

8.4.4.4. É proferida decisão.

8.4.5. Recorribilidade da decisão de REVISÃO

A decisão de REVISÃO que determine a alteração ou a cessação da medida aplicável é recorrível – art.º 123.º.

Trata-se de um instituto aplicável apenas na fase judicial do processo.

8.4.6. Conteúdo da decisão de revisão

Art.º 62.º, n.º 3
A decisão de revisão pode/deve pronunciar-se sobre um dos seguintes aspectos:

- A cessação da medida (ver infra, 8.5.)
- A substituição da medida por outra mais adequada.

NOTA:

Em sede de CPCJ, a substituição de uma medida depende do consentimento de quem o havia prestado anteriormente (pais, representante legal ou pessoa que tenha a guarda de facto da criança ou jovem) e da não oposição do menor com idade igual ou superior a 12 anos – art.º 68.º, al. b).

- A continuação ou prorrogação da execução da medida – art.º 62.º, n.º 3 al. c). A este propósito veja-se o teor do art.º 60.º, n.º 2 que prevê a prorrogação da execução da medida apenas para aquelas cuja execução ocorre no MEIO NATURAL DE VIDA.

- A verificação das condições de execução da medida – art.º 62.º, n.º 3 al. d). É possível – e desejável que assim aconteça – que na decisão de revisão sejam reavaliadas as condições em que a medida vem sendo executada.

8.5. Cessação da medida

A cessação da medida tem lugar:

Art.º 60.º, n.º 2
As medidas referidas no número anterior não poderão ter duração superior a um ano, podendo, todavia, ser prorrogadas até 18 meses se o interesse da criança ou do jovem o aconselhar e, no caso das medidas previstas nas alíneas b) e c), desde que se mantenham os consentimentos e os acordos legalmente exigidos.

a) Decorrido o respectivo prazo de duração ou eventual prorrogação – art.ᵒˢ 63.º, n.º 1 e 60.º, n.º 2;

b) Quando a decisão de revisão ponha termo à medida (porque a continuação da medida se mostra desnecessária) – art.º 62.º, nº. 3 al. a) e n.º 4 e 63.º, n.º 1 al. b);

c) *O art.º 44.º foi REVOGADO pela Lei n.º 31/2003, de 22/08 – previa a cessação da medida quando fosse decidida a confiança administrativa ou judicial nos casos previstos no art.º 44.º;*

GUIA DE PROCEDIMENTOS DO PROCESSO DE PROMOÇÃO E PROTECÇÃO

d) Quando a criança/jovem atinja os 18 anos ou, nos casos em que tenha solicitado (o que deve fazer antes de completar os 18 anos) a continuação da medida para além da maioridade, complete 21 anos;

e) Seja proferida decisão, em procedimento cível, que assegure o afastamento da criança ou do jovem da situação de perigo:

1) Regulação do exercício das responsabilidades parentais – art.ºˢ 174.º a 183.º da O.T.M. e 1905.º a 1912.º do Cód. Civil;

2) Alteração da regulação do exercício das responsabilidades parentais – art.ºˢ 174.º a 183.º da O.T.M. e 1905.º a 1912.º do Cód. Civil;

3) Tutela – art.os 210.º da O.T.M. e 1921.º e ss. do Cód. Civil;

4) Inibição do exercício do poder paternal – art.ºˢ 194.º da O.T.M. e 1915.º do Cód. Civil;

5) Confiança da criança ou do jovem a terceira pessoa ou a estabelecimento de educação ou de assistência, nos casos em que a sua segurança, saúde, formação moral ou a educação se encontre em perigo e não seja caso de Inibição do exercício do poder paternal – art.ºˢ 210.º da O.T.M. e 1918.º do Cód. Civil;

6) Guarda Provisória na pendência de processo de confiança judicial com vista a futura adopção – art.os 166.º da O.T.M.

Quanto ao NOVO REGIME DO EXERCÍCIO DAS RESPONSABILIDADES PARENTAIS, ver pág. 153 e segs.

NOTAS:

1) Art.º 69.º – DEVER DE COMUNICAÇÃO das C.P.C.J. ao MºPº – no caso de ser necessária decisão em procedimento cível que assegure o afastamento da criança ou do jovem da situação de perigo (v.g. as situações acima referidas em e.1), e.2), e.3), e.4), e.5) e e.6)).

2) Após a cessação da medida aplicada na comissão de protecção, a criança ou o jovem e a sua família poderão continuar a ser apoiados por aquela, nos termos e pelo período que forem acordados – art.º 63.º, n.º 2.

3) Recorribilidade da decisão de CESSAÇÃO

A decisão de CESSAÇÃO da medida aplicável é recorrível – art.º 123.º. Trata-se de um instituto com aplicação, apenas, na fase judicial do processo.

9. PROCEDIMENTOS DE URGÊNCIA

Art.º 91.º e 92.º

> NOTA:
> Desenvolvimento deste capítulo em artigo a pág. 65 e segs.

9.1. Conceito

O art.º 5.º, alínea c) define situação de urgência como a situação de perigo **actual** ou **iminente** para a **vida** ou **integridade física** da criança ou do jovem.

9.2. Pressupostos

A intervenção de urgência está dependente da verificação de pressupostos:

9.2.1. Objectivos

Os que têm a ver com a situação de facto a que a criança ou jovem se encontra exposto. É pois necessário, a este nível, que se verifique: a existência de *um perigo* e que esse perigo *seja*:

- **Actual**, (estendendo-se mesmo ao perigo "**quase actual**") ou
- **Iminente**.

9.2.2. Subjectivos

a) **Em sentido amplo:**

Relativos às qualidades ou condições que a criança deve apresentar para legitimar a intervenção)

– Só é admissível a intervenção quando existir:

- Um **perigo para a *vida*,** ou
- Um **perigo para a *integridade física*** daquela. Estando ameaçados outros direitos da criança ou jovem, que não a sua vida ou integridade física, não é legítimo o recurso a este procedimento.

b) **Em sentido restrito:**

Diz respeito aos possíveis comportamentos dos representantes da criança. É exigida a manifestação de oposição à intervenção.

9.3. Legitimidade para a intervenção

Poderão intervir quaisquer das entidades com competência em matéria de infância e juventude, as Comissões de Protecção de Crianças e Jovens (CPCJ), mas, igualmente, as Autoridades Policias e os Tribunais.

A primeira iniciativa caberá (em alternativa):

- Às CPCJ's, ou
- A qualquer das entidades com intervenção na área dos menores; ou
- Às autoridades policiais (sempre que sejam estas as primeiras a tomarem notícia da ocorrência ou a presenciarem a situação).

9.4. Modo de actuação

9.4.1. Primeiros procedimentos

Qualquer daquelas entidades deverá iniciar os primeiros procedimentos, tomando as medidas consideradas como necessárias – art.º 91.º, n.º 1.

Esta intervenção deve, por isso, ser legal, rápida e eficiente. Legal, uma vez que qualquer das entidades que intervém deve pautar-se por uma atitude estritamente conforme com os dispositivos legais específicos, mas respeitando, igualmente, o restante ordenamento jurídico.

A intervenção, prevista no art.º 91.º, deve ser tão imediata, como rápida.

Por fim, deve a intervenção ser eficaz, por forma a obstar à situação de perigo.

9.4.2. ...e de imediato

DE IMEDIATO, deve qualquer daquelas entidades suscitar a intervenção do Tribunal, a fim de ser desencadeado o procedimento processual previsto no art.º 92.º.

9.4.3. Retirada da criança

- Face à restrição constitucional relativa à violação do domicílio (cfr. n.º 2 do art.º 34.º da Constituição da República Portuguesa) a entrada na residência, apenas é admitida nos casos de flagrante delito (cfr. art.º 34.º, n.º 3 da Constituição da República Portuguesa), para assegurar a imediata protecção da criança.
- Quer as entidades com competência em matéria de infância quer as CPCJ, não poderão retirar a criança.

- Admitindo que a actuação no âmbito do n.º 1 se processa em período em que não é possível accionar o procedimento judicial e se torna necessária a adopção de medidas mais drásticas (maximé, a retirada da criança), devem aquelas instituições suscitar a intervenção das entidades policiais.
- A partir daí, será necessário a acção da autoridade policial para retirar aquela.

Cfr: Alda Mira Coelho e Maia Neto, *in* http://www.cnpcjr.pt/preview_documentos.asp?r=1310&m=PDF
Anexo – Lista de alguns Centros de Acolhimento.

9.4.4. Acção da autoridade policial

Assim, estrategicamente, logo na primeira deslocação ao local, qualquer das entidades com competência na área dos menores ou as CPCJ deve fazer-se acompanhar – sempre que possível – por agentes de autoridade.

9.5. Comunicações

Embora o n.º 1 do art.º 91.º estabeleça que as entidades referidas no art.º 7.º ou as CPCJ "solicitam a intervenção do tribunal" e o n.º 2 refira que as entidades policiais "dão conhecimento"(...) "ao Ministério Público", podemos afirmar que se tratará, sempre, de uma comunicação formal ao Ministério Público a executar:

IMEDIATAMENTE

- Via **Fax** – como sendo a forma mais expedita, ou
- **Pessoalmente** – através da entrega da comunicação ao magistrado do Ministério Público efectuada pelo próprio técnico, a fim de, se tal se revelar necessário, poder prestar algum esclarecimento adicional ou sensibilizar para alguma particularidade da situação em causa.

9.6. Processo Judicial de Urgência

9.6.1. Início do processo

O processo inicia-se:

– Com a remessa do expediente (a comunicação) à secção central para que seja averbada ao Juiz de turno.

O requerimento inicial exigido, pese embora se trate de uma peça processual que vai dar início a um processo judicial, não está sujeito às condicionantes formais exigidas para uma petição inicial. Nalguns casos cremos ser de considerar a hipótese de, no próprio expediente, fazer constar um despacho/requerimento.

9.6.2. Diligências

Este "processo inicia-se para que seja, de imediato, proferida uma decisão. Esta é a regra.

Contudo, como não podia deixar de ser, estabeleceu-se um "válvula de segurança", permitindo-se que, caso se entenda necessário, o tribunal proceda às averiguações sumárias e indispensáveis – art.º 92.º, n.º 2 da LPCJP.

Todavia, a eventual necessidade de realização de diligências tendentes a habilitar o juiz a proferir uma decisão não pode prolongar-se para além das 48 horas.

9.6.3. Decisão

Assim, 48 horas é o prazo máximo para que seja proferida decisão sobre a medida aplicada nos termos do art.º 91.º da LPCJP.

Ora, atendendo à natureza urgente das situações em causa, impunha-se que não só todo o processo como a própria execução da decisão tivessem como característica a celeridade. Nesse sentido, o legislador consagrou que, caso o juiz *admita poder vir a ocorrer qualquer forma de obstrução ao cumprimento da decisão que acabou de proferir, deve ordenar "as diligências necessárias para assegurar a execução das suas decisões"* – art.º 92.º, n.º 2, in fine.

9.6.4. Prosseguimento do processo

Terminado o procedimento judicial de urgência os autos prosseguem como processo judicial de promoção e protecção – art.º 92.º, n.º 3.

Tal facto importa a remessa ao tribunal, pela CPCJ, de todo o processo e dos dados de que disponham referentes ao menor visado.

10. OS TRIBUNAIS

10.1. O Processo Judicial

10.1.1. Regras gerais

Podem elencar-se as seguintes regras gerais de aplicação aos processos judiciais de promoção e protecção:

- Deve ser aberto **1(um) processo** por cada menor – art.º 78.º EXCEPTO: a existência de vários menores na mesma família e se tal se justificar – art.º 80.º

- **Apensação de processos** – art.º 80.º

  - A apensação é facultativa.

    - Requisitos:
      - A mesma situação de perigo abranger mais de uma criança;
      - As relações familiares ou as situações de perigo justificarem a apensação;

- **Apensação de processos de natureza diferente**

  - Apensação entre Processo de Promoção e Protecção, Tutelar Educativo e Providência Tutelar Cível – apensam-se ao que primeiro for instaurado art.º 81.º, n.º 1;
  - A apensação de Processo de Promoção e Protecção a correr termos na CPCJ pode ser efectuada se o Juiz assim o determinar, por entender que poderá existir incompatibilidade entre as medidas – art.º 81.º , n.º 2;
  - Apensação entre Processo de Promoção e Protecção e Processo Penal – art.º 82.º.

- O processo **dever ser organizado**, tratado e conduzido de forma simples e clara para que a criança ou o jovem o entenda – art.º 86.º, n.º 1.

- O processo judicial tem **natureza urgente**, correndo termos nas férias judiciais – art.º 102.º, n.º 1.

- O processo tem **carácter reservado** – art.º 88.º, n.º 1.

  - **Quem pode consultar os processos**: Regras gerais:

a) Pessoalmente ou através de advogado – art.º 88.º, n.º 3:

  - Os pais;
  - Aquele que estiver a substituir os pais no exercício das responsabilidades parentais – Art.º 1908.º do Código Civil, ma redacção introduzida pela Lei 61/2008, de 31/10;
  - O representante legal;
  - Quem tenha a guarda de facto da criança ou do jovem.

b) Através de advogado, ou pessoalmente se o juiz autorizar – art.º 88.º, n.º 4:

  - A criança ou o jovem,

c) Directamente ou através de advogado art.º 88.º, n.º 5:

  - Qualquer pessoa que manifeste interesse legitimo e o Juiz autorize.

EXCEPÇÃO:

Aplicação da medida de confiança prevista no art.º 35.º, n.º 1, al. g)

- **Nomeação de Advogado** ou de patrono:

a) FACULTATIVA – art.º 103.º, n.º 1 em qualquer fase do processo, podem constituir ou requerer a nomeação de patrono, para si ou para a criança ou jovem:

- Os pais;
- Aquele que estiver a substituir os pais no exercício das responsabilidades parentais – Art.º 1908.º do Código Civil, ma redacção introduzida pela Lei 61/2008, de 31/10;
- O representante legal;
- Quem tiver a guarda de facto.

b) OBRIGATÓRIA – art.º 103.º, n.ᵒˢ 2 e 4

- À criança ou jovem.

Na fase de debate judicial:

- ▸ Quando os seus interesses e os dos seus pais, aquele que estiver a substituir os pais no exercício das responsabilidades parentais – Art.º 1908.º do Código Civil, na redacção introduzida pela Lei 61/2008, de 31/10. – representante legal ou quem tenha a guarda de facto sejam conflituantes,
- ▸ Quando a criança ou jovem com a maturidade adequada o solicitar ao Tribunal.

- A criança ou jovem, os seus pais, aquele que estiver a substituir os pais no exercício das responsabilidades parentais – Art.º 1908.º do Código Civil, na redacção introduzida pela Lei 61/2008, de 31/10. – Representante legal ou quem tiver a guarda de facto têm **direito a requerer diligências e oferecer meios de prova**. Art.º 104.º, n.º 1;

- É um processo de **jurisdição voluntária** – Art.º 100.º Devem ser observadas as regras previstas no Código de Processo Civil, nos art.ᵒˢ 1409.º, 1410.º e 1411.º

- Princípio do **Contraditório**:

- ▪ É assegurado, apenas, na fase de debate judicial;
- ▪ EXCEPÇÃO: Em qualquer fase do processo é assegurado o contraditório quanto aos factos e à medida aplicável mas apenas quando se aplicar a medida prevista na alínea g) do n.º 1 do art.º 35.º.

- Sempre que necessário, **o processo deve ser assistido** por: (art.º 86.º, n.º 2):

  – Médicos;
  – Psicólogos;
  – Outros especialistas;
  – Pessoa da confiança da criança;
  – Ou serem utilizados meios técnicos adequados à situação.

- **Regras específicas relativas aos exames médicos** – art.º 87.º.

- **Consulta para fins científicos** – art.º 89.º.

- **Divulgação** à **comunicação social** – art.º 90.º.

10.1.2. Competência territorial

A apreciação e decisão dos processos judiciais de promoção e protecção compete ao Tribunal de Família e Menores da área da residência da criança ou jovem.

Fora da área abrangida por aqueles tribunais é competente o tribunal de comarca – Art.º 101.º.

É competente para a aplicação das medidas de promoção e protecção:

- o Tribunal da área da residência da criança ou do jovem no momento em que é instaurado o processo judicial.
- Se a residência da criança ou do jovem não for conhecida, nem for possível determiná-la, é competente o Tribunal do lugar onde aquele for encontrado.

> NOTA:
> São irrelevantes as modificações de facto que ocorrerem posteriormente ao momento da instauração do processo.

EXCEPÇÃO:

- Apesar daquelas regras, o Tribunal do lugar onde a criança ou o jovem for encontrado realiza as diligências consideradas urgentes e toma as medidas necessárias para a sua protecção imediata.
- Se, após a aplicação da medida, a criança ou o jovem mudar de residência por período superior a três meses, o processo é remetido à comissão de protecção ou ao Tribunal da área da nova residência.

10.2. Fases do processo

Art.º 106.º

▸ **Instrução**

Trata-se de uma fase inicial da apreciação judicial, destinada a habilitar o juiz do processo a mediar uma solução consensual entre todos os intervenientes, com vista a proporcionar a aplicação à criança ou jovem de um correcto e adaptado plano de promoção e protecção.

▸ **Debate judicial**

Não sendo possível a obtenção do acordo na fase inicial do processo, e admitindo-se que se mantém a necessidade de intervenção por subsistir uma situação de perigo, inicia-se a fase de julgamento.

10.3. Iniciativa processual

Art.º 105.º

* Não está sujeito a distribuição – art.º 102.º, n.º 1;
* Após dar entrada na secção central do Tribunal deve ser, imediatamente, averbado ao Juiz de turno – art.º 102.º, n.º2

EXCEPÇÃO: O processo aberto na sequência de um procedimento de urgência – art.º 91.º –, apesar de ser iniciado para apreciação e validação da medida aplicada por entidade diversa, prossegue no Tribunal, nos termos do art.º 92.º, n.º 3.

10.4. Despacho inicial

Não sendo caso de tomar qualquer medida ou ordenar um procedimento com carácter urgente, o juiz profere despacho inicial com um conteúdo de dois tipos:

– Conteúdo OBRIGATÓRIO:

▸ Declara aberta a instrução;
▸ Designa data para a audição obrigatória:

a) Da criança ou do jovem;
b) Dos pais, daquele que estiver a substituir os pais no exercício das responsabilidades parentais – Art.º 1908.º do Código Civil, na redacção introduzida pela Lei 61/2008, de 31/10 – do representante legal da criança ou do jovem ou da pessoa que tenha a sua guarda de facto.

– Conteúdo FACULTATIVO:

▸ Sempre que o julgar conveniente e a fim de prestarem os esclarecimentos necessários, pode designar data para ouvir:

- Os técnicos que conheçam e/ou tenham acompanhado a situação da criança ou do jovem,
- Qualquer outra pessoa que revele conhecer a situação.

▸ Solicita a elaboração de relatório ou informação social.

– EXCEPÇÃO: art.º 106.º

- Se for necessário a aplicação de uma medida e se o juiz considerar que não é viável o acordo e que os autos já dispõem de todos os elementos passa directamente à fase de debate judicial.

NOTA:

Com a notificação da designação da data referida no nº 1 (do art.º 107.º) procede--se também à notificação dos pais, representantes legais ou de quem tenha a guarda de facto da criança ou do jovem para, querendo, requererem a realização de diligências instrutórias ou juntarem meios de prova – art.º 107.º, n.º3.

10.5. Informação/relatório social

Art.º 108.º

1 – O juiz, se o entender necessário, pode utilizar, como meios de obtenção da prova, a informação ou o relatório social sobre a situação da criança e do jovem e do seu agregado familiar.

2 – A informação é solicitada pelo juiz às entidades referidas na alínea d) do artigo 5.º, que a remetem ao tribunal no prazo de oito dias.

3 – A elaboração de relatório social é solicitada pelo juiz a qualquer das entidades a que se refere o artigo 5.º, alínea d), que disponha de serviço social adequado para o efeito, que o remete no prazo de 30 dias.

Embora a lei não o esclareça claramente – nem o deveria fazer uma vez que os critérios para a sua realização dizem respeito às regras de avaliação social – parece clara a diferenciação imposta através do limite temporal estabelecido para a sua concretização:

Informação social – A realizar pelos serviços da Segurança social e a remeter ao tribunal no prazo de **oito** dias. Trata-se de uma mera apreciação baseada apenas numa averiguação sumária.

GUIA DE PROCEDIMENTOS DO PROCESSO DE PROMOÇÃO E PROTECÇÃO

Relatório social – A realizar pelos serviços da Segurança social e a remeter ao tribunal no prazo de **trinta** dias. Exige-se uma avaliação, tão aprofundada quanto possível, de toda a situação inerente e envolvente à criança ou ao jovem, ao agregado social onde aquele se insere e ao círculo social que frequenta.

10.6. Outras diligências

– Por iniciativa do tribunal:

Tratando-se de um processo de jurisdição voluntária, sob a égide do superior interesse da criança, permite-se ao tribunal proceder às averiguações que entenda por necessárias e convenientes, sempre com vista a salvaguardar aquele princípio.

– A requerimento das partes:

Os pais, aquele que estiver a substituir os pais no exercício das responsabilidades parentais – Art.º 1908.º do Código Civil, na redacção introduzida pela Lei 61/2008, de 31/10. – Representantes legais ou de quem tenha a guarda de facto da criança ou do jovem podem, querendo, requerer a realização de diligências instrutórias ou juntarem meios de prova – art.º 107.º, n.º 3.

Ainda aqui e por maioria de razão, por se tratar de diligências requeridas pelas partes, deverá o tribunal apreciar quer a sua validade, quer a sua oportunidade quer o melhor modo da sua realização, sempre com vista à garantia do interesse da criança.

10.7. Duração da instrução

A lei fixou um prazo peremptório. Não é admitida a manutenção da fase de instrução por um período superior a **quatro meses** – art.º 109.º

Todavia, trata-se de uma regra relativamente à qual não se previu qualquer consequência para o seu não cumprimento.

10.8. Encerramento da instrução

10.8.1. Conteúdo

A – Parecer do MP

Trata-se de um acto processual imposto por lei, atendendo à especial natureza da intervenção do Ministério Público na jurisdição de menores. Pretende-se fazer intervir esta magistratura para que, para além do normal acompanhamento do processo, possa "sanear" o processo pronunciando-se sobre o desfecho final do mesmo.

Não sendo vinculativo para o juiz, o parecer do Ministério Público deve servir como uma última opinião sobre a intervenção que se espera do Tribunal sobre a situação da criança.

B – Despacho do juiz

O art.º 110.º impõe ao Juiz – mais uma vez – a prolação de um despacho com um conteúdo multiplo:

- Deve ser declarada encerrada a instrução do processo; e
- Atentos os elementos carreados e disponíveis nos autos até esse momento, depois de declarada encerrada a instrução, impõe-se que o juiz que profira uma de três decisões:
  - Arquivamento;
  - Designação de data para conferência; ou
  - Passagem à fase de debate judicial.

10.8.2. Arquivamento

Esta é a opção que assiste ao Juiz, sempre que se verifique uma das situação referidas no art.º 111.º:

- Se a situação de perigo denunciada não se comprovar ao longo da instrução;
- Quando se tiver comprovado a verificação da situação que originou o processo mas, nesse momento, a mesma já não subsistir; ou
- Quando se tiver comprovado a verificação da situação que originou o processo mas, nesse momento, se tornar desnecessária a aplicação de qualquer medida – ver o art.º 4.º, alínea e), princípio da proporcionalidade e actualidade.

10.8.3. Designação de data para conferência

Ao invés, quando entenda:

- Que se encontra verificada a situação que originou o processo; e
- Que é necessária a aplicação de uma medida,

deve o juiz designar data para a realização de conferência, com vista à obtenção de uma solução negociada – cfr. principio da responsabilidade parental – art.º 4.º, alínea f).

Para o efeito, convoca as pessoas referidas no art.º 112.º, seguindo, para a obtenção do acordo, as regras previstas nos art.º 55.º a 57.º , por referência do art.º 113.º, n.º 1.

NOTA:

1 – Tal como defendemos para os procedimentos urgentes, a ausência em parte incerta de um ou ambos os progenitores, não deve conduzir à inviabilização de uma solução negociada.

2 – Sobre as medidas de promoção e protecção, v.d. o que escrevemos no ponto 5.

3 – Sobre o acordo de promoção e protecção, v.d. o que escrevemos no ponto 7.

10.8.4. Passagem à fase de debate judicial

Deve ocorrer sempre que:

▸ Se **impossibilite a obtenção de acordo** – por oposição de algum dos interessados ou do MINISTÉRIO PÚBLICO –, no momento da realização da conferência; ou

▸ No momento de declarar encerrada a fase de instrução o Juiz **considere manifestamente improvável uma solução negociada.**

11. DEBATE JUDICIAL

Subsidiariamente, e com as devidas adaptações, esta fase do processo segue as regras do processo de declaração, sob a forma sumária – art.º 125.º

11.1. Início

No despacho que declara a passagem do processo para a fase de debate judicial, o juiz ordena a notificação:

- Do Ministério Público,
- Dos pais,
- Daquele que estiver a substituir os pais no exercício das responsabilidades parentais – Art.º 1908.º do Código Civil, na redacção introduzida pela Lei 61/2008, de 31/10.
- Do representante legal,
- De quem tiver a guarda de facto e a criança ou jovem com menos de 12 anos – incluindo o seu advogado ou patrono – para, **querendo, alegarem,** por escrito, e **no prazo de 10 dias** – art.º 114.º, n.º 1.

EXCEPÇÃO: Para o Ministério Público é obrigatória a apresentação de alegações e indicação de prova sempre que considere que a medida a aplicar é a de confiança a pessoa ou instituição para adopção – art.º 114.º, n.º 2.

11.2. Tramitação

Terminado o prazo para a apresentação de alegações e indicação de prova, o Juiz:

- **Designa a data** para a realização do debate;
- **Designa os dois juízes sociais** para compor o tribunal, e
- Indica quais as pessoas que devem comparecer na sessão de debate.

Após, a secção:

- ▸ **Notifica as pessoas** convocadas para estar presentes no debate, incluindo as testemunhas indicadas.
- ▸ No mesmo acto, **dá conhecimento** ao Ministério Público, aos pais, aquele que estiver a substituir os pais no exercício das responsabilidades parentais – Art.º 1908.º do Código Civil, na redacção introduzida pela Lei 61/2008, de 31/10. – ao representante legal, a quem tenha a guarda de facto e ao advogado da criança **das alegações já apresentadas** pelos outros intervenientes – art.º 114.º, n.º 4.

Antes da data designada para a realização do debate, o processo vai com **vista aos juízes sociais**, durante 5 dias, para que dele tomem conhecimento – art.º 648.º do Código de Processo Civil.

11.3. Composição do tribunal

Compõem o tribunal, nos termos do art.º 115.º:

- O **juiz** do processo,
- Dois **juízes sociais**.

O tribunal funciona em **regime de colectivo** e é **presidido pelo Juiz do processo**.

Os juízes sociais são escolhidos pelo Juiz do processo, de entre os 15 membros efectivos (ou dos 15 suplentes) – ver art.º 32.º do **Decreto-Lei n.º 156/78, de 30 de Junho** e mapa anexo – que compõem a lista elaborada de acordo com os critérios previstos naquele diploma e publicada em Portaria.

11.4. O debate

A sessão de debate judicial, longe de ser o culminar do processo de promoção e protecção é o que, impropriamente, se poderá designar por audiência de discussão e julgamento (atente-se no facto de a lei, no art.º 118.º usar a designação de audiência referindo-se ao mesmo acto, a sessão do debate). Segue, por isso e muito de perto as regras e princípios consignados no Código de Processo Civil, com algumas particularidades.

11.4.1. Princípios

A sessão de debate:

- É **contínua**, – art.º 116.º, n.º1 – decorre sem interrupções ou adiamentos (ou suspensões) até ao seu encerramento.

  Excepção: A garantia do direito ao repouso e alimentação dos participantes.

  – A não comparência de alguma das pessoas convocadas obriga o juiz a determinar a realização das diligências necessárias à concretização da sua comparência. Tal poderá implicar a suspensão dos trabalhos por alguns momentos.
  – Em casos de especial complexidade pode ser lida a decisão em dia diferente – art.º 122.º, n.º 2.

- É **inadiável**, – art.º 116.º, n.º 2.

  Excepção: Caso seja impossível a constituição do tribunal por ausência de algum dos juízes.

- **Não é pública** – art.º 116.º, n.º 3 – está **vedada ao público a assistência** à sessão de debate, durante a audição das pessoas presentes e da produção da prova.

  Excepção: Art.º 116.º, n.º 3 – **apenas podem assistir as pessoas que o tribunal expressamente autorizar**.
  A **leitura** da decisão é **pública**.

11.4.2. Documentação da prova

Inicia-se o debate com a produção de prova e audição das pessoas presentes – art.º 117.º.

As declarações prestadas em audiência devem ser reduzidas a escrito – art.º 118.º.

Preferencialmente com o recurso aos meios técnicos de gravação disponíveis no tribunal – art.º 118.º, n.º 1;

Se tal não for possível, o Juiz presidente dita para a acta, por súmula, o conteúdo das declarações. Neste caso, podem os Advogados e o Ministério Público requerer aditamentos – art.º 118.º, n.º 2.

11.4.3. Alegações

Terminada a produção da prova o juiz concede a palavra:

– Ao Ministério Público;
– Aos Advogados.

Para produzirem alegações:

– Orais; e
– Por um período máximo de 30 minutos cada – art.º 119.º.

11.4.4. Decisão

a) **Competência** – art.º 120.º A decisão é tomada:

- Em reunião do Tribunal (entenda-se, do colectivo), efectuada de imediato;
- Por maioria de votos (dos três juízes);
- Votando: – primeiro, os juízes sociais;
  – entre estes, primeiro o mais velho;
  – por fim, o juiz presidente.

> NOTA:
> Se não houver unanimidade, o juiz vencido declarará o seu sentido de voto na decisão.

b) **Conteúdo** – art.º 121.º:

A decisão do Tribunal deve ter um conteúdo e uma estrutura determinada:

1 – Inicia-se por um relatório, donde conste:

- A identificação: da criança ou jovem;
- Dos pais;
- Daquele que estiver a substituir os pais no exercício das responsabilidades parentais – Art.º 1908.º do Código Civil, na redacção introduzida pela Lei 61/2008, de 31/10;

- Do representante legal; ou
- Quem tem a guarda de facto;
- Descrição da tramitação do processo, circunstanciando-se as diligências efectuadas.

2 – Segue-se a fundamentação, contendo:

- A enumeração dos factos provados e não provados;
- A valoração dos factos;
- As razões justificativas do arquivamento ou da aplicação de uma medida.

3 – Por fim, faz-se constar a parte dispositiva:

Deverá conter, de forma clara e precisa, a decisão final a aplicar no processo.

NOTA:
Sobre as medidas de promoção e protecção, v. d. o que escrevemos no ponto 5.

---

c) **Leitura da decisão** – art.º 122.º

De regresso à sala de audiências, o juiz presidente:

- Lê toda a decisão, se esta for reduzida a escrito; ou
- Dita para a acta a decisão.

EXCEPÇÃO: Em situações de especial complexidade, a decisão pode ser lida noutro dia – art.º, 122.º, n.º 2.

d) **Recurso**

1 – **Âmbito** – art.º 123.º, n.º 1

Cabe recurso das decisões sempre que, cumulativamente, a decisão:

- Seja definitiva ou provisória;
- Se pronuncie sobre a aplicação, alteração ou cessação da medida.

2 – **Legitimidade** – 123.º, n.º 2

Podem interpor recurso da decisão:

- O Ministério Público;
- A criança ou o jovem;
- Os pais;

- Aquele que estiver a substituir os pais no exercício das responsabilidades parentais – Art.º 1908.º do Código Civil, na redacção introduzida pela Lei 61/2008, de 31/10;
- O representante legal;
- Quem tiver a guarda de facto.

3 – Tipo de recurso – 124.º, n.º 1

Os recursos destas decisões são processados e julgados como os agravos em matéria cível.

4 – Efeito do recurso – art.º 124.º, n.º 2

O efeito do recurso é fixado pelo Tribunal recorrido. Desta forma permite--se sempre que o Tribunal controle o interesse do recurso versus o interesse da criança.

12. EXECUÇÃO, REVISÃO E CESSAÇÃO DA MEDIDA

Sobre a execução, revisão e cessação das medidas de promoção e protecção, v.d. o que consta do ponto 8, com as necessárias adaptações.

PROCEDIMENTOS DE URGÊNCIA, NA LEI 147/99, DE 1 DE SETEMBRO[*]

[*] Dissertação final do Curso de Pós-Graduação "Protecção de Menores". Universidade de Coimbra.

1. INTRODUÇÃO

"Em qualquer sociedade existe um número considerável de crianças e jovens com comportamentos que os colocam em risco de uma evolução inadequada sob os pontos de vista psicológico, físico ou social."

MARIA HELENA DAMIÃO SILVA
In *Crianças e Jovens em Risco: Da Investigação à Intervenção*
Almedina, 2004, pág. 9

Este é, de certo, apenas um dos lados da questão.

Com efeito, o problema deve ser colocado não só no papel da própria criança mas, de uma forma mais abrangente, também nos condicionamentos que a comunidade impõe sobre a criança. Importa, pois, realçar os factores exógenos que, directa ou indirectamente, influem sobre os comportamentos da criança ou do jovem.

Fruto da evolução da mentalidade ocorrida, nas últimas décadas tem-se assistido a um crescente despertar da consciência social para a problemática da criança. Falamos a nível da saúde, do bem-estar, da educação, da formação moral e cívica, etc. Mas falamos, também e essencialmente, da condição essencial da criança enquanto ser humano, com particularidades acrescidas em função da sua débil idade.

Por estas razões têm vindo a florescer variados sistemas de protecção da criança.

E a necessidade estatal de intervenção no sentido de promoção e protecção da criança, culminou, no nosso País, com a Lei n.º 147/99, de 1 de Setembro – Lei de Protecção de Crianças e Jovens em Perigo (LPCJP).

Pese embora o curto trajecto de vigência da LPCJP, as reflexões que sobre a mesma já se têm feito abrangem, geralmente, as grandes questões de fundo. Pensamos no novo estatuto das Comissões de protecção de Crianças e Jovens (CPCJ), no papel do Ministério Público no relacionamento com as CPCJ ou mesmo no impacto social da aplicação das medidas de protecção.

GUIA DE PROCEDIMENTOS DO PROCESSO DE PROMOÇÃO E PROTECÇÃO

Contudo, a nossa experiência judiciária, vem-nos colocando uma outra questão de particular importância – a dos procedimentos de urgência.

Possivelmente devido à carência de formação específica nesta matéria, aliada ao facto da própria situação de urgência requerer rapidez na actuação somos, frequentemente, confrontados com a verificação de acções menos correctas, para além da subsistência de um largo número de dúvidas no que respeita ao instituto em causa.

Esta, a justificação para o presente trabalho.

2. GARANTIAS LEGISLATIVAS

"Existe actualmente uma quantidade considerável de conhecimentos sobre a natureza dos problemas da criança e jovens em risco, sobre a sua evolução a médio ou longo prazo e sobre as possibilidades de intervenção neste domínio. Independentemente das dúvidas relativas à existência ou não de uma categoria única e homogénea de crianças em risco, é consensual que os problemas desses indivíduos são visíveis desde cedo (v.g. já no período pré-escolar), caracterizam-se por uma grande diversidade, e mantêm-se estáveis através da adolescência, da juventude e de grande parte da sua vida adulta."

ANTÓNIO CASTRO FONSECA
In *Crianças e Jovens em Risco: Da Investigação à Intervenção*
Almedina, 2004, pág. 9

É com alguma facilidade que se adere ao pensamento contido naquela afirmação, quando centra a problemática das crianças em risco nos primeiros anos de vida. Permitimo-nos, todavia, manifestar algumas reservas ao mesmo, na parte em que se defende o enraizamento dessa questão no íntimo da criança e, a partir daí, se postula como consequência natural a consolidação dos problemas e até o seu desenvolvimento, de forma agravada, durante o crescimento da criança até à fase adulta.

Não é, de todo, a perspectiva dos que se vêm dedicando à problemática da criança.

É que, na essência de cada uma das intervenções está subjacente o seu próprio fim. E este desenvolve-se em dois momentos: inicialmente, na protecção imediata da criança; depois, na protecção da criança ou do jovem através da promoção dos seus direitos. Impõese, pois, concluir que, se se admite a sinalização de uma determinada problemática nos primeiros anos de vida da criança e se se parte para uma intervenção, tal deverá ocorrer com vista à salvaguarda da protecção da criança e a promoção dos seus direitos. Isto passará, necessariamente, pela construção de um modelo de vida adaptado às necessidades da criança, de

PROCEDIMENTOS DE URGÊNCIA, NA LEI 147/99, DE 1 DE SETEMBRO

forma a garantir o seu crescimento equilibrado. Daí que não seja de admitir que, com a intervenção, não se logre a correcção da situação.

Este é, em tese, o grande desafio de quem está em contacto com as crianças em risco.

Para fazer face a este desiderato, tem sido clara a preocupação legislativa em salvaguardar, através dos mais variados instrumentos, alguns mecanismos que garantam a protecção da criança e promovam o seu estatuto.

2.1. Plano Internacional

Na comunidade internacional, há muito que a criança vem sendo considerada como alvo privilegiado de atenção. A partir de uma maior abertura para o social, foi óbvia a ponderação das implicações decorrentes de uma desestruturada relação em que, eventualmente, a criança se mostre inserida.

Anotemos, cronologicamente, alguns factos que marcaram todo um percurso de crescente interesse e preocupação para a necessidade de intervenção.

Primeiro de uma forma mais dogmática, quando se postularam as primeiras regras tendentes a garantir a erradicação de situações de exploração da fraqueza da condição humana; por fim, numa intervenção mais protectiva, quando se previram as regras de promoção dos direitos já consagrados anteriormente.

1679: **O Habeas corpus,** votado pelo Parlamento Inglês, protege o indivíduo contra os comportamentos arbitrários.

1789: A **Revolução Francesa.** A Declaração dos Direitos do Homem, no seu artigo 1.º prevê que *"todos os homens nascem e crescem livres e iguais em direitos".*

1813: Um diploma legal francês **interdita o acesso às minas aos menores de 10 anos.**

1874: Uma lei francesa **reduziu a duração do período de trabalho das mulheres e crianças (relativamente a estas não podendo exceder as 6 horas diárias para os menores com mais de 12 anos).**

1882: A lei Ferry organiza, em França, **o ensino primário obrigatório, laico e gratuito, para todas as crianças dos 6 aos 13 anos.**

1912: **Instituição de tribunais de menores.**

1924: **Declaração de Genève.** Primeira tentativa de codificação dos direitos fundamentais das crianças; iniciativa da União Internacional das Instituições de Protecção da Infância – UIPI.

1945: Assinatura da **Carta das Nações Unidas**; a criação da UNESCO;

1948: A criação da UNICEF.

1948: **Declaração Universal dos Direitos do Homem**, adoptada pela Assembleia-Geral da ONU, reunida em Paris.

GUIA DE PROCEDIMENTOS DO PROCESSO DE PROMOÇÃO E PROTECÇÃO

1959: **Declaração dos Direitos da Criança.** Texto em dez artigos, aprovada por unanimidade pela ONU.

1961: Convenção relativa à **competência das autoridades e à lei aplicável em matéria de protecção de menores,** Haia, 5 de Outubro.

1979: **Ano Internacional da Criança.**

1980: Convenção sobre os **aspectos civis do rapto internacional de crianças** (25 de Outubro).

1984: Convenção de cooperação judiciária relativa à **protecção de menores,** entre Portugal e França. Resolução da Assembleia da República n°. 1/84, DR n.º 29, I Série, de 03/02/1984.

1989: Adopção pela ONU da **Convenção Relativa aos Direitos da Criança** (composta por 54 artigos).

1990: **Declaração Mundial sobre a educação para todos** (Assinada em Jomtiem *(Tailândia) com a presença de* 155 países).

1993: Convenção relativa à **Protecção das Crianças e à Cooperação em matéria de Adopção Internacional** (Haia, 29 de Maio).

1994: **Convenção Portugal/Luxemburgo.**

1996: Convenção relativa à competência, à lei aplicável, ao **reconhecimento, a execução e à cooperação em matéria de responsabilidade paternal e de medidas de protecção de crianças** (Haia, 19 de Outubro).

1996: **Convenção Europeia relativa ao exercício dos Direitos da Criança.**

2000: Regulamento (CE) n.º 1347/2000 do Conselho da União Europeia, de 29/05 – relativo à competência, **ao reconhecimento e à execução de decisões em matéria matrimonial e de regulação do poder paternal em relação a filhos comuns do casal.**

2002: dia **20 de Novembro,** declarado **Dia Universal da Criança,** UNICEF.

2003: O dia 12 de Junho é declarado **"Dia Mundial contra o trabalho Infantil",** pela ONU.

2.2. Perspectiva interna

O legislador português mostrou-se, igualmente, sensível a esta problemática pelo que, veio a assumir, por via legislativa, o papel de garante dos direitos que lhe estavam, e estão, subjacentes.

A lei penal de 1986 não parecia tão clara, como hoje, na punição dos pais violentos mas já previa, expressamente, o crime de exposição e de abandono de infantes (art.ᵒˢ 345.º a 348.º).

Na lei civil, o art.º 141.º do código de 1867, prevendo que os pais pudessem "abusar" do exercício do poder paternal, condenava expressamente esse desvio.

> "Portugal, com a Lei de protecção à infância de 27 de Maio de 1911, é considerado o primeiro país a concretizar uma reforma global das disposições penais relativas a menores, na Organização Tutelar de Menores, aprovada pelo DL n.º 44288, de 20 de Abril de 1962".
>
> RUI EPIFÂNEO
> In *Direito de Menores*, 2002

Este diploma, centro do dispositivo português em matéria de "menores", garantiu ao longo dos anos uma grande eficácia nos modelos de acção que preconizava. De tal modo que foi sendo sujeito a diversas alterações, nomeadamente as de 1967, 1978 e 1991, garantindo-se sempre o quadro geral de intervenção.

3. LEI 147/99, DE 1 DE SETEMBRO

Actualmente – e desde o ano 2000 – a problemática relacionada com as crianças e os jovens é alvo de novo enquadramento legal.

Partindo-se da consideração, básica e elementar, de que também no que respeita às crianças – e até por maioria de razão –, "não deve ser tratado da mesma forma o que, em si mesmo, não é igual", e compartimentou-se o ordenamento jurídico português, na área dedicada aos menores, em três vertentes básicas:

- **Lei n.º 166/99, de 14 de Setembro – Lei Tutelar Educativa** – cujo âmbito de aplicação está reservado aos actos considerados pela lei como ilícitos criminais, cometidos por menores com idades compreendidas entre os 12 e os 16 anos;
- **Lei n.º 147/99, de 1 de Setembro – Lei de Protecção de Crianças e Jovens em Perigo**; e
- **OTM**, que se mantém em vigor apenas no que respeita aos processos tutelares cíveis – art.os 146.º e segs.

No nosso País – à semelhança de outros um sistema de promoção dos direitos dos menores, de prevenção das situações de perigo e de abordagem e intervenção, quando essas mesmas situações se evidenciam, deve subordinar-se, desde logo, aos preceitos constitucionais. São estes os normativos "chave" que atribuem a condução do processo de socialização das crianças e dos jovens aos seus próprios pais, mas é igualmente através deles que se prevê uma abertura à intervenção estatal – quer directamente, criando os mecanismos sociais adequados à garantia da família, quer indirectamente, assegurando formas de interacção e intervenção social da própria comunidade. Por isso se dirá, com apropriada razão, que "o sistema de protecção de menores em perigo emerge, sobretudo, na sua expressão mais pragmática, quando, em substituição ou em complemento da acção dos pais, actua face às situações em que às crianças e aos jovens se atravessam obstáculos susceptíveis de colocar em crise o seu processo de socialização. In *Direito Tutelar de Menores, Centro de Direito da Família*, 5, pág. 20.

3.1. Protecção constitucional

Por esse facto, o legislador constitucional de 1976 fez questão de enquadrar, autonomamente, determinados aspectos relacionados com a particular situação das crianças, garantindo alguns institutos directamente ligados à criança e ao jovem.

E fê-lo enquadrando, constitucionalmente, a questão numa tripla perspectiva:

a) garantindo a **qualidade de ser humano**, como por exemplo,
art.º 24.º, "Direito à vida",
art.º 25.º, "Direito à integridade pessoal",
art.º 26.º, "Outros direitos pessoais",

b) garantindo as **características específicas e inerentes à criança**, individualmente considerada;
art.º 69.º, "Infância", onde se concentram as regras de protecção da criança face a qualquer forma de agressão aos seus direitos.

c) preservando o meio onde a mesma deve estar inserida – **a família**.
art.º 34.º, "inviolabilidade do domicílio ...",
art.º 67.º, "família".

A intervenção junto de crianças e jovens que se encontram em situações de perigo encontra o seu fundamento no art.º 69.º da Constituição da República Portuguesa (CRP), que confere à sociedade e ao Estado o dever de os proteger contra todas as formas de abandono, discriminação, opressão, bem como contra o exercício abusivo da autoridade, tudo com vista ao desenvolvimento integral da criança. Sendo tarefa dos pais, da família e da sociedade, o papel reservado ao Estado de apoiar e enquadrar a cooperação de todas estas entidades e o seu envolvimento nas situações susceptíveis de pôr em perigo a segurança, a saúde, a formação moral e a educação das crianças e dos jovens, constituem formas de promover os seus direitos.

Esta ideia manteve-se presente no espírito do legislador que, no relatório final da Comissão para a Reforma do Sistema de Execução de Penas e Medidas, criada pelo Despacho n.º 20/MJ/96, de 30-1-96, fez consignar que "A intervenção do

PROCEDIMENTOS DE URGÊNCIA, NA LEI 147/99, DE 1 DE SETEMBRO

Estado justifica-se e exige-se quando o exercício e desenvolvimento do poder de autodeterminação do menor são ameaçados por factores que lhe são exteriores (de protecção, abandono, maus tratos, etc.). A particular fragilidade dos menores em face das adversidades do mundo externo levou a CRP a cometer à sociedade e ao Estado um dever de protecção das crianças, com vista ao seu desenvolvimento integral, especialmente no que diz respeito aos órfãos e abandonados (art.º 69.º da CRP)."

Mas, não se tenha como assente o carácter absoluto desta garantia. Implicando restrições a direitos fundamentais dos pais, designadamente do direito à educação e à manutenção dos filhos, bem como à liberdade e autodeterminação pessoal destes, o regime de intervenção reconhece o seu carácter excepcional e, em conformidade com o disposto no art.º 18.º, n.º 2, da CRP, subordina-se rigorosamente aos princípios da necessidade e proporcionalidade.

É de salientar, no entanto, que a Convenção sobre os Direitos da Criança, que ao ser ratificada constitui direito interno, dispõe no art.º 19.º, cotejado com o art.º 8.º, que é direito da criança viver no seio da sua família, mas que o Estado deve apoiar os pais no exercício desse papel fundamental. O que equivale a dizer que a legitimidade da intervenção do Estado decorre do facto de os pais, beneficiando desses apoios e apesar disso, ainda assim, não conseguirem proteger os seus filhos.

Podemos, assim, afirmar que esta garantia absoluta que a Lei portuguesa faz da condição da criança – mantida na sexta revisão constitucional (Lei n.º 1/2004, de 24/07) – mais não é que o reconhecimento do relevante papel que a criança assume numa sociedade moderna, quer enquanto ser humano, quer enquanto pessoa particularmente sensível e frágil, quer enquanto futuro garante de uma sociedade que se pretende mais justa, equilibrada e coesa.

3.2. Programas sociais

Todavia, a reserva, a nível "legislativo fundamental", dos direitos mais essenciais da criança não garante, por si só, a sua funcionalidade. De facto, os últimos anos de estudo e abordagens sucessivas sobre a problemática das crianças, conduziu à necessidade de estabelecer um conjunto de dispositivos sociais tendentes a preservar, quer a montante, quer a jusante da situação de crise – entenda-se, situação de perigo –, a necessária eficácia à protecção daqueles direitos constitucionalmente garantidos. Falamos, necessariamente, de iniciativas legislativas que apelidamos de periféricas, e que se dirigem ao combate de realidades sociais devidamente caracterizadas, mas eventualmente potenciadoras de situações de risco.

Exemplificando, consideremos alguns programas de intervenção: o **Programa "Creches 2000"**, que visa o aumento de lugares em creches e em amas bem como a qualificação deste tipo de resposta social; o aumento da **Rede do Pré-escolar**;

o progressivo **aumento da escolaridade obrigatória**; o **"Programa para Eliminação da Exploração do Trabalho Infantil"** destinado a intervir na vertente da diminuição/erradicação, do trabalho infantil. Os Programas **"Ser Criança"** e **"Nascer Cidadão"**, dirigidos mais especificamente para uma situação intervencionista, tendem a operar precocemente nas situações de risco. Ainda, o **"Programa Escolhas"**, integrado no quadro de incremento de respostas eficazes à prevenção da delinquência juvenil e o projecto de **"Apoio à Família e à Criança"** (PAFAC) que foi criado em 1993 pela Resolução do C. Ministros n.º 32/93, destinado ao apoio a crianças maltratadas ou negligenciadas e à sua família.

Por fim, a criação, em 2003, da **Associação Nacional da Famílias de Afecto das Crianças Institucionalizadas** (ANFACI). As famílias de afecto, gratuita e voluntariamente, acolhem crianças e jovens institucionalizados sem retaguarda familiar, aos fins-de-semana, feriados e períodos de férias. O seu objectivo primordial é criar laços de segurança e afecto, favorecer a socialização adequada e contribuir para o desenvolvimento do seu projecto de vida e disponibilizar-se a ser família para sempre. Criada em Braga e inicialmente para incidir a sua actuação nesta área, tem vindo a estender a sua iniciativa a todo o país.

Nesta matéria convém não esquecer o papel fundamental atribuído à CNPCJR, criada pelo Dec-lei n.º 98/98, de 19 de Abril, como o grande fórum de coordenação e de concertação de toda a intervenção, pública e privada dirigida à infância e juventude.

4. "URGÊNCIA"?

Enfim, "age-se porque uma criança em perigo desprovida de apoio suficiente dos seus progenitores, ou de quem lidera a sua protecção, traduz um sofrimento inaceitável, no presente, para a própria criança e para todos os cidadãos e sugere um mau prognóstico no que concerne aos futuros desempenhos desse cidadão." RUI EPIFÂNIO, in Direito Tutelar de Menores, O sistema em mudança, Centro de Direito da Família, pág. 21.

Esta actuação, em ordem a garantir os direitos da criança ou do jovem, implica sempre uma intervenção no seu meio familiar e, frequentemente, exige que se levem essas medidas até ao limite. Na verdade, em determinadas situações, a "agressão" exercida sobre a criança é de tal forma grave que a única medida adequada a garantir a sua salvaguarda é o respectivo afastamento da família. Pensamos, desde logo, nas situações em que a actuação de vitimização da criança é exercida dentro do meio familiar em que está inserida. Mas importa também considerar os casos em que o agregado familiar é tão desestruturado e carenciado de infra-estruturas que impossível se torna garantir àquela as condições mínimas

PROCEDIMENTOS DE URGÊNCIA, NA LEI 147/99, DE 1 DE SETEMBRO

de segurança, saúde e bem estar, exigíveis para qualquer ser humano, maxime para uma criança, sabendo-se das necessidades acrescidas que estas apresentam.

Esta interferência na sua esfera familiar, por contender com direitos constitucionalmente garantidos, pressupõe a anuência dos progenitores da criança – e a não oposição desta, em determinados casos.

No entanto, a gravidade da situação a que muitas vezes a criança está sujeita pode implicar a necessidade de uma intervenção em tempo útil, necessariamente reduzido e não compatível com o decurso de um processo judicial. Importava, pois, garantir os contornos da actuação de quem pudesse intervir no meio onde a criança ou o jovem se encontram, definindo-se, para o efeito, um regime processual próprio.

Tal necessidade veio, assim, a ser suprida com as regras previstas no "Cap. VII", da Lei 147/99, de 01/09, e que constituem o regime específico para regular **a intervenção** – art.º 91.º – e um regime processual para a **confirmação judicial** daquela actuação – art.º 92.º

5. REGIME DE INTERVENÇÃO – ART.º 91.º

Nesta norma "compactaram-se" todas as formas de actuação admissíveis e as regras pelas quais as mesmas se deverão balizar. Consagrou-se quais os intervenientes com legitimidade para intervir, em que circunstâncias o podem fazer e qual o âmbito da sua actuação com vista à promoção de procedimento de urgência: a comunicação à estrutura judicial.

Vejamos o normativo.

(...)

ARTIGO 91º

Procedimentos urgentes na ausência do consentimento

1 – Quando exista perigo actual ou iminente para a vida ou integridade física da criança ou do jovem e haja oposição dos detentores do poder paternal ou de quem tenha a guarda de facto, qualquer das entidades referidas no artigo 7.º ou as comissões de protecção tomam as medidas adequadas para a sua protecção imediata e solicitam a intervenção do tribunal ou das entidades policiais.

2 – As entidades policiais dão conhecimento, de imediato, das situações referidas no número anterior ao Ministério Público ou, quando tal não seja possível, logo que cesse a causa da impossibilidade.

3 – Enquanto não for possível a intervenção do tribunal, as autoridades policiais retiram a criança ou o jovem do perigo em que se encontra e

asseguram a sua protecção de emergência em casa de acolhimento temporário, nas instalações das entidades referidas no artigo 7º ou em outro local
adequado.

*4 – O Ministério Público, recebida a comunicação efectuada por qualquer das
entidades referidas nos números anteriores, requer imediatamente ao tribunal competente
procedimento judicial urgente nos termos do artigo seguinte.

* Redacção introduzida pela Lei 31/2003, de 22/08.

5.1. Pressupostos

Qualquer previsão legal que defina os contornos de uma actuação necessariamente impõe requisitos, cuja verificação é exigível.

São definidos os agentes da intervenção e as qualidades que os mesmos devem
possuir, as circunstâncias e os contornos que devem limitar a respectiva actuação.

Mas são igualmente estabelecidos critérios, cuja verificação é obrigatória, relativamente à situação de facto.

Fixaram-se, assim, requisitos objectivos e subjectivos, para a actuação em
situações de urgências.

5.1.1. Objectivos

Comecemos por considerar, entre todos, os pressupostos directamente ligados à situação de facto a que a criança ou jovem se encontra exposto.

"(...) 1. Quando exista perigo actual ou iminente (...)"

Como primeiro elemento a considerar salienta-se a necessidade de constatação, no local, da verificação ou não da situação sinalizada. Exigência, esta cujo
ónus recai sobre quem, no momento, possui legitimidade para intervir na situação.

É pois necessário, a este nível, que se verifique:

a) A existência de um **PERIGO**; e
b) Que esse perigo seja, **ACTUAL** ou **IMINENTE**.

5.1.1. a) Existência de um perigo

Uma situação de perigo existirá sempre que, ela própria considerada, seja susceptível de afectar um ser humano, na sua condição de pessoa.

Contudo, as especificidades próprias da área em que nos encontramos,
revelam-nos algumas particularidades que não podem deixar de ser consideradas.

As características próprias de uma criança ou de um jovem impõem alguns cuidados e uma atenção especial nesta análise.

Seguindo de perto os parâmetros definidos por Armando Leandro, *in* A problemática da criança maltratada em Portugal. Alguns aspectos jurídicos e judiciários. Revista Portuguesa de Pediatria, 20 (5), 327-340 – sobre o conceito de criança maltratada, podemos reunir algumas situações comuns a situações de perigo, tal como de forma meramente exemplificativa, a Lei 147/99 enumera no n.º 2 do art.º 3.º.

"Assim, estamos perante situações de perigo quando:

- Se ofende o direito à integridade física e moral da criança;
- Se compromete o direito ao seu integral desenvolvimento físico, intelectual, moral, afectivo e social;
- Se impede o direito de viver em ambiente familiar com pessoas que a amam como mãe e pai;
- Se dificulta o direito ao respeito pelas suas ligações psicológicas profundas e pela continuidade das relações afectivas gratificantes e de seu interesse;
- Se ofende o direito à igualdade de tratamento, sem qualquer discriminação; o direito à diferença; o direito à palavra; o direito à salvaguarda da sua intimidade; o direito à alegria; o direito de viver como criança o tempo de ser criança, sem "comer etapas" à vida e sem responsabilidades e encargos prematuros (como acontece, por exemplo, no trabalho infantil);
- Se prejudica o direito a uma imagem da mãe e do pai;
- Se desrespeita o direito à realização de acordo com o seu sentir, vocação e aptidões, (designadamente fazendo-lhe exigências a que não pode corresponder);
- Se afecta o direito a uma salutar e equilibrada auto-estima (por exemplo, através de frequentes depreciações);
- Se nega o direito à experimentação e ao erro como forma de crescimento, o que impõe tolerância, sem prejuízo de firmeza, na interpretação da "transgressão" juvenil;
- Se não respeita o direito de ser não apenas protegido mas também sujeito de seu destino, de harmonia com a sua progressiva maturidade"

Previamente, porém, à análise das características do perigo importa salientar a ponderação que é exigível a todos os que, no terreno, terão que decidir da verificação do perigo, a fim de avaliar a conduta a adoptar.

Com efeito, não poderá o interventor deixar-se conduzir por juízos pessoais ou excessivamente generalistas, como por exemplo, considerar a situação face a critérios comuns a um homem médio. Não será, por certo, esta a melhor opção para avaliar a questão.

Antes, terá que cuidar de, nunca deixando de ter em conta que o cerne da acção é uma criança ou um jovem, avaliar a situação observada – e em que a verificação do perigo se perspectiva como certa – face às características concretas daquela criança ou daquele jovem. Por exemplo, deixar uma criança de 10 anos sozinha em casa poderá, por si só, não configurar uma situação de perigo. Ao invés, já o poderá ser se essa criança for deficiente, ou possuir um grau de discernimento inferior ao da idade real ou a própria habitação possuir zonas de risco particularmente atractivas a uma criança mais jovem.

Este é um juízo de prognose fundamental, uma vez que condicionará toda a actuação imediata. É, assim, exigido o maior cuidado possível, por forma a evitar avaliações erradas e desenquadradas, bem como constrangimentos futuros daquelas necessariamente decorrentes, com os inerentes prejuízos para a própria criança.

5.1.1. b) Característica do perigo

Exige, também, o n.º 1 do art.º em análise, que esse perigo seja **actual** ou **iminente**.

Pese embora o teor do texto legal cremos ser possível – e desejável – distinguirmos não duas mas três formas em que o perigo se pode apresentar.

Assim, podemos ter:

O perigo **actual**;
O perigo **"quase actual"**;
O perigo **iminente**.

Apenas se encontra legitimada a intervenção junto da criança ou do jovem quando, nesse momento, o mesmo está exposto à situação – **perigo actual**.

Trata-se de considerar todos os casos em que a situação de perigo está a ocorrer, está presente, está a ser concretizada, no momento em que é iniciado o contacto com o local. Pretendeu-se afastar, claramente, da previsão desta norma – art.º 91.º, n.º 1 da Lei n.º 147/99 – todas as actuações desencadeadas a partir de "comunicações" ou "denúncias", relatando ocorrências que, embora objectivamente perigosas, já se tenham verificado.

Não que situações destas não mereçam a atenção de quem comunica com a realidade vivenciada, mas o que não legitíma é qualquer tipo de intervenção no âmbito do quadro normativo ora em análise. Impor-se-á, então, que seja feita uma sinalização da situação e encaminhamento para a CPCJ local, onde será objecto de estudo e avaliação dentro de um processo de promoção e protecção – art.º 93.º e segs. da LPCJP.

Contudo, os interesses em jogo, impõem, uma concessão àquele princípio – o da actualidade do perigo. Trata-se de admitir dentro da previsão da norma, o que apelidaremos como **"perigo quase actual"**. Paralelamente ao que ocorre no processo penal com a figura de "flagrante delito" em que, para que da mesma se extraiam as necessárias consequências, se admite que a intervenção da autoridade abrange o "quase flagrante" delito, também aqui aquele conceito de perigo quase actual deverá ser aceite como abrangido pelo conceito de perigo actual. Desta forma, integrarão esta nomenclatura todas as situações em que o perigo, tendo objectivamente terminado, se mostre ainda latente. Esta situação de "perigo latente", ocorrerá quando se verifiquem, ainda, actos ou características da verificação do perigo. Este terá já acabado, mas o seu términus está tão próximo que deverá, ainda, ser considerado como legitimando uma intervenção. De outro modo, seria concebível que os técnicos, chegados ao local e apenas se confrontando com uma situação de perigo que acabou de perder actualidade não pudessem, ainda assim, intervir.

E, tanto assim é que, igualmente, não será estranho depararmonos com uma fronteira muito estreita entre estas situações e as de perigo eminente.

De facto, a protecção jurídica que a lei pretende garantir à criança ou ao jovem dá, ainda, uma outra oportunidade de intervenção.

Para além do "poder-dever" de intervenção imediata nas situações já descritas fez-se estender essa actuação às situações de **perigo iminente**. Trata-se agora de exigir, a quem se confronta com a situação, que proceda a um juízo de prognose, em termos de poder determinar se, atentas as circunstâncias que observa e ainda outras de que tenha conhecimento sobre o círculo de vida da criança, uma omissão de actuação conduzirá a uma inevitável e/ou imediata exposição da criança a uma situação de perigo. Se assim for, impõe-se também aqui, a necessidade de intervenção.

5.1.2. Subjectivos

Consideremos, agora, os requisitos exigidos pela lei:

- Quer quanto às qualidades, ou condições, que a criança deve apresentar para permitir a intervenção ao abrigo do art.º 91.º da LPCJP – **pressupostos subjectivos, em sentido amplo,**
- Quer quanto ao comportamento exigível aos representantes da criança – **pressupostos subjectivos, em sentido restrito.**

Cremos que esta distinção se impõe por uma razão estritamente prática. Deve separar-se a abordagem a fazer relativamente à criança ou jovem – embora relacionando-a com a situação de perigo –, daquela em que importará, apenas, a posição que os progenitores ou a pessoa que detém a guarda da criança, no momento, assume perante a intervenção de quem está legitimado para tal. Trata-se de sujeitos distintos e, normalmente, com perspectivas diferentes e posições opostas.

5.1.2. a) Pressupostos Subjectivos, em sentido amplo

Estabelece o n.º 1 do art.º 91.º da LPCJP que só é admissível a intervenção junto da criança ou jovem quando existir um perigo actual ou eminente para a **vida** ou **integridade física** daquela.

Pese embora esta exigência tenha uma relação directa com o perigo verificado, a opção pela sua caracterização como requisito subjectivo deve-se ao facto de o perigo, objectivamente verificado, visar a vida ou a integridade física da criança ou do jovem. É, portanto, necessário que o perigo atinja o direito à vida ou o direito à integridade física da criança ou do jovem.

Esta particularidade assume especial importância uma vez que, desta forma, se dá base legal a uma restrição ao âmbito de aplicação da presente lei.

De facto, a criação desta lei teve por base a necessidade de intervenção quando reunidas algumas circunstâncias. Definiu-se no art.º 3.º quais os requisitos que legitimam a intervenção no seio do núcleo restrito de convívio da criança.

O n.º 1 deste preceito determina que *"a intervenção (...) tem lugar (...) ponham em perigo a sua segurança, saúde, formação, educação ou desenvolvimento"* da criança ou jovem. Como é fácil constatar, o seu campo de abrangência é muito diferente do contido no n.º 1 do art.º 91.º da LPCJP. Este último, restringe a possibilidade de intervenção apenas, e só, às situações em que poderá estar em perigo a vida ou a integridade física da criança.

Por isso, claramente, se pode concluir que " estando ameaçados outros direitos da criança ou jovem, que não a sua vida ou integridade física, não é legítimo o recurso a este procedimento." – Lei de Protecção de Crianças e Jovens em perigo, Anotada e Comentada, 3.ª edição, pág. 137, Tomé D'Almeida Ramião.

Infelizmente este é um aspecto pouco claro e que coloca sérias dificuldades para quem, no terreno, intervém. Não têm sido raras as experiências que temos observado na nossa prática judiciária em que se intervém, a coberto deste normativo, quando não está em perigo a integridade física da criança e/ou, muito menos, a sua vida.

5.1.2. b) Pressupostos Subjectivos, em sentido estrito

Por último, importa analisar o que cremos ser o último requisito subjectivo, exigido pelo art.º 91.º da LPCJP.

Já falámos da criança ou do jovem.

Analisemos, então, quais os requisitos exigidos por lei relativamente a quem detém, no momento da intervenção, o controle da criança. Intencionalmente, usámos a expressão "controle" da criança ou do jovem para fazer incidir a primeira abordagem perante aquele que, no momento da intervenção e constatação da situação de perigo, está mais próximo da criança. Falamos, necessariamente, não só nos progenitores mas igualmente em quem está com ela, no momento.

Ao *"detentor do poder paternal ou de quem tenha a guarda de facto"* é exigido que manifeste oposição à intervenção.

"Oposição", significa uma manifestação contrária a uma situação com a qual se é confrontado. Desde logo, o termo e o seu significado apontam para uma desnecessidade, daquele que está a fazer a intervenção, em solicitar o "consentimento". Pedir o consentimento exige um acto formal para a obtenção de uma convergência de vontades, um assentimento a uma proposta que lhe é efectuada. Não é este, por certo, o caminho para o qual a lei aponta. Entendemos ser necessário apenas que, uma vez verificada a situação de perigo para a vida ou integridade física da criança, o técnico ou a autoridade informem da necessidade de a afastar do local, ou de qualquer outra medida tendente a colocar a criança longe do perigo. Então sim, perante esta posição dos interventores, o imediato comportamento de quem detém a criança deverá ser interpretado, por forma a poder concluir-se se é de "oposição" ou não.

Esta "oposição" deverá ser tão expressa quanto possível. E tal exige-se uma vez que, estando em causa a "violação", legalmente autorizada, de princípios constitucionais que garantem a não separação das crianças do seu meio familiar, convém assegurar que não existam dúvidas ou indecisões que importem um grave protelamento da decisão destinada a salvaguardar a vida ou a integridade física da criança. Deverá ficar claro, para quem está no "terreno", que a "oposição" é precisa, quer porque tal é verbalizado expressamente, quer porque o desinteresse perante a situação e as suas consequências é manifestado perante os técnicos. Obviamente falamos das situações em que os progenitores, quando confrontados com a intervenção dos técnicos ou autoridades, recusam entregar a criança ou tentam impedir a intervenção por qualquer forma; ou mesmo (no caso mais grave) em que quem detém a criança, no momento, simplesmente abandona o local indicando ser indiferente à acção a desencadear.

Nesta matéria, assume particular relevância considerar até onde se deve estender o dever de obter tal manifestação de oposição. Embora a lei pareça clara ao intérprete, a prática tem revelado a verificação de algumas situações de impasse.

Pensamos, por exemplo, nos casos em que:

a) A criança se encontra em "casa da ama", em casa de um vizinho ou de algum familiar ou amigo dos pais, que, na impossibilidade destes, toma conta daquela; ou

b) A criança se encontra em casa dos seus progenitores (que mantém o poder paternal), mas um não se encontra no local.

Na primeira das situações, relevará o comportamento que aquele que detém a guarda de facto possa vir a manifestar.

A ratio da norma é a de agir rapidamente, havendo oposição à retirada da criança, mesmo perante a mera guarda de facto, pontual. Com efeito, o contacto com os detentores do poder paternal, pela morosidade, poderia pôr em causa a celeridade que a norma quer salvaguardar. Todavia, tal não invalida que se estabeleça, imediata e oportunamente, aquele contacto.

Quanto aos detentores do poder paternal – a que respeita a segunda hipótese colocada a questão só, aparentemente, poderá ser mais simples. É que, não raras vezes, poderemos ser confrontados com a presença apenas de um dos detentores do poder paternal. Dever-se-á, nestes casos, tentar o contacto com o outro quando já dispomos da oposição daquele?

Em face do texto da lei e uma vez que se fala em "detentores" do poder paternal, tudo aponta para uma resposta positiva. De facto, a boa técnica talvez impusesse tal solução.

No entanto, entendemos não ser essa a melhor via a seguir. Na verdade, em função e face à urgência da situação deverá exigir-se a "oposição" de, apenas um dos progenitores, se for esse o único que, no momento, está com a criança. Aliás, se assim não fosse, e admitindo que um dos progenitores se manifestava num sentido e o outro, depois de contactado, se manifestava em sentido contrário, como aferir da verificação dos requisitos? Qual das duas posições seria a relevante para legitimar a intervenção ao abrigo do art.º 91.º da LPCJP.? Também, para evitar um eventual impasse gerado por situações como estas, entendemos que não deverá ser exigível procurar o outro progenitor quando aquele que, no momento, está com a criança manifesta a sua oposição à intervenção. Idêntica posição deverá ser assumida quando os dois detentores do poder paternal, presentes, se manifestem em sentidos opostos.

Numa nota final refira-se que as boas regras de comunicação, convivência social e uma superior ética profissional não devem descurar a possibilidade, por parte de quem faz a intervenção, de abordar a questão por forma a facilitar a posição da "guardiã" da criança, inclusive aconselhando para a não oposição da intervenção.

Em conclusão, sempre que haja oposição de um dos progenitores, deverá considerar-se verificado o requisito legal e providenciar-se de acordo com o art.º 91.º da LPCJP.

5.2. Legitimidade para a intervenção

5.2.1. Quem pode intervir?

Nesta matéria, a LPCJP revela algum "excesso" de zelo.

De facto, logo nos seus princípios gerais estão elencadas quais as entidades que podem intervir em matéria de protecção de crianças e jovens (art.º 7.º, 8.º, 11.º e 13.º). Contudo, no capitulo VII – "Procedimentos de urgência"-, verifica-se uma repetição na atribuição de competências – art.º 91.º

Neste quadro normativo de situações de urgência poderão intervir quaisquer das entidades com competência em matéria de infância e juventude – cfr. o art.º 7.º –, as Comissões de Protecção de Crianças e Jovens (CPCJ), mas, igualmente, os Órgãos de Polícia Criminal (OPC) e os Tribunais.

Em princípio, esta intervenção processar-se-á de acordo com os critérios referidos na alínea j) do art.º 4.º, ou seja, de acordo com o princípio da subsidiariedade da intervenção judicial. Esta, contudo, nunca será uma subsidiariedade completa, uma vez que é possível a intervenção judicial processar-se em paralelo – pelo menos em termos temporais – com a de outras entidades. Pensamos num enquadramento de intervenção que se processa dentro das horas normais de expediente do tribunal e, como tal, a sua actuação já sai legitimada por uma decisão judicial, proferida ao abrigo do art.º 92.º da LPCJP

Dispensamo-nos de qualquer referência sobre a natureza jurídica das C.P.C.J. – art. 12.º da LPCJP. Algumas considerações, a este propósito, seriam merecidas, como a da abordagem, ainda actual, do papel dos seus membros institucionais e, muito em particular, do Ministério Público. Todavia e porque tal não é o objecto deste trabalho, apenas se anota a questão por continuar a ser pertinente.

Em sede de breve apontamento sobre o alcance do conceito de entidades com competência em matéria de infância e juventude, dirse-á que:

A alínea d) do art.º 5.º da LPCJP prevê que, para efeitos da presente lei, se deve considerar "entidades", as pessoas singulares ou colectivas públicas, cooperativas, sociais ou privadas (...)

Tal como considera Tomé Ramião – Lei de Protecção de Crianças e Jovens em perigo, Anotada e Comentada, 3.ª edição, pág. 137, Tomé D'Almeida Ramião – "as autarquias, o Instituto de Solidariedade e Segurança Social (através dos respectivos centros distritais de solidariedade e segurança social (CDSSS) e respectivas delegações locais, as Instituições Particulares de Solidariedade Social (IPSS),

Instituto de Apoio à Criança, SOS Criança e os Hospitais, constituem exemplos de algumas entidades com intervenção em matéria de promoção de direitos e protecção de crianças e jovens em perigo".

Poder-se-á afirmar que o carácter intencionalmente abrangente deste conceito revela a preocupação do legislador em pretender responsabilizar uma larga franja da sociedade, com o maior número possível de intervenientes sociais, na defesa das crianças e jovens.

Neste capítulo, contudo, o legislador ponderou uma pequena particularidade. Em matéria de intervenção de urgência, a lei não quis excluir os OPC. Percebe-se que, quer pelo objecto da intervenção (a situação de perigo real ou eminente para a integridade física ou a vida das crianças), quer pelo estatuto dos próprios O.P.C., se impunha que lhes fosse atribuída competência para a intervenção nesta matéria.

5.2.2. Coordenação de meios

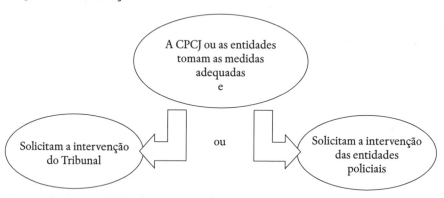

Será neste quadro que qualquer intervenção inicial se deverá processar.

A forma de actuação, no sentido da protecção imediata da criança, prevista no n.º 1 do art.º 91.º da LPCJP, considera que a primeira iniciativa caberá ou às CPCJ's ou a qualquer das entidades com intervenção na área dos menores (cfr. art.º 7.º). Qualquer destas deverá iniciar os primeiros procedimentos, tomando as medidas consideradas como necessárias.

Na verdade, a intervenção inicial deve ser deixada para as instituições com vocação para tal. Desde logo, por possuírem meios técnicos e humanos especializados em intervenção social, facto que, por si só, permitirá uma aferição privilegiada de toda a conjuntura envolvente à situação em que a criança se encontra.

Obviamente que a actividade assim desenvolvida ficará, sempre, sujeita a controle judicial. Isso é imposto pela necessidade de sujeitar a ratificação de um juiz uma decisão que pode afectar direitos constitucionalmente garantidos, como os inerentes à própria criança, à sua necessidade de manter uma relação com a sua família e por fim à garantia da própria família.

Após a intervenção, ou no momento imediatamente seguinte, aquela entidade solicita a intervenção do tribunal – a fim de se dar cumprimento ao procedimento previsto no n.º 4 – ou das autoridades policiais.

Não obstante a eventual incerteza interpretativa que a parte final do preceito possa suscitar ao estabelecer dois possíveis procedimentos em alternativa, cremos ser óbvia a motivação da opção legislativa.

De facto, o normativo legal aponta para que só num momento seguinte seja admissível a intervenção do Tribunal ou dos OPC. É este o sentido gramaticalmente correcto da colocação da conjunção copulativa "e", na parte final do n.º 1 do citado preceito. Dúvidas poderão surgir na aparente opção deixada pela parte final do n.º 1 do art.º 91.º E falamos em aparente opção porque, de facto, é disso que se trata. Na verdade, por razões óbvias, a intervenção do tribunal apenas poderá ser assegurada durante o horário normal de expediente e, neste enquadramento, só após alguns procedimentos – cfr. n.º 4 do art.º 91 e todo o art.º 92.º da LPCJP. Tal facto não permite que haja sempre a imediação desejada. O recurso ao tribunal não assegura decisões a partir das 16 horas, momento em que as secretarias judiciais encerram. Por esse motivo e prevendo que no momento da intervenção já haja a certeza da impossibilidade de intervenção do tribunal, foi criado uma outra hipótese de assegurar a execução dos procedimentos necessários, recorrendo-se à intervenção dos OPC.

Com este percurso de prioridades intervencionistas poderemos, legitimamente, questionar qual o real papel daquelas entidades. Até onde poderá ir a sua actuação?

5.2.2. a) Retirada da criança

Esta questão leva-nos, neste momento, a considerar uma outra entidade com possibilidade de intervenção – as entidades policiais.

Dispõe o art.º 91.º, n.º3 da LPCJP que:

(...)

Enquanto não for possível a intervenção do tribunal, as autoridades policiais retiram a criança (...)

No entanto, esta intervenção dos OPC, apenas num momento posterior, deverá ser devidamente equacionada.

Poder-se-ia admitir a possibilidade de os OPC constituírem uma terceira entidade – para além das referidas no n.º 1 – com legitimidade para intervir, retirando a criança em situação de perigo.

GUIA DE PROCEDIMENTOS DO PROCESSO DE PROMOÇÃO E PROTECÇÃO

Só que, admitir esta ideia seria considerar que qualquer uma das entidades referidas no n.º 1 poderia, se tal fosse necessário, retirar a criança do local – o que se nos afigura estar-lhes vedado.

De facto e nesta matéria, o campo de actuação dos OPC não deve ser considerado como residual, assumindo-se aqueles como um simples coadjuvante da intervenção das CPCJ ou de qualquer das outras referidas entidades, dando um carácter de autoridade à actuação das mesmas; mas antes como interventores principais, com uma particularidade especial: a de possuir competência, própria e exclusiva, para retirar a criança ou o jovem.

Em síntese, entendemos que a intervenção imediata está reservada ou às entidades referenciadas no art.º 7.º da LPCJP ou às CPCJ – ou, como é óbvio, às entidades policiais, sempre que sejam estas as primeiras a tomarem notícia da ocorrência ou a presenciarem a situação.

Tomadas as medidas, por qualquer daquelas consideradas como as mais adequadas e APENAS para obstar à situação de perigo, importará DE IMEDIATO, suscitar a intervenção do tribunal, a fim de ser desencadeado o procedimento processual previsto no art.º 92.º da LPCJP. Será este órgão a quem compete, em tempo útil, proferir uma decisão cujo cumprimento deverá ser logo executado.

Contudo, admitindo que a actuação no âmbito do n.º 1 se processa em período em que não é possível accionar o procedimento judicial e/ou em que se torna necessária a adopção de medidas mais drásticas – maxime, a retirada da criança – devem as instituições, acima aludidas em 1º lugar, suscitar a intervenção das entidades policiais. Como órgãos de polícia criminal que são, agem investidos dos poderes de autoridade necessários para, quando tal se impuser, alargarem a sua intervenção ao ponto de retirarem a criança do local, colocando-a num CAT.

Este campo de actuação atribuído aos OPC e expressamente, previsto no n.º 3 do art.º 91.º da LPCJP mais não dá que consistência à interpretação que defendemos no sentido de que apenas os OPC podem retirar a criança do local onde se encontra. Se assim não fosse, não se compreenderia a necessidade de se expressar esta particularidade no texto da lei, apenas para os OPC (entidades que, pelo seu próprio estatuto, já o poderiam fazer, intervindo no seio da família nas situações comummente designadas de "violência doméstica").

Todavia, cremos que a actuação dos OPC nas situações de emergência não se deve limitar, apenas e tão só, aos casos em que é entendida como melhor solução a retirada da criança. Deve ser considerada, ainda, numa outra perspectiva.

Conhecendo-se o campo de actuação inerente aos OPC, a que se reconhece não ser alheio algum carácter de persuasão sobre os cidadãos, entendemos que a respectiva intervenção não se deve cingir às situações previstas no aludido n.º 3 do art.º 91.º Por isso, afigura-senos que, estrategicamente, qualquer das entidades com competência na área dos menores ou as CPCJ deveria fazer-se acompanhar – sempre que é desencadeado uma intervenção de urgência – por agentes de autoridade, logo na primeira deslocação ao local.

No interesse superior da defesa da criança e na defesa do bom relacionamento e cooperação entre as instituições, a actuação prevista no n.º 1 deveria ser sempre conjunta com os OPC. Essencialmente nos períodos em que não é possível o recurso imediato ao tribunal – como sejam os que se inserem fora das consideradas horas normais de expediente – qualquer deslocação com vista a uma intervenção deverá ser acompanhada de agentes das entidades policiais. Nas situações em que a "oposição" se manifesta, podendo assumir contornos de alguma "violência" – situações que infelizmente ainda surgem com alguma frequência, por associação ao consumo de álcool ou a outros estados de impulsividade/agressividade –, a intervenção só ganha em eficácia se o OPC estiver no local e puder actuar em conformidade.

Concluindo, podemos referir que as entidades referidas no art.º 7.º ou as CPCJ apenas podem tomar medidas que assegurem a salvaguarda imediata da criança ou do jovem. Se for necessário retirar a criança deverão, depois de tomadas aquelas medidas imediatas, aguardar pela decisão judicial ou, se tal não for viável, pela intervenção das autoridades policiais a fim de estas retirarem a criança do local. Esta última hipótese seria ultrapassável se fosse adoptado o procedimento que defendemos: o de os OPC acompanharem os técnicos, logo na primeira deslocação ao terreno.

5.2.2. b) Intervenção no interior da residência

Ainda nesta área, podemos ser confrontados com a necessidade de intervir no interior da residência onde a criança se encontra e a existência de oposição para tal, incluindo para a entrada naquela.

Esta é uma questão que se coloca com alguma acuidade.

No que a este último ponto respeita, claro e pacífico parece ser o entendimento de que as entidades com intervenção na área da criança ou as CPCJ não têm poderes para intervir no interior de uma habitação, se houver oposição a tal. Esta é a interpretação consonante com o texto constitucional – art.º 34.º, n.º2 da CRP.

Estando em causa o princípio constitucional da inviolabilidade do domicílio, p. no art.º 34.º da CRP as suas restrições *estão sob reserva de lei e sob reserva de decisão judicial.*

Contudo, a partir da Lei 1/2001, de 12/12 – quinta revisão constitucional – abriu-se uma excepção ao principio geral. O n.º 3 do art.º 34.º da CRP veio admitir, expressamente, que "qualquer pessoa pode entrar, durante a noite, no domicílio de outrem nos casos *de flagrante delito (...)*".

GUIA DE PROCEDIMENTOS DO PROCESSO DE PROMOÇÃO E PROTECÇÃO

Desta forma, somos forçados a admitir que, APENAS nos casos de flagrante delito, é possível às entidades referenciadas no n.º1 do art.º 91.º a entrada na residência se o menor aí se encontrar e estiver a ser alvo de conduta que ponha em perigo a sua vida ou a integridade física.

Então, se já é permitida entrada na residência, durante o período de noite, embora nas situações de flagrante delito, como proceder se a situação se verifica durante o dia? Afigura-se-nos que se é permitido o mais grave, por maioria de razão o deverá se na situação inversa. Ou seja, se é admissível a entrada na residência durante a noite, embora sujeita apenas às situações de flagrante delito, nas mesmas circunstâncias o deverá ser se tal situação se verificar durante o dia.

Todavia, cremos dever manter-se o entendimento de que, mesmo aceitando a possibilidade de entrada na residência restrita apenas nos casos de flagrante delito, quer as entidades com competência em matéria de infância quer as CPCJ, não poderão retirar a criança. De facto, estar-lhes-á a ser autorizada a aludida entrada, nas situações de flagrante delito, apenas para assegurar a imediata protecção da criança. A partir daí, será necessário a acção da autoridade policial para retirar a criança.

5.2.2. c) Contactabilidade

Uma outra faceta da questão, relacionada com a gestão de recursos, prende-se com a necessidade no estabelecimento de contactos entre as diferentes instituições potencialmente intervenientes. Reportamo-nos às situações criadas quando a denúncia ou sinalização da situação ocorre em período em que o tribunal não está contactável. São as ocorrências que surgem entre as 17 horas de um dia e as 9 horas do dia seguinte ou no período entre as 12 horas de Sábado e as 9 horas de 2.ª feira. Trata-se, pois, de saber como coordenar os mecanismos de intervenção disponíveis durante estes períodos face à inviabilidade na solicitação da intervenção do tribunal.

Se tivermos sempre em consideração os requisitos de que o art.º 91 faz depender para legitimar uma intervenção de urgência e considerarmos como decisiva a necessidade de disponibilidade permanente de todas as entidades, cremos que a intervenção poderá sempre processar-se de forma eficaz, no sentido da promoção dos direitos da criança.

5.3. Âmbito da intervenção

5.3.1. Requisitos

Embora possa parecer redundante, face a toda a filosofia que lhe está subjacente, o texto legislativo da LPCJP é, nesta matéria, suficientemente preciso ao definir como objectivo da intervenção a "protecção imediata"; entenda-se, da criança ou do jovem.

Se esta intervenção de urgência se justifica, por si só, perante um perigo actual ou iminente, impõe-se que a actuação seja no sentido de autorizar a intervenção necessária para a salvaguarda da vida ou da integridade física.

Esta intervenção deve, por isso, ser legal, rápida e eficaz.

5.3.1.1. Legalidade

"Legal", uma vez que qualquer das entidades que intervém deve pautar-se por uma atitude estritamente conforme com os dispositivos legais. Não só em respeito estrito às determinações da LPCJP mas igualmente respeitando o restante ordenamento jurídico. Não podemos esquecer, neste particular, a consagração especialmente relevante que o texto constitucional faz de alguns direitos inerentes à criança.

5.3.1.1. a) Comparação com o Código de Processo Penal e a Lei de Saúde Mental

Tal como já referimos, a intervenção prevista, de modo geral, em toda a Lei 147/99 e, particularmente, na situação prevista no art.º 91.º, implica uma actuação junto do agregado familiar da criança. No entanto, esta intervenção tem consequências que ultrapassam o plano individualizado da criança. Exigindo uma acção concertada junto das duas vertentes – criança e família –, implicará o desrespeito por alguns dos direitos constitucionalmente garantidos nesta matéria. Falamos da instituição "família", dos direitos relativos à infância e de outros directamente relacionados.

Por esta razão, era inevitável consagrar um mecanismo de protecção contra actuações, menos legais (por parte dos agentes que intervêm no terreno), dentro dos condicionalismos previstos no art.º 91.º. Criou-se, assim, um sistema de controlo judicial da conformidade e legalidade da actuação de quem intervém junto da criança ou do jovem.

À semelhança do Processo Penal e da Lei de Saúde Mental, também aqui foi criada a obrigatoriedade de sujeitar a medida aplicada à "ratificação" de um juiz. É esse o mecanismo processual previsto no art.º 92.º da LPCJP.

Importará apreciar, nesta fase, qual a essência deste instituto.

No Código de Processo Penal (cfr. art.º 141.º do CPP e 28.º da CRP) e na Lei de Saúde Mental (art.º 22.º e segs. da Lei 36/98, de 24 de Julho) podemos descortinar uma ideia de controlo judicial da privação da liberdade de um indivíduo, quer quando é detido pela alegada prática de uma infracção legalmente consagrada como crime, quer quando é privado da sua liberdade para ser sujeito a um internamento em unidade de saúde a fim de ser alvo de tratamento, com o qual não concorda. Uma vez que o direito constitucionalmente garantido à liberdade é posto em causa, em qualquer das duas situações referidas, criou-se um mecanismo de controlo judicial da legalidade a ser exercido, necessariamente, nas quarenta e oito horas posteriores.

Contudo, na LPCJP e particularmente nos casos que analisamos, quando a criança é retirada do seu meio familiar, apenas é deslocada do seu meio natural de vida e integrada noutra comunidade. Assim sendo, aqui já não se está directamente a proteger a eventual violação do direito à liberdade da criança ou do jovem, uma vez que a mesma violação não existe. Cremos, por isso, poder afirmar que a exigência de controlo judicial prevista no n.º 1 do art.º 92.º se destina a garantir a protecção do direito à família e, sobretudo, os direitos dos pais.

Poderíamos ser tentados a afirmar a desnecessidade de um sistema como este, no âmbito da LPCJP, uma vez que não está em causa a liberdade de um indivíduo mas tão somente um direito consagrado à família. Contudo, esta é uma ideia a refutar. Desde logo porque este direito não é de segundo nível e tem igual relevância como um qualquer outro direito individual.

Visando a garantia da instituição família, e de todas as suas ramificações, o n.º 1 do art.º 92.º da LPCJP mais não é que um reforço da relevância que actualmente se atribui à família e aos seus problemas.

5.3.1.1. b) Rapidez da intervenção

A intervenção, prevista no art.º 91.º, exige-se que seja imediata. É solicitado a quem tem competência para tal que intervenha no mais curto espaço de tempo. A colocação no terreno dos meios possíveis a uma intervenção deve ser caracterizada pela rapidez. Esta acção subdividir-se-á em três momentos:

a) O primeiro, que tem a ver com o conhecimento da situação.
   Se não for por conhecimento próprio deve ser incrementado o contacto com a situação pela forma mais célere possível. A deslocação ao local, por ser o início da "protecção imediata", deverá em si mesma ser rápida.

b) O segundo momento tem a ver com a confrontação com a realidade, a aferição das circunstâncias em que a mesma se desenvolve e a apreciação da verificação, "in casu", de todos os pressupostos exigidos por lei para legitimar a intervenção.

c) O terceiro, que se reporta à tomada de decisão (no sentido da intervenção) e respectiva execução.

Este último é talvez o mais delicado, mas aquele em que se exige, a quem está a intervir, a maior segurança e determinação possível. De facto, só neste momento se consubstancia o afastamento da criança do perigo a que estava sujeita.

Conhecimentos profundos do enquadramento legal correspondente e uma grande sentido de bom senso e ponderação são duas características exigidas a qualquer dos que pode intervir, de forma a poder actuar rapidamente.

5.3.1.1. c) Eficácia da intervenção

Por fim, deve a intervenção ser eficaz. Apesar de parecer óbvia esta exigência, impõe-se considerar que a "protecção imediata" não se compadece com certas medidas profilácticas que se possam tomar. Perante uma situação de perigo não devem ser adoptados comportamentos susceptíveis de branquear o comportamento do faltoso. Todos têm direito a uma segunda oportunidade, é certo. Mas, neste domínio, uma nova hipótese que é concedida a quem prevarica tem como reverso a colocação de uma excessivo "risco" sobre aquela criança.

Note-se que, tão eficaz será afastar a criança do agressor, como seria retirar este da proximidade daquela. Só que, geralmente, é a primeira a situação adoptada.

5.3.2. Medidas adequadas

Questão com notória relevância é o alcance atribuído à expressão, "medidas adequadas".

Atenta a natureza urgente da intervenção, assume particular importância esta nomenclatura. Desde logo podemos afirmar que ficam, claramente, afastadas estas medidas, daquelas que a LPCJP classifica como "medidas de promoção e protecção". Não que as primeiras não se destinem igualmente à promoção e protecção mas porque, primária e exclusivamente, estão relacionadas com a protecção da criança, no que respeita à salvaguarda da sua vida ou integridade física.

Não cuida, este normativo, de definir ou configurar condutas que tendam para a definição de projectos de vida da criança. Trata-se, apenas de definir regras que permitam a intervenção imediata, por forma a colocar a criança a salvo dos comportamentos, ou omissões, lesivas da sua integridade física ou vida.

E, tanto se trata de realidades distintas que, dispondo o art.º 35.º de um elenco taxativo de medidas de promoção e protecção, o legislador, no n.º 1 do art.º 92.º, não se limitou a fazer uma mera remição para aquele elenco de medidas. E não o fez porque, claramente, pretendeu deixar ao melhor critério de quem procede à intervenção o poder de adoptar a atitude – entenda-se medida – que, em face das características que a situação apresenta, se deparar como a melhor para afastar a criança da situação de perigo. Esteve bem o legislador quando entendeu que a urgência da situação pode, e por vezes deve, impor uma actuação distinta das estabelecidas no art.º 35.º. E não se diga que esta técnica legislativa pretendeu retirar eficácia à intervenção. Pelo contrário, as medidas elencadas no art.º 35.º

GUIA DE PROCEDIMENTOS DO PROCESSO DE PROMOÇÃO E PROTECÇÃO

pressupõem, para a respectiva aplicação, uma maior análise, ponderação e conjugação de intervenções – por vezes entre vários parceiros sociais –, por forma a conduzir à elaboração de um projecto de vida para a criança, que assegure a promoção dos seus direitos e a sua protecção de modo mais correcto e equilibrado possível. E todo este percurso, tendente à aplicação de uma medida de promoção e protecção, não seria compaginável com a preemência na actuação imposta pela verificação de uma qualquer situação de perigo, para a vida ou integridade física, atinente a uma criança ou jovem.

5.4. *Case study*

Tentemos, por fim, analisar alguns casos práticos que correram, ou correm, termos nos tribunais portugueses por razões óbvias, e sem desvirtuar a situação global, alguns detalhes não serão relatados e a identificação será ficcionada.

A) *"Luísa", natural de um País de Leste, ia cumprir um ano de idade no dia seguinte. As técnicas, em visita domiciliária no âmbito do programa de R.M.G., ao fim da tarde, encontram a menor em casa da ama, apresentando algumas manchas cutâneas de tom avermelhado. A ama referencia os progenitores, igualmente oriundos de País de Leste, como consumidores habituais de bebidas alcoólicas. As técnicas pedem autorização à ama para levar o bebé ao hospital e aí comunicam à CPCJ, que às 20,30 horas reúne e decide aplicar a medida de acolhimento hospitalar, nos termos do art.º 91.º da LPCJP.*

Nesta situação, afigura-se-nos ter-se verificado uma intervenção laivada de alguns contornos menos correctos. Desde logo a análise efectuada pelas técnicas, depara-se-nos como, um pouco precipitada. Aceitando como cautelosa a necessidade de sujeição da menor a observação em unidade hospitalar, face à falta de conhecimentos específicos do foro médico por parte das técnicas, salienta-se, porém, que se o consentimento solicitado a quem tinha a guarda de facto da menor, no momento, era só para a deslocação desta ao hospital, não deveria ter sido solicitada a convocação da CPCJ, provocando uma decisão por parte de tal entidade. É que, no caso, não houve a oposição nem dos progenitores nem da ama para a intervenção, pelo simples facto de que não lhes foi, sequer dado conhecimento. Atendendo às circunstâncias do meio e da situação, nomeadamente ao facto de os progenitores serem pessoas bem conhecidas, era exigível ter-se verificado algum esforço por parte dos técnicos no sentido de os contactar, a fim de se determinar a existência ou não de requisitos para a intervenção. Para além deste facto, nem sequer estava em causa o perigo para a integridade física ou a vida da menor, tal como foi confirmado pelo clínico que atendeu a criança na urgência e relatou não ter observado qualquer patologia que o indiciasse.

Se, ao invés, a situação de perigo radicava na negligência a que a menor poderia estar sujeita, fruto da dependência alcoólica dos progenitores, tal deveria ter sido apreciado em sede de processo de promoção e protecção a correr termos na CPCJ.

B) *"Carlos", nasceu às 18 horas. Os progenitores, viviam num palheiro e vinham sendo referenciados, pela CPCJ, como totalmente carenciados de meios, facto que fez prevenir a unidade hospitalar para a necessidade de comunicação imediata do nascimento à CPCJ, que decidiu que o "Carlos" ficava sujeito à medida de "acolhimento hospitalar", nos termos do art.º 91.º da LPCJP.*

Aqui, era clara a verificação de, pelo menos, um dos pressupostos para a intervenção. A entrega do menor aos progenitores constituiria um perigo iminente para a sua saúde, atentas as condições habitacionais dos respectivos progenitores. De tal forma que a situação do agregado já estava sinalizada na CPCJ a qual, oportunamente, alertou as unidades hospitalares da zona para a necessidade de não darem alta clínica ao recém-nascido.

Apesar disso, cremos que não havia razão para a decisão da CPCJ, nos termos do art.º 91.º Pese embora o facto do menor ter nascido de noite, era óbvio que nunca seria dada alta clínica ao recém-nascido nas horas, ou mesmo dias, seguintes. Assim e considerando a oposição dos progenitores, já manifestada (até anteriormente ao nascimento), seria sempre possível à CPCJ, no dia seguinte ao nascimento, comunicar a situação ao tribunal, a fim de este órgão apreciar e decidir. A isso obriga o próprio art.º 91.º da CPCJ.

C) *"Pedro, com 14 anos de idade, é deficiente auditivo profundo. A paternidade nunca foi estabelecida e a progenitora tem paradeiro desconhecido desde o nascimento daquele. A tutora – que o acolheu desde o nascimento – providenciou sempre pela sua guarda e educação. Actualmente, a tutora revela problemas de saúde que a impedem de controlar o menor e expressa não aceitar, designadamente, os comportamentos agressivos e de rebeldia que este tem vindo a revelar. Sem qualquer retaguarda familiar a tutora decide entregar o menor numa repartição pública.*

O caso foi comunicado, telefonicamente, ao Ministério Público que, de imediato, recolheu elementos junto de pessoas que acompanhavam a criança e que revelaram conhecer a veracidade da situação. Autuado um processo judicial de Promoção e protecção, o juiz, a quem foi averbado o processo, logo procedeu à produção de prova possível e decidiu a institucionalização do menor.

De salientar a solicitada intervenção da emergência Infantil que prontamente diligenciou pela obtenção de um CAT, com condições de disponibilidade e especialidade face às deficiências do menor, e providenciou pela deslocação de um técnico ao tribunal para acompanhar aquele, à instituição. Tratou-se da única decisão possível, por forma a assegurar o acolhimento do menor e a sua protecção, face à situação de facto criada com o seu "abandono".

Apenas uma observação. Caso a situação tivesse sido canalizada, atempadamente, para a CPCJ, poderia ter sido analisada e ponderada outra solução – que não necessariamente a institucionalização – que, protegendo o menor, se revelaria provavelmente menos traumatizante do que a institucionalização decretada.

D) *"Rebeca", com 14 anos, envolvida com um adulto, de minoria étnica, é perseguida na via pública pela família deste, sob ameaça de morte feita com arma de fogo. A menor refugia-se na esquadra da GNR que contacta de imediato – às 19,00 horas – a CPCJ. Apesar do consentimento da progenitora – que se encontra divorciada do pai da menor – e a não oposição desta, a CPCJ decidiu proceder ao acolhimento institucional da menor.*

A situação já estava sinalizada na CPCJ que procedia às diligências processualmente relevantes e necessárias à respectiva intervenção daquela entidade. Só que, os acontecimentos precipitaram-se.

A autoridade policial, diligentemente e perante a presença da menor, garantiu a sua segurança imediata e contactou a CPCJ. Esta entidade, atento o adiantado da hora e a urgência da necessidade de salvaguardar o bem estar da menor, providenciou pela anuência desta e de um dos progenitores que estava contactável – a mãe.

Poder-se-ia obstar à intervenção de urgência por parte da CPCJ alegando não ter havido oposição para tal. Contudo, considerando o facto de não ter sido possível, em tempo útil, obter a posição do progenitor parece-nos razoável considerar essa falta como uma oposição para a intervenção. Desta forma legitimou-se a intervenção da CPCJ.

Isto posto, podemos adiantar algumas regras de procedimento:

O funcionamento da CPCJ – não sendo profissionalizada, como seria desejável – não se pode compadecer com um horário de expediente normal. Preferencialmente, deverão os membros da Comissão restrita assegurar um regime de contactabilidade permanente (pelo menos entre este órgão e as autoridades policiais da zona).

Após a sinalização da situação, impõe-se um contacto com a situação, tão rápido quanto possível.

A deslocação ao local de algum dos técnicos competentes deve ser feita, sempre que possível e como regra, acompanhada da autoridade policial, por forma a assegurar a sua intervenção nos termos do n.º 3 do art.º 91.º, sem compassos de espera ou outras delongas.

Em caso algum, se deve precipitar uma decisão de urgência da CPCJ, quando a protecção do menor, se mostre salvaguardada nas horas seguintes, suficientes a propiciar a intervenção do tribunal.

6. PROCESSO JUDICIAL DE URGÊNCIA

A LPCJP no seu IX e último capítulo, estabelece as regras processuais referentes à tramitação do "Processo Judicial de Promoção e Protecção".

Sendo este o modelo básico de processo de promoção e protecção é, também, aqui que o legislador vem fazer uma colagem ao definir as regras referentes à tramitação processual que cobrem as situações de urgência inseridas no art.º 92.º É a esta situação particular que atenderemos na nossa análise.

6.1. Comunicação ao MP

À semelhança do que já tivemos oportunidade de considerar, não existe intervenção junto da criança ou do jovem sem a notícia de que algo pode estar mal com "aquela criança". Falamos, obviamente, da sinalização inicial de uma situação de risco.

Esta comunicação tem por "remetente" qualquer pessoa que tenha conhecimento de uma situação que, segundo a sua perspectiva, é susceptível de colocar em perigo a integridade física ou a vida da criança e como "destinatário" qualquer das entidades consideradas como tendo intervenção junto dos jovens, a CPCJ, a autoridade policial ou mesmo o tribunal. É este o sentido dos mecanismos instituídos pela LPCJP nos artigos 64.º e 69.º.

Prevê-se todo um conjunto de interligações em torno de um único objectivo: garantir que seja sempre assegurado o procedimento mais adequado à protecção da criança ou do jovem.

Consagram-se, naqueles artigos, várias zonas de interligação com vista à passagem de um mesmo conteúdo: a notícia de que uma criança ou um jovem está sujeita a uma situação de perigo.

No entanto, nem todas as comunicações aí previstas dão origem a processo de protecção. Algumas comunicações visam a instauração de procedimentos tutelares cíveis, outras destinam-se a manter meros casos de controle de actuação de outras entidades e, outras então, darão lugar à instauração de um processo judicial de promoção e protecção, previsto nos art.º 100.º e segs.

Em síntese, podemos considerar que as comunicações se devem efectuar nas seguintes situações:

Quem?	Quando?	A quem?	Previsão
As entidades policiais e Autoridades judiciárias,	Situações cujo conhecimento derive do exercício das suas funções	CPCJ	art.º 64.º, n.º1

GUIA DE PROCEDIMENTOS DO PROCESSO DE PROMOÇÃO E PROTECÇÃO

Quem?	Quando?	A quem?	Previsão
As entidades com competência em matéria de infância	Situações cujo conhecimento derive do exercício das suas funções	CPCJ	art.º 65.º, n.º 1
As entidades com competência em matéria de infância	Quando não esteja instalada CPCJ ou quando estas não tenham competência para determinada medida (confiança para adopção)	Tribunal	art.º 65.º, n.º 2
As instituições de acolhimento	Sempre que acolham crianças sem prévia decisão da CPCJ ou do Tribunal	M.P.	art.º 65.º, n.º 3
Qualquer pessoa	Relativamente a situações que ponham em risco: ‣ a Vida, ‣ a integridade física ou psíquica, ‣ a liberdade,	‣ entidades com competência em matéria de infância; ‣ entidades policiais; ‣ CPCJ; ‣ Autoridades policiais	art.º 66.º, n.º 1
As entidades com competência em matéria de infância	Sempre que entendam que a sua intervenção não é adequada ou suficiente	CPCJ	art.º 66.º, n.º 3
CPCJ	As situações previstas no art.º 1978.º do C.C. e situações para adopção	Seg. Social	art.º 67.º
CPCJ	As situações para adopção	MP	art.º 68.º, a)
CPCJ	As situações em que não haja consentimento dos progenitores, em que haja oposição do menor ou quando as medidas não sejam cumpridos	MP	art.º 68.º, b)
CPCJ	As situações em que não tenham disponibilidade de meios para executar uma medida ou haja oposição de instituições	MP	art.º 68.º, c)

PROCEDIMENTOS DE URGÊNCIA, NA LEI 147/99, DE 1 DE SETEMBRO

Quem?	Quando?	A quem?	Previsão
CPCJ	As situações sem decisão após seis meses de processo	MP	art.º 68.º, d)
CPCJ	As situações em que apliquem medida que importe a separação da criança dos seus progenitores ou de quem tem a guarda de facto	MP	art.º 68.º, e)
CPCJ	As situações em que seja necessário a instauração de processo tutelar cível	MP	Art.º 69.º
Todas as entidades ou instituições	sempre que a situação de perigo constitui crime	MP	Art.º 70.º

Vejamos, agora, particularmente as comunicações a efectuar ao Tribunal/Ministério Público, com vista a despoletar os mecanismos previstos no art.º 91 da LPCJP, de forma a consubstanciar uma actuação imediata em ordem à promoção e protecção da criança.

Embora o n.º 1 do art.º 91.º da LPCJP estabeleça que as entidades referidas no art.º 7.º ou as CPCJ " solicitam a intervenção do tribunal" e o n.º 2 refira que as entidades policiais "dão conhecimento"(...) "ao Ministério Público", podemos afirmar que se tratará, sempre, de uma comunicação formal ao Ministério Público. De facto, se no n.º 1 é imposto àquelas entidades que solicitem a intervenção do tribunal, obviamente que o devem fazer através de uma comunicação, dando conhecimento da situação de perigo em causa, da actuação já desenvolvida e despoletando a abertura de um processo judicial. Só que, essa comunicação, quer nos casos em que formalmente endereçada ao Tribunal, quer nos casos em que o é especificamente à Procuradoria da República, é sempre encaminhada através do Ministério Público, que deverá suscitar o mecanismo adequado.

Ao invés, a comunicação do órgão de polícia criminal ao Ministério Público é directamente endereçado a esta magistratura, o que pode encurtar alguns procedimentos formais.

6.2. Autuação

Dispõe o n.º 1 do art.º 92.º da LPCJP que *"o Tribunal, a requerimento do Ministério Público (...)"*

Formalmente, o procedimento judicial de urgência tem início por impulso do MP.

GUIA DE PROCEDIMENTOS DO PROCESSO DE PROMOÇÃO E PROTECÇÃO

Repete-se que, tal como acima consignámos, as referências feitas ao longo da lei como "comunicações a efectuar ao tribunal" devem ser entendidas como dirigidas ao MP. De facto, cabendo a iniciativa processual a esta magistratura, qualquer expediente dirigido directamente ao tribunal será sempre encaminhado para a Procuradoria da República e, com aquele percurso, apenas se retardará todo e qualquer efeito pretendido com a urgência da comunicação, o que deverá ser obviado, dentro do possível.

Vejamos, então, o requerimento inicial.

Entendemos que, apesar de ser uma peça processual que dará início a um processo judicial, não está sujeito às condicionantes formais exigidas para uma petição inicial. A própria lei expressamente assim o consagrou, ao estabelecer que é suficiente um requerimento. Pressupõe-se então que, identificados minimamente a criança e os seus progenitores, seja apenas suficiente uma breve descrição da situação de perigo. Terminar-se-á com o pedido formal de confirmação da medida já aplicada ou, na sua ausência, a que melhor seja possível executar, com vista à protecção da criança.

Este expediente, contudo, poderá não ocorrer com este formalismo. Pensamos nas situações de perigo em que, pela sua própria natureza, não se compadecem, sequer, com a delonga da realização de um requerimento como o que descrevemos. Igual entendimento deve ser considerado quando o próprio expediente entrado em tribunal seja tão explícito que se possa prescindir da sua descrição num articulado. Nestes casos, cremos ser de considerar a hipótese de, na própria documentação recebida, se fazer constar um despacho/requerimento em que se "remeta o expediente à secção central a fim de autuado como processo de Promoção e Protecção – nos termos do art.º 92.º da LPCJP – e averbado ao juiz de turno, a quem se solicita a imediata confirmação da medida".

Questão potencialmente geradora de conflitos internos prendese com a solução encontrada na lei para a afectação do processo a um determinado juízo. Claramente correcta a opção do legislador que, ao pretender que o processo não aguarde na secção central pelo acto da distribuição, consagrou que o "expediente entrado é de imediato averbado ao juiz de turno" – art.º 102.º, n.º 2 da LPCJP.

Contudo, questionar-se-á como proceder nas comarcas, fora da área de competência dos tribunais de Menores e Família, em que os tribunais possuam mais do que um juízo cível? A tendência das comarcas em que existem juízos cíveis é a de estes não estarem organizados para fazer face a serviço urgente. De facto, não existe a prática de, acautelando estas situações, ser estabelecido entre os juízos cíveis uma escala de "turno", por forma a cumprir a disposição legal citada. Opção pouco correcta mas que tem sido minimizada com o diligente critério que as respectivas secções centrais tem assumido de, em acto imediato à entrada do

PROCEDIMENTOS DE URGÊNCIA, NA LEI 147/99, DE 1 DE SETEMBRO

expediente, procederem informaticamente a uma "distribuição/averbamento" mantendo, desta forma, um critério de equidade no n.º de afectação de processos desta espécie por cada juízo.

6.3. Diligências

Tendencialmente, o percurso deste procedimento judicial urgente não se caracteriza por qualquer fase instrutória. Por esse facto, o legislador não sentiu particular cuidado em estabelecer qualquer regra processual.

O processo inicia-se para que seja, de imediato, proferida uma decisão.

Esta é a regra. E bem se compreende que assim seja atenta a natureza delicada da situação em análise. Exige-se ao juiz do processo que se pronuncie sobre a situação da criança ou do jovem.

Este aparente laconismo do legislador encontra justificação no facto de o processo dever conter todos os elementos considerados necessários à ponderação do decisor. Tendo em conta o que se dispõe no n.º 2 do art.º 71.º da LPCJP, tal como deve ser feito sempre que existe um comunicação ao tribunal – segundo os critérios definidos nos art.º 64.º a 70.º –, também nas situações de urgência (e até por maioria de razão) deve a comunicação vir acompanhada de todos os elementos disponíveis a uma boa e rápida decisão. Falamos, obviamente, de relatórios sociais, disponíveis e actualizados, e quaisquer outras informações sobre a criança, os seus progenitores, o local onde se encontrava antes da intervenção, etc.

Contudo, como não podia deixar de ser, estabeleceu-se um "válvula de segurança", permitindo que, caso assim se entenda necessário, "o tribunal procede às averiguações sumárias e indispensáveis (...)" – art.º 92.º, n.º 2 da LPCJP.

O poder natural do julgador é levado, aqui, ao seu limite. Permite-se que, caso o entenda necessário, proceda às diligências necessárias (p. ex. inquirição de testemunhas, pedido de informações sumárias a outras entidades, incluindo às entidades policias). Seria desejável que o tribunal tivesse meios e, acima de tudo, disponibilidade, para poder deslocar-se ao local, se reputasse tal como essencial. É sabido como pode ser diferente e mais natural a percepção que o próprio faz de uma realidade, por comparação com a descrição (e admitimos que será sempre tão exaustiva quanto possível) feita por um técnico, ou com o factor da imediação a contribuir também para a formação da necessária convicção sobre o que se vai decidir.

6.4. Decisão

A decisão, embora segundo a letra da lei seja "provisória", não deixa de assumir toda a relevância inerente a uma normal decisão judicial.

A isto acresce o facto de se tratar de uma decisão particularmente sensível, pelo seu conteúdo. Trata-se de uma decisão judicial que vem tornar solene uma decisão já tomada por uma entidade externa ao poder judicial. E, principalmente, trata-se de uma decisão que irá afectar direitos constitucionalmente garantidos quer da criança ou do jovem, quer da sua família.

Esta decisão, pelas suas consequências, e principalmente por se tratar de um acto judicial, normalmente de "ratificação" de uma decisão já executada, deve ser rápida. Não se pode deixar que uma actuação de uma entidade exterior ao poder judicial esteja demasiado tempo sem ser sujeita a este controle. Idêntico regime está previsto para a apresentação de arguido detido a primeiro interrogatório judicial e para a colocação de indivíduo em estabelecimento de saúde ao abrigo da Lei de Saúde Mental.

Por este facto, o legislador pretendeu que a eventual necessidade de realização de diligências tendentes a habilitar o juiz a decidir não se prolongue para além das 48 horas. Este é o prazo máximo para que seja proferida decisão sobre a medida aplicada nos termos do art.º 91.º da LPCJP.

Por último, uma referência para uma circunstância que o legislador entendeu consignar no dispositivo. Sabe-se que nenhuma decisão judicial é eficaz se não for executável. Ora, atendendo à natureza da questão, impunha-se que não só todo o processo como a própria execução da decisão tivessem como característica a celeridade.

Nesse sentido e caso o juiz perspective qualquer forma de obstrução ao cumprimento da decisão que acabou de proferir deve ordenar "as diligências necessárias para assegurar a execução das suas decisões" – art.º 92.º, n.º 2, in fine. Trata-se de criar, na decisão, os mecanismos necessários à sua própria execução, desta forma evitando-se, e bem, os atrasos inerentes ao cumprimento de uma determinação judicial, em matéria tão sensível e delicada como a presente.

6.5. Termos ulteriores

"Havendo oposição para a intervenção da comissão de protecção, justifica-se que o processo siga, desde logo, a sua tramitação no tribunal", *in* Tomé D'Almeida Ramião, Lei de Protecção de Crianças e Jovens em Perigo, Anotada e comentada, 3.ª edição, Quid Júris, 2004, pág. 139.

De facto, tendo havido oposição dos progenitores ou da pessoa que tinha a guarda da criança, facto que justificou a intervenção nos termos do art.º 91.º da LPCJP, está, desde logo, verificado um dos pressupostos que retira competência para actuação à CPCJ. Se assim é, não faz sentido dar como findo este procedimento judicial de urgência e instaurar um processo judicial de promoção e protecção. As boas regras processuais impõem o aproveitamento de actos já praticados, dentro do que for possível.

Por este facto, o legislador fez constar no n.º 3 do art.º 92, ora em análise, a regra do aproveitamento do processado já existente, fazendo prosseguir o processo de acordo com as regras previstas no art.º 107.º da LPCJP.

6.5.1. Posterior articulação com a CPCJ

Mais um apontamento sobre a actuação da CPCJ após a comunicação que serviu de base ao procedimento urgente.

Deve cessar a actuação da CPCJ ?

A resposta a esta questão não é clara.

De facto, a conjugação das várias disposições da LPCJP – veja-se os art.[os] 68, als. c) e d), 73.º, n.º1 e 74.º, todos da LPCJP – aponta para uma resposta positiva à pergunta.

Contudo, cremos que para além das situações em que pode ser solicitada à CPCJ alguma forma de intervenção na situação, em momento posterior ao envio para tribunal – ex. Art.º 73.º, n.º 2 –, sempre poderão ser aproveitados os recursos humanos e técnicos da CPCJ.

Falamos das situações em que, estando a situação da criança a ser objecto de estudo no seio da comissão e, por força de uma situação das previstas no art.º 91.º se dá inicio a uma processo judicial. O que fazer com esse trabalho já desenvolvido? Obviamente que, nestes casos, o superior interesse da criança ou do jovem aconselham a que, mesmo após a comunicação a tribunal, a CPCJ faça prosseguir o seu trabalho. Não através de uma intervenção directa, mas como meio técnico auxiliar privilegiado e que, tendo dados já recolhidos, deve prosseguir o respectivo estudo da situação e, logo que oportuno, comunicar ao tribunal que mantém disponibilidade para prosseguir essa função particular e que enviará as suas conclusões para o processo judicial.

Finalmente, não podemos deixar de referenciar uma última forma de participação da CPCJ. Poderá parecer óbvia a solução apontada mas as contínuas interrogações a que temos assistido, neste domínio, leva-nos a aqui abordá-la.

Mesmo durante a pendência de um processo judicial de promoção e protecção é sempre devida a intervenção da CPCJ, nos termos do art.º 91.º da LPCJP? Cremos que não só é possível como é desejável que assim aconteça. De facto, mesmo durante o cumprimento de uma medida já aplicada podem surgir situações que imponham uma intervenção de urgência. Se tal ocorrer, não pode apenas fazer-se uma "simples comunicação ao processo". Deve intervir-se, nos termos do art.º 91.º da LPCJP.

GUIA DE PROCEDIMENTOS DO PROCESSO DE PROMOÇÃO E PROTECÇÃO

7. CONCLUSÕES

1. *A intervenção do Estado justifica-se e exige-se quando o exercício e desenvolvimento do poder de autodeterminação do menor são ameaçados por factores que lhe são exteriores (de protecção, abandono, maus tratos, etc.).*
   Por isso, a particular fragilidade dos menores em face das adversidades do mundo externo levou a CRP – cfr. Convenção sobre os Direitos da Criança, art⁰ 8.º e 19.º *– a cometer à sociedade e ao Estado um dever de protecção das crianças, com vista ao seu desenvolvimento integral (art.º 69.º da CRP).*

2. *A **gravidade da situação de perigo a que a criança ou o jovem está sujeita pode implicar a necessidade de uma intervenção em tempo útil**, necessariamente reduzido e não compatível com o decurso de um processo judicial.*
   *Nesse sentido, e visando garantir os contornos da actuação de quem pode intervir no meio onde a criança ou o jovem se encontram, definiram-se **as regras previsto no "Cap. VII", da Lei 147/99, de 01/09, e que constituem um regime específico para regular a intervenção – art.º 91.º – e um regime processual para a confirmação judicial daquela actuação – art.º 92.º***

3. *A intervenção de urgência está dependente da verificação de **pressupostos**:*
   ***Objectivos** (os que têm a ver com a situação de facto a que a criança ou jovem se encontra exposto). é pois necessário, a este nível, que se verifique: a existência de um perigo e que esse perigo seja, actual, (estendendo-se mesmo ao perigo "quase actual") ou iminente.*
   ***Subjectivos, em sentido amplo** (relativos às qualidades, ou condições, que a criança deve apresentar para permitir a intervenção) – Só é admissível a intervenção quando existir um perigo para a vida ou integridade física daquela (estando ameaçados outros direitos da criança ou jovem, que não a sua vida ou integridade física, não é legítimo o recurso a este procedimento).*
   ***Subjectivos, em sentido restrito** (quanto aos possíveis comportamentos dos representantes da criança). É exigida a manifestação de oposição à intervenção.*

4. *Poderão intervir – de acordo com o princípio da subsidiariedade da intervenção judicial (alínea j) do art.º 4.º da LPCJP) –, quaisquer das entidades com competência em matéria de infância e juventude – cfr. o art.º 7.º – as Comissões de Protecção de Crianças e Jovens (CPCJ), mas, igualmente os Órgãos de Polícia Criminal (OPC) e os tribunais.*

5. *Prevista no n.º 1 do art.º 91.º da L. esta forma de intervenção, no sentido da protecção imediata da criança, considera que **a primeira iniciativa caberá ou às CPCJ's ou a qualquer das entidades com intervenção na área dos menores (cfr. art.º 7.º), ou, como é óbvio, às entidades policiais, sempre que sejam estas as primeiras a tomarem notícia da ocorrência ou a presenciarem a situação.** Qualquer destas deverá iniciar os primeiros procedimentos, tomando as medidas consideradas como necessárias.*

PROCEDIMENTOS DE URGÊNCIA, NA LEI 147/99, DE 1 DE SETEMBRO

6. *Contudo, e admitindo que a actuação no âmbito do n.º 1 se processa em período em que não é possível accionar o procedimento judicial e se torna necessária a adopção de medidas mais drásticas (maximé, a retirada da criança), devem aquelas instituições suscitar a intervenção das entidades policiais.*

7. *Estrategicamente,* **qualquer das entidades com competência na área dos menores ou as CPCJ devem fazer-se acompanhar** *– sempre que possível –* **por agentes de autoridade, logo na primeira deslocação ao local.**

8. *Tomadas as medidas por estas consideradas como as mais adequadas para obstar à situação de perigo, importará DE IMEDIATO, suscitar a intervenção do tribunal, a fim de ser desencadeado o procedimento processual previsto no art.º 92.º da L.*

9. *Face à restrição constitucional à violação do domicílio, imposta pelo n.º 2 do art.º 34.º da CRP, cremos dever manter-se o entendimento de que, aceitando a possibilidade de* **entrada na residência, apenas nos casos de flagrante delito** *(cfr. art.º 34.º, n.º 3 da CRP),* **quer as entidades com competência em matéria de infância quer as CPCJ, não poderão retirar a criança.**

10. *De facto,* **está-lhes a ser autorizada a entrada, apenas nas situações de flagrante delito, para assegurar a imediata protecção da criança.** *A partir daí,* **será necessário a acção da autoridade policial para retirar aquela.**

11. *Esta intervenção deve, por isso, ser legal, rápida e eficiente.*

    Legal, *uma vez que qualquer das entidades que intervém deve pautar-se por uma atitude estritamente conforme com os dispositivos legais específicos mas respeitando, igualmente, o restante ordenamento jurídico.*

    A intervenção, prevista no art.º 91.º, deve ser tão imediata como **rápida.** *Por fim, deve a intervenção ser* **eficaz.**

12. *A* **sinalização inicial de uma situação de risco** *– a comunicação – tem por* **"remetente"** *qualquer pessoa que tenha conhecimento de uma situação que, segundo a sua perspectiva, é susceptível de colocar em perigo a integridade física ou a vida da criança e como* **"destinatário"** *qualquer das entidades consideradas como tendo intervenção junto dos jovens, a CPCJ, a autoridade policial ou mesmo o tribunal. É este o sentido dos mecanismos instituídos pela LPCJP nos artigos 64.º a 69.º.*

13. *Embora o n.º 1 do art.º 91.º da LPCJP estabeleça que as entidades referidas no art.º 7.º ou as CPCJ "solicitam a intervenção do tribunal" e o n.º 2 refira que as entidades policiais "dão conhecimento" (...) "ao Ministério Público", podemos afirmar que se tratará, sempre, de* **uma comunicação formal ao Ministério Público.**

14. **O requerimento inicial** *exigido, pese embora se trate de uma peça processual que vai dar início a um processo judicial,* **não está sujeito às condicionantes formais exigidas para uma petição inicial.** *Nalguns casos cremos ser de considerar a hipótese de, no próprio expediente, fazer constar um despacho/requerimento.*

GUIA DE PROCEDIMENTOS DO PROCESSO DE PROMOÇÃO E PROTECÇÃO

15. *O processo inicia-se para que seja, **de imediato, proferida uma decisão**. Esta é a regra.*

16. *Contudo, como não podia deixar de ser, estabeleceu-se um "válvula de segurança", permitindo que, **caso assim se entenda necessário, "o tribunal procede às averiguações sumárias e indispensáveis (...)" – art.º 92.º, n.º 2 da LPCJP**.*

17. *Por este facto, a eventual necessidade de **realização de diligências** tendentes a habilitar o juiz **não se pode prolongar para além das 48 horas**. Este é o prazo máximo para que seja proferida decisão sobre a medida aplicada nos termos do art.º 91.º da LPCJP.*

18. *Ora, atendendo à natureza da questão, impunha-se que não só todo o processo como a própria execução da decisão tivessem como característica a celeridade. Nesse sentido **o juiz**, caso admita poder ocorrer qualquer forma de obstrução ao cumprimento da decisão que acabou de proferir, **deve ordenar "as diligências necessárias para assegurar a execução das suas decisões"** – art.º 92.º, n.º2, in fine.*

19. ***Terminado o procedimento judicial** de urgência **os autos prosseguem como processo de promoção e protecção** – art.º 92.º, n.º 3.*

20. ***Durante o cumprimento de uma medida já aplicada podem surgir situações que imponham uma intervenção de urgência**. Neste caso, não pode, apenas, fazer-se uma "simples comunicação ao processo".*

21. ***DEVE INTERVIR-SE, NOS TERMOS DO ART.º 91.º DA LPCJP.***

8. BIBLIOGRAFIA

www.driotsenfants.com

Constituição da República Anotada, J. J. Gomes Canotilho e Vital Moreira, Coimbra Editora, 3.ª edição, 1993.

Maltrato e Trauma na Infância, Isabel Maria Marques Alberto, Almedina, 2004.

Crianças e Jovens em Risco, da Investigação à Intervenção, Centro de Psicopedagogia da Universidade de Coimbra, Almedina, 2004.

Temas de Direito da Família, Centro de direito da família, Coimbra Editora 2.ª edição.

Direito Tutelar de Menores. O Sistema em mudança, Centro de direito da família, Coimbra Editora, 2002.

Cuidar da Justiça de Crianças e Jovens, A Função dos Juízes sociais. Actas do encontro, Almedina, Outubro 2003.

O direito de menores reforma ou revolução? Cadernos da Revista do Ministério Público, Edições Cosmos, 1998.

Lei de Protecção de Crianças e Jovens em Perigo, Anotada e comentada, Tomé D'Almeida Ramião, 3.ª edição, Quid Júris, 2004.

PROCEDIMENTOS DE URGÊNCIA, NA LEI 147/99, DE 1 DE SETEMBRO

Comissão Nacional de Protecção de Crianças e Jovens em Risco, *Relatório de Actividades de 1999 – Plano de Acção para 2000*, Instituto para o Desenvolvimento Social, Ministério do Trabalho e da Solidariedade, 2000.

O novo direito das crianças e jovens – Um recomeço, Leonor Furtado e Paulo Guerra, Centro de Estudos Judiciários, 2000 (distribuição Coimbra Editora).

"As novas leis de protecção de crianças e jovens em perigo e de tutela educativa – Uma reforma adequada aos dias de hoje", Eliana Gersão, *Infância e Juventude*, n.º 2/2000, pp. 9-49.

"A intervenção comunitária na protecção das crianças e jovens em perigo", em Actas do Congresso Internacional "Os mundos sociais e culturais da infância", Eliana Gersão, vol. II, Universidade do Minho, 2000, pp. 48-56.

"O novo direito das crianças e jovens – Um verdadeiro recomeço", Paulo Guerra, *Infância e Juventude*, n.º 1/2003, pp. 53-80.

"A nova justiça das crianças e jovens. Três anos depois, para onde vais, rio que eu canto?", *Infância e Juventude*, Paulo Guerra, nº 1/2004, pp. 9-40.

Maus tratos em crianças e jovens, Teresa Magalhães, Quarteto, Colecção Saúde e Sociedade, 2002.

"A Criança, o Direito e os Direitos", in *Estudos em homenagem a Cunha Rodrigues,* Guilhermina Marreiros, vol. II, Coimbra Editora, 2001, pp. 324.

"As comissões de protecção de crianças e jovens. O papel das comissões na promoção dos direitos e na protecção das crianças e jovens", Guilhermina Marreiros, *Infância e Juventude*, nº 2/2004, pp. 9-32.

Reforma do direito de menores, Ministério da Justiça/Ministério do Trabalho e da Solidariedade, 1999.

O APADRINHAMENTO CIVIL

REGIME JURÍDICO DO APADRINHAMENTO CIVIL
LEI N.º 103/2009, DE 11 DE SETEMBRO

REGULAMENTAÇÃO DO REGIME JURÍDICO DO APADRINHAMENTO CIVIL CONCRETIZANDO OS REQUISITOS E OS PROCEDIMENTOS NECESSÁRIOS À HABILITAÇÃO DA PESSOA QUE PRETENDE APADRINHAR UMA CRIANÇA
DECRETO-LEI N.º 121/2010, DE 27 DE OUTUBRO

1. INTRODUÇÃO

O Regime jurídico do Apadrinhamento Civil criado com a publicação da Lei n.º 103/2009, de 11 de Setembro (doravante designada apenas por LAC), à semelhança de outros diplomas já em vigor no ordenamento jurídico português, veio incrementar as garantias constitucionais que ao Estado cabe satisfazer em matéria de protecção e promoção dos direitos das crianças [1].

Tão claro é este objectivo que todo o processo legislativo – e importa consignar que na base deste diploma esteve a proposta de Lei n.º 253/X ficou marcado pelo frequente apelo à necessidade de centrar a discussão na criança e no seu direito a ter uma família[2].

A propósito deste objectivo central, atentemos no que se deixou expresso na sua exposição de motivos da proposta de lei:

"A protecção das crianças e dos jovens é uma preocupação e uma missão fundamental do Estado português.

A insatisfação quanto aos resultados obtidos – para além de ser saudável – tem levado muitos especialistas a fazer diagnósticos consistentes do sistema vigente.

No ano de 2006, a Subcomissão de Igualdade de Oportunidades, da Comissão de Assuntos Constitucionais, Direitos, Liberdades e Garantias, da Assembleia da República, publicou um *Relatório das audições efectuadas no âmbito da "avaliação dos sistemas de acolhimento, protecção e tutelares de crianças e jovens".*

No referido Relatório destacam-se algumas necessidades prioritárias: clarificar e consagrar o princípio da prevalência das relações afectivas profundas, promover a desinstitucionalização, dinamizar o instituto da adopção, *«pensar e (re)criar outras formas de acolhimento", designadamente, através de "modelos mais flexíveis do que*

---

[1] Cfr. Base II da Declaração dos Direitos da Criança, Convenção das Nações Unidas, de 20 de Novembro de 1959 e Artigo 69.º, n.º 1da CRP.
[2] Cfr. Princípios de Direito da Família inscritos na Constituição da República Portuguesa – art.º 36.º, 37.º a 70.º.

a adopção", de "uma medida intermédia", que poderia ser "uma medida de tutela, acolhimento prolongado, ou inclusive (...) adopção restrita».

Durante o primeiro ano de funcionamento (2006/2007), o Observatório Permanente da Adopção também formulou a necessidade de encontrar novas formas de colocação definitiva das crianças e dos jovens, que se acrescentem ao regresso à família biológica e à adopção, pois que estas duas soluções conhecidas não têm sido suficientes para evitar que as crianças e os jovens permaneçam internados demasiado tempo em instituições de acolhimento (cfr. *Relatório de Actividades 2006/2007*, p. 75).

O regime jurídico do apadrinhamento civil – que agora se apresenta – pretende satisfazer aquelas preocupações e necessidades prioritárias.

O apadrinhamento civil visa sobretudo promover a desinstitucionalização, através da constituição de uma relação para-familiar tendencialmente permanente, destinada às crianças e jovens que não são encaminhados para a adopção ou não são adoptados.

Deseja-se que os primeiros beneficiários do regime sejam as crianças e jovens que estejam acolhidos em instituição, embora não se exclua que outras crianças e jovens sejam apadrinhados, na sequência da revisão de outra medida, ou mesmo antes da aplicação de qualquer medida.

Pretende-se que várias entidades possam tomar a iniciativa do apadrinhamento civil e espera-se que as próprias instituições de acolhimento contribuam para que o processo seja desencadeado por aquelas entidades, esperando-se mesmo que as instituições mais apetrechadas e diligentes adquiram a capacidade jurídica para designar e habilitar os padrinhos, através de uma delegação da segurança social.

A relação jurídica de apadrinhamento civil espera corresponder a uma real vinculação afectiva entre padrinhos e afilhados. É esse o propósito da definição do apadrinhamento civil, do requisito de que o vínculo apresente reais vantagens para a criança ou o jovem, do dever de cooperação entre os padrinhos e os pais no sentido do bem-estar e desenvolvimento da criança ou do jovem, da possibilidade de serem os pais ou a própria criança ou o jovem a designar os padrinhos, da necessidade de que o principal interessado participe no processo, da pretensão de que o vínculo assente num compromisso assinado pelos intervenientes, da afirmação do carácter tendencialmente permanente do apadrinhamento civil, da imposição de um dever recíproco de alimentos, da previsão de alguns direitos dos padrinhos mesmo depois de cessada a relação.

Não se pretende, no entanto, criar um vínculo semelhante ao de filiação, nem se cortam os laços com a família biológica.

O vínculo de apadrinhamento civil quer servir para as crianças e os jovens que não vão seguir o caminho da adopção.

Pensa-se nas crianças e nos jovens que não reúnem os pressupostos da adoptabilidade, ou para quem a adopção se tornou inviável, mas que também não podem regressar à família biológica.

Trata-se, afinal, da população de crianças e de jovens que permanece muito tempo nas instituições.

(...)"

Mas, não só se fizeram constar estes objectivos do documento base que foi proposto à discussão do plenário da Assembleia da República como, também em sede de discussão do diploma pelas várias comissões parlamentares da especialidade, e no momento de discussão e votação da versão final dos normativos tal foi reafirmado.

De facto, na reunião plenária do Parlamento que decorreu no dia 15 de Maio de 2009, o Sr. Ministro do Trabalho e da Solidariedade Social fez questão de apresentar aos deputados o diploma identificado como a proposta de lei n.º 253/X (4.ª) – e pedindo a aprovação esclareceu os seus fundamentos, quer em termos conceptuais, quer quanto à oportunidade legislativa.

"(...)

Reafirmamos, assim, simultaneamente, a garantia constitucional do apoio da sociedade e do Estado, de que a família, nas suas diversas formas, é credora. Para as crianças e jovens, crescer numa família é um factor determinante para o seu bem-estar, para a estruturação da sua socialização e para a definição do seu futuro. Já a Convenção dos Direitos da Criança o afirmou, ao consagrar o direito à família como um direito absoluto, simultaneamente instrumental para o respeito por muitos outros direitos aí consagrados; em primeiro lugar, o direito à sua família biológica e, não sendo isso possível, o direito a uma família substituta. O apadrinhamento civil não é só mais uma solução alternativa e nova. É a possibilidade, para muitas crianças e jovens, de poderem ganhar um espaço de afecto familiar. Privados de cuidados parentais adequados, podem assim estabelecer uma outra forma de vinculação afectiva, permanente e integradora.

(...)

Particularmente ilustrativa do sentido deste diploma foi a intervenção efectuada, na altura, por um deputado da Assembleia da República.

"(...) esta matéria respeita, antes de mais, a direitos, liberdades e garantias. E respeita aos direitos fundamentais do menor, que se pretende no centro do diploma em apreço. Dito de outro modo, um cidadão não tem o direito a ser padrinho civil, a apadrinhar civilmente uma criança, disponibiliza-se, sim, a assumir o dever de dar a essa criança o que a sua família não lhe pode oferecer. Quanto à família natural da criança, também não tem o direito de a ceder a um padrinho civil. A circunstância de esta nova relação se poder estabelecer significa, infelizmente, o falhanço de um projecto de afectos, de educação e de

GUIA DE PROCEDIMENTOS DO PROCESSO DE PROMOÇÃO E PROTECÇÃO

desenvolvimento de um indivíduo, que à sua família biológica cumpriria assegurar. Mas pode também, por outro lado, significar uma nova esperança, pois dirige-se a crianças e jovens que não reúnem os pressupostos da adoptabilidade ou para quem a adopção se tornou inviável, mas que também não podem regressar à família biológica[3].

No fundo – e como, oportunamente, salientou o Prof. Guilherme de Oliveira – "o Apadrinhamento Civil é a terceira via para além da adopção e do regresso à família biológica"[4].

É, pois, esta nova realidade jurídica que procuraremos analisar tendo em vista possibilitar a todos os aplicadores deste regime e, em particular dos técnicos sem formação jurídica, uma visão global do processo de molde necessariamente objectiva e cronologicamente definida, por forma a facilitar a respectiva compreensão.

2. CONCEITOS

2.1. Definição de Apadrinhamento Civil

No artigo 2.º da LAC, delimitou-se a noção da nova figura jurídica à qual se atribuiu – quase que carinhosamente o nome de apadrinhamento civil.

Desde logo, importa deixar uma primeira observação a propósito da nomenclatura utilizada.

Os nomes – mais sugestivos ou mais obscuros, fáceis de pronunciar ou demasiado eruditos – têm importância para o êxito dos institutos.

Neste contexto, supõe-se que as expressões "apadrinhamento civil", "padrinho", "madrinha" têm vantagem sobre outras quaisquer, na medida em que são conhecidas pela população com um sentido relativamente aproximado do que se pretende estabelecer na lei civil. O padrinho ou madrinha são substitutos dos pais nos cuidados a prestar às crianças e aos jovens. "Não querem ser pais nem mães, não querem uma criança tão pequena, não querem estender o respectivo eu..."[5]

Cremos que, com esta nova figura no ordenamento jurídico português, que se pretendeu criar não tanto um novo instituto jurídico no ordenamento português, mas uma relação jurídica com características muito particulares.

Diferentemente do que se pretende com a constituição de um contrato, com o apadrinhamento civil o legislador visa regulamentar e definir um relacionamento

---

[3] Cfr. discurso proferido pelo deputado Feliciano Barreiras Duarte.

[4] Intervenção proferida na Acção de formação "A adopção e o apadrinhamento civil", organizada pelo CEJ, em Coimbra no dia 22 de Novembro de 2010.

[5] Cfr. Intervenção proferida na Acção de formação "A adopção e o apadrinhamento civil", organizada pelo CEJ, em Coimbra no dia 22 de Novembro de 2010.

O APADRINHAMENTO CIVIL

entre uma criança e uma pessoa ou família. Mas não se trata de definir apenas uma nova figura. De forma inovadora, pretende dar-se origem a uma estrutura social, regida em duas perspectivas: a componente jurídica e a sociológica. A primeira, consagrando todos os conteúdos da relação de apadrinhamento civil, direitos para os intervenientes e respectivos efeitos dessa comunhão. A segunda – e mais relevante – a possibilidade/obrigatoriedade de criação de uma vinculação afectiva entre criança e adulto. "Não se pretende, no entanto, criar um vínculo semelhante ao de filiação, nem se cortam os laços com a família biológica. O vínculo de apadrinhamento civil quer servir para as crianças e os jovens que não vão seguir o caminho da adopção. Pensa-se nas crianças e nos jovens que não reúnem os pressupostos da adoptabilidade, ou para quem a adopção se tornou inviável, mas que também não podem regressar à família biológica.[6]"

Assim, e para além do respeito integral pelos direitos da criança, esta nova "providência cível", estabelece um conjunto de direitos quer para os pais quer para os padrinhos.

Constrói-se a partir da mobilização e da solidariedade – daí a designação carinhosa para o termo, a que já fizemos alusão de pessoa ou pessoas com idoneidade, autonomia e vontade para integrar uma criança na sua família como um filho; não adoptando a criança, mas assumindo, contudo, para com ela, as responsabilidades parentais e de relacionamento promotor de vinculação afectiva. Para os pais e para a criança, os laços biológicos mantêm-se, privilegiando-se a cooperação entre padrinhos e pais, no melhor interesse da criança ou jovem.

Ao contrário de todas as outras formas de vinculação jurídica entre pessoas – excepção feita ao casamento, à tutela e à adopção restrita – o Apadrinhamento Civil não tem carácter definitivo. Pese embora se defina, "ab initio", como uma relação tendencialmente duradoura, foram criados para a mesma limites temporais. Permite-se, assim, extinguir a relação de apadrinhamento nos casos expressamente previstos no art.º 25.º da LAP. De facto, foi criado um mecanismo de reserva, imposto pela natural salvaguarda da necessidade de proteger os interesses da criança. Entre outras, destacamos a situação em que o apadrinhamento civil se tenha tornado contrário aos interesses do afilhado[7] e aquela em que "Os padrinhos infrinjam culposa e reiteradamente os deveres assumidos com o apadrinhamento, em prejuízo do superior interesse do afilhado (...)"[8]

Assim, podemos afirmar que o apadrinhamento civil cria uma relação jurídica nova no direito português e acresce aos institutos da tutela e da adopção restrita.

No entanto, o apadrinhamento civil situa-se entre a tutela e a adopção restrita.

---

[6] Cfr. exposição de motivos da proposta de lei 253/X
[7] Al. c) do n.º 1 do art.º 25 da LAC.
[8] Al. b) do n.º 1 do mesmo art.º 25.º da LAC.

O padrinho *é mais* do que um tutor, e *é menos* do que um adoptante restrito.
"A tutela desempenha funções conhecidas no sistema, e poderia pensar-se que bastaria alargar o seu âmbito. Porém, a tutela ocupa há muito tempo um espaço tradicional, pressupõe a ausência dos pais, e não sugere uma dimensão afectiva, emocional, que agora se deseja promover.

A adopção restrita poderia satisfazer melhor as necessidades enunciadas pelos vários diagnósticos, mas os seus pressupostos são demasiado exigentes e os seus efeitos são muito amplos, para além de que este instituto nunca se impôs na sociedade portuguesa, talvez por não ter suportado a proximidade da Adopção Plena."[9]

A tutela com prioridades jurídicas na representação legal da criança, incluindo a administração da sua pessoa e bens, secundariza frequentemente os aspectos afectivos; e a adopção frequentemente se confronta com a dicotomia da ausência de correspondência entre as características pessoais da criança e o perfil do filho desejado, por um lado e, por outro lado, a vontade de quem legitimamente quer ajudar uma criança a crescer em afecto e bem-estar, não a querendo, no entanto, adoptar.

O padrinho *é **mais*** do que um tutor no sentido em que entra numa relação quase-familiar, que não se extingue com a maioridade, que é para toda a vida, salvo quando houver revogação. Prevê-se uma obrigação recíproca de alimentos – que é sinal de solidariedade familiar –, embora subsidiária relativamente à obrigação que cabe aos pais do afilhado e àquela que impende sobre os filhos do padrinho. As obrigações de relacionar os bens do afilhado e a de prestar contas – que cabem sempre ao tutor – não são impostas se os pais forem vivos e conhecidos, e se não tiverem sido inibidos do exercício das responsabilidades parentais.

O padrinho *é **menos*** do que um adoptante restrito no sentido em que os requisitos de apadrinhamento civil são menos exigentes; a dispensa do consentimento para a constituição do apadrinhamento civil é mais fácil do que para a constituição da adopção restrita, não se prevê a atribuição ao afilhado de apelidos do padrinho, não há direitos sucessórios recíprocos entre padrinho e afilhado, e a revogação do vínculo de apadrinhamento civil é mais fácil do que a revogação da adopção restrita.

O apadrinhamento civil é, assim, uma terceira via para ultrapassar esta dificuldade.

2.2. O "Afilhado"

Esta é a designação adoptada para o principal "protagonista" deste novo vínculo: a criança (ou o jovem).

---

[9] Cfr. discussão parlamentar sobre a Lei 103/2009.

Uma pequena nota prévia. Note-se a particularidade de que, e um pouco ao arrepio da tendência legislativa internacional que considera como criança todos os indivíduos menores de 18 anos, o legislador português mantém, ao longo do texto, a dicotomia ortográfica criança/jovem sem daí extrair qualquer mais-valia em termos de regime.

Como não podia deixar de ser, tornou-se necessário definir critérios de aferição da capacidade para integrar esta nova relação através de condições a verificar, na criança, para que possa ser equacionada a possibilidade de ser apadrinhada.

2.2.1. Pressupostos objectivos

A presente lei só tem aplicação verificados que estejam determinados requisitos que, considerados em si mesmos, possam ser observados directamente na criança.

Assim, o apadrinhamento civil pode ser aplicado a:

a) **Qualquer criança** (ou jovem) com **idade inferior a 18** anos – art.º 5.º, n.º 1;
b) E, que **resida em território nacional** – art.º 3.º

A propósito deste requisito – e porque o mesmo é utilizado igualmente por outros institutos jurídicos no ordenamento português – centremos alguma atenção na noção de residência expressa quer no Código Civil, quer na Lei 147/99, de 01/09.

"No encontro de magistrados do MP de 19/11/2007 e 14-25/01/2008, reflectiu-se sobre o conceito de "residência" para os efeitos previstos no artigo 79º, nº 4 da LPCJP e 31º, nº 1 da LTE e sobre o conceito de 'Permanência' na instituição de acolhimento ou em centro educativo.

Nos preceitos legais citados o conceito de residência deve ser entendido como o lugar onde o menor está radicado e onde tem organizada e desenvolve habitualmente a sua vida, em termos de maior permanência e estabilidade, estando-lhe associado um carácter voluntário e relativamente duradouro, afastando-se da noção de domicílio legal.

Com relevância para a delimitação do conceito, vejam-se os seguintes acórdãos:
Do STJ: 21-5-2002, 11-6-2002 e de 22-2-2005;
Da Relação do Porto de 18-3-2004;
Da Relação do Porto de 9-11-2006;
Da Relação de Évora de 25-3-2004;
Da Relação de Lisboa de 21-4-2005 – Pº 1222/05-6;
Da Relação de Lisboa de 15 de Novembro de 2006 – Pº 9706/06-8;
Da Relação de Lisboa de 22-2-2007;
Da Relação de Lisboa de 27-3-2007 – Pº 2650[10].

---

[10] In: http://www.pgdlisboa.pt/pgdl/leis/

2.2.2. Pressupostos subjectivos

Devemos, igualmente, considerar a situação jurídico-social atinente à criança.

Com efeito, assume particular relevância analisar o novo projecto de vida da criança sob a vertente das condições económico-sociais e jurídicas, respeitantes a toda a envolvência que rodeia a criança e a forma como estas se devem considerar no momento em que está a ser avaliada a sua situação.

A "solução" agora apresentada com esta lei não pode servir a uma qualquer criança. Na verdade, no momento em que está a ser equacionado e definido (ou redefinido) o respectivo projecto de vida, não pode deixar de se verificar se a mesma se encontra sob aquilo a que chamaremos como uma "capa de indefinições" quanto ao seu enquadramento numa estrutura familiar.

A matéria vem regulada no art.º 5.º da LAC.

Assim, torna-se necessário que:

I. O apadrinhamento civil **apresente reais vantagens para a criança** ou o jovem;

II. **Não se verifiquem os pressupostos da confiança** com vista à adopção, a apreciar pela entidade competente para a constituição do apadrinhamento civil;

III. Que **a criança** ou jovem:

a) Esteja a **beneficiar de uma medida de acolhimento em instituição**;

b) Esteja a **beneficiar de outra medida** de promoção e protecção;

c) Se encontre numa **situação de perigo confirmada em processo** de uma comissão de protecção de crianças e jovens ou em processo judicial;

d) Para além dos casos previstos nas alíneas anteriores, seja encaminhada para o apadrinhamento civil por iniciativa das pessoas ou das entidades referidas no artigo 10.º;

e) Esteja a beneficiar de confiança administrativa, confiança judicial ou medida de promoção e protecção de confiança a instituição com vista a futura adopção ou a pessoa seleccionada para a adopção quando, depois de uma reapreciação fundamentada do caso, **se mostre que a adopção é inviável.**

Ressalta deste elenco um primeiro elemento: a constatação/verificação da falência do projecto de vida da criança, relativamente a um dos seus direitos fundamentais, que é direito a ter uma família. De facto, depois de analisadas as circunstâncias sócio-económicas, culturais e até mesmo sociológicas em torno da família biológica e se se torna clara a discrepância entre estas e o futuro da criança, importa equacionar a alternativa mais real e securizante para a mesma.

Mas, não só.

O APADRINHAMENTO CIVIL

Importa, acima de tudo, reencaminhar a criança para uma solução que além de provir à sua subsistência assegure o afecto de que todas as crianças necessitam.

Desta forma, verificamos que o legislador manteve a preferência – como não podia deixar de ser – por uma solução que passa por um enquadramento familiar.

É assim que exclui desta nova solução as crianças em relação às quais é viável a adopção. Só perante a possibilidade, verificada, de tal não ser possível é que deverá ser pensada a solução que agora se apresenta: o apadrinhamento.

Por último, reflicta-se sobre a necessidade de ponderar o interesse da criança.

De facto, embora apresentado sob uma terminologia diversa da que vem sendo adoptada em vários institutos dos ordenamentos jurídicos (quer do português, quer dos instrumentos internacionais sobre a matéria), é exigido que o apadrinhamento civil só se concretize caso o mesmo "apresente reais vantagens para a criança".

No entanto, só aparentemente a solução legal apontada se apresenta como inovadora. Trata-se, de um afloramento do princípio basilar a todo o direito da criança: a necessidade de que todos os projectos de vida que os adultos se proponham concretizar para elas sejam efectuados não mais do que em consideração em primeiro e único lugar, do interesse dessa mesma criança; do seu interesse superior.

2.3. O "Padrinho"

Oportunamente já tivemos ensejo de deixar algumas considerações sobre a terminologia escolhida.

Aqui, estamos perante aquele que é escolhido para assumir um conjunto de responsabilidades relativamente à criança. Trata-se, no fundo, de um conjunto de responsabilidades inerentes à parentalidade da criança apadrinhada. Quer dizer; assumir todos os poderes e deveres que aos pais são atribuídos até aí ou, de acordo com a nova terminologia atribuída pela Lei 36/2008, assumir as responsabilidades parentais.

Mas, às responsabilidades inerentes à parentalidades (que os padrinhos não possuem) vem acrescer uma nova imposição. Cabe-lhes, no desempenho da sua nova tarefa tentar **estabelecer vínculos afectivos** *que permitam o bem-estar e desenvolvimento da criança.*

2.3.1. Modalidades

Aceita-se – a semelhança do que se verifica com outro tipo de vinculações a constituir através de uma solução jurídica – a possibilidade de duas formulações:

O apadrinhamento singular ou colectivo.

GUIA DE PROCEDIMENTOS DO PROCESSO DE PROMOÇÃO E PROTECÇÃO

Admitindo-se, pois, a necessidade de relevar tão-só aquela que melhor assegure o bem-estar e o desenvolvimento da criança percebe-se a razão pela qual o legislador não estabeleceu qualquer tipo de preferência por nenhuma das soluções. Importante é que aquela que for a apresentada assegure um projecto de vida estável para a criança.

Assim, e em função da natureza e das características próprias de cada uma das soluções propostas e das particularidades dos seus intervenientes, foram estabelecidos condicionamentos para a sua admissibilidade.

Temos, deste modo, o Apadrinhamento:

A – Singular

Esta forma de apadrinhamento ficou reservada – apenas a:

– Pessoas **maiores de 25 anos;** e
– Desde que **previamente habilitadas** para o efeito[11].

Aqui, excepcionalmente, os familiares, a pessoa idónea ou a família de acolhimento a quem a criança ou o jovem tenha sido confiado no processo de promoção e protecção estão dispensados da habilitação[12].

B – "Colectivo"

Por outro lado, a formulação plúrima constitui-se *entre o afilhado e uma família* no seu todo, entendendo-se que estamos a considerar, tão-só, os dois adultos núcleo.

Aqui, já não se fez qualquer restrição à capacidade para apadrinhar em razão da idade. Apenas se exige que seja avaliada a capacidade dos membros da família para, enquanto núcleo sociológico, exercerem os poderes e deveres próprios dos pais e estabelecer, com a criança, vínculos afectivos que permitam o bem-estar e desenvolvimento desta última.

2.3.2. Segundo apadrinhamento

O artigo 6.º da LAC proíbe a constituição deste tipo de vínculo.

Outra coisa não faria sentido. De facto, ao estabelecer que, enquanto subsistir um apadrinhamento civil não pode constituir-se outro quanto ao mesmo afilhado, pretende prevenir-se a falta de investimento que poderia ser criada caso fosse admissível a constituição sucessiva de várias relações de apadrinha-

---

[11] A matéria da habilitação dos padrinhos está regulada no Decreto-Lei 121/2010.
[12] Cfr. n.º 5 do artigo 11.º da LAC.

mento. A instabilidade gerada por esta previsibilidade é precisamente o oposto do sentido pretendido: relações de vinculação afectiva duradouras e securizantes para a criança.

Excepciona-se, no entanto, a situação em que os padrinhos vivam em família. O normativo em análise não definiu o que deve ser entendido por "viver em família". Todavia, e por entendermos estar perante mais um conceito indeterminado deve ser o intérprete a definir o campo de aplicação desta norma. Desta forma, cremos que com esta previsão se pretende dar cobertura à entrada num vínculo já constituído de um novo padrinho. Mas, não um qualquer novo elemento. Este "novo" padrinho tem a particularidade de já estar envolvido com a criança através da sua relação já existente com o primeiro padrinho. Pensamos, por exemplo, na constituição de um apadrinhamento de uma criança pelo novo companheiro ou cônjuge, de um padrinho já constituído. Foi este o entendimento que, quase um ano após a publicação da lei, se consagrou no art.º 6.º do Decreto-Lei 121/2007, de 27/10.

3. CONTEÚDOS

3.1. Da relação entre o Padrinho e Criança

Fundamentalmente, e em relação ao respectivo afilhado, os padrinhos exercem todas as funções, nos mesmos termos em que o fariam os progenitores da criança, ressalvadas as limitações previstas no compromisso de apadrinhamento civil ou na decisão judicial.

Importa, então, analisar quais as "responsabilidades" que o legislador pretendeu atribuir aos padrinhos por forma a definir-se todo o conteúdo funcional inerente ao exercício do cargo.

Desde logo, e trata-se de um requisito transversal a todo o regime do apadrinhamento civil, encontramos a obrigação, o ónus, o dever que aos padrinhos é imposto de garantir o bem-estar e desenvolvimento do afilhado.

Esta regra[13], definida como conteúdo programático de todo o regime impõe aos padrinhos dois conteúdos fundamentais, a saber:

O dever de *exercer os poderes e deveres próprios dos pais*; e

Estabelecer, com o afilhado, *vínculos afectivos que permitam o seu bem-estar e desenvolvimento*.

---

[13] Art.º 1.º da LAC.

GUIA DE PROCEDIMENTOS DO PROCESSO DE PROMOÇÃO E PROTECÇÃO

3.1.1. Estabelecimento de vínculos afectivos

A "alegada imposição" de dever ser estabelecido entre o padrinho e o afilhado um vinculo afectivo poderá, legitimamente, suscitar algumas interrogações. Trata-se, contudo, de uma mera construção jurídica que pretende fazer realçar a relevância do conteúdo funcional do apadrinhamento.

Na verdade, é objectivo último da constituição do apadrinhamento civil a criação de uma relacionamento pessoal securizante para a criança e que lhe devolva os índices de confiança, auto-estima, segurança e bem-estar próprios de uma relação de filiação e que o afilhado não desenvolvia até aí. Obviamente que este desiderato só é possível atingir se assentar numa construção afectiva, o mais sólida possível. Por isso, é tão importante, digamos mesmo que é essencial, o desenvolvimento de laços afectivos fortes que sirvam de suporte à construção de um núcleo acertivo em torno da criança.

3.1.2. Exercício de poderes e deveres

A primeira regra enunciada compreende-se pela própria natureza da função de guarda que está subjacente à constituição do apadrinhamento civil.

No entanto, discordamos da terminologia utilizada. De facto, parece surgir um retrocesso relativamente à evolução terminológica criada pela Lei n.º 61/2008, de 31/10. Aqui foi finalmente assumida a ruptura com a terminologia "poder paternal" substituindo-a por uma nova abordagem funcional e que foi designada por "responsabilidades parentais"[14]. Por isso cremos dever ser entendida esta referência aos "poderes" dentro das responsabilidades inerentes ao exercício do cargo.

Temos, então, que outra das funções dos padrinhos é o darem corpo efectivo à panóplia de **funções inerentes ao exercício das responsabilidades parentais**[15].

Impõe-se, aqui, algumas considerações sobre este instituto.

Nesta matéria, e ainda que com as necessárias adaptações, devem ser seguidas de perto as regras que lhe são próprias e estão previstas no Código Civil, particularmente nos art.º 1901.º e segs.

Assim, cremos dever ser aplicável todo o regime ali regulado quanto ao seu exercício, quer nas às situações em que o padrinho é único quer nos casos em que o apadrinhamento é constituído por uma família.

Aqui, assume particular relevância considerar as situações de *insistência de acordo entre os dois padrinhos quanto ao exercício das responsabilidades parentais* que assumiram.

---

[14] Sobre a matéria confira-se o que escrevemos e consta a fls. ... e "A Criança e a Família – Uma Questão de Direito(s), Coimbra Editora, pág. 153 e segs. de Helena Bolieiro e Paulo Guerra.

[15] Art.º 7.º, n.º 1 da LAC

As particularidades deste estão plasmadas ao longo de todo o art.º 1906.º do Código Civil.

Então, saliente-se a Regra Geral deste regime, a saber: o EXERCÍCIO CONJUNTO das responsabilidades parentais.

O actual n.º 3 do art.º 1901.º do Código Civil consagrada a regra da *audição obrigatória dos filhos* em caso de inexistência de acordo entre os progenitores. Também aqui, fará todo o sentido admitir que idêntico regime deve ser aplicado quanto à audição dos afilhados relativamente à fixação do regime a vigorar perante a separação dos padrinhos.

Num breve panorama sobre o modo de articular o regime do exercício das responsabilidades parentais com as particularidades da relação entre o afilhados e os padrinhos no que diz respeito ao exercício das competências próprias das responsabilidades parentais não só durante a comunhão dos padrinhos mas em caso de separação destes consideremos que o citado art.º 1906.º define:

I) A gestão dos actos de particular importância,
II) A gestão dos actos da vida corrente;
III) O direito à residência;
IV) O direito de visitas;
V) O direito à informação do progenitor com quem o filho não reside
VI) Os interesses do menor.

Tendo sempre em linha de conta a particularidade da relação que está presente remetemos as características deste regime para o sobre a matéria confira-se o que escrevemos e consta a fls. ...

3.1.3. Limites ao exercício dos padrinhos

Claro que este exercício das responsabilidades inerentes à parentalidade pode ser limitado[16].

Se assim o entenderem, e em consequência das particularidades da situação em que for concretizado o apadrinhamento civil, pode – e DEVE, se isso impuser o superior interesse da criança – a entidade que realizar o compromisso ou a decisão judicial limitar o exercício das responsabilidades parentais nalguma das suas vertentes.

3.1.4. Outros actos dos padrinhos

Outra das decorrências e porque não assumir o termo correcto das funções inerentes ao exercício do cargo é a que decorre da necessidade de os padrinhos

---

[16] Art.º 7.º, n.º 2 da LAC.

praticarem determinados actos sobre o património do afilhado ou, ao invés, absterem-se de determinadas práticas sobre o mesmo.

Todo este regime está previsto no art.º 7.º, n.º2 da LAC.

Aqui, faz-se aplicar ao regime do apadrinhamento civil, com as necessárias adaptações, os artigos 1936.º a 1941.º do Código Civil, previstos a propósito da tutela.

Entre todas as especialidades do regime, devemos assinalar que:

– O padrinho **só pode utilizar os rendimentos dos bens do afilhado** *no sustento e educação deste e na administração dos seus bens*[17].

– Está **proibido, ao padrinho**[18]:

a) A **disposição a título gratuito dos bens** da criança;

b) **Tomar de arrendamento ou adquirir**, directamente ou por interposta pessoa, ainda que seja em hasta pública, **bens** ou direitos da criança, ou tornar-se cessionário de créditos ou outros direitos contra ele, excepto nos casos de sub-rogação legal, de licitação em processo de inventário ou de outorga em partilha judicialmente autorizada;

c) **Celebrar em nome do afilhado contratos** que o obriguem pessoalmente a praticar certos actos, excepto quando as obrigações contraídas sejam necessárias à sua educação, estabelecimento ou ocupação;

d) **Receber do afilhado, directamente ou por interposta pessoa, quaisquer liberalidades**, por acto entre vivos ou por morte, se tiverem sido feitas depois da sua designação e antes da aprovação das respectivas contas, sem prejuízo do disposto para as deixas testamentárias no nº 3 do art. 2192º.

– *É imposto ao padrinho*, como representante do afilhado, a **necessidade de autorização do tribunal**[19]:

a) Para **praticar qualquer dos actos mencionados no nº 1 do artigo 1889º**;

b) Para **adquirir bens, móveis ou imóveis**, como aplicação de capitais da criança;

c) Para **aceitar herança, doação ou legado, ou convencionar partilha extrajudicial**;

d) Para **contrair ou solver obrigações**, salvo quando respeitem a alimentos da criança ou se mostrem necessárias à administração do seu património;

e) Para **intentar acções**, salvas as destinadas à cobrança de prestações periódicas e aquelas cuja demora possa causar prejuízo;

f) Para **continuar a exploração de estabelecimento comercial ou industrial** que o menor haja recebido por sucessão ou doação.

---

[17] Art.º 1936.º do Código Civil.

[18] Art.º 1937.º do Código Civil.

[19] Art.º 1938.º do Código Civil.

O APADRINHAMENTO CIVIL

Nova decorrência para os padrinhos resulta da que é imposta pelo n.º 3 do art.º 7.º da LAC. Assim é se os pais da criança tiverem falecido, se estiverem inibidos do exercício das responsabilidades parentais ou se forem incógnitos.

Aqui, são aplicáveis, com as devidas adaptações, os artigos 1943.º e 1944.º do Código Civil. Ou seja, a propósito do mesmo instituto já referenciado – a tutela – estabelecem-se as regras a observar quanto à obrigatoriedade de apresentação da relação de bens e quanto à prestação de contas. Tarefas, agora, a cargo do padrinho.

Por último, consideremos a aplicação ao regime do apadrinhamento civil, com as necessárias adaptações, do disposto nos artigos 2.º a 4.º do Decreto-Lei n.º 272/2001, de 13 de Outubro[20].

O texto do n.º 5 da LAC não constava da proposta de lei[21] aprovada na Assembleia da República. Em sede de discussão e aprovação parlamentar[22] foi decidido introduzir esta disposição com vista a "apenas, acrescentar a necessidade de tornar maior o envolvimento do Ministério Público quanto à actividade dos padrinhos".

Trata-se de impor ao padrinho – e no interesse e relativamente a bens do afilhado – a assunção de determinados comportamentos, quais sejam, o de providenciar pela interposição da competente pedido de autorização para a prática de actos em representação do seu afilhado. São os casos em que é necessário[23] o suprimento do consentimento, sendo a causa de pedir a incapacidade ou a ausência da pessoa, a autorização para a prática de actos pelo representante legal do incapaz, quando legalmente exigida, a autorização para a alienação ou oneração de bens do ausente, quando tenha sido deferida a curadoria provisória ou definitiva e a confirmação de actos praticados pelo representante do incapaz sem a necessária autorização. E, ainda, nas situações em que se deve proceder à aceitação ou rejeição de liberalidades em favor de incapazes[24].

Todas estas obrigações impostas aos padrinhos, enquanto em representação dos respectivos afilhados, são cumpridas perante as entidades que constituem o vínculo de apadrinhamento civil[25].

3.2. Da relação entre a criança e os seus pais

Após a constituição do vínculo de apadrinhamento civil os pais mantêm, ainda, um conjunto de direitos em relação aos filhos. Outra coisa não faria sentido considerando o facto de não estarmos, aqui, perante um regime idêntico ao da adopção.

---

[20] Art.º 7.º, n.º 5 da LAC.
[21] Proposta de Lei 253/X.
[22] Cfr. DAR II série, n.º 166 de 25/07/2009, pág. 109.
[23] Art.º 2.º do Decreto-Lei n.º 272/2001, de 13 de Outubro.
[24] Art.º 4.º do Decreto-Lei n.º 272/2001, de 13 de Outubro.
[25] Art.º 7.º, n.º 4 da LAC.

Na génese destas regras criadas pelo art.º 8.º esteve a discussão verificada em sede de Comissão Parlamentar de Ética Sociedade e Cultura. Aí, foi discutida a objecção efectuada ao texto da proposta de lei quanto à previsibilidade do surgimento de "problemas advenientes da grande proximidade das crianças com os seus pais, situação susceptível de potenciar conflitos emocionais por parte daqueles". Critica, contudo, não acolhida no texto final, tendo prevalecido, dessa forma, a justificação de que se pretende que "haja uma saudável articulação entre a família biológica e os padrinhos e, nesse sentido, os riscos a correr sê-lo-iam em nome dos interesses da criança. Aliás, esta proximidade já existe no instituto da adopção restrita, pese embora concomitante com um maior grau de controle. O risco no apadrinhamento é um pouco mais elevado, na medida em que as regras não são tão apertadas".

3.2.1. Direitos dos pais

Podemos, então considerar que, após a constituição da apadrinhamento civil, **os pais têm o direito**[26] de:

Conhecer a identidade dos padrinhos;

Dispor de uma **forma de contactar os padrinhos**;

No estado actual de desenvolvimento da sociedade pode, e deve, permitir-se que esta comunicação se limite por qualquer das formas técnicas disponíveis e que impliquem o menor contacto pessoal possível.

Saber o **local de residência do filho**;

Dispor de uma **forma de contactar o filho**;

Deixamos, aqui, a mesma nota considerada a propósito do relacionamento entre os pais e os padrinhos.

Ser informados sobre o desenvolvimento integral do filho, a sua progressão escolar ou profissional, a ocorrência de factos particularmente relevantes ou de problemas graves, nomeadamente de saúde;

Este dever de informação que aos pais é garantido deverá ser extensível à possibilidade de os mesmos, pessoal e directamente – junto da respectiva entidade –, receberem ou solicitarem informações sobre a vida escolar do filho ou sobre situações clínicas que exijam cuidados continuados.

Receber com regularidade fotografias ou outro registo de imagem do filho;

Visitar o filho, nas condições fixadas no compromisso ou na decisão judicial, designadamente por ocasião de datas especialmente significativas.

Trata-se, agora, de possibilitar aos pais o contacto directo com o filho. O direito de visitas, mais do que um direito dos pais é um direito do filho. Contudo, as

---

[26] Art.º 8.º, n.º1 da LAC.

O APADRINHAMENTO CIVIL

circunstâncias decorrentes da necessidade da criação do apadrinhamento civil devem ser tidas em conta no momento de ser definido o regime de contactos "regulares" entre o filho e os seus pais.

Para além destes podem ser definidos, no compromisso ou na decisão judicial, outros direitos de que os pais possam beneficiar.

3.2.2. Limites aos direitos dos pais

Este conjunto de direitos é definido tendo em consideração as circunstâncias inerentes à própria situação da família biológica e às circunstâncias que determinaram o afastamento da criança do seu nucleo familiar natural e está sujeito à limitação decorrente da pré-existência de uma decisão judicial sobre os pais que decretou a limitação ao exercício das responsabilidades parentais[27].

Para além destas, **o tribunal** – e aqui trata-se de uma competência exclusiva **pode estabelecer limitações** ao direito de:

- Dispor de uma forma de contactar o filho; e/ou
- Visitar o filho, nas condições fixadas no compromisso ou na decisão judicial, designadamente por ocasião de datas especialmente significativas.

Tal deverá acontecer – impondo-se ao tribunal que o determine quando os pais, no exercício destes direitos, ponham em risco a segurança ou a saúde física ou psíquica da criança ou do jovem ou comprometam o êxito da relação de apadrinhamento civil[28].

3.3. Da relação entre a criança e outras pessoas

Os direitos reconhecidos aos pais podem ser igualmente estabelecidos a favor de outras pessoas, nos termos que vierem a ser fixados no compromisso de apadrinhamento civil ou na decisão judicial[29].

Trata-se de mais um afloramento do princípio da garantia do superior interesse da criança.

A sociedade actual e a securização de uma criança não é feita a partir de locais e/ou relações estanques e fechadas sobre si próprias. Desta forma, e como é razoável perceber, sempre que os interesses de determinada criança, quer pela sua experiência de vida quer pelas decorrências que nela se tenham verificado aconselharem, como melhor solução para garantir o seu desenvolvimento saudável

---

[27] Art.º 8.º, n.º 1 e 14.º, n.º 3 da LAC.
[28] Art.º 8.º, n.º 2 da LAC.
[29] Art.º 8.º, n.º 3da LAC.

e equilibrado, o contacto ou o relacionamento com qualquer outra pessoa, tal deverá ser definido no compromisso ou na decisão que constituir o apadrinhamento civil.

3.4. Da relação entre padrinhos e pais e/ou outras pessoas

O estatuto de cada um dos membros da trilogia a que respeita o apadrinhamento civil – criança, padrinho e pais – é definido e está sujeito às condicionantes já descritas.

Importa, então, consignar de que forma é que todos aqueles direitos se irão exercer e harmonizar no dever, essencial, de garantir o melhor bem-estar para a criança.

Assim, o novo **conteúdo relacional a criar entre padrinhos/pais/outras pessoas** que se considere importantes para o efeito, deve pautar-se por determinados **princípios/deveres**[30] mútuos de:

- **Respeito**;
- **Preservação da intimidade da vida privada e familiar**, do bom nome e da reputação;
- **Cooperação** na criação das condições adequadas ao bem-estar e desenvolvimento do afilhado.

4. A RELAÇÃO DE APADRINHAMENTO CIVIL

4.1 Legitimidade para a iniciativa

De acordo com o art.º 10.º da LAC tem legitimidade para dar inicio, sugerir ou propor a constituição de uma relação de apadrinhamento civil:

- O **Ministério Público**;
- A **comissão de protecção de crianças e jovens**, no âmbito dos processos que aí corram termos;
- O **organismo competente da segurança social** ou a instituição por esta habilitada nos termos do n.º 3 do artigo 12.º da LAC;
- Os **pais, representante legal da criança** ou do jovem ou **pessoa que tenha a sua guarda de facto**;
- A **criança maior de 12 anos**;
- O **tribunal**[31], ainda que oficiosamente.

---

[30] Art.º 9.º da LAC.
[31] Art.º 10.º, n.º 3 da LAC.

O APADRINHAMENTO CIVIL

O n.º 1 deste artigo na versão que constava da proposta de lei aprovada na generalidade pela Assembleia da República[32] continha seis alíneas. Aí, fazia-se constar que também tinha legitimidade para assumir a iniciativa o Tribunal. Era este o texto da alínea a) na versão original. Contudo, na aprovação na especialidade (em sede de discussão na Comissão de Ética, Sociedade e Cultura) foi discutida a necessidade de eliminar a mencionada alínea, "visto que tal entidade o pode fazer por via oficiosa quando há um processo a correr os seus termos".

Percebe-se aquele elenco dos titulares da legitimidade para tomar a iniciativa da constituição de uma relação de apadrinhamento civil. Tal possibilidade é atribuída, por ónus, ao Tribunal, ao Ministério Público, à Comissão de Protecção de Crianças e Jovens, no âmbito dos processos que aí corram termos e ao organismo competente da segurança social ou à instituição por esta habilitada, nos termos do n.º 3 do artigo 12.º, atendendo ao dever que sobre estas entidades impende, de defesa do melhor projecto de vida para a criança. E, por direito próprio, tendo em vista o reconhecimento da necessidade de garantir um novo projecto de vida para a criança, atenta a constatação da própria incapacidade, dos pais, representante legal da criança ou do jovem ou pessoa que tenha a sua guarda de facto.

Por fim, não podia deixar de se garantir o direito à palavra à própria criança. Assim, e igualmente por direito próprio, reconheceu-se-lhe, desde que tenha mais de 12 anos, o direito a reclamar para si a oportunidade de beneficiar de um projecto de vida que lhe garanta que sejam colmatadas as lacunas educacionais que se vêm verificando.

4.2. Processo de Designação dos padrinhos

4.2.1. Princípios aplicáveis

O processo de designação dos padrinhos, e sendo estes um dos pilares fundamentais desta nova relação, não pode – nem deve – ser uma mera operação administrativa.

A materia em questão e os direitos e interesses a salvaguardar são tão sobrevalorizados que se impõe que neste processo, e em relação à criança, aos pais, representante legal ou pessoa que tenha a sua guarda de facto, sejam **observados e respeitados – obrigatoriamente vários princípios**[33], a saber:

– O da **audição obrigatória** – caracterizado pela imposição, a quem dirige o processo de constituição do apadrinhamento civil, da necessidade de possibilitar que todos os interessados – falamos da criança ou do jovem e dos

---

[32] Proposta de lei n.º 253/X.
[33] Art.º 11.º, n.º 6 da LAC.

pais, representante legal ou pessoa que tenha a sua guarda de facto possam expressar a sua opinião sobre a designação dos padrinhos;

– O da **participação** – directamente relacionado com o anterior, este princípio garante o direito da criança ou do jovem e dos pais, representante legal ou pessoa que tenha a sua guarda de facto, a participarem no processo de escolha dos padrinhos;

– O da **valorização da afectividade**[34] – constituindo o principal desafio subjacente a esta nova relação, a valorização da afectividade entre os padrinhos e afilhados deve ser ponderada ao longo de todo o processo de constituição do vínculo;

– O **interesse superior da criança.**

4.2.2. A designação

A designação mais não é do que um processo de escolha.

Existem várias soluções para que seja efectivada a designação do ou dos padrinhos.

Assim e em **REGRA, os padrinhos são designados de entre pessoas ou famílias já habilitadas e constantes de uma lista regional do organismo competente da segurança social.** É o que se estabelece no n.º 1 do art.º 11.º da LAC.

Esta escolha funciona em todas as situações, incluindo aquelas em que a iniciativa parte da instituição que tiver acolhido a criança ou o jovem. Também, neste caso, a instituição pode designar os padrinhos, mas está vinculado à solução criada pelo n.º 1 do artigo.

Como todas as regras, a esta também existe EXCEPÇÃO.

Falamos da situação em que a constituição do apadrinhamento é da iniciativa dos pais, do representante legal da criança ou do jovem, ou da pessoa que tenha a sua guarda de facto, ou ainda da criança ou do jovem. Aqui, pode ser designada a pessoa ou a família da sua escolha para padrinhos, mas a designação só se torna efectiva após a respectiva habilitação[35]. Se por alguma razão este processo não funcionar a situação retoma a regra geral.

Podem, também, ser designados como padrinhos os familiares, a pessoa idónea ou a família de acolhimento a quem a criança ou o jovem tenha sido confiado no processo de promoção e protecção ou o tutor. Cremos que, neste caso, deve ser dispensada a sujeição destas pessoas ao processo de habilitação. Era esta a solução que resultava, expressamente, do n.º 5 da proposta de lei apresentada na Assembleia da República. Assim, e embora do texto final tenha sido suprimida a referência à desnecessidade de que estas pessoas se sujeitem ao processo

---

[34] Defendido pelo Prof. Guilherme de Oliveira na sua intervenção proferida na Acção de formação "A adopção e o apadrinhamento civil", organizada pelo CEJ, em Coimbra no dia 22 de Novembro de 2010.
[35] Crf. Art.º 11.º, n.º2 da LAC.

de habilitação, afigura-se-nos que esse deve ser o entendimento. De facto, se as funções que determinadas pessoas já desempenham na vida da criança já foram objecto de estudo e avaliação em sede de processo de promoção e protecção, e nesse processo foram consideradas como aptas a desempenhar a função de guardiãs da criança e com capacidade para garantir a sua protecção, não faz sentido que relativamente às mesmas se proceda a nova avaliação.

4.2.3. Habilitação dos padrinhos

4.2.3.1. Regras Gerais

Trata-se de um processo de credenciação por forma a garantir a idoneidade das pessoas ou famílias que se mostraram disponíveis para desempenhar a função de padrinhos.

Segundo o n.º 1 do art.º 11.º a habilitação consiste na certificação de que a pessoa singular, ou os membros da família, que pretende apadrinhar uma criança ou jovem possui idoneidade e autonomia de vida que lhe permita assumir as responsabilidades próprias do vínculo de apadrinhamento civil.

"Porque está em causa o projecto de vida de crianças e jovens, o superior interesse da criança impõe a certificação das competências pessoais mínimas através de um processo de habilitação que avalia a idoneidade e a autonomia de vida das pessoas que pretendem adoptar.

De facto, apesar de os efeitos do apadrinhamento civil implicarem um regime mais simplificado e célere do que o regime da adopção, a habilitação dos padrinhos não deve ser, por isso, menos exigente do que a selecção dos candidatos a adoptantes, uma vez que, em ambos os casos, está em causa a constituição de um vínculo afectivo e jurídico entre uma criança ou jovem e um adulto ou família, com a atribuição de responsabilidades parentais.

Por isso, a habilitação dos padrinhos pressupõe não só uma avaliação das capacidades dos candidatos ao apadrinhamento civil para estabelecerem relações afectivas próximas com uma criança ou jovem e para exercerem as inerentes responsabilidades parentais mas também uma avaliação das suas capacidades para estabelecerem relações de cooperação com os pais da criança ou jovem, tal como a lei exige"[36].

As regras gerais atinentes à matéria da habilitação, por ser uma das fases sensíveis do processo de constituição do vínculo de apadrinhamento civil foram, intencionalmente, condensadas num só artigo. Na realidade, o que constava dos art.ºs 12.º, n.ºs 1, 2 e 3 e art.º 13.º da proposta de lei, apresentada e aprovada na generalidade pela Assembleia da República, foi alterado após a discussão na especia-

---

[36] Preambulo ao Decreto-Lei n.º 121/2010, de 27/10.

GUIA DE PROCEDIMENTOS DO PROCESSO DE PROMOÇÃO E PROTECÇÃO

lidade, vindo a ser aprovada tal como consta hoje da LAC, fazendo-se incluir o texto daqueles dois normativos no actual art.º 12.º

Trata-se de um processo concretizado pelos:

- **Organismos competentes da Segurança Social**[37]; ou
- As **instituições** que disponham de meios adequados podem adquirir a legitimidade para designar e habilitar padrinhos, **mediante acordos de cooperação** celebrados com o organismo competente da segurança social[38].

Em regra, a *habilitação dos padrinhos é prévia à designação*.

Contudo, e como já vimos, é possível ser feita a designação do padrinho, devendo, posteriormente, este sujeitar-se ao processo de habilitação[39] quando a constituição do apadrinhamento é da iniciativa dos pais, do representante legal da criança ou do jovem, ou da pessoa que tenha a sua guarda de facto, ou ainda da criança ou do jovem.

À recusa de habilitação dos padrinhos é aplicável o disposto no artigo 7.º do Decreto-Lei n.º 185/93, de 22 de Maio, alterado pelo Decreto-Lei n.º 120/98, de 8 de Maio, e pelas Leis n.ºˢ 31/2003, de 22 de Agosto, e 28/2007, de 2 de Agosto.

4.2.3.2. Processo de Habilitação

Todo o regime próprio deste processo, ou seja, as questões técnicas e procedimentais, foram particularizadas e encontram-se definidas no Decreto-Lei n.º 121/2010, de 27 de Outubro.

Estão previstos dois modelos de habilitação, correspondentes a duas formas distintas de proceder:

- Um **COMUM** e destinado a qualquer pessoa[40]; e
- Outro **ESPECIAL** e que visa a habilitação de pessoas indicadas no n.º 5 do artigo 11.º da Lei n.º 103/2009, de 11 de Setembro, ou seja, que já têm a guarda de facto da criança. Referimo-nos a familiares, a pessoa idónea ou a família de acolhimento a quem a criança tenha sido confiada no processo de promoção e protecção ou o tutor.

---

[37] Art.º 12.º, n.º 2 da LAC.
[38] Art.º 12.º, n.º 3 da LAC.
[39] Art.º 11.º, n.º 2 da LAC.
[40] Art.º 2.º a 4.º do Decreto-Lei 121/2010, de 27/10.

4.2.3.2.1. Processo Comum

I – Candidatura

A – Quem tem legitimidade

Obviamente que, qualquer pessoa, só deve candidatar-se quando reúna, no mínimo, os requisitos exigidos pela LAC[41].

B – Onde deve requerer

A candidatura deve ser apresentada:

- Nos centros distritais do Instituto da Segurança Social, I. P. da área de residência do candidato[42]; ou
- No Instituto de Acção Social da Região Autónoma dos Açores[43]; ou
- No Centro de Segurança Social da Região Autónoma da Madeira[44]; ou
- No concelho de Lisboa, na Santa Casa da Misericórdia de Lisboa[45];
- Nas instituições, na área da infância e juventude, que desenvolvem respostas sociais no âmbito da protecção de crianças e jovens em situação de perigo, que tenham celebrado acordos de cooperação com o ISS nesta matéria[46].

C – Como deve fazer

O processo tem inicio com a apresentação naquele serviço de[47]:

- Uma ficha de candidatura;
- Todos os documentos necessários à comprovação dos requisitos exigidos pela LAC (Ex: certidão do assento de nascimento) e pelo art.º 3.º do Decreto regulamentar.

II – Apreciação liminar

Recebida a ficha e os documentos, o centro distrital de segurança social da área de residência do candidato verifica os requisitos legais e[48]:

- Comunica aos candidatos a admissão da candidatura; ou
- A sua rejeição liminar, por inobservância dos requisitos exigidos.

---

[41] Art.º 2.º do Decreto-Lei 121/2010, de 27/10. Cfr. ponto 2.3. a fls.
[42] Art.º 2.º, n.º 1 do Decreto-Lei 121/2010, de 27/10.
[43] Art.º 7.º n.º 1.º do Decreto-Lei 121/2010, de 27/10.
[44] Art.º 7.º n.º 1.º do Decreto-Lei 121/2010, de 27/10.
[45] Art.º 7.º n.º 1.º do Decreto-Lei 121/2010, de 27/10.
[46] Art.º 7.º n.º 2 e 8.º do Decreto-Lei 121/2010, de 27/10.
[47] Art.º 2.º, n.º 1 e 2 e 9.º do Decreto-Lei 121/2010, de 27/10.
[48] Art.º 2.º, n.º 3 e 4 do Decreto-Lei 121/2010, de 27/10.

III – Requisitos legais e factores de ponderação

Além dos já mencionados e que se encontram previstos na LAC podemos ainda elencar outros requisitos e factores de ponderação para a aceitação da candidatura. Este processo de credenciação está, assim, dependente da observação de requisitos e factores de ponderação, nos termos que descrevemos:

a) São **REQUISITOS**[49]:

- Os definidos na LAC;
- O candidato, ou qualquer pessoa que com ele coabite, não ter sido condenado, por sentença transitada em julgado, por qualquer dos crimes previstos na alínea *a*) do n.º 3 do artigo 2.º da Lei n.º 113/2009, de 17 de Setembro[50], devendo o respectivo certificado do registo criminal ser emitido nos termos dos n.os 4 e 5 do artigo 2.º da referida lei.
- O candidato a padrinho não pode estar inibido do exercício das responsabilidades parentais nem ter o seu exercício limitado nos termos do artigo 1918.º do Código Civil. Deverá entender-se que este exercício diz respeito aos seus próprios filhos.

b) São **FACTORES DE PONDERAÇÃO**[51] para apreciação da capacidade do padrinho para o desempenho do cargo:

- A Personalidade, maturidade, capacidade afectiva e estabilidade emocional;
- As Capacidades educativas e relacionais para responder às necessidades específicas da criança ou do jovem e para promover o seu desenvolvimento integral;
- As suas Condições de higiene e de habitação;
- A sua Situação económica, profissional e familiar;
- A Ausência de limitações de saúde que impeçam a prestação dos cuidados necessários à criança ou ao jovem;
- As Motivações e expectativas subjacentes à candidatura ao apadrinhamento civil;
- A Disponibilidade para cooperar com o apoio previsto no artigo 20.º da Lei n.º 103/2009, de 11 de Setembro;
- A Disponibilidade para receber a formação que os organismos competentes vierem a proporcionar;
- A Disponibilidade para respeitar os direitos dos pais ou de outras pessoas relevantes para a criança ou o jovem;

---

[49] Art.º 3.º, n.º 2 e 3 do Decreto-Lei 121/2010, de 27/10.
[50] Trata-se de crimes de ...
[51] Art.º 3.º, n.º 1 e 4 do Decreto-Lei 121/2010, de 27/10.

O APADRINHAMENTO CIVIL

- A Capacidade e disponibilidade para promover a cooperação com os pais na criação das condições adequadas ao bem-estar e desenvolvimento da criança ou do jovem;
- A Posição dos membros do agregado familiar dos candidatos, e por outros familiares com influência na dinâmica da família, face ao vínculo do apadrinhamento civil.
- Às regras expostas acresce, ainda, com as necessárias adaptações, o disposto no artigo 3.º da Lei n.º 9/2010[52], de 31 de Março, e no artigo 7.º da Lei n.º 7/2001[53], de 11 de Maio.

A propósito deste último factor de ponderação é de realçar o facto de ter sido feita a equiparação das uniões entre pessoas do mesmo sexo à constituição de uma relação de apadrinhamento civil. Mas uma equiparação pela negativa. Ou seja, cremos ter sido intencional a equiparação da negação da possibilidade de constituição de filiação através da adopção por pessoas do mesmo sexo unidas por casamento civil. Embora não tenha sido mencionada a exclusão dessa possibilidade o facto de a mesma ter sido expressamente autonomizada e considerada como factor de ponderação não pode ter outro sentido do que pretender atribuir toda a relevância negativa à verificação desta situação.

IV – Elementos complementares

A fim de dotar a decisão de todo o conhecimento possível sobre as condições socio-económicas dos candidatos, o centro distrital de segurança social da área de sua residência, ou qualquer outra entidade das referidas no art.º 7.º do decreto regulamentar, elabora um *relatório psicosocial*[54] destes.

V – Decisão

Esta fase de instrução do processo culmina na decisão sobre a habilitação, a qual DEVE ser proferida no prazo de seis meses[55].

Trata-se de um prazo peremptório, contado a partir da data de entrega da ficha de candidatura, instruída nos termos do artigo 2.º do decreto regulamentar. Ou seja, para o início da contagem do prazo, não basta a data da entrega da ficha de candidatura, mas sim a data da concretização da candidatura através da entrega de todos os documentos exigidos.

---

[52] "Casamento civil entre pessoas do mesmo sexo".
[53] "Protecção das uniões de facto".
[54] Art.º 4.º, n.º 1 do Decreto-Lei 121/2010, de 27/10.
[55] Art.º 4.º, n.º 2 do Decreto-Lei 121/2010, de 27/10.

GUIA DE PROCEDIMENTOS DO PROCESSO DE PROMOÇÃO E PROTECÇÃO

4.2.3.2.2. Processo Especial de habilitação

Este processo reveste-se de determinadas particularidades considerando a relação pré-existente entre a criança e o candidato.

I – Candidatura

A – Quem tem legitimidade[56]

Este processo apenas diz respeito aos familiares, à pessoa idónea ou à família de acolhimento a quem a criança ou o jovem tenha sido confiado no processo de promoção e protecção ou ao tutor, que, como já vimos, têm legitimidade para assumir a iniciativa do apadrinhamento. São estes os titulares deste processo de habilitação simplificado.

B – Onde deve requerer[57]

A candidatura deve ser apresentada nos centros distritais do Instituto da Segurança Social, I. P. da área de residência do candidato.

Embora não esteja expressamente previsto entendemos que deverá ser aqui aplicado o mesmo regime de apresentação das candidaturas. Ou seja, devem ser admitidos todos os outros locais previstos no art.º 7.º do decreto regulamentar:

– o Instituto de Acção Social da Região Autónoma dos Açores, ou
– o Centro de Segurança Social da Região Autónoma da Madeira, ou
– o concelho de Lisboa, a Santa Casa da Misericórdia de Lisboa;
– as instituições na área da infância e juventude que desenvolvem respostas sociais no âmbito da protecção de crianças e jovens em situação de perigo que tenham celebrado acordos de cooperação com o ISS nesta matéria.

C – Como deve fazer

O processo tem inicio com a apresentação, pelo candidato e naquele serviço, das informações[58] sobre:

– A motivação e expectativas para a candidatura ao apadrinhamento civil;
– A disponibilidade para cooperar com o apoio previsto no artigo 20.º da Lei n.º 103/2009, de 11 de Setembro;
– A disponibilidade para receber a formação que os organismos competentes vierem a proporcionar;

---

[56] Art.º 5.º, n.º 1 do Decreto-Lei 121/2010, de 27/10.
[57] Art.º 5.º, n.º 1 do Decreto-Lei 121/2010, de 27/10.
[58] Art.º 5.º, n.º 1 do Decreto-Lei 121/2010, de 27/10.

O APADRINHAMENTO CIVIL

- A disponibilidade para respeitar os direitos dos pais ou de outras pessoas relevantes para a criança ou o jovem;
- A capacidade e disponibilidade para promover a cooperação com os pais na criação das condições adequadas ao bem -estar e desenvolvimento da criança ou do jovem;
- A posição dos membros do agregado familiar dos candidatos, e por outros familiares com influência na dinâmica da família, face ao vínculo do apadrinhamento civil.

II – Elementos complementares

Suscitam-se-nos algumas dúvidas sobre a forma de entregar tais informações. Se por um lado o n.º 1 do art.º 5.º do Decreto-Lei estabelece que são os candidatos que apresentam tais informações, por outro, o n.º 2 do mesmo preceito define que, para a obtenção daquelas informações, o organismo da segurança social procede à audição da Comissão de protecção de crianças e jovens que aplicou a medida ou da entidade que realizou a avaliação em que se baseou a decisão judicial de aplicação da medida ou de instauração da tutela. Pese embora o texto do diploma não seja suficientemente claro cremos que tais informações deverão ser obtidas nos termos previstos no n.º 2 do artigo em causa bastando ao candidato, apenas, formalizar o seu pedido.

III – Decisão

A decisão sobre a habilitação é proferida nos termos e prazos já referidos – 6 meses.

4.2.3.2.3. Listagem de padrinhos

Após ter terminado o processo de habilitação é criada uma lista[59] de pessoas ou famílias já habilitadas por cada serviço regional da Segurança Social. Apenas uma pequena nota para referir que, aquando da discussão parlamentar em sede de Comissão de Ética, Sociedade e Cultura, foi salientado o facto de se correr o risco de darmos início a delongas no processo com a falta de clarificação do conteúdo das listas. Crítica considerada pertinente mas que não logrou, a final, obter acolhimento legislativo.

4.2.3.2.4. Formação

As entidades referidas no artigo 7.º do Decreto-Lei 121/2010 devem garantir aos candidatos habilitados a formação[60] conveniente para o sucesso do apadrinha-

---

[59] Art.º 11.º, n.º 1 da LAC.
[60] Art.º 9.º do Decreto-Lei 121/2010, de 27/10.

GUIA DE PROCEDIMENTOS DO PROCESSO DE PROMOÇÃO E PROTECÇÃO

mento civil. Esta formação implica o acompanhamento necessário e indispensável para que se possa garantir a melhor adequação e sentido ao relacionamento entre o padrinho e o afilhado.

4.3. Constituição da Relação de Apadrinhamento Civil

4.3.1. Como se constitui

A importância da relação de Apadrinhamento civil, quer em termos jurídicos, quer como elemento central do novo projecto de vida da criança, deve ser legitimado por uma entidade com poderes jurisdicionais, por forma a possibilitar transmitir uma autenticidade formal mais consistente do que a que poderia resultar caso fosse praticado por uma qualquer entidade administrativa.

Por isso, foi definido que, independentemente da solução factual que desencadeou o processo, o apadrinhamento civil só se torna eficaz após decisão do tribunal. Esta intervenção no processo pode assumir uma de duas vias[61]:

a) Por compromisso de apadrinhamento civil, homologado pelo tribunal.
b) Por decisão do tribunal:

    – nos casos em que esteja a correr um processo judicial de promoção e protecção;
    – nos casos em que esteja a correr um processo tutelar cível;
    – nos casos em que, não sendo obtido o consentimento de uma das pessoas referidas no n.º 1 do artigo 14.º, possa o mesmo ser dispensado nos termos do n.º 4 do mesmo artigo; e
    – nos casos em que tenha havido parecer desfavorável do conselho de família.

4.3.2. Quando se constitui

Nas situações em que se equaciona que o projecto de vida da criança se pode efectivar através do apadrinhamento civil e se tal ocorre no decurso de um processo – judicial ou em sede de CPCJ -, pode constituir-se em qualquer fase do respectivo processo[62].

4.3.3. Efeitos sobre o processo

Quando o apadrinhamento civil for constituído após a aplicação de uma medida de promoção e protecção ou após uma decisão judicial sobre responsa-

[61] Art.º 13.º da LAC.
[62] Art.º 13.º, n.º 3 da LAC.

136

bilidades parentais com que se mostre incompatível, determina necessariamente a cessação desse processo[63].

4.3.4. Consentimento/parecer para o apadrinhamento civil

A constituição deste vínculo está dependente:

– de um **parecer favorável**[64], em determinadas situações, ou
– do **consentimento obrigatório**[65], noutros casos;
– Mas, também pode ser constituído independentemente da não obtenção de consentimento para o apadrinhamento civil **Consentimento Não necessário**;
– ou o mesmo ser **dispensado**.

Assim sendo, podemos considerar:

A – Consentimento Obrigatório

Pela especial proximidade, quer com o padrinho quer com a criança, é necessário que determinadas pessoas prestem o seu consentimento. Note-se que, aqui, a lei não se limitou a exigir a simples não oposição. É preciso que o acto, o consentimento, seja expresso.

Assim, é **NECESSÁRIO a obtenção do consentimento**[66]:

a) Da criança ou do jovem maior de 12 anos;
b) Do cônjuge do padrinho ou da madrinha não separado judicialmente de pessoas e bens ou de facto ou da pessoa que viva com o padrinho ou a madrinha em união de facto;
c) Dos pais do afilhado, mesmo que não exerçam as responsabilidades parentais, e ainda que sejam menores;
d) Do representante legal do afilhado;
e) De quem tiver a sua guarda de facto, nos termos do artigo 5.º da Lei de Protecção de Crianças e Jovens em Perigo.

B – Consentimento não necessário

Contudo, o consentimento acima referido deixa de ser obrigatório verificada que seja uma de duas situações:

---

[63] Art.º 13.º, n.º 3 da LAC.
[64] Art.º 14.º, n.º 6 da LAC.
[65] Art.º 14.º, n.º 1 da LAC.
[66] Art.º 14.º, n.º 1 da LAC.

GUIA DE PROCEDIMENTOS DO PROCESSO DE PROMOÇÃO E PROTECÇÃO

– Tendo havido confiança judicial ou tendo sido aplicada medida de promoção e protecção de confiança a instituição, com vista a futura adopção ou a pessoa seleccionada para adopção, se verifique a situação prevista no n.º 2 do artigo 5.º, já NÃO É obrigatório o consentimento[67]:

- Dos pais do afilhado, mesmo que não exerçam as responsabilidades parentais, e ainda que sejam menores;
- Do representante legal do afilhado;
- De quem tiver a sua guarda de facto, nos termos do artigo 5.º da Lei de Protecção de Crianças e Jovens em Perigo.

– Tendo havido inibição das responsabilidades parentais, por terem infringido culposamente os deveres para com os filhos, com grave prejuízo destes, já NÃO É obrigatório o consentimento[68]:

- Dos pais do afilhado.

C – Dispensa do consentimento

Trata-se de um acto a praticar, exclusivamente, pelo tribunal[69], através de decisão fundamentada.

Nestas situações e sempre que a questão se coloque no momento em que a constituição do apadrinhamento civil esteja a ser desenvolvida fora do tribunal, as comissões de protecção de crianças e jovens, a segurança social e as instituições por esta habilitadas nos termos do n.º 3 do artigo 12.º, comunicam ao tribunal[70] os casos em que entendam dever haver lugar a dispensa do consentimento. Tal deverá ocorrer sempre e relativamente a:

– Pessoas que o deveriam prestar nos termos do n.º 1, se estiverem privadas do uso das faculdades mentais ou se, por qualquer outra razão, houver grave dificuldade em as ouvir;
– Pessoas referidas nas alíneas c), d) e e) do n.º 1, quando se verifique alguma das situações que, nos termos das alíneas c), d) e e) do n.º 1 do artigo 1978.º do Código Civil, permitiriam a confiança judicial;
– Representante legal ou de quem tenha a guarda de facto quando estes ponham em perigo a segurança, saúde, formação, educação ou desenvolvimento da criança ou do jovem;

[67] Art.º 14.º, n.º 2 da LAC.
[68] Art.º 14.º, n.º 3 da LAC.
[69] Art.º 14.º, n.º 4 da LAC.
[70] Art.º 14.º, n.º 5 da LAC.

– Pais da criança ou do jovem, quando tenham sido inibidos totalmente do exercício das responsabilidades parentais fora dos casos previstos no número anterior;
– Pais da criança ou do jovem, quando, tendo sido aplicada qualquer medida de promoção e protecção, a criança ou o jovem não possa regressar para junto deles ou aí permanecer, por persistirem factores de perigo que imponham o afastamento, decorridos 18 meses após o início da execução da medida.

Nesta situação, o Tribunal deve desencadear o procedimento previsto no n.º 5 do artigo 19.º da LAC.

D – Parecer

Trata-se de um requisito igualmente necessário à constituição do apadrinhamento civil e que visa assegurar a possibilidade de determinadas entidades, pela proximidade com a criança e/ou pelo seu envolvimento na obtenção do melhor projecto de vida para esta, prestarem a sua visão sobre a proposta de apadrinhamento.

Com efeito, é **necessária a obtenção do parecer**:

– Do Conselho de Família[71], quando a criança ou o jovem estiver sujeito a tutela;
– Da comissão de protecção de crianças e jovens ou do organismo competente da segurança social, ou da instituição por esta habilitada[72].

Nos casos em que entendam que a iniciativa do apadrinhamento civil que lhes foi apresentada pelos pais, pelo representante legal da criança ou do jovem, pela pessoa que tenha a sua guarda de facto, ou pela criança ou jovem maior de 12 anos, não se revela capaz de satisfazer o interesse da criança ou do jovem, comunicam-no ao tribunal.

4.3.5. Requisitos formais da decisão ou acordo

4.3.5.1. Conteúdo

O apadrinhamento civil, como já vimos, é formalizado através da elaboração de compromisso de apadrinhamento civil ou da prolação de decisão do tribunal.

Em qualquer das duas situações existe um conjunto de elementos cuja obrigatoriedade de assentimento expresso é essencial.

---

[71] Art.º 14.º, n.º 6 da LAC.
[72] Art.º 15.º da LAC.

GUIA DE PROCEDIMENTOS DO PROCESSO DE PROMOÇÃO E PROTECÇÃO

Assim, o acto, deve conter[73], obrigatoriamente:

a) A identificação da criança ou do jovem;
b) A identificação dos pais, representante legal ou pessoa que tenha a sua guarda de facto;
c) A identificação dos padrinhos;
d) As eventuais limitações ao exercício, pelos padrinhos, das responsabilidades parentais;
e) O regime das visitas dos pais ou de outras pessoas, familiares ou não, cujo contacto com a criança ou jovem deva ser preservado;
f) O montante dos alimentos devidos pelos pais, se for o caso;
g) As informações a prestar pelos padrinhos ou pelos pais, representante legal ou pessoa que tinha a sua guarda de facto, à entidade encarregue do apoio do vínculo de apadrinhamento civil.

Não foi estabelecida qual a consequência para a falta de um ou mais destes requisitos formais. No entanto, cremos ser possível admitir que a sanção pode ser diversa consoante o acto em causa. Na realidade, se a omissão de um qualquer destes requisitos se verifica no conteúdo do compromisso pode o Tribunal mandar corrigir o texto, desta forma eliminando o vício. Ao invés, e na eventualidade de a deficiência se verificar na decisão judicial deverão ser seguidas as regras próprias previstas no Código de Processo Civil para os vícios e reforma das sentenças.

4.3.5.2. Assinatura

Este requisito formal apenas tem particularidades quando estamos face ao compromisso. De facto, a decisão judicial é apenas assinada pelo juiz que profere a decisão com a particularidade de serem três os juizes a assinar se for essa a composição do tribunal (juiz de carreira e dois juizes sociais) que proferir a decisão.

Assim, subscrevem[74], obrigatoriamente, o compromisso:

a) Os padrinhos;
b) As pessoas que têm de dar consentimento;
c) A instituição onde a criança ou o jovem estava acolhido e que promoveu o apadrinhamento civil;
d) A entidade encarregue de apoiar o apadrinhamento civil;
e) O pró-tutor, quando o tutor vier a assumir a condição de padrinho.

---

[73] Art.º 16.º da LAC.
[74] Art.º 17.º da LAC.

4.3.6. Competência territorial para a apreciação/decisão

Nesta matéria é relevante a área da localização da instituição em que a criança se encontra acolhida ou a área da sua residência, à semelhança do que vem sucedendo na restante legislação sobre crianças[75].

Desta forma é competente para a constituição do apadrinhamento civil, nos termos do n.º 1 do artigo 13.º:

– O tribunal de família e menores ou,
– Fora das áreas abrangidas pela jurisdição dos tribunais de família e menores, o tribunal da comarca da área da localização da instituição em que a criança ou o jovem se encontra acolhido ou da área da sua residência.

5. PROCESSO

A solução apresentada como projecto de vida para a criança – o apadrinhamento civil – ou decorre da iniciativa própria do tribunal, por considerar que tal projecto é o que melhor garante o interesse da criança, ou por vontade expressa dos pais, representante legal da criança ou pessoa que tenha a sua guarda de facto ou da criança maior de 12 anos.

É esta a conclusão que se impõe através da conjugação dos art.º 10.º, 13.º e 19.º da LAC.

Para tanto dirigem a sua pretensão[76]:

• Se já correr termos processo respeitante à mesma criança:

– À comissão de protecção de crianças e jovens; ou
– **Ao tribunal.**

• Se não correr termos processo respeitante à mesma criança:

– **Ao Ministério Público;**
– **Ao organismo competente da segurança social;** ou
– À **instituição por esta habilitada** nos termos do n.º 3 do artigo 12.º.

Podemos estabilizar a convicção de que, formalmente, o início da constituição desta relação de apadrinhamento civil começa com a vontade de qualquer dos pais, representante legal da criança ou pessoa que tenha a sua guarda de facto ou da criança maior de 12 anos ou por iniciativa própria do tribunal.

---

[75] Cfr. art.º 155.º da Organização Tutelar de Menores e art.º 79.º da Lei 147/99, de 01/09 (Lei de Promoção e Protecção).
[76] Art.º 19.º, n.º 1 da LAC.

GUIA DE PROCEDIMENTOS DO PROCESSO DE PROMOÇÃO E PROTECÇÃO

A partir desta construção legislativa, é possível traçar as várias soluções processuais possíveis com vista à tentativa de obtenção do apadrinhamento civil:

1 – Desde logo a iniciativa surge na CPCJ, na Segurança Social ou na instituição por esta habilitada.

2 – Por iniciativa dos pais, representante legal da criança ou pessoa que tenha a sua guarda de facto ou da criança maior de 12 anos que lhe dirige a sua pretensão, que o requerem directamente ao Ministério Público.

3 – Mas o apadrinhamento civil , também pode ter início no âmbito do processo que já correr termos no tribunal (tutelar cível, PP ou tutela), por iniciativa dos pais, representante legal da criança ou pessoa que tenha a sua guarda de facto ou da criança maior de 12 anos, que aí dirigem a sua pretensão.

4 – Por fim, o Apadrinhamento Civil pode ter inicio, oficiosamente, no processo que já corre termos no tribunal (tutelar cível, PPP ou tutela).

Embora com especificidades comuns, e dando cobertura à formulação prevista do art.º 13.º da LAC, podemos constatar, desde já, que as duas soluções finais visam uma abordagem da questão de forma jurisdicionalizada. Ao invés, e relativamente às duas possibilidades iniciais sendo esta a base conceptual de todo o quadro legislativo, tomamo-la como uma via extra-judicial. Falamos, agora, da definição do apadrinhamento civil por via da obtenção de um compromisso.

5.1. A iniciativa surge na CPCJ, na SS ou na instituição por esta habilitada

Formalmente, o início da constituição desta relação de AC começa com a vontade dos pais, representante legal da criança ou pessoa que tenha a sua guarda de facto ou da criança maior de 12 anos .

Para tanto dirigem a sua pretensão:

• Se já correr termos processo respeitante à mesma criança:

– À comissão de protecção de crianças e jovens, ou

• Se não correr termos processo respeitante à mesma criança:

– Ao organismo competente da segurança social; ou
– À instituição por esta habilitada nos termos do n.º 3 do artigo 12.º.

Será dentro destas instituições que serão desenrolados os mecanismos definidos pelo legislador com vista à obtenção do compromisso de apadrinhamento civil.
Analisemos cada uma das soluções.

O APADRINHAMENTO CIVIL

5.1.1. O processo inicia-se com a formalização da iniciativa sobre um projecto de apadrinhamento civil apresentado junto da CPCJ ou ISS (ou instituição por esta habilitada) pelos pais, representante legal da criança ou pessoa que tenha a sua guarda de facto ou da criança maior de 12 anos

A – Apreciação liminar

Trata-se de um acto prévio da entidade que recebeu a pretensão. Analisa, formalmente e de uma forma sumária, a verificação dos requisitos mínimos de que a lei faz depender a constituição do apadrinhamento civil. Desta forma cria-se a possibilidade de serem desenvolvidos os procedimentos correctos face à situação e às condições intrínsecas da mesma saneando-se anomalias da candidatura e permitindo-se a sua correcção.

B – Audição Obrigatória da criança ou do jovem e dos pais, representante legal ou pessoa que tenha a sua guarda de facto[77]

Embora não tenha sido prevista como uma fase obrigatória em todos os processos com vista à concretização do apadrinhamento civil mas apenas como acto prévio à designação dos padrinhos, entendemos dever ser sempre respeitada. Trata-se de uma formalidade que não pode deixar de ser considerada como essencial, uma vez que está em causa a constituição de uma nova relação, que tem a virtualidade de interferir, substancialmente, com a relação existente entre a criança e os seus pais ou detentores da guarda de facto.

Além do respeito pelo princípio fundamental da audição das pessoas envolvidas, a formalização deste acto cria oportunidade para que seja tomado o consentimento devido e o parecer daqueles sobre a designação do padrinho.

C – Obtenção do consentimento[78]

A matéria já foi tratada[79] no momento oportuno. Apenas relembramos o facto de o consentimento ter que ser expresso, necessário, nalgumas situações, mas dispensado noutras.

D – Designação dos padrinhos[80]
E – Elaboração do compromisso[81]
F – Remessa ao Tribunal

---

[77] Art.º 11.º, n.º 6 da LAC.
[78] Art.º 14.º, n.º 1 da LAC.
[79] Cfr. o ponto 4.3.4. a fls. ...
[80] Art.º 11.º, da LAC e o que já se escreveu no ponto 4.2.
[81] Cfr. ponto 4.3.5.

F.1. – Homologação – art.º 19.º , n.º 2

Trata-se do acto final e que formaliza a constituição da relação de apadrinhamento civil.

Poderão surgir sérias dúvidas sobre a entidade que tem competência para apreciar o compromisso apresentado e proferir a decisão homologatória.

Tal como já referimos, a questão não se mostrou pacífica no decurso do processo legislativo. Embora conste do texto da exposição de motivos da proposta de lei 253/X discutida e votada na Assembleia da República que a homologação é um acto a praticar pelo Ministério Público tal não ficou expresso no texto final da lei. De facto, em sede de apreciação e votação na especialidade a Comissão parlamentar de Ética Sociedade e Cultura estabeleceu que seria desejável substituir a terminologia apresentada no art.º 13.º, n.º 1 al. b). Assim, onde constava no texto da alínea b) do n.º 1 do art.º 14.º da proposta de lei "(...)Nos restantes casos, pela homologação, pelo Ministério Público, do compromisso de apadrinhamento civil." alterou-se para "(...)Por compromisso de apadrinhamento civil homologado pelo tribunal". A justificação apresentada, em sede de comissão parlamentar para esta alteração foi o pretender afastar as dúvidas de que este acto de homologação teria que passar pelo tribunal.

Acrescentamos nós, agora. O passar pelo tribunal tem que ver com a atribuição ao processo e ao acto final de constituição de um carácter judicial e não apenas administrativo, como todo o processo que até aí decorreu na CPCJ ou na Segurança Social. Convenhamos que foi totalmente infeliz a justificação apresentada. Ou será que ainda existe quem acredite que o Ministério Público não está envolvido e totalmente integrado na função judicial?

Também nesta matéria, não podemos pôr de lado as regras gerais de interpretação jurídica. Como tal, e segundo as regras previstas no art.º 9.º do Código Civil, apenas nos é possível configurar a interpretação que defenda que a referência ao "Tribunal" é feita ao Juíz. E não ao Ministério Público como se fez pretender que seria a solução. Será o Juiz a ter a palavra final sobre a constituição da relação do Apadrinhamento Civil através do acto, formal, da homologação do compromisso.

Obviamente que importa considerar a posição que está estatutariamente reservada ao Ministério Público em matéria de crianças e da defesa e promoção dos seus direitos.

Desta forma, entendemos que a proposta de constituição do AC, através do compromisso já subscrito, deverá – no Tribunal – ser analisada e sujeita ao parecer prévio do Ministério Público.

Homologado o compromisso, por despacho judicial, é o mesmo comunicado à Conservatória do Registo Civil, para averbamento[82] no assento de nascimento da criança, a efectuar nos termos do artigo 78.º do Código do Registo Predial.

---

[82] Art.º 2.º da LAC.

F.2. – Convite para correcção[83]

Como toda a matéria sujeita a apreciação e tendo em conta que o compromisso apresentado poderá surgir com ligeiras e não essenciais imperfeições é desejável que seja dada às partes envolvidas nova oportunidade para corrigirem tais deficiência.

– Feita esta, o Juiz procede à prolação do despacho de Homologação.
– Segue-se a comunicação à C.R.C. para averbamento no assento de nascimento.

F.3. – Recusada a homologação

Se, ao invés, as partes não concordarem com a necessidade de correcção mantendo a formulação original deve o Juiz proferir despacho no qual – fundamentadamente recuse a homologação do compromisso de apadrinhamento civil. Idêntico procedimento deve ser seguido se o compromisso apresentado for manifestamente inviável e não puder ser objecto de correcção.

F.4. – Nesta situação, deveria ser ordenada a notificação das partes para, em 10 dias, ser requerida a apreciação em tribunal[84]

No entanto, o texto legislativo que consagra este mecanismo perdeu actualidade e eficácia face à intencional retirada de competência ao Ministério Publico. De facto, o que seria um correcto sistema garantista deixa de fazer sentido. Não será razoável permitir que se discorde do despacho de não homologação proferido pelo juiz recorrendo-se para a mesma entidade que o proferiu.

5.1.2. Se após a apreciação liminar – feito pela entidade que recebeu a proposta de iniciativa formulada por quem tem legitimidade para tal nos termos do art.º 10.º -, ou mesmo depois de apreciado liminarmente (e se tiver sido apreciado liminarmente e admitido), se entender que deve ser dispensado o consentimento[85]

A – É, de imediato, comunicado ao tribunal[86].

B – Aqui, procede-se à notificação do Ministério Público, da criança ou do jovem maior de 12 anos, dos pais, do representante legal ou quem detiver a guarda de facto para, em 10 dias, ser apresentada prova[87].

---

[83] Art.º 19.º, n.º 2 da LAC.
[84] Art.º 19.º, n.º 4 da LAC.
[85] Art.º 14.º da LAC.
[86] Art.º 14.º, n.º 5 da LAC.
[87] Art.º 19.º, n.º 5 da LAC.

B.1. – Se NÃO FOR APRESENTADA prova[88]

O Juiz do processo aprecia e decide art.º 13.º, n.º 1, al. a) -, não só a dispensa do consentimento como a constituição do apadrinhamento civil que está em causa. Não faria sentido ser de outro modo. Na verdade, não seria correcto que, estando o processo já na fase judicial houvesse a possibilidade de a situação reverter à entidade onde se encontrava para aí ser conduzido até à obtenção do compromisso. Seria um passo atrás, não condizente com os interesses de celeridade que estão subjacentes à definição e concretização do projecto de vida da criança.

Se constituído o AC é comunicado ao CRC para averbamento no assento de nascimento.

B.2. – Se É APRESENTADA prova[89]

O tribunal (composto pelo Juiz do processo e dois juizes sociais) aprecia e decide (art.º 13.º, n.º 1, al. a), não só a a dispensa do consentimento como a constituição do apadrinhamento civil que está em causa, nos termos já referidos.

Se constituído o AC é comunicado à CRC para averbamento no assento de nascimento.

5.1.3. Poderá ainda ocorrer a situação em que, após a apreciação liminar, se entende que NÃO DEVE SER CONSTITUÍDO o apadrinhamento civil[90]

A – Neste caso, deverá ser comunicado ao tribunal[91] acompanhado de parecer negativo.

B – O MP aprecia, emite o seu parecer.

C – O Juiz profere decisão.

De realçar que não seguimos a previsão constante da alínea b) do n.º 4 do artigo 19.º da LAC pela desarticulação do regime nos termos em que já tivemos oportunidade de explanar no ponto 5.1.1.F.1.

5.2. O processo tem origem a partir da iniciativa do MP, por iniciativa de qualquer das pessoas referidas no artigo 10.º da LAC que lhe dirige a sua pretensão

Mais uma vez e na ausência de consagração expressa na lei do apadrinhamento civil, devemos recorrer à regras próprias do texto legislativo.

---

[88] Art.º 19.º, n.º 6 da LAC.
[89] Art.º 19.º, n.º 6 da LAC.
[90] Art.º 15.º da LAC.
[91] Art.º 15.º da LAC.

O APADRINHAMENTO CIVIL

Assim, e não tendo sido previsto qualquer solução não cabe ao interprete criá-la "ex novo".

Desta forma, e não correndo a correr termos qualquer processo sobre a criança não caberá outra alternativa ao Ministério Público que não seja a de reencaminhar a pretensão que lhe foi dirigida para o ISS ou entidades por este habilitadas.

5.3. O processo tem inicio na pendência do processo que já correr termos no tribunal (tutelar cível, PP ou tutela), por iniciativa de qualquer das pessoas referidas no artigo 10.º da LAC que aí dirige a sua pretensão

Independentemente da natureza e do estado do processo – desde que o mesmo se encontre pendente entendemos que deverá ser assegurado o princípio do contraditório quanto ao novo projecto de vida, o Apadrinhamento Civil.

De facto, independentemente das diligências já realizadas e dos objectivos próprios do processo que esteja a correr termos, surgido este novo enquadramento para a criança deverão ser asseguradas as garantias básicas das pessoas envolvidas. Ou seja, deverá ser dada o oportunidade a todos de se pronunciarem sobre a viabilidade desta nova solução que se vislumbra para a criança. Falamos, obviamente, da audição dos pais, da criança se tiver mais de 12 anos, de quem tiver a sua guarda de facto, dos técnicos que tenham ligação funcional com a criança ou com o seu agregado familiar e de outra qualquer pessoa que se entenda oportuno ouvir.

Se constituído o AC é comunicado ao CRC para averbamento no assento de nascimento art.º 2.º da LAC

5.4. O processo tem início, oficiosamente, na pendência de processo que já corre termos no tribunal (tutelar cível, PP ou tutela), oficiosamente,

Entendemos dever ser seguida idêntica solução à anterior.

5.5. Características do processo, na fase judicial

Foi importante a consideração do legislador ao demarcar algumas das características especificas subjacentes a estes processos, na linha do que vem acontecendo com os processo de natureza cível relativos a assuntos das crianças. Assim:

O processo judicial de apadrinhamento civil é de **jurisdição voluntária**.

O processo judicial de apadrinhamento civil é **tramitado por via electrónica** nos termos gerais das normas de processo civil.

Em qualquer estado da causa e sempre que o entenda conveniente, oficiosamente, com o consentimento dos interessados, ou a requerimento destes, **pode o juiz determinar a intervenção de serviços públicos ou privados de mediação.**

GUIA DE PROCEDIMENTOS DO PROCESSO DE PROMOÇÃO E PROTECÇÃO

6. EFEITOS DA CONSTITUIÇÃO DO AC

6.1. Apoio ao apadrinhamento civil

6.1.1. Objectivos do apoio[92]

O **apoio ao apadrinhamento** civil tem em vista:

a) Criar ou intensificar as condições necessárias para o êxito da relação de apadrinhamento;
b) Avaliar o êxito da relação de apadrinhamento, do ponto de vista do interesse do afilhado.

6.1.2. Competência para a execução do apoio

O apoio ao apadrinhamento civil cabe:

– às comissões de protecção de crianças e jovens, nos casos em que o compromisso de apadrinhamento civil foi celebrado em processo que aí correu termos;
– ou ao organismo competente da segurança social[93]; ou
– às instituições que disponham de meios adequados, através de delegação de competências do organismo competente da segurança social[94].

6.1.3. Duração do apoio

O apoio termina quando a entidade responsável concluir que a integração familiar normal do afilhado se verificou e, em qualquer caso, passados 18 meses sobre a constituição do vínculo.

6.2. Direito a alimentos

Quer o padrinho quer o afilhado são titulares do **direito a alimentos**, em termos semelhantes à configuração do vínculo de alimentos existente entre pai e filhos.

Assim, o art.º 21.º da LAC veio definir qual o posicionamento que cada um – padrinho e afilhado – assume na hierarquia dos devedores de alimentos.

Desta forma os padrinhos consideram-se ascendentes em 1.º grau do afilhado para efeitos da obrigação de lhe prestar alimentos, mas são precedidos pelos pais deste em condições de satisfazer esse encargo.

---

[92] Cfr. art.º 20.º, n.º 1 da LAC.
[93] Cfr. art.º 20.º, n.º 2 da LAC.
[94] Cfr. art.º 20.º, n.º 2 da LAC.

O APADRINHAMENTO CIVIL

Da mesma forma, o afilhado considera-se descendente em 1.º grau dos padrinhos para o efeito da obrigação de lhes prestar alimentos, mas é precedido pelos filhos destes em condições de satisfazer este encargo.

6.3. Impedimento matrimonial e dispensa

Um dos efeitos do apadrinhamento civil, na esteira do que sucede com a filiação biológica, é o impedimento para contrair matrimónio.

Assim, a constituição do vínculo de apadrinhamento civil é impedimento impediente à celebração do casamento entre padrinhos e afilhados[95].

Tal é a relevância desta regra que a sua infracção importa, para o padrinho ou madrinha, a incapacidade para receber do seu consorte qualquer benefício por doação ou testamento[96].

Por outro lado, foi criada a possibilidade de, em certas circunstâncias, ser levantado o impedimento e ser permitido o casamento[97].

6.4. Outros Direitos

Constituída a relação de apadrinhamento civil, os seus elementos podem beneficiar de direitos de carácter social, para além dos que já resultam da nova qualidade que assumem.

6.4.1. Direitos comuns a padrinhos e afilhados

Os padrinhos e o afilhado têm direito a um conjunto de direito a nivel laboral, prestações sociais e direitos a nível da saúde[98]:

a) Beneficiar do regime jurídico de faltas e licenças equiparado ao dos pais e dos filhos;
b) Beneficiar de prestações sociais nos mesmos termos dos pais e dos filhos;
c) Acompanhar-se reciprocamente na assistência na doença, como se fossem pais e filhos.

6.4.2. Direitos exclusivos para os padrinhos[99]

a) Considerar o afilhado como dependente para efeitos do disposto nos artigos 79.º, 82.º e 83.º do Código do IRS;
b) Beneficiar do estatuto de dador de sangue.

---

[95] Cfr. art.º 22.º, n.º 1 da LAC.
[96] Cfr. art.º 22.º, n.º 3 da LAC.
[97] Cfr. art.º 22.º, n.º 2 da LAC.
[98] Cfr. art.º 23.º, n.º 1 da LAC.
[99] Cfr. art.º 23.º, n.º 2 da LAC.

GUIA DE PROCEDIMENTOS DO PROCESSO DE PROMOÇÃO E PROTECÇÃO

6.4.3. Direitos reservados só aos afilhados[100]

É obvia a regra. O afilhado tem direito a beneficiar das prestações de protecção nos encargos familiares e integra, para o efeito, o agregado familiar dos padrinhos.

7. DURAÇÃO

O apadrinhamento civil, nos termos do art.º 24.º, n.º 1 da LAC, constitui um vínculo permanente; logo sem termo determinado.

Exceptua-se a possibilidade de proceder à revogação da constituição do vínculo, conforme está previsto no art.º 25.º da LAC.

Contudo, a regra definida no n.º 1 do artigo tem algumas condicionantes. Referimo-nos aos direitos e obrigações dos padrinhos inerentes ao exercício das responsabilidades parentais. Nesta situação particular, em que se incluem os alimentos, os direitos e obrigações cessam nos mesmos termos em que cessam os dos pais. Só assim não se verificará se, em função das circunstâncias do caso, se dispuser em contrário no compromisso de apadrinhamento civil ou, adiantamos nós, na decisão judicial.

8. REVOGAÇÃO

8.1. Legitimidade para tomar a iniciativa da revogação

O apadrinhamento civil pode ser revogado por iniciativa[101]:

- De qualquer subscritor do compromisso de apadrinhamento;
- Do organismo competente da segurança social ou de instituição por esta habilitada nos termos do n.º 3 do artigo 12.º;
- Da comissão de protecção de crianças e jovens;
- Do Ministério Público; ou
- Do tribunal.

8.2. Quando pode ocorrer

O apadrinhamento civil **pode ser revogado** quando[102]:

a) Houver acordo de todos os intervenientes no compromisso de apadrinhamento;

---

[100] Cfr. art.º 23.º, n.º 3 da LAC.
[101] Art.º 25.º, n.º 1 da LAC.
[102] Art.º 25.º, n.º 2 da LAC.

b) Os padrinhos infrinjam culposa e reiteradamente os deveres assumidos com o apadrinhamento, em prejuízo do superior interesse do afilhado, ou quando, por enfermidade, ausência ou outras razões, não se mostrem em condições de cumprir aqueles deveres;

c) O apadrinhamento civil se tenha tornado contrário aos interesses do afilhado;

d) A criança ou o jovem assuma comportamentos, actividades ou consumos que afectem gravemente a sua saúde, segurança, formação, educação ou desenvolvimento sem que os padrinhos se lhe oponham de modo adequado a remover essa situação;

e) A criança ou jovem assuma de modo persistente comportamentos que afectem gravemente a pessoa ou a vida familiar dos padrinhos, de tal modo que a continuidade da relação de apadrinhamento civil se mostre insustentável;

f) Houver acordo dos padrinhos e do afilhado maior.

8.3. Quem decide a revogação

A decisão de revogação[103] do apadrinhamento civil cabe à entidade que o constituiu, seguindo-se os critérios de fixação de competência estabelecidos no artigo 18.º, cabendo a decisão à entidade que, no momento, se mostrar territorialmente competente.

8.4. Processo de revogação[104]

8.4.1. Tramitação

Pedida a revogação:

– Se houver oposição de alguma das pessoas que deram o consentimento, a decisão compete ao tribunal, por iniciativa do Ministério Público.

– Se NÃO houver oposição de qualquer das pessoas que deram o consentimento é decidido nos termos previstos no art.º 25.º, n.º 2

8.4.2. Registo civil

A decisão de revogação **está sujeita a registo civil obrigatório**, efectuado imediata e oficiosamente pelo tribunal que decida pela sua constituição ou revogação[105].

---

[103] Art.º 25.º, n.º 4 da LAC.
[104] Art.º 25.º, n.º 3 da LAC.
[105] Cfr. art.º 28.º da LAC.

8.4.3. Tramitação electrónica

O processo judicial de revogação do apadrinhamento civil é **tramitado por via electrónica**[106] nos termos gerais das normais de processo civil.

8.4.4. Serviços complementares

Em qualquer estado da causa e sempre que o entenda conveniente, oficiosamente, com o consentimento dos interessados, ou a requerimento destes, pode o Juiz determinar a intervenção de **serviços públicos ou privados de mediação**[107].

8.5. Efeitos da Revogação

Os efeitos do apadrinhamento civil cessam no momento em que a decisão de revogação se torna definitiva[108].

Exceptuam-se as situações em que a revogação não se mostrou decorrente de culpa dos padrinhos ou não foi requerida por estes.

Assim, os padrinhos mantêm, enquanto o seu exercício não for contrário aos interesses da criança ou do jovem, os seguintes direitos:

a) Saber o local de residência da criança ou do jovem;
b) Dispor de uma forma de contactar a criança ou o jovem;
c) Ser informados sobre o desenvolvimento integral da criança ou do jovem, a sua progressão escolar ou profissional, a ocorrência de factos particularmente relevantes ou de problemas graves, nomeadamente de saúde;
d) Receber com regularidade fotografias ou outro registo de imagem da criança ou do jovem;
e) Visitar a criança ou o jovem, designadamente por ocasião de datas especialmente significativas.

---

[106] Cfr. art.º 25.º, n.º 5 da LAC.
[107] Cfr. art.º 25.º, n.º 6 da LAC.
[108] Cfr. art.º 27.º da LAC.

NOVO REGIME DO EXERCÍCIO DAS RESPONSABILIDADES PARENTAIS

LEI 61/2008, DE 31 DE OUTUBRO

ALGUMAS NOTAS

CÓDIGO CIVIL

(...) LIVRO IV

TITULO III

CAPÍTULO II
Efeitos da filiação

(...)

SECÇÃO II
Responsabilidades parentais

(...)

SUBSECÇÃO IV
Exercício das responsabilidades parentais

ARTIGO 1901.º
Responsabilidades parentais na constância do matrimónio

1 – Na constância do matrimónio, o exercício das responsabilidades parentais pertence a ambos os pais.

2 – Os pais exercem as responsabilidades parentais de comum acordo e, se este faltar em questões de particular importância, qualquer deles pode recorrer ao tribunal, que tentará a conciliação.

3 – Se a conciliação referida no número anterior não for possível, o tribunal ouvirá o filho, antes de decidir, salvo quando circunstâncias ponderosas o desaconselhem.

Redacção da Lei n.º 61/2008, de 31 de Outubro.

Anterior redacção:

ARTIGO 1901.º

Poder paternal na constância do matrimónio

1. Na constância do matrimónio o exercício do poder paternal pertence a ambos os pais.

2. Os pais exercem o poder paternal de comum acordo e, se este faltar em questões de particular importância, qualquer deles pode recorrer ao tribunal, que tentará a conciliação; se esta não for possível, o tribunal ouvirá, antes de decidir, o filho maior de catorze anos, salvo quando circunstâncias ponderosas o desaconselhem.

Redacção do Dec.-Lei 496/77, de 25-11.

NOTAS:

O regime agora previsto aplica-se a todas as situações ocorridas após 1 de Dezembro de 2008.

Contudo, e em relação aos casos já em curso nos tribunais, continua a aplicar-se o regime anterior.

A subsecção agora iniciada consagra uma nova epígrafe: "exercício das responsabilidades paternais".

Na exposição de motivos constante do projecto de Lei n.º 509/X pode ler-se: "(...) O projecto que se apresenta propõe o desaparecimento da designação "poder paternal" substituindo-a de forma sistemática pelo conceito de "responsabilidades parentais". Na mudança de designação está obviamente implícita uma mudança conceptual que se considera relevante. Ao substituir uma designação por outra muda-se o centro da atenção: ele passa a estar não naquele que detém o "poder – o adulto, neste caso – mas naqueles cujos direitos se querem salvaguardar, ou seja, as crianças.

(...) a designação anterior supõe um modelo implícito que aponta para o sentido de posse, manifestamente desadequado num tempo em que se reconhece cada vez mais a criança como sujeito de direitos."

(...), é vital que seja do ponto de vista das crianças e dos seus interesses, e portanto a partir da responsabilidade dos adultos, que se definam as consequências do divórcio(...)" – e da separação dos progenitores, acrescentamos nós.

O n.º 2 do preceito prevê a Regra Geral do regime, a saber: o EXERCÍCIO CONJUNTO das responsabilidades parentais ou o que, de forma incorrecta e relativamente ao regime anterior, se afirmava ser a "Guarda Conjunta".

As particularidades deste estão plasmadas ao longo de todo o art.º 1906.º

O actual n.º 3 do preceito corresponde ao texto da parte final do anterior n.º 2.

Cremos ser, agora, consagrada a regra da audição obrigatória dos filhos em caso de inexistência de acordo entre os progenitores. De facto, quando não exista acordo entre os progenitores, sobre o exercício conjunto das responsabilidades parentais relativamente a questões de particular importância, impõe-se ao tribunal a audição do filho.

Todavia, embora se estabeleça, no novo regime, a audição dos filhos, sem alusão a qualquer limite mínimo de idade, tal não abrange a audição, incondicional, de todos os filhos. A excepção a este regime – prevista na parte final deste n.º 3 – é em tudo idêntica à que já constava no regime anterior. Através desta válvula de escape permite-se, sempre, ao tribunal recusar a audição do filho sempre que entender que "circunstâncias ponderosas o desaconselham", quer pela sua reduzida idade, quer pela imaturidade que possa apresentar ou mesmo pelas especiais particularidades da situação em discussão.

ARTIGO 1902.º

Actos praticados por um dos pais

1 – Se um dos pais praticar acto que integre o exercício das responsabilidades parentais, presume -se que age de acordo com o outro, salvo quando a lei expressamente exija o consentimento de ambos os progenitores ou se trate de acto de particular importância; a falta de acordo não é oponível a terceiro de boa fé.

2 – O terceiro deve recusar -se a intervir no acto praticado por um dos progenitores quando, nos termos do número anterior, não se presuma o acordo do outro ou quando conheça a oposição deste.

Redacção da Lei n.º 61/2008, de 31 de Outubro.

Anterior redacção:

ARTIGO 1902.º

Actos praticados por um dos pais

1. Se um dos pais praticar acto que integre o exercício do poder paternal, presume-se que age de acordo com o outro, salvo quando a lei expressamente exija o consentimento de ambos os progenitores ou se trate de acto de particular importância; a falta de acordo não é oponível a terceiro de boa fé.

2. O terceiro deve recusar-se a intervir no acto praticado por um dos cônjuges quando, nos termos do número anterior, não se presuma o acordo do outro cônjuge ou quando conheça a oposição deste.

Redacção do Dec.-Lei 496/77, de 25-11.

NOTAS:

O actual n.º 1 do preceito corresponde ao texto do n.º 1 na versão anterior. No n.º 2 substitui-se o termo "cônjuge" por "progenitor".

E tal alteração, ainda que se depare como subtil, revela uma das principais preocupações do legislador nesta matéria. De facto, no âmbito das responsabilidades parentais, pretende acentuar-se o papel fundamental que cada um dos progenitores deve assumir na relação com os seus filhos, deixando de lado o papel que manteve na relação conjugal com o outro progenitor do menor.

Para além desta mudança de princípios este n.º 2 evidencia a abordagem mais abrangente que se pretende. Para além do que já se deixou considerado, a supressão do termo "cônjuge" indica que a regra prevista neste preceito é de aplicação a todas as situações em que esteja em causa a administração – prática de actos – relativa a bens propriedade dos filhos e não apenas àquelas ocorridas na constância do matrimónio.

ARTIGO 1903.º

Impedimento de um dos pais

Quando um dos pais não puder exercer as responsabilidades parentais por ausência, incapacidade ou outro impedimento decretado pelo tribunal, caberá esse exercício unicamente ao outro progenitor ou, no impedimento deste, a alguém da família de qualquer deles, desde que haja um acordo prévio e com validação legal.

Redacção da Lei n.º 61/2008, de 31 de Outubro.

Anterior redacção:

ARTIGO 1903.º

Impedimento de um dos pais

Quando um dos pais não puder exercer o poder paternal por ausência, incapacidade ou outro impedimento, caberá esse exercício unicamente ao outro progenitor.

Redacção do Dec.-Lei 496/77, de 25-11.

NOTAS:

Novo regime do suprimento legal do exercício das responsabilidades parentais, por impedimento.

Manteve-se a mesma necessidade de existência desta regra, previu-se o mesmo número de causas justificativas de intervenção do instituto mas restringiu-se o âmbito de alcance dos impedimentos.

Com efeito, os motivos para que seja possível proceder à substituição continuam a ser, numericamente, os mesmos;

a) Ausência;

b) Incapacidade;

c) Outro impedimento.

Se relativamente aos dois primeiros nenhuma alteração ocorreu tal deve-se ao facto de ser óbvia a necessidade de garantir que a supervisão do menor e de todos os seus interesses será sempre assegurada e, como tal, aquelas circunstâncias são claramente justificativas da substituição de um dos progenitores pelo outro.

Ao invés, em relação à terceira das causas apontadas, foram introduzidas alterações profundas. O novo texto veio restringir o âmbito de funcionamento daquela que era, e continua a ser, apontada como a terceira causa de justificação para o impedimento.

Na realidade, enquanto no regime anterior se aceitava como válido "qualquer outro impedimento", no novo texto apenas se admite a relevância de "qualquer outro impedimento" mas sujeito a uma condição: a de que a verificação de tal impedimento seja suscitada, apreciada e decretada pelo tribunal.

Ou seja, na realidade, na disposição dos progenitores apenas se encontram, agora, duas situações que, de forma automática, têm a virtualidade de provocar a substituição de um dos progenitores pelo outro, no exercício das responsabilidades parentais. O terceiro, está dependente da apreciação do tribunal.

Outra novidade prende-se com a titularidade do substituto e com as condições exigidas para que a mesma se verifique.

Mantém-se, como regra geral, a substituição de um dos progenitores pelo outro mas abriu-se caminho a um regime excepcional.

Admite-se agora que, verificadas as circunstâncias exigidas pela norma, ou seja: o impedimento dos dois progenitores, estes possam ser substituídos. E definiu-se que:

a) A substituição dos progenitores só possa ser feita por um familiar;

b) Que esse familiar possa ser, indistintamente, ou do lado materno ou do lado paterno. Está, assim, excluído o recurso à substituição por outra pessoa que não seja de família, ainda que a mesma reúna alguma particular e especial ligação ao menor.

c) O familiar substituto tem que ser designado, previamente e por acordo entre ambos os progenitores;

d) Que este acordo seja validado judicialmente.

Esta "ratificação" judicial vem confrontar o nosso ordenamento jurídico com mais uma possibilidade de se poder suscitar a intervenção judicial sem ser para dirimir um litígio. Não constituindo um procedimento inovador no nosso ordenamento (são várias as situações em que as partes podem submeter a mera homologação o respectivo acordo), neste caso podemos admitir o recurso a um procedimento que siga a tramitação do art.º 184.º da OTM ou simplesmente admitir a apresentação de um requerimento suscitado por ambos os progenitores com a expressa designação da pessoa que pretendem que os substitua no exercício das responsabilidades parentais e no qual o juiz, após apreciar a verificação dos requisitos exara um despacho de homologação.

A inovação agora introduzida assume uma particular importância em sede de Processo de Promoção e Protecção na medida em que é criada uma quarta pessoa com capacidade e dever de prestar o consentimento para a intervenção da CPCJ. Saliente-se que, nesta situação, a CPCJ tem que prestar particular atenção na apreciação da legitimidade de alguém que se apresenta como familiar do menor e alega ser o titular (ainda que temporariamente) do exercício das responsabilidades parentais.

GUIA DE PROCEDIMENTOS DO PROCESSO DE PROMOÇÃO E PROTECÇÃO

ARTIGO 1904.º
Morte de um dos progenitores

Por morte de um dos progenitores, o exercício das responsabilidades parentais pertence ao sobrevivo.
Redacção da Lei n.º 61/2008, de 31 de Outubro.

Anterior redacção:

ARTIGO 1904.º
Viuvez

Dissolvido o casamento por morte de um dos cônjuges, o poder paternal pertence ao sobrevivo.
(Redacção do Dec.-Lei 496/77, de 25-11).

NOTAS:
Nova epigrafe.
Estabelece-se, agora, a regra de que, independentemente da forma como vem sendo exercida a responsabilidade parental, perante a morte de um dos progenitores o exercício cabe, automaticamente e em exclusivo, ao progenitor sobrevivo.

ARTIGO 1905.º
Alimentos devidos ao filho em caso de divórcio, separação judicial de pessoas e bens, declaração de nulidade ou anulação do casamento

Nos casos de divórcio, separação judicial de pessoas e bens, declaração de nulidade ou anulação do casamento, os alimentos devidos ao filho e forma de os prestar serão regulados por acordo dos pais, sujeito a homologação; a homologação será recusada se o acordo não corresponder ao interesse do menor.
Redacção da Lei n.º 61/2008, de 31 de Outubro.

Anterior redacção:

ARTIGO 1905.º
Divórcio, separação judicial de pessoas e bens, declaração de nulidade ou anulação do casamento

1. Nos casos de divórcio, separação judicial de pessoas e bens, declaração de nulidade ou anulação do casamento, o destino do filho, os alimentos a este devidos e forma de os prestar serão regulados por acordo dos pais, sujeito a homologação do tribunal; a homologação será recusada se o acordo não corresponder ao interesse do menor, incluindo o interesse deste em manter com aquele progenitor a quem não seja confiado uma relação de grande proximidade.

NOVO REGIME DO EXERCÍCIO DAS RESPONSABILIDADES PARENTAIS

2. Na falta de acordo, o Tribunal decidirá de harmonia com o interesse do menor, incluindo o de manter uma relação de grande proximidade com o progenitor a quem não seja confiado, podendo a sua guarda caber a qualquer dos pais, ou, quando se verifique alguma das circunstâncias previstas no artigo 1918.º, a terceira pessoa ou estabelecimento de reeducação ou assistência.
Redacção da Lei 84/95, de 31-8.

NOTAS:
Nova epígrafe.
A previsão desta norma é restrita à fixação de alimentos.
O restante conteúdo das responsabilidades parentais vem regulado autonomamente no art.º 1906.º
Cingindo-se, o artigo, aos alimentos devidos ao filho, e prevendo tão só uma forma de os fixar – o acordo dos pais – poder-se-á dizer que foram profundamente abalados os direitos das crianças, máxime, o direito à sobrevivência.
De facto, a interpretação literal do texto do artigo leva-nos a admitir a impossibilidade de o tribunal intervir para fixação de alimentos a requerimento de quem para tanto tenha legitimidade para o fazer ou, na previsão da existência de litigio entre os pais na fixação do respectivo montante ou quando se verifique qualquer outra circunstância relacionada com o mesmo.
Salvo o devido respeito, cremos que não deve ser esta a interpretação a retirar.
Percebe-se o sentido do legislador. À semelhança de todas as questões que envolvem o exercício das responsabilidades parentais, também a fixação de alimentos não poderia deixar de ser feita de forma consensual.
Contudo, sendo os alimentos – tal como a doutrina e a jurisprudência sempre o definiu – uma das componentes do anteriormente chamado poder paternal, também agora assim deverá ser entendido como um dos aspectos em que se revela o exercício das responsabilidades parentais. Como já referimos (cfr. art.º 1901.º, n.º 2) o novo regime prevê que relativamente às questões de particular importância em que não exista acordo entre os progenitores pode o outro submeter tal matéria à apreciação do tribunal. Ora, sendo os alimentos uma das questões de particular importância (o que, por tal facto, dispensa outras considerações), não pode deixar de ser admissível a submissão de tal questão à apreciação do tribunal.
Alimentos – cfr. art.º 2005.º e segs do C. Civil.

ARTIGO 1906.º
Exercício das responsabilidades parentais em caso de divórcio, separação judicial de pessoas e bens, declaração de nulidade ou anulação do casamento

1. As responsabilidades parentais relativas às questões de particular importância para a vida do filho são exercidas em comum por ambos os progenitores

GUIA DE PROCEDIMENTOS DO PROCESSO DE PROMOÇÃO E PROTECÇÃO

nos termos que vigoravam na constância do matrimónio, salvo nos casos de urgência manifesta, em que qualquer dos progenitores pode agir sozinho, devendo prestar informações ao outro logo que possível.

2. Quando o exercício em comum das responsabilidades parentais relativas às questões de particular importância para a vida do filho for julgado contrário aos interesses deste, deve o tribunal, através de decisão fundamentada, determinar que essas responsabilidades sejam exercidas por um dos progenitores.

3. O exercício das responsabilidades parentais relativas aos actos da vida corrente do filho cabe ao progenitor com quem ele reside habitualmente, ou ao progenitor com quem ele se encontra temporariamente; porém, este último, ao exercer as suas responsabilidades, não deve contrariar as orientações educativas mais relevantes, tal como elas são definidas pelo progenitor com quem o filho reside habitualmente.

4. O progenitor a quem cabe o exercício das responsabilidades parentais relativas aos actos da vida corrente pode exercê-las por si ou delegar o seu exercício.

5. O tribunal determinará a residência do filho e os direitos de visita de acordo com o interesse deste, tendo em atenção todas as circunstâncias relevantes, designadamente o eventual acordo dos pais e a disponibilidade manifestada por cada um deles para promover relações habituais do filho com o outro.

6. Ao progenitor que não exerça, no todo ou em parte, as responsabilidades parentais assiste o direito de ser informado sobre o modo do seu exercício, designadamente sobre a educação e as condições de vida do filho.

7. O tribunal decidirá sempre de harmonia com o interesse do menor, incluindo o de manter uma relação de grande proximidade com os dois progenitores, promovendo e aceitando acordos ou tomando decisões que favoreçam amplas oportunidades de contacto com ambos e de partilha de responsabilidades entre eles.

Redacção da Lei n.º 61/2008, de 31 de Outubro.

Anterior redacção:

ARTIGO 1906.º
Exercício do poder paternal em caso de divórcio, separação judicial de pessoas e bens, declaração de nulidade ou anulação do casamento

1. Desde que obtido o acordo dos pais, o poder paternal é exercido em comum por ambos, decidindo as questões relativas à vida do filho em condições idênticas às que vigoram para tal efeito na constância do matrimónio.

2. Na ausência de acordo dos pais, deve o tribunal, através de decisão fundamentada, determinar que o poder paternal seja exercido pelo progenitor a quem o filho for confiado.

3. No caso previsto no número anterior, os pais podem acordar que determinados assuntos sejam resolvidos entre ambos ou que a administração dos bens do filho seja assumida pelo progenitor a quem o menor tenha sido confiado.

4. Ao progenitor que não exerça o poder paternal assiste o poder de vigiar a educação e as condições de vida do filho.

Lei n.º 59/99, de 30 de Junho.

NOTAS:

Nova epígrafe.

Neste dispositivo definem-se vários aspectos da responsabilidade parental:

I) A gestão dos actos de particular importância;

II) A gestão dos actos da vida corrente;

III) O direito à residência;

IV) O direito de visitas;

V) O direito à informação do progenitor com quem o filho não reside;

VI) Os interesses do menor.

I – QUESTÕES DE PARTICULAR IMPORTÂNCIA

O exercício das responsabilidades parentais relativamente às questões de particular importância vem previsto no n.º 1 do artigo. Embora não se descreva o que deve ser entendido por "actos de particular importância" é entendimento pacífico e uniforme na doutrina e na jurisprudência que se incluem todos os actos que sejam susceptíveis de assumir uma especial importância e relevância para a vida da criança.

Fixa-se a **regra** de que tal exercício *É CONJUNTO*.

Depois, admitem-se duas **excepções**:

1.ª – *Situações de urgência*. Nos casos de manifesta urgência, qualquer dos progenitores pode – e deve – agir sozinho.

Surge o 1.º afloramento do direito à informação previsto no n.º 6 desta norma: deve avisar o outro do que fez, logo que possível.

2.ª – *O exercício conjunto for contrário aos interesses do menor*. Qualquer dos progenitores pode alegar que o exercício das responsabilidades parentais pelos dois pais está a gerar situações de desconformidade com os interesses do filho. Nestes casos, o tribunal – depois de ouvir o filho (art.º 1901.º, n.º 3) – decide que tal exercício seja efectuado apenas por um dos pais.

II – ACTOS DA VIDA CORRENTE

Nos n.ºs 3 e 4 do preceito regula-se o modo como devem ser geridos os actos da vida corrente da criança ou do jovem.

Enquanto no primeiro número se define a forma como é exercido, no n.º 4 prevê-se a possibilidade de delegação de poderes.

Assim, nesta matéria, estabelece-se a **regra** de que tal exercício *É INDIVIDUAL* – cabe ao progenitor com quem o menor reside.

Admite-se, contudo, a situação de **excepção** – *regime de visitas*.

De facto, no decurso do direito de visitas ou noutra circunstância excepcional em que o menor, temporariamente, resida com o outro progenitor, cabe a este a pratica dos actos da vida corrente do seu filho.

Porém, nestes casos, o seu exercício está limitado aos actos que, sendo de gestão corrente, não contrariem as orientações educativas mais relevantes definidas pelo outro.

Ao contrário dos actos de particular importância, em que o exercício é pessoal (com a excepção da regra contida no art.º 1903.º, "in fine"), relativamente aos actos da vida corrente o progenitor pode exercê-los por si ou delegar o seu exercício.

Cremos que só se compreenderá uma situação de delegação do exercício deste tipo de actos em caso de impossibilidade ou falta de condições do outro progenitor para a execução dos mesmos.

III – O DIREITO À RESIDÊNCIA – O DIREITO DE VISITAS

Com esta nova terminologia – a residência do filho é eliminado um conceito muito discutido na doutrina e na jurisprudência portuguesa: a GUARDA.

Agora, deve ser *fixada a residência* do filho.

Ou seja, em detrimento da necessidade de fixar qual dos progenitores assumiria a guarda do filho assume-se, actualmente, um conceito mais próprio dos sujeitos de pleno direito, a saber: a residência. Esta será, por regra, a mesma do progenitor que passará a assumir a gestão dos actos da vida corrente com quem a criança passará a residir, local que passará a assumir-se como o centro da sua vida. Será o local ao qual se reportarão todos os seus interesses pessoais, quer de carácter social, quer lúdico.

Com esta nova solução, cremos que se caminhou para a inviabilização da fixação dos, até aqui, chamados regimes de guarda conjunta. Na realidade, com esta solução e porque se pretende – para todos os efeitos jurídicos associar a residência da criança ao conceito jurídico de residência fixado no C. Civil não será curial permitir que criança tenha duas residências.

No pressuposto da existência de falta de acordo e perante a questão suscitada ao tribunal nos termos dos art.º 174.º e segs da O.T.M., ao fixar a residência e o regime de visitas o tribunal decidirá:

– De acordo com **o interesse da criança** ou do jovem;

– Tendo em atenção o, eventual, **acordo dos pais**; ou

– Na falta deste, a **disponibilidade manifestada por cada um para garantir** e permitir o maior contacto possível com o outro.

V – O DIREITO À INFORMAÇÃO DO PROGENITOR COM QUEM O FILHO NÃO RESIDE

Ao progenitor que não exerça as responsabilidades parentais é garantido *o direito à informação sobre o seu exercício pelo outro*, particularmente sobre as questões relacionadas com a educação e as condições de vida do menor.

Cremos que deverá aplicar-se esta regra (e por maioria de razão) mesmo nos casos em que é o tribunal a determinar o exercício único das responsabilidades parentais nos termos do n.º 2 do art.º 1906.º.

Termina o direito de vigiar (e controlar), de forma explícita, o exercício das responsabilidades parentais.

Contudo, o direito à informação garante igualmente o acesso ao tribunal para solicitar a alteração do regime.

VI – INTERESSE DO MENOR

Nesta matéria cremos não ter havido qualquer alteração.

As exigências legislativas relativamente ao que deve estar subjacente a qualquer medida que afecte a criança ou o jovem mantêm-se intocáveis.

ARTIGO 1907.º

Exercício das responsabilidades parentais quando o filho é confiado a terceira pessoa

1. Por acordo ou decisão judicial, ou quando se verifique alguma das circunstâncias previstas no artigo 1918.º, o filho pode ser confiado à guarda de terceira pessoa.

2. Quando o filho seja confiado a terceira pessoa, cabem a esta os poderes e deveres dos pais que forem exigidos pelo adequado desempenho das suas funções.

3. O tribunal decide em que termos são exercidas as responsabilidades parentais na parte não prejudicada pelo disposto no número anterior.

Redacção da Lei n.º 61/2008, de 31 de Outubro.

Anterior redacção:

ARTIGO 1907.º

**Exercício do poder paternal quando o filho é confiado a terceira pessoa
ou a estabelecimento de educação ou assistência**

1. Quando o filho seja confiado a terceira pessoa ou a estabelecimento de educação ou assistência, cabem a estes os poderes e deveres dos pais que forem exigidos pelo adequado desempenho das suas funções.

GUIA DE PROCEDIMENTOS DO PROCESSO DE PROMOÇÃO E PROTECÇÃO

2. O tribunal decidirá a qual dos progenitores compete o exercício do poder paternal na parte não prejudicada pelo disposto no número anterior.

Redacção do Dec.-Lei 496/77, de 25-11.

NOTAS:

Nova epígrafe.

Regula-se o exercício das responsabilidades parentais quando o filho é confiado a terceira pessoa.

A previsão legal dos actuais n.º 2 e 3 é igual ao texto dos anteriores n.ºs 1 e 2, respectivamente.

Introduziu-se o texto do actual n.º 1 que estabelece – taxativamente as várias modalidades admissíveis de entrega a terceiro (ale da já contida no art.º 1918.º).

Acrescenta-se, agora, a possibilidade dessa entrega ser feita:

– Por acordo;

– Por decisão judicial (independentemente de se verificarem as circunstâncias do art.º 1918.º); ou

– Quando se verifiquem, objectivamente, as causas expressa no art.º 1918.º.

ARTIGO 1908.º

Sobrevivência do progenitor a quem o filho não foi confiado

Quando se verifique alguma das circunstâncias previstas no artigo 1918.º, pode o tribunal, ao regular o exercício das responsabilidades parentais, decidir que, se falecer o progenitor a quem o menor for entregue, a guarda não passe para o sobrevivo; o tribunal designará nesse caso a pessoa a quem, provisoriamente, o menor será confiado.

Redacção da Lei n.º 61/2008, de 31 de Outubro.

Anterior redacção:

ARTIGO 1908.º

Sobrevivência do progenitor a quem o filho não foi confiado

Quando se verifique alguma das circunstâncias previstas no artigo 1918.º, pode o tribunal, ao regular o exercício do poder paternal, decidir que, se falecer o progenitor a quem o menor for entregue, a guarda não passe para o sobrevivo; o tribunal designará então a pessoa a quem, provisoriamente, o menor será confiado.

Redacção do Dec.-Lei 496/77, de 25-11.

NOTA:

Idêntica previsão.

ARTIGO 1909.º
Separação de facto

As disposições dos artigos 1905.º a 1908.º são aplicáveis aos cônjuges separados de facto.

Redacção da Lei n.º 61/2008, de 31 de Outubro.

NOTA:
Idêntica previsão.

ARTIGO 1910.º
Filiação estabelecida apenas quanto a um dos progenitores

Se a filiação de menor nascido fora do casamento se encontrar estabelecida apenas quanto a um dos progenitores, a este pertence o exercício das responsabilidades parentais.

Redacção da Lei n.º 61/2008, de 31 de Outubro.

Anterior redacção:

ARTIGO 1910.º
Filiação estabelecida apenas quanto a um dos progenitores

Se a filiação de menor nascido fora do casamento se encontrar estabelecida apenas quanto a um dos progenitores, a este pertence o poder paternal.

NOTA:
Idêntica previsão.

ARTIGO 1911.º
Filiação estabelecida quanto a ambos os progenitores que vivem em condições análogas às dos cônjuges

1 – Quando a filiação se encontre estabelecida relativamente a ambos os progenitores e estes vivam em condições análogas às dos cônjuges, aplica -se ao exercício das responsabilidades parentais o disposto nos artigos 1901.º a 1904.º.

2 – No caso de cessação da convivência entre os progenitores, são aplicáveis as disposições dos artigos 1905.º a 1908.º.

Redacção da Lei n.º 61/2008, de 31 de Outubro.

Anterior redacção:

ARTIGO 1911.º

**Filiação estabelecida quanto a ambos os progenitores
não unidos pelo matrimónio**

1. Quando a filiação se encontre estabelecida relativamente a ambos os pais e estes não tenham contraído o matrimónio após o nascimento do menor, o exercício do poder paternal pertence ao progenitor que tiver a guarda do filho.

2. Para os efeitos do número anterior presume-se que a mãe tem a guarda do filho; esta presunção só é ilidível judicialmente.

3. Se os progenitores conviverem maritalmente, o exercício do poder paternal pertence a ambos quando declarem, perante o funcionário do registo civil, ser essa a sua vontade; é aplicável, neste caso, com as necessárias adaptações, o disposto nos artigos 1901.º a 1904.º.

NOTAS:

Nova epígrafe.

Regula as situações em que os progenitores da criança ou do jovem vivam em união de facto.

O actual n.º 1 corresponde, em grande parte, ao texto do anterior n.º 3 do preceito. Pretende-se, com este preceito, fazer a uniformização do regime das responsabilidades parentais dos filhos sempre que os seus progenitores vivam em circunstâncias análogas às dos conjuges:

– Seja porque existe o vinculo do matrimónio – art.º 1901.º a 1904.º;

– Seja porque, formalmente, tal vinculo não foi constituído mas os pais rejem a sua vida da mesma forma – art.º 1901.º a 1904.º, por remissão do art.º 1911.º.

E esta globalização do regime estende-se às situações em que cessa a convivência dos progenitores da criança ou do jovem – cfr. n.º 2.

O novo dispositivo fez terminar a presunção estabelecida no n.º 1, *in fine*, e 2. Aparentemente, poderá tratar-se de uma perda de direitos do progenitor que, após o nascimento da criança, detém a guarda.

De facto, este progenitor guardião vê desaparecer a sua posição confortável de detentor do exercício do poder paternal. Contudo, de acordo com a nova filosofia do sistema – o exercício conjunto das responsabilidades parentais – tal presunção não faria sentido.

A situação factual protegida pela presunção está agora abrangida pela previsão do artigo seguinte. Caberá ao progenitor nessa situação, logo após o nascimento, diligenciar pela regulação do exercício das responsabilidades parentais.

NOVO REGIME DO EXERCÍCIO DAS RESPONSABILIDADES PARENTAIS

ARTIGO 1912.º
Filiação estabelecida quanto a ambos os progenitoresque não vivem em condições análogas às dos cônjuges

1. Quando a filiação se encontre estabelecida relativamente a ambos os progenitores e estes não vivam em condições análogas às dos cônjuges, aplica -se ao exercício das responsabilidades parentais o disposto nos artigos 1904.º a 1908.º.

2. No âmbito do exercício em comum das responsabilidades parentais, aplicam-se as disposições dos artigos 1901.º e 1903.º.

Redacção da Lei n.º 61/2008, de 31 de Outubro.

Anterior redacção:

ARTIGO 1912.º
Regulação do exercício do poder paternal

É aplicável ao caso previsto no artigo anterior, com as necessárias adaptações, o disposto nos artigos 1904.º a 1907.º.

NOTAS:

Nova epígrafe.

Regula as situações em que os progenitores da criança ou do jovem **NÃO** vivam em união de facto.

Pretende-se, com este preceito, fazer a uniformização do regime das responsabilidades parentais dos filhos sempre que os seus progenitores não vivam em circunstâncias análogas às dos cônjuges:

– Seja porque nunca existiu o vinculo do matrimónio entre ambos e terminou a co-habitação – art.º 1904.º a 1908.º (por remissão do art.º 1912.º);

– Seja porque, formalmente, tal vinculo de matrimónio já foi dissolvido – art.º 1904.º a 1908.º

MODELOS DE PEÇAS PROCESSUAIS

1. REQUERIMENTO PARA ABERTURA DE PROCESSO JUDICIAL

Exmo Senhor
Juiz de Direito
do Tribunal Judicial da Comarca
de ...

O Ministério Público junto deste Tribunal,

De acordo com o disposto no n.º 1 do art.º 105.º e da alínea b) do art.º 11.º, ambos da Lei n.º 147/99, de 1 de Setembro, (Lei de Protecção de crianças e Jovens em Perigo) na defesa dos interesses da menor, L ..., nascida em .../.../... e residente, actualmente, na Rua ..., vem requerer,

Processo Judicial de Promoção e Protecção

Porquanto,

1.º

A criança é filha de C ..., falecido a .../.../..., e de F ... (cfr. doc. 1).

2.º

De Junho a Outubro de 2000 a L ... viveu em casa de seu avô materno, sita em ..., juntamente com a mãe e um irmão.

3.º

Em Outubro de 2000 a criança foi abandonada pela mãe que saiu de casa e não mais regressou, sendo desconhecido o seu actual paradeiro.

4.º

Pelo que, a partir daquela data, a L ... passou a estar entregue aos cuidados do avô e sem meios de subsistência.

5.º

O avô materno não dispõe de condições económicas para prover à satisfação das necessidades da L ... e manifestou, desde sempre, não estar disposto a participar no seu projecto de vida.

6.º

Em Novembro de 2000, a mesma foi acolhida pela respectiva tia materna, G ..., residente na Rua ... e, desde então, tem sido esta que tem provido ao sustento e zelado pelos seus interesses da criança.

7.º

Todavia, face à personalidade da L ... – que se recusa a obedecer às ordens e instruções da tia – e à situação financeira desta última – que tem um filho menor e o sustento de todo o agregado é assegurado unicamente pelo seu marido – não tem a mesma condições para assegurar um projecto de vida para a criança.

8.º

Está disposta, no entanto, a continuar a apoiar a criança até ser decidida a sua situação.

9.º

A tia da menor não está de acordo com a proposta de solução negociada feita pela CPCJ de acolhimento institucional e retirou o consentimento.

Requer, assim, a V. Ex.ª

Se digne ordenar a abertura do competente *Processo Judicial de Promoção e Protecção* para garantir o bem estar e desenvolvimento integral da criança, nos termos das disposições conjugadas dos arts. 1.º, 11.º, al. b), 105.º da Lei n.º 147/99, de 1 de Setembro, (Lei de Protecção de crianças e Jovens em Perigo).

Declarada aberta a instrução, se dê cumprimento ao disposto no art. 107º e segs. da Lei n.º 147/99, de 1 de Setembro, (Lei de Protecção de crianças e Jovens em Perigo).

Valor: € 30.000,01

O Magistrado do Ministério Público,

...

MODELOS DE PEÇAS PROCESSUAIS

2. REQUERIMENTO PARA ABERTURA DE PROCESSO DE PROMOÇÃO E PROTECÇÃO, URGENTE

Exmo Senhor
Juiz de Direito
do Tribunal Judicial da Comarca
de ...

O Ministério Público junto deste Tribunal,
De acordo com o disposto nos art.º 91.º e 92.º, ambos da Lei n.º 147/99, de 1 de Setembro, (Lei de Protecção de crianças e Jovens em Perigo) na defesa dos interesses da criança, H ..., residente na Rua ..., em ..., nascido em 10/12/1991,

Vem requerer,

A instauração de Processo Judicial de Promoção e Protecção, e a aplicação, a *titulo provisório e com urgência*, da medida de acolhimento institucional,
Porquanto, A.
Considerando a factualidade constante do expediente junto, a tutora do H ..., M ..., não reúne condições para assegurar a aguarda daquele.
De facto, nos últimos tempos a criança tem vindo a assumir comportamentos agressivos para com a tutora e a irmã desta, pessoas fisicamente debilitadas por motivos de saúde.
A isto acresce o facto de o M ..., quase diariamente, desrespeita as mais elementares regras de convivência, ausentando-se de casa à qual apenas regressa muitas horas depois.
No dia de hoje, o menor e a sua tutora, encontram-se nas instalações da Procuradoria da República deste tribunal, local onde a tutora pretende deixar o M ... por não ter condições para o manter na sua casa.

Assim,

B. Requer, assim, a V. Ex.ª

Se digne ordenar a abertura do competente *Processo Judicial de Promoção e Protecção* – URGENTE – para garantir o bem estar e desenvolvimento integral da criança, nos termos do art.º 92.º da Lei n.º 147/99, de 1 de Setembro (Lei de Protecção de crianças e Jovens em Perigo).

e

Seja decidida a colocação do M ... em instituição para a qual existe vaga para acolhimento do menor no "Centro ...".

Valor: € 30.000,01

O Magistrado do Ministério Público,

...

■

3. REGULAÇÃO DO EXERCÍCIO DAS RESPONSABILIDADES PARENTAIS

Exmo Senhor
Juiz de Direito
do Tribunal Judicial da Comarca
de ...

O Magistrado do Ministério Público nesta comarca, em representação da criança, F ..., residente no lugar d ..., vem propor Acção de Regulação das Responsabilidades Parentais, nos termos do disposto nos art.^{os} 146.º, als. d) e e) e 174.º e segs da O.T.M., em que:
– J ..., residente no lugar de ...;
– A ..., residente no lugar de ...;

com os fundamentos seguintes:

1.º

Os requeridos, que são casados entre si desde .../.../..., são pais da criança, F ..., nascida em ... a.../.../...,

2.º

E estão separados de facto há cerca de seis anos,

3.º

A criança vive com a sua progenitora.

4.º

Os progenitores da criança não estão de acordo quanto ao exercício das responsabilidades desta,

MODELOS DE PEÇAS PROCESSUAIS

5.º

Razão pela qual deve ser regulado o exercício das responsabilidades parentais, segundo circunstâncias a averiguar, fixando-se a residência da criança, qual o regime de contactos entre esta e o progenitor não guardião e qual o montante de alimentos que este dve prestar e as condições em que o deve fazer.

Pelo exposto, requere-se a Vª Exª que, D. e A., se digne mandar citar os requeridos para a conferência a que se refere o artº 175º da L.T.M., seguindo-se os demais trâmites legais até final.

Valor: € 30.000,01
Junta: uma certidão do assento de nascimento da criança.

O requerente,
...

■

4. ACÇÃO TUTELAR COMUM, POR APENSO AO PROCESSO DE PROMOÇÃO E PROTECÇÃO

Exmo Senhor
Juiz do Tribunal Judicial
de ...

O Magistrado do Ministério Público junto deste Tribunal, ao abrigo do disposto nos artigos 146.º al. a), 155.º e 210.º e ss, todos da OTM e 1918.º e 1919.º do Código Civil

Vem requerer,

por **apenso** ao processo n.º 6063/03.0TB ... do ....º juízo cível

Acção Tutelar Comum

Em que são requeridos,
R ..., e
K ...,

Identificados no processo acima referenciado, Nos termos e fundamentos seguintes:

1.º

Os requeridos são pais da criança, C ..., nascida a .../.../..., em ... e residente na Rua de ...

2.º

Desde 1 de Fevereiro de 2005 que a C ... se encontra aos cuidados de uma família composta por, Maria ... e Luís ..., residentes na Rua de ...3.º

Os requeridos, fruto da manutenção da sua situação socio-económica (já conhecida no Processo acima referenciado) deixaram – há muito – de ter condições para cuidar devidamente da filha.

4.º

A C ... encontra-se totalmente enquadrada neste agregado familiar.

5.º

Que suporta todas as despesas de alimentação, saúde e educação desta, estando a menor bem inserida e bem tratada por estes.

6.º

Certo é que é necessário definir-se a situação legal em, que se encontra de facto a criança e com carácter de continuidade.

Neste termos
Requer a V.ª Ex.ª

Que D. e A. a presente acção e realizadas as diligências julgadas necessárias se defina legalmente a situação da criança C ..., de harmonia com o artigo 1918.º e 1919.º do Código Civil, designadamente:

a) Confiando-se a criança à guarda e cuidados de Maria ... e Luís ..., id. art. 2.º;

b) Estabelecendo-se um adequado regime de visitas aos progenitores e fixando-se o exercício das responsabilidades parentais nestes que não se mostre incompatível com aquele regime;

c) Fixando-se o valor de € ...,00 a título de alimentos com que cada um dos requeridos deve contribuir.

Valor: € 30.000,01
Junta: duplicados.

O Magistrado do Ministério Público,
...

MODELOS DE PEÇAS PROCESSUAIS

5. ENTREGA JUDICIAL DE MENOR

Proc. n.º .../...

Exmo Senhor
Juiz de Direito
no Tribunal Judicial
de...

O Magistrado do Ministério Público nesta comarca ...ao abrigo do disposto nos art.^{os} 146.º, al. f) e191.º da OTM e art.º 1887.º do Código Civil,
Por apenso ao processo de Regulação das responsabilidades Parentais em epigrafe,
Vem requerer, a **Entrega Judicial de Menor**
contra:
José ..., porquanto:

1.º
Por decisão homologatória de .../.../..., já transitada em julgado, foi fixado que o menor Luís ... ficava entregue à guarda da sua progenitora, sendo o exercício das responsabilidades parentais exercido por ambos os progenitores.

2.º
Fixou-se, ainda, que o requerido teria direito a ter consigo o menor, ao Domingo, das 15.30horas às 19 horas e quinzenalmente.

Contudo,

3.º
No Domingo, dia 17 de Abril de 1994, o pai do menor, no exercício do direito de visita, foi buscar a criança, mas, em vez de voltar a entregá-la à mãe, foi viver para ..., local onde fixou residência desde então.

4.º
Até à data mantém-se a recusa de entrega voluntária da criança por parte do requerido.

5.º
Existindo o perigo de o progenitor do L ... voltar a fugir com ele.

GUIA DE PROCEDIMENTOS DO PROCESSO DE PROMOÇÃO E PROTECÇÃO

Nestes termos, requere-se de V.ª Ex.ª que:
– Se digne ordenar a entrega, imediata, da criança Luís ..., à sua mãe.
– Para tanto, A. Por apenso ao processo já referenciado, deve o requerido ser citado para alegar, seguindo-se os demais trâmites

Valor: € 30.000,01
Junta: legais duplicados.

O Magistrado do Ministério Público,

...

■

6. INIBIÇÃO DO EXERCÍCIO DAS RESPONSABILIDADES PARENTAIS

Exmo Senhor
Juiz do Tribunal Judicial
de...

O Magistrado do Ministério Público junto deste Tribunal, ao abrigo do disposto nos artigos 146.º al. i), 155.º, n.º 1 e 194.º e ss, todos da OTM e 1915.º do Código Civil

Vem requerer,

Acção de Inibição do Exercício das responsabilidades parentais

Contra
R ..., residente na R. ..., e C ..., com última residência conhecida na R. ..., e actualmente em parte incerta de Inglaterra.

Nos termos e fundamentos seguintes:

1.º
Os requeridos são pais da criança V ..., nascido a.../.../..., em ..., e residente na Rua ... cfr. Doc. 1.

MODELOS DE PEÇAS PROCESSUAIS

2.º

Desde 20 de Maio de 2003 que, no âmbito do processo de regulação do exercício das resp. parentais que com o n.º 00/2002, correu termos no tribunal Judicial de ..., a guarda da criança foi entregue à requerida e fixado um regime de visitas ao requerido, bem assim determinado o montante a titulo de alimentos com que este deveria contribuir – cfr. Doc. 2.

3.º

Contudo, desde sempre que o V ... se encontra aos cuidados da sua avó (materna), Maria ..., residente na Rua ....

4.º

De facto, e pese embora a fixação daquele regime, desde há muito que os requeridos se afastaram do processo educativo do V ....

5.º

O progenitor mantém a sua residência em ..., não mantendo qualquer contacto com a criança.

6.º

Por outro lado, já há algum tempo que a progenitora se encontra a residir em Inglaterra, não tendo procurador qualquer ligação com o V ....

7.º

A avó do V ... e o seu agregado familiar suportam todas as despesas de alimentação, saúde e educação deste, estando a criança bem inserido e bem tratado por estes.

8.º

Certo é que é necessário definir-se a situação legal em, que se encontra, de facto, o V ... e com carácter de continuidade.

9.º

Uma vez que os progenitores do V ..., intencionalmente, abdicaram do processo educativo do menor, em todos os seus aspectos, devem ser inibidos do exercício das responsabilidades parentais,

10.º

O qual deverá ser entregue à sua avó, Maria ....

11.º

Fixando-se, ainda assim, um quantitativo a titulo da alimentos que cada um dos requeridos deverá assumir.

Neste termos

Requer a V.ª Ex.ª

Que D. e A. a presente acção se digne ordenar a citação dos RR. e defina legalmente a situação do V ..., desigandamente:

a) Confiando-se o V ... à guarda e cuidados da avó, id. art. 3.º;
b) Estabelecendo-se um valor a titulo da alimentos com que os RR. devem contribuir, nunca inferior a € 100,00 cada.

Valor: € 30.000,01
Junta: 2 documentos e duplicados.

O Magistrado do Ministério Público,
...

■

7. REQUERIMENTO DE TUTELA (OS PAIS FALECERAM)

Exmo Senhor
Juiz de Direito
do Tribunal Judicial da Comarca
de...

O Magistrado do Ministério Público junto desta comarca vem, nos termos das disposições conjugadas dos arts. 3.º do Estatuto do Ministério Público, 146.º, alínea a), 155.º e 210.º da Organização Tutelar de Menores, aprovada pelo Decreto-Lei n.º 314/78, de 27.10 e 1921.º n.º 1, alínea a), 1923.º n.º 1, 1927.º, 1931.º e 1952.º do Código Civil, requerer a **Instauração de Tutela** à menor, C ..., residente na Rua de ..., nos termos e com os fundamentos seguintes:

1.º
A menor nasceu a.../.../..., na freguesia de ..., e é filha de Maria ... e de José ... (cfr. doc. nº 1 certidão de nascimento).

2.º
Os progenitores da C ... faleceram a.../.../... e .../.../..., respectivamente (cfr. doc. n.ºs 2 e 3).

MODELOS DE PEÇAS PROCESSUAIS

3.º

Por decisão de 05.03.02, da C.P.C.J., a menor C ... foi convocada para se proceder a uma avaliação psicológica, tendo sido elaborado pela Dr.ª L ... o respectivo relatório, em cujas conclusões esta recomendou, no sentido de promover os aspectos cognitivos e emocionais da personalidade da menor, o seu acompanhamento em psicoterapia com indicação para sessões semanais, consultas que a C ... frequentou até ao passado dia 12 Fevereiro de 2 ..., altura em que declarou não querer continuar. (cfr. Doc. n.ºs 4, 5, 6)

4.º

Por decisão datada de.../.../..., a C.P.C.J. deliberou confiar provisoriamente a guarda da menor C ... aos cuidados de Teresa ..., com quem a menor coabita há cerca de 3 anos, residente na Rua ... (cfr. Doc. n.º 7).

5.º

Com efeito, a C ... e a sua mãe viviam desde o ano de 2000, na casa da referida Teresa ..., que já anteriormente vinha acompanhando e prestando assistência à menor pelo facto de a mãe desta dedicar muito tempo na exploração de um café de onde retirava rendimentos para a subsistência de ambas.

6.º

Na verdade, a menor C ... desde essa altura passava grande parte do dia em casa da referida Teresa ..., que providenciava pela sua alimentação, vestuário e acompanhamento escolar, contribuindo a mãe, até falecer, com ajuda económica para fazer face às despesas.

7.º

Entre a C ... e a referida Teresa ... existe uma relação de confiança e proximidade, sentindo-se a menor integrada e acarinhada no seio da família desta, constituída pelo seu marido F ... e uma filha menor V ...

8.º

A família da Teresa ... apresenta capacidade afectiva, educativa, psicológica, habitacional e económica para proporcionar à C ...um são desenvolvimento.

9.º

A C ... frequenta o 8º ano de escolaridade e mantém um bom relacionamento com os amigos e os professores.

10.º

E manifesta vontade de se manter aos cuidados da referida Teresa ...

11.º

Por outro lado, a única família que resta à menor são dois tios maternos, que esta conhece por "Zé" e "Tiago" e em relação aos quais recusa uma aproximação, referindo que sempre prejudicaram a sua mãe. Aliás, já não convivia com eles desde que tinha vindo residir com a sua mãe para esta cidade, desde o ano de 2000.

12.º

Torna-se, pois, necessária a regulação judicial da presente situação da menor, devendo ser-lhe nomeada pessoa que legalmente a represente e zele pelos seus interesses.

13.º

Tem sido a referida Teresa quem, efectivamente, tem zelado pela menor, a quem trata como filha, proporcionando-lhe toda a atenção, cuidados e carinho e dedicando-se-lhe plenamente em ordem a alcançar o seu adequado e harmonioso crescimento físico e psicológico.

14.º

Assim, é a Teresa, em continuação do apoio material e dedicadamente afectivo que lhe vem manifestando a pessoa mais indicada para lhe ser nomeada tutora, não lhe sendo oponíveis quaisquer restrições legais.

15.º

Para integrar o Conselho de Família indicam-se:

– F ..., casado, marido da indicada tutora e com quem a menor reside (como pré-tutor);

– J ..., casado, tio materno da menor, residente na Rua ...

Nestes termos, requer-se a V. Exª que D. e A., se digne nomear vogais do Conselho de Família as pessoas mencionadas em 15.º e, ouvidas estas e a menor, nos termos do artigo 1931º do Código Civil e, não havendo razões ponderosas em contrário, seja **nomeada tutora** à menor:

Teresa ..., casada, residente na Rua ...

Valor: € 30.000,01

Junta: 6 documentos e duplicados legais.

O Magistrado do Ministério Público,

...

MODELOS DE PEÇAS PROCESSUAIS

8. CONFIANÇA JUDICIAL

Exmo Senhor
Juiz de Direito
do Tribunal Judicial da Comarca
de...

O Magistrado do Ministério Público, nesta comarca,
Nos termos do disposto nos art.os 1978.º. n.º 1, al. c) e d) e n.º 3 do Código
Civil e 166.º da O.T.M.

Vem requerer a

Confiança Judicial da

Rita ..., residente no "Centro de Acolhimento ...", na Rua ..., nos termos e pelos
fundamentos seguintes:

1.º

No dia.../.../..., na freguesia e concelho da ..., nasceu a menor, Rita ...

2.º

Que é filha de Maria ..., casada e com última residência conhecida na Rua ...
e de Adelino ... (cfr. doc. 1 e 2).

3.º

Conforme consta de vários relatórios socias elaborados, a vida da mãe da menor
é absolutamente errante, dedicando-se á prostituição e ao consumo de produtos
de tipo estupefaciente, jamais tendo manifestado qualquer sentimento maternal
por aquela sua filha (cfr. doc. 4)

4.º

A Maria ... abandonou a filha no Hospital ..., aquando do seu nascimento, tendo
esta ficado internada por *síndrome de abstinência* (cfr. doc. 4).

5.º

Por outro lado, o pai da menor encontra-se detido no Estabelecimento pri-
sional de ....

GUIA DE PROCEDIMENTOS DO PROCESSO DE PROMOÇÃO E PROTECÇÃO

6.º

Inclusivamente, os pais da menor jamais se interessaram pelo registo do seu nascimento na Conservatória de Registo Civil respectiva, para cumprimento desta obrigação legal.

7.º

Tendo, por isso, corrido termos no ....º juízo do Tribunal Judicial d ..., com o n.º .../97, a Acção Especial de Suprimento de Registo (cfr. doc. 3).

8.º

Os respectivos familiares dos progenitores não querem proporcionar à menor os cuidados que a uma criança daquela idade são devidos, por manifesto desinteresse.

9.º

Chegando mesmo, a menor, a ser rejeitada pelos familiares da mãe.

10.º

Na sequência de intervenção, e posterior decisão, da C.P.M. d ... veio a menor a ser colocado na Instituição "...",

11.º

Que é uma I.P.S.S., que a acolhe, onde tem permanecido desde .../.../... e até ao presente (cfr. fls. 4).

12.º

A sua mãe e restantes familiares jamais a visitaram nesta instituição, manifestando assim um absoluto desinteresse por ela (cfr. fls. 4 e 5).

13.º

Consequentemente, a menor não tem quaisquer laços afectivos com estes ou outros familiares (cfr. fls. 4 e 5).

14.º

Não têm estes um projecto de vida para a menor e são portadores de comportamentos socialmente desajustados (cfr. fls. 4 e 5).

15.º

A menor tem tido um desenvolvimento próprio para uma criança da sua idade, uma vez que se integrou bem naquela instituição de acolhimento (cfr. fls. 4 e 5).

MODELOS DE PEÇAS PROCESSUAIS

16.º

De momento não é ainda conhecido qualquer casal candidato á adopção do menor.

17.º

Com vista á sua futura adpoção pode a menor ser confiado a uma "instituição", nos termos do disposto no art.º 1978.º do Código Civil, que poderá ser o próprio centro de acolhimento, uma vez que nos termos do seu estatuto tem essa função.

18.º

Por outro lado, haverá interesse em tal confiança uma vez que só assim se pode preservar melhor o segredo de identidade dos adoptantes, no termos do disposto no art.º. 1985.º. do Código Civil.

Nestes termos,

Requer-se a V.ª Ex.ª se digne **Confiar Judicialmente** a menor, Rita ..., à instituição ..., com vista a ser futuramente adoptado por casal ou pessoa singular a ser indicado por esta instituição.

Mais se requer a V.ª Ex.ª se digne dar cumprimento ao disposto no art.º 166.º, n.ᵒˢ 1 e 3 da O.T.M., ordenando a citação dos seus pais e a audição do C.R.S.S. Norte.

Prova:
– Documental: Junta-se 5(cinco) documentos.

– Testemunhal:
1) Dr.ª ... e
2) Dr.ª ...

O Magistrado do Ministério Público,

...

9. CONSENTIMENTO PRÉVIO PARA ADOPÇÃO

Exmo Senhor
Juiz de Direito
do Tribunal Judicial da Comarca
de...

O Magistrado do Ministério Público, nesta comarca, Nos termos do disposto nos art.^{os} 162.º da O.T.M.

Vem requerer a

Prestação de Consentimento prévio para adopção da criança: Rui ..., residente na Rua da ...

Com os fundamentos seguintes:

1. O Rui ... nasceu a.../.../... (doc. 1);
2. A paternidade da criança está inscrita no assento de nascimento a favor de Jacinto ..., embora este nunca a tenha sido exercida de facto.
3. Por tal facto o requerido está disposto a dar o consentimento prévio para a adopção do Rui.

Nestes termos, requer-se a V. Exa. se digne designar data para que o progenitor da criança, residente na Rua da C ..., preste o consentimento prévio para a adopção.

Junta três documentos

O Magistrado do Ministério Público,

...

ANEXO

CENTROS DE ACOLHIMENTO TEMPORÁRIO

Sub-região	Concelho	Cat	Telef.	Faixa Etária
Braga	Braga	Centro Social Padre David Oliveira Martins. Centro de Emergência Infantil Ruilhe – 4700 Braga	253951175	
Braga	Celorico de Basto	Centro social Paroquial Divino Salvador. Lugar da Igreja – 4700 Celorico de Basto	253855200	3 meses – 16 anos
Braga	V. N. Famalicão	Associação Teatro Construção "Joaninha". "O Berço" Joane – 4760 V. N. Famalicão	252922175	0-18
Braga	V. N. Famalicão	Centro Social e Cultural S. Pedro de Bairro Bairro – 4760 V. N. Famalicão	252900730	0-12
Braga	V. N. Famalicão	Centro Social e Cultural de Lousado. "Novos Rumos" Lousado – 4760 V. N. Famalicão	252317937	0-6
Bragança	Bragança	Centro Social da obra Kolping. CAT – Crianças e Jovens em Risco Bairro dos Formarigos, Av. das Cantarias – 5300 Bragança	2273312038	0-16
Porto	Matosinhos	A Casa do Caminho R. Padre António Porto, 101-105, Sr.ª Hora, Matosinhos	229578270	0-3
Porto	Penafiel	Associação "A Terra dos Homens" Rua da Vaseira – 4600 Penafiel	255433957	0 12

GUIA DE PROCEDIMENTOS DO PROCESSO DE PROMOÇÃO E PROTECÇÃO

Sub-região	Concelho	Cat	Telef.	Faixa Etária
Porto	Porto	Ass. Port. Para os Direitos dos Menores e da Família. "Casa de Cedofeita" R. do Instituto D. Manuel, 22 4050 Porto	226096960	0-10
Porto	Porto	Obra N.ª S.ª das Candeias R. António Cândido, 78 Porto	225500987	0-6
Porto	Santo Tirso	Ass. Solidariedade e Acção Social de Santo Tirso – ASAS R. Carneiro Pacheco, 60 4780 Santo Tirso	252830830	0-10
Porto	V. N. Gaia	St.ª Casa da Misericórdia de Gaia Arcozelo R. Teixeira Lopes, 33 – V. N. Gaia	223751099	
Porto	Valongo	Centro de Acolhimento Temporário	224225169	
Viana do Castelo	Viana do Castelo	Centro Social e Paroquial N.ª S.ª de Fátima "O Berço" Rua Campos Monteiro, Lt. 15 4900 Viana do Castelo	258821510	0-12
Vila Real	Mesão Frio	Centro Social e Paroquial Padre Augusto Machado Vila Marim		0-12
Aveiro	Aveiro	Caritas Diocesanas de Aveiro R. do Viso, 28, Esgueira 3800 – Aveiro	234314144	
Aveiro	S. Maria da Feira	Centro Social St.ª Cruz das Irmãs Passionistas R. Fortunato Menezes, 49 St.ª Maria da Feira	256837240	0-12
Aveiro	S. João da Madeira	St.ª Casa da Misericórdia S. João da Madeira R. Mauel Luís L. Júnior 3700 S. João da Madeira	256837240	
Aveiro	Vale de Cambra	St.ª Casa da Misericórdia Vale de Cambra S. Gonçalo Coelhosa, Castelões 3730 Vale de Cambra	258462220	

ANEXO

Sub-região	Concelho	Cat	Telef.	Faixa Etária
Castelo Branco	Castelo Branco	Obra de St.ª Zita Rua Conslheiro Albuquerque 6000 Castelo Branco	273342297	0-6
Coimbra	Coimbra	Centro de Acolhimento do Loreto	239497270	
Leiria	Caldas da Rainha	St.ª Casa da Misericórdia "Ser Solidário" Prç. 5 de Outubro, 17.º, 2.º 2500 Caldas da Rainha	262836299	0-12
Leiria	Pombal	Ass. Pais e Educadores para a Infância R. da Mãe D'Agua-Urb. António Joaquim Gonçalves, 3100 Pombal	236216394	0-12
Viseu	Viseu	St.ª Casa da Misericórdia de Viseu Largo Major Teles 3500 Viseu		
Lisboa	Lisboa	Centro de Apoio Social de Lisboa Rua do Açúcar, 64 1900 Lisboa	218681294	0-18
Lisboa	Lisboa	St.ª Casa da Misericórdia de Lisboa "St.ª Joana" R. S. João de Brito – 1700 Lisboa	218490173	0-6
Lisboa	Lisboa	"Ajuda de Berço" Av. Ceuta, 51, 1300-125 Lisboa	213628276	0-6
Loures	Loures	Ass. Port. Para os Direitos dos Menores e da Família. "Casa do Infantado" Prç. Infante D. Henrique, 1, R/C, Infantado Loures	219824265	0-12
Loures	V. Franca de Xira	CEBI Quinta de St.ª Maria, Estrada Nacional 10 2615 Alverca	219581556	
Santarém	Ferreira do Zêzere	Ass. Meljoramentos e Bem estar de Pias "Renascer Pé ante Pé" Frazoeira – 2240 Ferreira do Zêzere	249361448	0-12
Santarém	Santarém	St.ª Casa da Misericórdia "O 1.º Passo" Largo Cândido dos Reis, 2-A, Ap. 23 2001 Santarém		0-10

Sub-região	Concelho	Cat	Telef.	Faixa Etária
Santarém	Tomar	St.ª Casa da Misericórdia "Novo Rumo" R. Aquiles Mata Lima – 2300 Tomar	249323424	0-10
Santarém	Vila Nova D'Ourem	"Crescer e Brincar"	249550288	0-12
Setúbal	Alcácer do Sal	St.ª Casa da Misericórdia Residência D. Rui Salema Rua do Hospital Velho 7580 Alcácer do Sal	265622778	0-10
Setúbal	Almada	Centro Paroquial Bem estar Social da Cova da Piedade "Regaço Materno" R. Óscar Acúrcio – Qt.ª S. Simão, Laranjeiro	212725720	0-12
Setúbal	Barreiro	St.ª Casa da Misericórdia "Palhacinho" Prç. St.ª Cruz – Barreiro	212061007	0-12
Setúbal	Montijo	Centro Social S. Pedro Afonseiro "O Sol dos Pequeninos" R. João de Castro, 31, 1.º Afonseiro – Montijo	212321197	0-12
Setúbal	Palmela	Centro Social de Palmela "Porta Aberta" Estrada da Moita, 643 Palmela	212333470	6-14
Setúbal	Seixal	Cooperativa Pelo Sonho É Que Camos. "Janela Aberta" Vivenda Boavista – Farinheiras, Arrentela – Seixal	212272364	0-12
Setúbal	Setúbal	Caritas Diocesanas de Setúbal "N.ª S.ª do Amparo" Av. da Boavista, Lt. 8 C – 22 e 10 D – 22 Setúbal	265711002	0-10
Sintra	Cascais	Ass. Port. Para os Direitos dos Menores e da Família. "Casa da Encosta" R. S. Miguel das Encostas S. Domingos de Rana	214532700	0-12
Sintra	Oeiras	Ass. Port. Para os Direitos dos Menores e da Família "Casa do Parque" – Estrada de S. Marçal, 9 Outarela – Carnaxide	214177340	0-12
Sintra	Sintra	Centro Social Exercito de Salvação "Novo Mundo" Rua Desidério Gombomarc, 14 Sintra	219244239	3meses - 12

ANEXO

Sub-região	Concelho	Cat	Telef.	Faixa Etária
Beja	Beja			
Évora	Alandroal	Centro Social e Paroquial do Alandroal R. Teófilo Braga, 45 – Alandroal	268449101	0-6
Évora	Évora	Ass. Amigos Criança e Família "Chão dos Pequeninos" Av. Liberdade, 100 – Évora	266746511	0-12
Portalegre	Elvas	Comissão de Melhoramentos do Concelho de Elvas Sitio dos Cucus – Elvas	268628940	0-12
Faro	Faro	Refúgio Aboim Ascenção R. Manuel Ascenção, 9 8000 Faro	289822039	0-6
Faro	Loulé	Casa da 1.ª Infância de Loulé "Os Miúdos" Av. José da Costa Mealha, 66 Loulé	289417590	0-12
Faro	Portimão	CM e Centro de Apoio a Idosos "A Catraia" R. António Barbuda, 16 C 8500 Portimão	082484799	0-12
Faro	V. R. S. António	St.ª Casa da Misericórdia de "CA Vila Real de Santo António" R. Eça de Queiroz, 3 8900 V. R. S. António	281541841	0-12
Açores	Angra do Heroísmo	Instituto Açoreano de Apoio à Infância e Juventude Canada de Belém, 60 – Terra Chã Angra do Heroísmo	095217125	7 meses - 14
Açores	Ponta Delgada	Instituto de Acção Social Açores "O Caminho" R. da Mãe de Deus, 48 E Ponta Delgada	298653595	5-12
Madeira	Funchal	Centro de Acolhimento de S. Tiago "Centro Social de St.ª Maria Maio" Largo do Socorro, 1 Funchal	291241942	0-12

LEGISLAÇÃO

OTM – ORGANIZAÇÃO TUTELAR DE MENORES

DECRETO-LEI N.º 314/78, DE 27 DE OUTUBRO

REVOGADAS AS NORMAS CONTRÁRIAS À LEI 147/99, DE 1 DE SETEMBRO
(LEI DE PROTECÇÃO DE CRIANÇAS E JOVENS EM PERIGO-LEI Nº 147/99,
DE 1 DE SETEMBRO)

TÍTULO I *(Revogado pela Lei 166/99, de 14.09)*
Artigo 1.º a 70.º *(Revogado pela Lei 166/99, de 14.09)*
TÍTULO II *(Revogado pela Lei 166/99, de 14.09)*
Artigo 71.º a 145.º *(Revogado pela Lei 166/99, de 14.09)*

TÍTULO III
Dos processos tutelares cíveis

CAPÍTULO I
Disposições gerais

ARTIGO 146.º (*)
**Competência dos tribunais de família e menores
em matéria tutelar cível**

Compete aos tribunais de família e menores, em matéria tutelar cível:

a) Instaurar a tutela e a administração de bens;

b) Nomear pessoa que haja de celebrar negócios em nome do menor e, bem assim, nomear curador geral que represente extrajudicialmente o menor sujeito ao poder paternal;

GUIA DE PROCEDIMENTOS DO PROCESSO DE PROMOÇÃO E PROTECÇÃO

c) Constituir o vínculo da adopção e decidir da confiança judicial do menor com vista à adopção;

d) Regular o exercício do poder paternal e conhecer das questões a este respeitantes;

e) Fixar os alimentos devidos a menores;

f) Ordenar a entrega judicial do menor;

g) Autorizar o representante legal dos menores a praticar certos actos, confirmar os que tenham sido praticados sem autorização e providenciar acerca da aceitação de liberalidades;

h) Decidir acerca da caução que os pais devam prestar a favor dos filhos menores;

i) Decretar a inibição, total ou parcial, e estabelecer limitações ao exercício do poder paternal;

j) Proceder à averiguação oficiosa de maternidade ou de paternidade;

l) Decidir, em caso de desacordo dos pais, sobre o nome e apelidos do menor.

(*) *Redacção da Lei 133/99, de 28.08.*

ARTIGO 147.º (*)

**Competência acessória dos tribunais de família e menores
em matéria tutelar cível**

Compete ainda aos tribunais de família e menores:

a) Havendo tutela ou administração de bens, determinar a remuneração do tutor ou administrador, conhecer da escusa, exoneração ou remoção do tutor, administrador ou vogal do conselho de família, exigir e julgar as contas, autorizar a substituição da hipoteca legal e determinar o reforço e substituição da caução prestada e nomear curador especial que represente menor extrajudicialmente;

b) Nomear curador especial que represente o menor em qualquer processo tutelar;

c) Converter, revogar e rever a adopção, exigir e julgar as contas do adoptante e fixar o montante dos rendimentos destinados a alimentos do adoptado;

d) Decidir acerca do reforço e substituição da caução prestada a favor dos filhos menores;

e) Exigir e julgar as contas que os pais devam prestar;

f) Conhecer de quaisquer outros incidentes dos processos referidos no artigo anterior.

(*) *Redacção da Lei 133/99, de 28.08.*

LEGISLAÇÃO

ARTIGO 147.º-A (*)

Princípios orientadores

São aplicáveis aos processos tutelares cíveis os princípios orientadores da intervenção previstos na lei de protecção de crianças e jovens em perigo, com as devidas adaptações.

(*) (Aditado) Redacção da Lei 133/99, de 28.08.

LEI N.º 147/99, DE 1 DE SETEMBRO

ARTIGO 4.º

Princípios orientadores da intervenção

A intervenção para a promoção dos direitos e protecção da criança e do jovem em perigo obedece aos seguintes princípios:

- **Interesse superior da criança e do jovem** – a intervenção deve atender prioritariamente aos interesses e direitos da criança e do jovem, sem prejuízo da consideração que for devida a outros interesses legítimos no âmbito da pluralidade dos interesses presentes no caso concreto;
- **Privacidade** – a promoção dos direitos e protecção da criança e do jovem deve ser efectuada no respeito pela intimidade, direito à imagem e reserva da sua vida privada;
- **Intervenção precoce** – a intervenção deve ser efectuada logo que a situação de perigo seja conhecida;
- **Intervenção mínima** – a intervenção deve ser exercida exclusivamente pelas entidades e instituições cuja acção seja indispensável à efectiva pro-moção dos direitos e à protecção da criança e do jovem em perigo;
- **Proporcionalidade e actualidade** – a intervenção deve ser a necessária e a adequada à situação de perigo em que a criança ou o jovem se encontram no momento em que a decisão é tomada e só pode interferir na sua vida e na da sua família na medida do que for estritamente necessário a essa finalidade;
- **Responsabilidade parental** – a intervenção deve ser efectuada de modo que os pais assumam os seus deveres para com a criança e o jovem;
- **Prevalência da família** – na promoção de direitos e na protecção da criança e do jovem deve ser dada prevalência às medidas que os integrem na sua família ou que promovam a sua adopção;
- **Obrigatoriedade da informação** – a criança e o jovem, os pais, o repre-sentante legal ou a pessoa que tenha a sua guarda de facto têm direito a ser informados dos seus direitos, dos motivos que determinaram a intervenção e da forma como esta se processa;

GUIA DE PROCEDIMENTOS DO PROCESSO DE PROMOÇÃO E PROTECÇÃO

– **Audição obrigatória e participação** – a criança e o jovem, em separado ou na companhia dos pais ou de pessoa por si escolhida, bem como os pais, representante legal ou pessoa que tenha a sua guarda de facto, têm direito a ser ouvidos e a participar nos actos e na definição da medida de promoção dos direitos e de protecção; (*)
– **Subsidiariedade** – a intervenção deve ser efectuada sucessivamente pelas entidades com competência em matéria da infância e juventude, pelas comissões de protecção de crianças e jovens e, em última instância, pelos tribunais.

(*) Decorre do artigo 12.º, n.º 1 e 2 a Convenção sobre os Direitos da Criança assinada em Nova Iorque a 26 de Janeiro de 1990, Ratificada por Decreto do Presidente da República n.º 49/90 de 12 de Setembro de 1990,(Aviso 11, de 11 de Outubro de 1990, resoluções 20/90 de 12 de Setembro e 8/91 de 27 de Setembro.

ARTIGO 147.º-B (*)
Informações e inquéritos

1 – Para fundamentação da decisão, o juiz pode solicitar informações e a realização de inquérito com as finalidades previstas na lei.

2 – As entidades públicas e privadas têm o dever de colaborar com o tribunal, prestando as informações de que disponham e que lhes forem solicitadas.

3 – Só há lugar a inquérito nos processos e nos casos expressamente previstos no capítulo seguinte, quando a sua realização se revelar indispensável, nomeadamente se forem insuficientes as informações a que se refere o número anterior.

(*) *(Aditado) Redacção da Lei 133/99, de 28.08.*

ARTIGO 147.º-C (*)
Assessoria técnica complementar

1 – Em qualquer fase do processo tutelar cível, o juiz pode nomear ou requisitar assessores técnicos, a fim de assistirem a diligências, prestarem esclarecimentos, realizarem exames ou elaborarem pareceres.

2 – Quando o juiz nomear ou requisitar assessores que prestem serviços em instituições públicas ou privadas, devem estas prestar toda a colaboração, prevalecendo o serviço do tribunal sobre qualquer outro, salvo o caso de escusa justificada.

3 – Aos assessores podem ser opostos os impedimentos e recusas que é possível opor aos peritos em processo civil.

(*) *(Aditado) Redacção da Lei 133/99, de 28.08.*

LEGISLAÇÃO

ARTIGO 147.º-D (*)
Mediação

1 – Em qualquer estado da causa e sempre que o entenda conveniente, designadamente em processo de regulação do exercício do poder paternal, oficiosamente, com o consentimento dos interessados, ou a requerimento destes, pode o juiz determinar a intervenção de serviços públicos ou privados de mediação.

2 – O juiz homologa o acordo obtido por via de mediação se este satisfizer o interesse do menor.

(*) *(Aditado) Redacção da Lei 133/99, de 28.08.*

ARTIGO 147.º-E (*)
Contraditório

1 – As partes têm direito a conhecer as informações, relatórios, exames e pareceres constantes do processo, podendo pedir esclarecimentos, juntar outros elementos ou requerer a solicitação de informações que considerem necessários.

2 – O juiz indefere, por despacho irrecorrível, os requerimentos que se mostrarem inúteis, de realização impossível ou com intuito manifestamente dilatório.

3 – É garantido o contraditório relativamente às provas que forem obtidas pelos meios previstos no n.º 1.

(*) *(Aditado) Redacção da Lei 133/99, de 28.08.*

ARTIGO 148.º (*)
Conjugação de decisões

1 – As decisões que apliquem medidas tutelares cíveis e de protecção, ainda que provisórias, devem conjugar-se e harmonizar-se entre si, tendo em conta o interesse superior do menor.

2 – Para efeitos do disposto no número anterior, o juiz, por despacho fundamentado, procede, se necessário, à revisão da medida anteriormente decretada.

3 – No caso de, em processo tutelar cível, se verificar uma situação de perigo para o menor, o Ministério Público:

a) Comunica a situação à comissão de protecção de crianças e jovens territorialmente competente; ou

b) Requer, se necessário, a aplicação de medida judicial de protecção.

(*) *Redacção da Lei 133/99, de 28.08.*

ARTIGO 149.º (*)
Tribunais de comarca

1 – Fora das áreas abrangidas pela jurisdição dos tribunais de família e menores, cabe ao tribunal da respectiva comarca conhecer das causas que àqueles estão atribuídas.

2 – No caso previsto no número anterior, o tribunal constitui-se em tribunal de família e menores.

(*) *Redacção da Lei 133/99, de 28.08.*

ARTIGO 150.º
Natureza dos processos

Os processos previstos neste título são considerados de jurisdição voluntária.

ARTIGO 151.º
Constituição de advogado

Nos processos previstos neste título não é obrigatória a constituição de advogado, salvo na fase de recurso.

ARTIGO 152.º
Juiz singular

As causas referidas nos artigos 146.º e 147.º são sempre julgadas por juiz singular.

ARTIGO 153.º
Processamento

Com excepção da conversão, revogação e revisão da adopção e da prestação de contas, que correm por apenso, as providências previstas no artigo 147º correm nos autos em que tenha sido decretada a providência principal.

ARTIGO 154.º (*)
Competência por conexão

1 – Se forem instaurados sucessivamente processo tutelar cível e processo de protecção ou tutelar educativo relativamente ao mesmo menor, é competente para conhecer de todos eles o tribunal do processo que tiver sido instaurado em primeiro lugar.

2 – No caso previsto no número anterior os processos correm por apenso.

3 – O disposto no n.º 1 não se aplica às providências tutelares cíveis relativas à adopção e à averiguação oficiosa da maternidade ou da paternidade, nem às que sejam da competência das conservatórias do registo civil ou às que digam respeito a mais que um menor.

4 – Estando pendente acção de divórcio ou de separação judicial litigiosos, as providências tutelares cíveis relativas à regulação do exercício do poder paternal, à prestação de alimentos e à inibição do poder paternal correm por apenso àquela acção.

5 – A incompetência territorial não impede a observância do disposto nos n.ºs 1 e 4.

(*) *Redacção da Lei 133/99, de 28.08.*

LEGISLAÇÃO

ARTIGO 155.º (*)
Competência territorial

1 – Para decretar as providências é competente o tribunal da residência do menor no momento em que o processo foi instaurado.

2 – Sendo desconhecida a residência do menor, é competente o tribunal da residência dos titulares do poder paternal.

3 – Se os titulares do poder paternal tiverem residências diferentes, é competente o tribunal da residência daquele a cuja guarda o menor estiver confiado ou, no caso de guarda conjunta, com quem o menor residir.

4 – Se alguma das providências disser respeito a dois ou mais menores, filhos dos mesmos progenitores e residentes em comarcas diferentes, é competente a tribunal da residência do maior número deles; em igualdade de circunstancias, é competente o tribunal em que a providência tiver sido requerida em primeiro lugar.

5 – Se no momento da instauração do processo, o menor não residir no País, é competente o tribunal da residência do requerente ou do requerido; quando também estes residirem no estrangeiro e o tribunal português for internacionalmente competente, pertence ao tribunal de Lisboa conhecer da causa.

6 – São irrelevantes as modificações de facto que ocorrerem posteriormente ao momento da instauração do processo.

(*) *Redacção da Lei 133/99, de 28.08.*

ARTIGO 156.º
Excepção de incompetência territorial

1 – A incompetência territorial pode ser deduzida até decisão final, devendo o tribunal conhecer dela oficiosamente.

2 – Para julgar a excepção, o tribunal pode ordenar as diligências que entender necessárias.

ARTIGO 157.º
Decisões provisórias e cautelares

1 – Em qualquer estado da causa e sempre que o entenda conveniente, o tribunal pode decidir, a título provisório, relativamente a matérias que devam ser apreciadas a final, bem como ordenar as diligências que se tornem indispensáveis para assegurar a execução efectiva da decisão.

2 – Podem também ser provisoriamente alteradas as decisões já tomadas a título definitivo.

3 – Para o efeito do disposto no presente artigo, o tribunal procederá às averiguações sumárias que tenha por convenientes.

ARTIGO 158.º
Audiência de discussão e julgamento

1 – Quando haja lugar a audiência de discussão julgamento, esta efectuar-se-á nos seguintes termos.

a) Estando presentes ou representadas as partes, o juiz interrogá-las-á e procurará conciliá-las;

b) Se não conseguir a conciliação, passar-se-á produção das provas;

c) As declarações e os depoimentos não são reduzidos a escrito;

d) Finda a produção da prova, é dada a palavra ao Ministério Público e aos advogados constituídos, podendo cada um usar dela uma só vez e por tempo não excedente a meia hora. (*)

2 – A audiência só pode ser adiada uma vez por falta das partes, seus advogados ou testemunhas.

(*) *Redacção da Lei 133/99, de 28.08.*

ARTIGO 159.º
Recursos

Salvo disposição expressa, os recursos terão o efeito que o tribunal fixar.

ARTIGO 160.º
Processos urgentes

Correm durante as férias judiciais os processos tutelares cíveis cuja demora possa causar prejuízo aos interesses do menor.

(Aditado) Redacção da Lei 133/99, de 28.08.

ARTIGO 160.º-A (*)
Dever de cooperação

O tribunal pode dirigir-se aos agentes consulares portugueses e requisitar a sua intervenção ou auxílio quanto a medidas e providências relativas a menores sob sua jurisdição, bem como solicitar o auxílio e os bons ofícios dos agentes consulares estrangeiros em Portugal quanto a menores de outros países residentes em território nacional.

(*) *(Aditado) Redacção da Lei 133/99, de 28.08.*

ARTIGO 161.º
Casos omissos

Nos casos omissos são de observar, com as devidas adaptações, as regras de processo civil que não contrariem os fins da jurisdição de menores.

CAPÍTULO II
Processos

SECÇÃO I
Adopção

ARTIGO 162.º (*)
Consentimento prévio

1 – O consentimento prévio para a adopção pode ser prestado em qualquer tribunal competente em matéria de família, independentemente da residência do menor ou das pessoas que o devam prestar.

2 – A prestação do consentimento pode ser requerida pelas pessoas que o devam prestar, pelo Ministério Público ou pelos organismos de segurança social.

3 – Recebido o requerimento, o juiz designa imediatamente dia para prestação de consentimento no mais curto prazo possível.

4 – Requerida a adopção, o incidente é apensado ao respectivo processo.

(*) *Redacção do DL 120/98, de 08.05 e Declaração de Rectificação n.º 11-C/98, de 30.06.*

ARTIGO 163.º (*)
Suprimento do exercício do poder paternal na confiança administrativa

1 – O candidato a adoptante que, mediante confiança administrativa, haja tomado o menor a seu cargo com vista a futura adopção pode requerer ao tribunal a sua designação como curador provisório do menor até ser decretada a adopção ou instituída a tutela.

2 – A curadoria provisória pode ser requerida pelo Ministério Público, o qual deverá fazê-lo se, decorridos 30 dias sobre a decisão de confiança administrativa, aquela não for requerida nos termos do número anterior.

3 – O processo é apensado ao de confiança judicial ou de adopção.

(*) *Redacção do DL 120/98, de 08.05 e Declaração de Rectificação n.º 11-C/98, de 30.06.*

ARTIGO 164.º (*)
Requerimento inicial e citação no processo de confiança judicial

1 – Requerida a confiança judicial do menor, são citados para contestar, salvo se tiverem prestado consentimento prévio, os pais e, sendo caso disso, os parentes ou o tutor referidos no artigo 1981.º do Código Civil e o Ministério Público, quando não for o requerente.

2 – A citação é feita nos termos da alínea b) do n.º 2 do artigo 233.º do Código de Processo Civil.

3 – Se for lavrada certidão negativa por incerteza do lugar em que o citando se encontra, o processo é de imediato concluso ao juiz, que decidirá sobre a citação edital, sem prejuízo das diligências prévias que julgar indispensáveis.

GUIA DE PROCEDIMENTOS DO PROCESSO DE PROMOÇÃO E PROTECÇÃO

4 – A citação edital não suspende o andamento do processo até à audiência final.

5 – A citação deverá sempre salvaguardar o segredo de identidade previsto no artigo 1985.º do Código Civil, para o que serão feitas as adaptações adequadas ao caso.

(*) *Redacção do DL 120/98, de 08.05 e Declaração de Rectificação n.º 11-C/98, de 30.06.*

ARTIGO 165.º (*)
Instrução e decisão no processo de confiança judicial

1 – O juiz procede às diligências que considerar necessárias à decisão sobre a confiança judicial, designadamente à prévia audição do organismo de segurança social da área da residência do menor.

2 – Se houver contestação e indicação de prova testemunhal, é designado dia para audiência de discussão e julgamento.

3 – O tribunal comunica à conservatória do registo civil onde esteja lavrado o assento de nascimento do menor cuja confiança tenha sido requerida ou decidida as indicações necessárias à preservação do segredo de identidade previsto no artigo 1985º do Código Civil.

4 – *O processo de confiança judicial é apensado ao de adopção.*

(*) *Redacção do DL 120/98, de 08.05 e Declaração de Rectificação n.º 11-C/98, de 30.06.*

ARTIGO 166.º (*)
Guarda provisória

1 – Requerida a confiança judicial, o tribunal, ouvido o Ministério Público e o organismo de segurança social da área da residência do menor, quando não forem requerentes, poderá atribuir a guarda provisória do menor ao candidato à adopção, sempre que, face aos elementos dos autos, for de concluir pela probabilidade séria de procedência da acção.

2 – Ordenada a citação edital, o juiz decide sobre a atribuição da guarda provisória. (*)

3 – Antes de proferir decisão, o tribunal ordena as diligências que entender por convenientes, devendo averiguar da existência de processo de promoção e protecção. (**)

(*) *Redacção do DL 120/98, de 08.05 e Declaração de Rectificação n.º 11-C/98, de 30.06.*
(**) *Redacção da L 31/2003, de 22.08.*

ARTIGO 167.º (*)
Suprimento do exercício do poder paternal

1 – Na sentença que decida a confiança judicial, o tribunal designa curador provisório ao menor, o qual exercerá funções até ser decretada a adopção ou instituída a tutela.

LEGISLAÇÃO

2 – O curador provisório será a pessoa a quem o menor tiver sido confiado; em caso de confiança a instituição, será, de preferência, quem tenha um contacto mais directo com o menor.

3 – Se o menor for confiado a uma instituição, a curadoria provisória do menor deve, a requerimento do organismo de segurança social, ser transferida para o candidato a adoptante logo que seleccionado. (**)

(*) *Redacção do DL 120/98, de 08.05 e Declaração de Rectificação n.º 11-C/98, de 30.06.*

(**) *Redacção da L 31/2003, de 22.08.*

ARTIGO 168.º (*)

Petição inicial

1 – Na petição para adopção, o requerente deve alegar os factos tendentes a demonstrar os requisitos gerais previstos no n.º 1 do artigo 1974.º do Código Civil, bem como as demais condições necessárias à constituição do vínculo.

2 – Sem prejuízo do disposto no n.º 2 do artigo 1985.º do Código Civil, com a petição são oferecidos todos os meios de prova, nomeadamente certidões de cópia integral do registo de nascimento do adoptando e do adoptante e certificado comprovativo das diligências relativas à prévia intervenção dos organismos previstos na lei.

(*) *Redacção do DL 120/98, de 08.05 e Declaração de Rectificação n.º 11-C/98, de 30.06.*

ARTIGO 169.º (*)

Inquérito

Se o inquérito previsto no n.º 2 do artigo 1973.º do Código Civil não acompanhar a petição, o tribunal solicita-o ao organismo de segurança social competente, que o deverá remeter no prazo máximo de 15 dias, prorrogável por igual período, em caso devidamente justificado.

(*) *Redacção do DL 120/98, de 08.05 e Declaração de Rectificação n.º 11-C/98, de 30.06.*

ARTIGO 170.º (*)

Diligências subsequentes

1 – Junto o inquérito, o juiz, com a assistência do Ministério Público, ouve o adoptante e as pessoas cujo consentimento a lei exija e ainda o não tenham prestado.

2 – Independentemente do disposto na alínea a) do n.º 1 do artigo 1981.º do Código Civil, o adoptando, tendo em atenção a sua idade e grau de maturidade deverá ser ouvido pelo juiz.

3 – A audição das pessoas referidas nos números anteriores é feita separadamente e por forma a salvaguardar o segredo de identidade.

GUIA DE PROCEDIMENTOS DO PROCESSO DE PROMOÇÃO E PROTECÇÃO

4 – O juiz deve esclarecer as pessoas de cujo consentimento a adopção depende sobre o significado e os efeitos do acto.

(*) *Redacção do DL 120/98, de 08.05 e Declaração de Rectificação n.º 11-C/98, de 30.06.*

ARTIGO 171.º (*)
Averiguação dos pressupostos da dispensa do consentimento

1 – A verificação da situação prevista no n.º 2 do artigo 1978.º, para os efeitos do disposto no n.º 2 do artigo 1981.º, ambos do Código Civil, bem como a dispensa do consentimento nos termos do n.º 3 do artigo 1981.º do mesmo diploma, dependem da averiguação dos respectivos pressupostos pelo juiz, no próprio processo de adopção, oficiosamente ou a requerimento do Ministério Público ou dos adoptantes, ouvido o Ministério Público.

2 – Para efeitos do disposto no número anterior, o juiz ordena as diligências necessárias e assegura o contraditório relativamente às pessoas cujo consentimento pode ser dispensado.

(*) *Redacção do DL 120/98, de 08.05 e Declaração de Rectificação n.º 11-C/98, de 30.06.*

ARTIGO 172.º(*)
Sentença

1 – Efectuadas as diligências requeridas e outras julgadas convenientes e ouvido o Ministério Público, será proferida sentença.

2 – A decisão que decretar a adopção restrita fixa o montante dos rendimentos dos bens do adoptado que pode ser despendido com os seus alimentos, se for caso disso.

(*) *Redacção do DL 120/98, de 08.05 e Declaração de Rectificação n.º 11-C/98, de 30.06.*

ARTIGO 173.º (*)
Conversão

O disposto nos artigos anteriores é aplicável, com as necessárias adaptações, à conversão da adopção restrita em adopção plena.

(*) *Redacção do DL 120/98, de 08.05 e Declaração de Rectificação n.º 11-C/98, de 30.06.*

ARTIGO 173.º-A (*)
Revogação e revisão

1 – Nos incidentes de revogação ou de revisão, bem como no recurso extraordinário de revisão, o menor é representado pelo Ministério Público.

2 – Apresentado o pedido nos incidentes de revogação ou de revisão da adopção, são citados os requeridos e o Ministério Público para contestar.

3 – Aos incidentes é aplicável, com as necessárias adaptações, o disposto no n.º 2 do artigo 195.º e nos artigos 196.º a 198.º.

(*) *Redacção do DL 120/98, de 08.05 e Declaração de Rectificação n.º 11-C/98, de 30.06.*

ARTIGO 173.º-B (*)
Carácter secreto

1 – O processo de adopção e os respectivos procedimentos preliminares, incluindo os de natureza administrativa, têm carácter secreto.

2 – Por motivos ponderosos e nas condições e com os limites a fixar na decisão, pode o tribunal, a requerimento de quem invoque interesse legítimo, ouvido o Ministério Público, se não for o requerente, autorizar a consulta dos processos referidos no número anterior e a extracção de certidões; se não existir processo judicial, o requerimento deve ser dirigido ao tribunal competente em matéria de família e menores da área da sede do organismo de segurança social. (**)

3 – A violação do segredo dos processos referidos no n.º 1 e a utilização de certidões para fim diverso do expressamente alegado constituem crime a que corresponde pena de prisão até um ano ou multa até 120 dias.

(*) Redacção do DL 120/98, de 08.05 e Declaração de Rectificação n.º 11-C/98, de 30.06.
(**) Redacção da L 31/2003, de 22.08

ARTIGO 173.º-C (*)
Consulta e notificações no processo

No acesso aos autos e nas notificações a realizar no processo de adopção e nos respectivos procedimentos preliminares, incluindo os de natureza administrativa, deverá sempre ser preservado o segredo de identidade, nos termos previstos no artigo 1985.º do Código Civil.

(*) Redacção do DL 120/98, de 08.05 e Declaração de Rectificação n.º 11-C/98, de 30.06.

ARTIGO 173.º-D (*)
Carácter urgente

Os processos relativos ao consentimento prévio para adopção, à confiança judicial de menor e à adopção tem carácter urgente.(**)

(*) Redacção do DL 120/98, de 08.05 e Declaração de Rectificação n.º 11-C/98, de 30.06.
(**) Redacção da L 31/2003, de 22.08.

ARTIGO 173.º-E (*)
Averbamento

Os requerimentos relativos ao consentimento prévio e à confiança judicial não dependem de distribuição, procedendo-se ao seu averbamento diário até às 12 horas.

(*) Redacção do DL 120/98, de 08.05 e Declaração de Rectificação n.º 11-C/98, de 30.06.

GUIA DE PROCEDIMENTOS DO PROCESSO DE PROMOÇÃO E PROTECÇÃO

ARTIGO 173.º-F (*)

Prejudicialidade

1 – Os procedimentos legais visando a averiguação e a investigação da maternidade ou a paternidade não revestem carácter de prejudicialidade face ao processo de adopção e respectivos procedimentos preliminares, bem como face ao processo de promoção e protecção.(**)

2 – A decisão de confiança judicial e a aplicação de medida de promoção e protecção de confiança a pessoa seleccionada para a adopção ou a instituição com vista a futura adopção suspendem o processo de averiguação oficiosa de maternidade e da paternidade.*

(*) *Redacção do DL 120/98, de 08.05 e Declaração de Rectificação n.º 11-C/98, de 30.06.*

(**) *Redacção da L 31/2003, de 22.08.*

ARTIGO 173.º-G (*)

Apensação

O processo de promoção e protecção é apensado ao de adopção quando naquele tiver sido aplicada a medida de promoção e protecção de confiança a pessoa seleccionada para a adopção, aplicando-se o disposto nos artigos 173.º-B e 173.º -C.

(*) *Aditado pela L 31/2003, de 22.08.*

SECÇÃO II

Regulação do exercício do poder paternal e resolução de questões a este respeitantes

ARTIGO 174.º

Homologação do acordo

1 – A homologação do acordo sobre o exercício do poder paternal, nos casos a que se refere o n.º 1 do artigo 1905.º(*) do Código Civil, será pedida por qualquer dos pais, nos dez dias subsequentes ao trânsito em julgado da sentença proferida na respectiva causa; antes de decidir, o juiz pode ordenar as diligências que considere necessárias.

2 – Quando não tenha sido pedida homologação do acordo ou este não seja homologado, será notificado o curador, que, nos dez(**) dias imediatos, deverá requerer a regulação.

3 – Se o tribunal competente para a regulação não for aquele onde correu termos a acção que determinou a sua necessidade, extrair-se-á certidão dos articulados da decisão final e de outras peças do processo que sejam indicadas pelo juiz ou pelo Ministério Público, a remeter ao tribunal onde aquela acção deva ser proposta.

(*) *Por força da L 31/2003, de 22.08 passou a ser o art.º 1906.º.*

(**) *15 dias – DL 329/95, de 12/12.*

212

LEGISLAÇÃO

ARTIGO 175.º
Conferência

1 – Autuado o requerimento ou a certidão, os pais são citados para uma conferência, que se realizará nos quinze dias imediatos, podendo o juiz autorizar a assistência do menor, tendo em atenção a sua idade e grau de maturidade; o juiz poderá também determinar que estejam presentes os avós ou outros parentes.

2 – Os pais são obrigados a comparecer pessoalmente sob pena de multa, apenas podendo fazer-se representar por mandatário judicial ou por seus ascendentes ou irmãos, com poderes especiais para intervir no acto, no caso de estarem impossibilitados de comparecer ou de residirem fora da comarca onde a conferência se realize.

ARTIGO 176.º
Ausência dos pais

1 – Se algum dos pais estiver ausente em parte incerta, será convocado para a conferência por meio de editais, que se afixarão um na porta do tribunal e outro na porta da última residência conhecida do ausente.

2 – Se a ausência for certificada pelo funcionário encarregado de proceder à citação, a convocação edital não se efectuará sem que o juiz se assegure de que não é conhecida a residência do citado.

ARTIGO 177.º
Acordo o falta de comparência de algum dos pais

1 – Estando ambos os pais presentes ou representados, o juiz procurará obter acordo que corresponda aos interesses do menor sobre o exercício do poder paternal; se o conseguir, fará constar do auto do conferência o que for acordado e ditará a sentença de homologação.

2 – Se faltarem um ou ambos os pais e não se fizerem representar, o juiz ouvirá as pessoas que estejam presentes, fazendo exarar no auto das suas declarações, mandará proceder a inquérito e a outras diligências necessárias e decidirá.

3 – A conferência não pode ser adiada mais de uma vez por falta dos pais ou seus representantes.

4 – A conferência já iniciada pode ser suspensa, estabelecendo-se, por período e condições determinadas, um regime provisório quando o tribunal o entenda conveniente para os interesses do menor.

ARTIGO 178.º
Falta de acordo na conferência

1 – Se ambos os pais estiverem presentes ou representados na conferência, mas não chegarem a acordo que seja homologado, serão logo notificados para, no

GUIA DE PROCEDIMENTOS DO PROCESSO DE PROMOÇÃO E PROTECÇÃO

prazo de dez dias (*), alegarem o que tiverem por conveniente quanto ao exercício do poder paternal.

2 – Com a alegação deve cada um dos pais oferecer testemunhas, juntar documentos e requerer as diligências necessárias.

3 – Findo o prazo para apresentação das alegações, proceder-se-á a inquérito sobre a situação social, moral e económica dos pais e, salvo oposição dos visados, aos exames médicos e psicológicos que o tribunal entenda necessários para esclarecimento da personalidade e do carácter dos membros da família e da dinâmica das suas relações mútuas.

(*) *15 dias – DL 329/95, de 12/12.*

ARTIGO 179.º
Termos posteriores à fase de alegações

1 – Se os pais não apresentarem alegações ou se com elas não arrolarem testemunhas, junto o inquérito e efectuadas outras diligências indispensáveis é proferida a sentença.

2 – Se os pais apresentarem alegações ou arrolarem testemunhas, depois de efectuadas as diligências necessárias é designado dia para a audiência de discussão e julgamento.

ARTIGO 180.º
Sentença

1 – Na sentença, o exercício do poder paternal será regulado de harmonia com os interesses do menor, podendo este, no que respeita ao seu destino, ser confiado à guarda de qualquer dos pais, de terceira pessoa ou de estabelecimento de educação ou assistência.

2 – Será estabelecido um regime de visitas, a menos que excepcionalmente o interesse do menor o desaconselhe.

3 – Quando for caso disso, pode a sentença determinar que a administração dos bens do filho seja exercida pelo progenitor a quem o menor não foi confiado.

4 – Quando o filho for confiado a terceira pessoa ou a estabelecimento de educação ou assistência, o tribunal decidirá a qual dos progenitores compete o exercício do poder paternal na parte não abrangida pelos poderes e deveres que àqueles deverão ser atribuídos para o adequado desempenho das suas funções.

ARTIGO 181.º
Incumprimento

1 – Se, relativamente à situação do menor, um dos progenitores não cumprir o que tiver sido acordado ou decidido, pode o outro requerer ao tribunal as diligências necessárias para o cumprimento coercivo e a condenação do remisso em multa até 50.000$ e em indemnização a favor do menor ou do requerente ou de ambos.

2 – Autuado ou junto ao processo o requerimento, o juiz convocará os pais para uma conferência ou mandará notificar o requerido para, no prazo de dois (*) dias, alegar o que tenha por conveniente.

3 – Na conferência, os pais podem acordar na alteração do que se encontra fixado quanto ao exercício do poder paternal, tendo em conta o interesse do menor.

4 – Não tendo sido convocada a conferência ou quando nesta os pais não chegaram a acordo, o juiz mandará proceder a inquérito sumário e a quaisquer outras diligências que entenda necessárias e, por fim, decidirá.

5 – Se tiver havido condenação em multa e esta não for paga no prazo de dez dias, será extraída certidão do processo, a remeter ao tribunal competente para execução.

(*) *5 dias – DL 329/95, de 12/12.*

ARTIGO 182.º

Alteração de regime

1 – Quando o acordo ou a decisão final não sejam cumpridos por ambos os pais, ou quando circunstâncias supervenientes tornem necessário alterar o que estiver estabelecido, qualquer dos progenitores ou o curador podem requerer ao tribunal que no momento for territorialmente competente nova regulação do poder paternal.

2 – O requerente deve expor sucintamente os fundamentos do pedido e, se o regime tiver sido estabelecido por acordo extrajudicial, juntará ao requerimento certidão do acordo e da sentença homologatória; se o regime tiver sido fixado pelo tribunal, o requerimento será autuado por apenso ao processo onde se realizou o acordo ou foi proferida decisão final, para o que será requisitado ao respectivo tribunal, se, segundo as regras da competência, for outro o tribunal competente para conhecer da nova acção.

3 – O requerido é citado para, no prazo de oito (*) dias, alegar o que tiver por conveniente.

4 – Junta a alegação ou findo o prazo para a sua apresentação, o juiz, se considerar o pedido infundado, ou desnecessária a alteração, mandara arquivar o processo, condenando em custas o requerente; no caso contrário, ordenará o prosseguimento dos autos, observando-se, na parte aplicável, o disposto nos artigos 174.º a 179.º.

5 – Antes de mandar arquivar os autos ou de ordenar o seu prosseguimento, pode o juiz determinar a realização das diligências que considere necessárias.

(*) *10 dias – DL 329/95, de 12/12.*

GUIA DE PROCEDIMENTOS DO PROCESSO DE PROMOÇÃO E PROTECÇÃO

ARTIGO 183.º
Outros casos de regulação

1 – O disposto nos artigos antecedentes é aplicável à regulação do exercício do poder paternal de filhos de cônjuges separados de facto e ainda de filhos de progenitores não unidos pelo matrimónio ou de adoptados cujos pais ou adoptantes gozem de poder paternal.

2 – Qualquer das pessoas a quem incumba o poder paternal pode requerer a homologação do acordo extrajudicial sobre o exercício dele.

3 – A regulação prevista neste artigo, bem como as diligências executórias da decisão judicial ou do acordo homologado, podem ser requeridas por qualquer das pessoas a quem caiba o poder paternal ou pelo curador; a necessidade da intervenção judicial pode ser comunicada ao curador por qualquer pessoa.

ARTIGO 184.º
Falta de acordo dos pais em questões de particular importância

1 – Quando o poder paternal seja exercido em comum por ambos os pais, mas estes não estejam de acordo em alguma questão de particular importância, pode qualquer deles requerer ao tribunal a resolução do diferendo.

2 – Autuado o requerimento, seguem-se os termos previstos nos artigos 175.º, 177.º e 178.º.

3 – Realizadas as diligências necessárias, o juiz decidirá.

ARTIGO 185.º
Recursos

1 – Os recursos interpostos de quaisquer decisões proferidas nos processos previstos nesta secção têm efeito meramente devolutivo.

2 – Os recursos de agravo interpostos no decorrer do processo sobem com o recurso que se interpuser da decisão final.

SECÇÃO III
Alimentos devidos a menores

ARTIGO 186.º
Petição

1 – Podem requerer a fixação dos alimentos devidos ao menor, ou a alteração dos anteriormente fixados, o seu representante legal, o curador, a pessoa à guarda de quem aquele se encontre ou o director do estabelecimento de educação ou assistência a quem tenha sido confiado.

2 – A necessidade da fixação ou alteração de alimentos pode ser comunicada ao curador por qualquer pessoa.

3 – O requerimento deve ser acompanhado de certidões comprovativas do grau de parentesco ou afinidade existentes entre o menor e o requerido, de certidão da decisão que anteriormente tenha fixado os alimentos e do rol de testemunhas.

4 – As certidões podem ser requisitadas oficiosamente pelo tribunal das entidades competentes, que as passarão gratuitamente, quando o requerente, por falta de recursos, as não possa apresentar.

ARTIGO 187.º
Conferência

1 – O juiz designará o dia para uma conferência, que se realizará nos quinze dias imediatos.

2 – O requerido é citado para a conferência, devendo a ela assistir o requerente e a pessoa que tiver o menor à sua guarda, se não for o autor, que, para o efeito, serão notificados.

3 – À conferência aplica-se, com as devidas adaptações, o disposto no n.º 1 do artigo 177.º.

ARTIGO 188.º
Contestação e termos posteriores

1 – Se a conferência não se puder realizar ou nela não se chegar a acordo, será imediatamente ordenada a notificação do requerido para contestar, devendo, na contestação, ser oferecidos os meios de prova.

2 – Apresentada a contestação ou findo o prazo para a apresentação desta, o juiz mandará proceder às diligências necessárias e a inquérito sobre os meios do requerido e as necessidades do menor.

3 – Seguidamente, no caso de não ter havido contestação, o juiz decidirá; no caso contrário, terá lugar a audiência de discussão e julgamento.

4 – Da sentença cabe recurso de apelação, com efeito meramente devolutivo; os recursos de agravo interpostos no decorrer do processo sobem com o que se interpuser da decisão final.

ARTIGO 189.º
Meios de tornar efectiva a prestação de alimentos

1 – Quando a pessoa judicialmente obrigada a prestar alimentos não satisfazer as quantias em dívida dentro de dez dias depois do vencimento, observar-se-á o seguinte:

a) Se for funcionário público, ser-lhe-ão deduzidas as respectivas quantias no vencimento, sob requisição do tribunal dirigida à entidade competente;

b) Se for empregado ou assalariado, ser-lhe-ão deduzidas no ordenado ou salário, sendo para o efeito notificada a respectiva entidade patronal, que ficará na situação de fiel depositário;

GUIA DE PROCEDIMENTOS DO PROCESSO DE PROMOÇÃO E PROTECÇÃO

c) Se for pessoa que receba rendas, pensões, subsídios, comissões, percentagens, emolumentos, gratificações, comparticipações ou rendimentos semelhantes, a dedução será feita nessas prestações quando tiverem de ser pagas ou creditadas, fazendo-se para tal as requisições ou notificações necessárias e ficando os notificados na situação de fiéis depositários.

2 – As quantias deduzidas abrangerão também os alimentos que se forem vencendo e serão directamente entregues a quem deva recebê-las.

ARTIGO 190.º (*)

Revogado

(*) *Redacção do DL 48/95, de 15.03.*

SECÇÃO IV

Entrega judicial de menor

ARTIGO 191.º

Articulados e termos posteriores

1 – Se o menor abandonar a casa paterna ou aquela que os pais lhe destinaram ou dela for retirado, ou se se encontrar fora do poder da pessoa ou do estabelecimento a quem esteja legalmente confiado, deve a sua entrega ser requerida ao tribunal com jurisdição na área em que ele se encontre.

2 – Se o processo tiver de prosseguir, serão citados o curador e a pessoa que tiver acolhido o menor, ou em poder de quem ele se encontre, para contestarem no prazo de cinco dias.

3 – Os citados podem contradizer os factos que fundamentam o pedido, ou mostrar que existe decisão capaz de obstar à diligência, ou que foi requerido o depósito do menor como preliminar ou incidente da acção de inibição do poder paternal ou de remoção das funções tutelares.

4 – Não havendo contestação, ou sendo esta manifestamente improcedente, é ordenada a entrega e designado o local onde deve efectuar-se, só presidindo o juiz à diligência quando o julgue conveniente; o requerido será notificado para proceder entrega pela forma determinada, sob pena de desobediência.

5 – Se houver contestação e necessidade de provas, o juiz só decidirá depois de produzidas as provas que admitir.

ARTIGO 192.º

Inquérito e diligências

1 – Antes de decretar a entrega do menor, o juiz pode ordenar as diligências convenientes e mandar proceder a inquérito sumário sobre a situação social,

moral e económica do requerente, da pessoa em poder de quem esteja o menor e dos parentes obrigados à prestação de alimentos.

2 – Se o inquérito ou as diligências realizadas mostrarem a falta de idoneidade do requerente, este será notificado para, no prazo de cinco dias, alegar o que tiver por conveniente e oferecer provas; se não apresentar alegações e não oferecer provas, será o menor depositado em casa de família idónea, preferindo os parentes obrigados a alimentos, ou será internado num estabelecimento de educação, conforme parecer mais conveniente.

3 – No caso de o requerente apresentar alegações e oferecer provas, o juiz decidirá, depois de produzidas as provas que admitir, ordenando a entrega ou o depósito.

4 – Quando o requerente da entrega for algum dos pais e estes vivam separados, o menor poderá ser entregue àquele que o juiz considere mais idóneo, sem prejuízo de se definir o seu destino em acção de regulação do poder paternal.

ARTIGO 193.º

Termos posteriores

Se o menor for depositado e não tiver sido requerida a regulação ou a inibição do poder paternal ou a remoção das funções tutelares, o curador deve requerer a providência adequada.

SECÇÃO V

Inibição e limitações ao exercício do poder paternal

ARTIGO 194.º

Fundamentos da inibição

O curador, qualquer parente do menor ou pessoa a cuja guarda ele esteja confiado, de facto ou de direito, podem requerer a inibição, total ou parcial, do exercício do poder paternal quando qualquer dos pais infrinja culposamente os deveres para com os filhos, com grave prejuízo destes, ou quando, por inexperiência, enfermidade, ausência ou outras razões, se não mostre em condições de cumprir aqueles deveres.

ARTIGO 195.º

Articulados

1 – Requerida a inibição, o réu é citado para contestar.

2 – Com a petição e a contestação, as partes devem arrolar testemunhas e requerer quaisquer outras diligências de prova.

ARTIGO 196.º
Despacho saneador

Oferecida a contestação ou findo o prazo para a sua apresentação, será proferido despacho, em cinco dias, para os fins seguintes:

a) Conhecer das nulidades e da legitimidade das partes;

b) Decidir quaisquer outras questões, ainda que relativas ao mérito da causa, desde que o estado do processo o permita.

ARTIGO 197.º
Diligências e audiência de discussão o julgamento

1 – Se o processo houver de prosseguir, efectuar-se-ão as diligências que devam ter lugar antes da audiência de discussão e julgamento e que o juiz considere necessárias, sendo sempre realizado inquérito sobre a situação moral e económica das partes, os factos alegados e tudo o mais que se julgue útil para o esclarecimento da causa.

2 – Realizadas as diligências previstas no número anterior, tem lugar a audiência de discussão e julgamento.

ARTIGO 198.º
Sentença

1 – Na sentença deve o tribunal, segundo o seu prudente arbítrio e tomando em consideração todas as circunstâncias, fixar os limites da inibição e os alimentos devidos aos menores.

2 – Julgada procedente a inibição, instaurar-se-á a tutela ou a administração de bens, se for caso disso.

ARTIGO 199.º
Suspensão do poder paternal e depósito do menor

1 – Como preliminar ou como incidente da acção de inibição do poder paternal, pode ordenar-se a suspensão desse poder e o depósito do menor, se um inquérito sumário mostrar que o requerido ou os requeridos são manifestamente incapazes, física ou moralmente, de cuidar do filho.

2 – O depósito tem lugar em casa de família idónea, preferindo os parentes obrigados a alimentos ou, não sendo possível, em estabelecimento de educação ou assistência; fixar-se-á logo, provisoriamente, a pensão que os pais devem pagar para sustento e educação do menor e será lavrado auto de depósito, em que serão especificadas as condições em que o menor é entregue.

3 – A suspensão do poder paternal e o depósito do menor ficam sem efeito nos mesmos casos e termos que as providências cautelares, segundo o Código de Processo Civil.

ARTIGO 200.º
Outras medidas limitativas do exercício do poder paternal

1 – O curador ou qualquer parente do menor pode requerer as providências previstas no n.º 2 do artigo 1920.º do Código Civil ou outras que se mostrem necessárias quando a má administração de qualquer dos progenitores ponha em perigo o património do filho e não seja caso de inibição do exercício do poder paternal.

2 – Nos casos referidos no número anterior observar-se-á o disposto nos artigos 195.º a 197.º.

ARTIGO 201.º
Levantamento da inibição ou da medida limitativa do exercício do poder paternal

1 – O requerimento para levantamento da inibição ou de medida limitativa do exercício do poder paternal é autuado por apenso.

2 – Se tiver sido instituída tutela ou administração de bens, será notificado, além do curador, o tutor ou o administrador dos bens, para contestar.

3 – Feita a notificação, observar-se-ão os termos prescritos para a inibição.

SECÇÃO VI
Averiguação oficiosa de maternidade ou de paternidade

ARTIGO 202.º
Instrução

1 – A instrução dos processos de averiguação oficiosa para investigação de maternidade ou paternidade ou para impugnação desta incumbe ao curador, que pode usar de qualquer meio de prova legalmente admitido e recorrer a inquérito.

2 – São obrigatoriamente reduzidos a escrito os depoimentos das pais ou dos presumidos progenitores e as provas que concorram para o esclarecimento do tribunal.

ARTIGO 203.º
Carácter secreto do processo

1 – A instrução do processo é secreta e será conduzida por forma a evitar ofensa ao pudor ou dignidade das pessoas.

2 – No processo não podem intervir mandatários judiciais, salvo na fase de recurso.

ARTIGO 204.º
Parecer do curador

Finda a instrução, o curador emitirá parecer sobre a viabilidade da acção de investigação de maternidade ou paternidade ou de impugnação desta.

GUIA DE PROCEDIMENTOS DO PROCESSO DE PROMOÇÃO E PROTECÇÃO

ARTIGO 205.º
Despacho final

1 – O juiz proferirá despacho final mandando arquivar o processo ou ordenando a sua remessa ao magistrado do Ministério Público junto do tribunal competente, a fim de ser proposta a acção de investigação ou de impugnação.

2 – Antes de decidir, o juiz pode efectuar as diligências que tenha por convenientes.

3 – O despacho que mande arquivar o processo será notificado ao requerente.

ARTIGO 206.º
Recurso

1 – Do despacho final só é admissível recurso restrito a matéria de direito.

2 – Têm legitimidade para recorrer o Ministério Público e, no processo de averiguação para impugnação de paternidade, também o impugnante.

ARTIGO 207.º
Termo de perfilhação

Quando o presumido progenitor confirme a maternidade ou a paternidade, será imediatamente lavrado termo da perfilhação, na presença do curador ou, se a confirmação ocorrer durante as diligências complementares de instrução, perante o juiz.

SECÇÃO VII
Processos regulados no Código de Processo Civil

ARTIGO 208.º
Tramitação

As providências que tenham correspondência nos processos e incidentes reguladas no Código de Processo Civil seguem os termos prescritos nesse diploma, com as adaptações resultantes da aplicação do disposto nos artigos 148.º a 159.º.

SECÇÃO VIII
Revogada (*)

(*) *Redacção da Lei 133/99, de 28.08.*

ARTIGO 209.º (*)
Revogado

(*) *Redacção da Lei 133/99, de 28.08.*

SECÇÃO IX
Acção tutelar comum

ARTIGO 210.º
Tramitação

Sempre que a qualquer providência cível não corresponda nenhuma das formas de processo previstas nas secções anteriores, o tribunal pode ordenar livremente as diligências que repute necessárias antes de proferir a decisão final.

TÍTULO IV
Disposições finais e transitórias

ARTIGO 211.º
Dúvidas de execução

As dúvidas que se suscitem na execução das disposições do título II são resolvidas por despacho do Ministro da Justiça.

ARTIGO 212.º (*)
Serviço de apoio social

Enquanto não for criado um quadro próprio para o serviço de apoio social dos tribunais de menores, as funções que lhe são atribuídas por este diploma serão desempenhadas por assistentes ou auxiliares sociais que a Direcção-Geral dos Serviços Tutelares de Menores especialmente afecte a esse fim.

(*) *Revogado – DL 58/95, de 31/03.*

ARTIGO 213.º (*)
Centros de observação anexos aos tribunais centrais
de menores

1 – São extintos os centros de observação anexos aos tribunais centrais de menores.

2 – São transferidos para os centros de observação e acção social, sem dependência de quaisquer formalidades, os arrendamentos, propriedades, instalações e todo o equipamento, material, livros, papéis de escrituração e demais documentos afectos aos extintos centros de observação anexos aos tribunais centrais de menores da mesma área.

3 – O pessoal em serviço nos centros extintos considera-se afectado, com as mesmas categorias e sem quaisquer formalidades, aos correspondentes centros de observação e acção social.

GUIA DE PROCEDIMENTOS DO PROCESSO DE PROMOÇÃO E PROTECÇÃO

4 – Enquanto não for corrigido o Orçamento Geral do Estado, os encargos com os centros de observação e acção social são suportados pelas disponibilidades das dotações dos extintos centros de observação anexos aos tribunais centrais de menores.

(*) *Revogado – DL 58/95, de 31/03.*

ARTIGO 214.º

Entrada em vigor

O presente diploma entra em vigor no dia 31 de Julho de 1978.

LEI DE PROTECÇÃO DE CRIANÇAS E JOVENS EM PERIGO

LEI N.º 147/99, DE 1 DE SETEMBRO

A Assembleia da República decreta, nos termos da alínea c) do artigo 161º da Constituição, para valer como lei geral da República, o seguinte:

ARTIGO 1.º
É aprovada a lei de protecção de crianças e jovens em perigo, em anexo ao presente diploma e que dele faz parte integrante.

ARTIGO 2.º
1 – A lei de protecção de crianças e jovens em perigo é de aplicação imediata, sem prejuízo da validade dos actos realizados na vigência da lei anterior.

2 – As disposições de natureza processual não se aplicam aos processos iniciados anteriormente à sua vigência quando da sua aplicabilidade imediata possa resultar quebra de harmonia e unidade dos vários actos do processo.

3 – Os processos tutelares pendentes na data da entrada em vigor da nova lei que não tenham por objecto a prática, por menor com idade compreendida entre os 12 e os 16 anos, de factos qualificados pela lei penal como crime são reclassificados como processos de promoção e protecção.

4 – Nos processos a que se refere o número anterior são aplicáveis unicamente as medidas de protecção previstas neste diploma, de acordo com os princípios orientadores da intervenção nele prevista.

5 – As medidas tutelares aplicadas em processos pendentes são revistas em conformidade com o disposto no artigo 62.º da lei de protecção de crianças e jovens em perigo.

6 – Os processos pendentes nas comissões de protecção de menores transitam e continuam a correr termos nas comissões de protecção de crianças e jovens nos termos previstos na lei de protecção de crianças e jovens em perigo.

GUIA DE PROCEDIMENTOS DO PROCESSO DE PROMOÇÃO E PROTECÇÃO

7 – Os processos pendentes nos tribunais de menores ou nos tribunais de competência especializada mista de família e menores que, em virtude do disposto no artigo 79.º da lei de protecção de crianças e jovens em perigo, deixarem de ser competentes são remetidos ao tribunal que for territorialmente competente nos termos deste diploma e das leis de organização e funcionamento dos tribunais judiciais.

ARTIGO 3.º

1 – As actuais comissões de protecção de menores serão reorganizadas e passarão a funcionar de acordo com o disposto na lei de protecção de crianças e jovens em perigo, adoptando a designação de comissões de protecção de crianças e jovens.

2 – Compete à Comissão Nacional de Protecção das Crianças e Jovens em Risco, conjuntamente com as entidades e serviços nela representados, tomar as providências necessárias à reorganização das comissões de protecção de menores.

3 – As comissões de protecção de menores são reorganizadas por portaria conjunta dos Ministros da Justiça e do Trabalho e da Solidariedade.

4 – As comissões de protecção de crianças e jovens que sucederem às comissões de protecção de menores, nos termos dos números anteriores, são declaradas instaladas por portaria conjunta dos Ministros da Justiça e do Trabalho e da Solidariedade.

5 – As comissões de protecção que vierem a ser criadas e instaladas até à data em vigor da lei de protecção de crianças e jovens em perigo são constituídas e passam a funcionar nos termos do disposto neste diploma.

6 – Podem ser criadas e instaladas comissões de protecção de crianças e jovens nas áreas de competência territorial das comissões referidas no n.º 3 do artigo 2.º do Decreto-Lei n.º 189/91, de 17 de Maio, nos termos do disposto na lei de protecção de crianças e jovens em perigo, ficando a competência destas limitada às áreas não abrangidas pelas novas comissões.

7 – Até à data de entrada em vigor da lei de protecção de crianças e jovens em perigo, as comissões a que se referem os n.ºs 4,

5 e 6 exercem as competências previstas no Decreto-Lei nº 189/91, de 17 de Maio.

8 – As comissões de protecção de menores actualmente existentes que não forem reorganizadas até à data de entrada em vigor da lei de protecção de crianças e jovens consideram-se extintas nessa data, sendo os processos pendentes remetidos ao Ministério Público junto do tribunal da respectiva comarca.

ARTIGO 4.º

1 – São revogados o Decreto-Lei n.º 189/91, de 17 de Maio, e as normas do Decreto-Lei n.º 314/78, de 27 de Outubro, e de demais legislação relativas às matérias abrangidas pelo presente diploma.

2 – Mantém-se em vigor o Decreto-Lei n.º 98/98, de 18 de Abril, que cria e regulamenta a Comissão Nacional de Protecção das Crianças e Jovens em Risco.

ARTIGO 5.º

O Governo adoptará as providências regulamentares necessárias à aplicação do presente diploma.

ARTIGO 6.º

Sem prejuízo do disposto no artigo 3º, a lei de protecção de crianças e jovens em perigo, bem como os artigos 2º e 4º do presente diploma, entram em vigor conjuntamente com a lei tutelar educativa.

CAPÍTULO I
Disposições gerais

ARTIGO 1.º
Objecto

O presente diploma tem por objecto a promoção dos direitos e a protecção das crianças e dos jovens em perigo, por forma a garantir o seu bem-estar e desenvolvimento integral.

ARTIGO 2.º
Âmbito

O presente diploma aplica-se às crianças e jovens em perigo que residam ou se encontrem em território nacional.

ARTIGO 3.º
Legitimidade da intervenção

1 – A intervenção para promoção dos direitos e protecção da criança e do jovem em perigo tem lugar quando os pais, o representante legal ou quem tenha a guarda de facto ponham em perigo a sua segurança, saúde, formação, educação ou desenvolvimento, ou quando esse perigo resulte de acção ou omissão de terceiros ou da própria criança ou do jovem a que aqueles não se oponham de modo adequado a removê-lo.

2 – Considera-se que a criança ou o jovem está em perigo quando, designadamente, se encontra numa das seguintes situações:

a) Está abandonada ou vive entregue a si própria;

b) Sofre maus tratos físicos ou psíquicos ou é vítima de abusos sexuais;

c) Não recebe os cuidados ou a afeição adequados à sua idade e situação pessoal;

d) É obrigada a actividades ou trabalhos excessivos ou inadequados à sua idade, dignidade e situação pessoal ou prejudiciais à sua formação ou desenvolvimento;

e) Está sujeita, de forma directa ou indirecta, a comportamentos que afectem gravemente a sua segurança ou o seu equilíbrio emocional;

f) Assume comportamentos ou se entrega a actividades ou consumos que afectem gravemente a sua saúde, segurança, formação, educação ou desenvolvimento sem que os pais, o representante legal ou quem tenha a guarda de facto se lhes oponham de modo adequado a remover essa situação.

ARTIGO 4.º

Princípios orientadores da intervenção

A intervenção para a promoção dos direitos e protecção da criança e do jovem em perigo obedece aos seguintes princípios:

a) *Interesse superior da criança e do jovem* – a intervenção deve atender prioritariamente aos interesses e direitos da criança e do jovem, sem prejuízo da consideração que for devida a outros interesses legítimos no âmbito da pluralidade dos interesses presentes no caso concreto;

b) *Privacidade* – a promoção dos direitos e protecção da criança e do jovem deve ser efectuada no respeito pela intimidade, direito à imagem e reserva da sua vida privada;

c) *Intervenção precoce* – a intervenção deve ser efectuada logo que a situação de perigo seja conhecida;

d) *Intervenção mínima* – a intervenção deve ser exercida exclusivamente pelas entidades e instituições cuja acção seja indispensável à efectiva promoção dos direitos e a protecção da criança e do jovem em perigo;

e) *Proporcionalidade e actualidade* – a intervenção deve ser a necessária e a adequada à situação de perigo em que a criança ou o jovem se encontram no momento em que a decisão é tomada e só pode interferir na sua vida e na da sua família na medida do que for estritamente necessário a essa finalidade;

f) *Responsabilidade parental* – a intervenção deve ser efectuada de modo que os pais assumam os seus deveres para com a criança e o jovem;

g) *Prevalência da família* – na promoção de direitos e na protecção da criança e do jovem deve ser dada prevalência às medidas que os integrem na sua família ou que promovam a sua adopção;

h) *Obrigatoriedade da informação* – a criança e o jovem, os pais, o representante legal ou a pessoa que tenha a sua guarda de facto têm direito a ser informados dos seus direitos, dos motivos que determinaram a intervenção e da forma como esta se processa;

i) *Audição obrigatória e participação* – a criança e o jovem, em separado ou na companhia dos pais ou de pessoa por si escolhida, bem como os pais, representante legal ou pessoa que tenha a sua guarda de facto, têm direito a ser ouvidos e a participar nos actos e na definição da medida de promoção dos direitos e de protecção;

j) *Subsidiariedade* – a intervenção deve ser efectuada sucessivamente pelas entidades com competência em matéria da infância e juventude, pelas comissões de protecção de crianças e jovens e, em última instância, pelos tribunais.

ARTIGO 5.º
Definições

Para efeitos da presente lei, considera-se:

a) *Criança ou jovem* – a pessoa com menos de 18 anos ou a pessoa com menos de 21 anos que solicite a continuação da intervenção iniciada antes de atingir os 18 anos;

b) *Guarda de facto* – a relação que se estabelece entre a criança ou o jovem e a pessoa que com ela vem assumindo, continuadamente, as funções essenciais próprias de quem tem responsabilidades parentais;

c) *Situação de urgência* – a situação de perigo actual ou eminente para a vida ou integridade física da criança ou do jovem;

d) *Entidades* – as pessoas singulares ou colectivas públicas, cooperativas, sociais ou privadas que, por desenvolverem actividades nas áreas da infância e juventude, têm legitimidade para intervir na promoção dos direitos e na protecção da criança e do jovem em perigo;

e) *Medida de promoção dos direitos e de protecção* – a providência adoptada pelas comissões de protecção de crianças e jovens ou pelos tribunais, nos termos do presente diploma, para proteger a criança e o jovem em perigo;

f) *Acordo de promoção e protecção* – compromisso reduzido a escrito entre as comissões de protecção de crianças e jovens ou o tribunal e os pais, representante legal ou quem tenha a guarda de facto e, ainda, a criança e o jovem com mais de 12 anos, pelo qual se estabelece um plano contendo medidas de promoção de direitos e de protecção.

CAPÍTULO II
**Intervenção para promoção dos direitos
e de protecção da criança e do jovem em perigo**

SECÇÃO I
Modalidades de intervenção

ARTIGO 6.º
Disposição geral

A promoção dos direitos e a protecção da criança e do jovem em perigo incumbe às entidades com competência em matéria de infância e juventude, às comissões de protecção de crianças e jovens e aos tribunais.

ARTIGO 7.º

**Intervenção de entidades com competência
em matéria de infância e juventude**

A intervenção das entidades com competência em matéria de infância e juventude é efectuada de modo consensual com os pais, representantes legais ou com quem tenha a guarda de facto da criança ou do jovem, consoante o caso, de acordo com os princípios e nos termos do presente diploma.

ARTIGO 8.º

Intervenção das comissões de protecção de crianças e jovens

A intervenção das comissões de protecção de crianças e jovens tem lugar quando não seja possível às entidades referidas no artigo anterior actuar de forma adequada e suficiente a remover o perigo em que se encontram.

ARTIGO 9.º

Consentimento

A intervenção das comissões de protecção das crianças e jovens depende do consentimento expresso dos seus pais, do representante legal ou da pessoa que tenha a guarda de facto, consoante o caso.

ARTIGO 10.º

Não oposição da criança e do jovem

1 – A intervenção das entidades referidas nos artigos 7.º e 8.º depende da não oposição da criança ou do jovem com idade igual ou superior a 12 anos.

2 – A oposição da criança com idade inferior a 12 anos é considerada relevante de acordo com a sua capacidade para compreender o sentido da intervenção.

ARTIGO 11.º

Intervenção judicial

A intervenção judicial tem lugar quando:

a) Não esteja instalada comissão de protecção de crianças e jovens com competência no município ou na freguesia da respectiva área de residência *ou a comissão não tenha competência, nos termos da lei, para aplicar a medida de promoção e protecção adequada;* (alterado pela Lei n.º 31/2003, de 22/08)

b) Não seja prestado ou seja retirado o consentimento necessário à intervenção da comissão de protecção ou quando o acordo de promoção de direitos e de protecção seja reiteradamente não cumprido;

c) A criança ou o jovem se oponham à intervenção da comissão de protecção, nos termos do artigo 10.º;

LEGISLAÇÃO

d) A comissão de protecção não obtenha a disponibilidade dos meios necessários para aplicar ou executar a medida que considere adequada, nomeadamente por oposição de um serviço ou entidade;

e) Decorridos seis meses após o conhecimento da situação pela comissão de protecção não tenha sido proferida qualquer decisão

f) O Ministério Público considere que a decisão da comissão de protecção é ilegal ou inadequada à promoção dos direitos ou à protecção da criança ou do jovem;

g) O tribunal decida a apensação do processo da comissão de protecção ao processo judicial, nos termos do n.º 2 do artigo 81.º.

SECÇÃO II

Comissões de protecção de crianças e jovens

SUBSECÇÃO I

Disposições gerais

ARTIGO 12.º

Natureza

1 – As comissões de protecção de crianças e jovens, adiante designadas comissões de protecção, são instituições oficiais não judiciárias com autonomia funcional que visam promover os direitos da criança e do jovem e prevenir ou pôr termo a situações susceptíveis de afectar a sua segurança, saúde, formação, educação ou desenvolvimento integral.

2 – As comissões de protecção exercem as suas atribuições em conformidade com a lei e deliberam com imparcialidade e independência.

3 – As comissões de protecção são declaradas instaladas por portaria conjunta do Ministro da Justiça e do Ministro do Trabalho e da Solidariedade.

ARTIGO 13.º

Colaboração

1 – As autoridades administrativas e entidades policiais têm o dever de colaborar com as comissões de protecção no exercício das suas atribuições.

2 – O dever de colaboração incumbe igualmente às pessoas singulares e colectivas que para tal sejam solicitadas.

ARTIGO 14.º

Apoio logístico

1 – As instalações e os meios materiais de apoio, nomeadamente um fundo de maneio, necessários ao funcionamento das comissões de protecção são asse-

gurados pelo município, podendo, para o efeito, ser celebrados protocolos de cooperação com os serviços do Estado representados na Comissão Nacional de Protecção de Crianças e Jovens em Risco.

2 – O fundo de maneio destina-se a suportar despesas ocasionais e de pequeno montante resultantes da acção das comissões de protecção junto das crianças e jovens, suas famílias ou pessoas que têm a sua guarda de facto.

SUBSECÇÃO II

Competências, composição e funcionamento

ARTIGO 15.º

Competência territorial

1 – As comissões de protecção exercem a sua competência na área do município onde têm sede.

2 – Nos municípios com maior número de habitantes, podem ser criadas, quando se justifique, mais de uma comissão de protecção, com competências numa ou mais freguesias, nos termos a definir na portaria de instalação.

ARTIGO 16.º

Modalidades de funcionamento da comissão de protecção

A comissão de protecção funciona em modalidade alargada ou restrita, doravante designadas, respectivamente, de comissão alargada e de comissão restrita.

ARTIGO 17.º

Composição da comissão alargada

A comissão alargada é composta por:

a) Um representante do município, a indicar pela câmara municipal, ou das freguesias, a indicar por estas, no caso previsto no n.º 2 do artigo 15.º, de entre pessoas com especial interesse ou aptidão na área das crianças e jovens em perigo;

b) Um representante da segurança social, de preferência designado de entre técnicos com formação em serviço social, psicologia ou direito;

c) Um representante dos serviços do Ministério da Educação, de preferência professor com especial interesse e conhecimentos na área das crianças e dos jovens em perigo;

d) Um médico, em representação dos serviços de saúde;

e) Um representante das instituições particulares de solidariedade social ou de outras organizações não governamentais que desenvolvam, na área de competência territorial da comissão de protecção, actividades de carácter não institucional, em meio natural de vida, destinadas a crianças e jovens;

LEGISLAÇÃO

f) Um representante das instituições particulares de solidariedade social ou de outras organizações não governamentais que desenvolvam, na área de competência territorial da comissão de protecção, actividades em regime de colocação institucional de crianças e jovens;

g) Um representante das associações de pais existentes na área de competência da comissão de protecção;

h) Um representante das associações ou outras organizações privadas que desenvolvam, na área de competência da comissão de protecção, actividades desportivas, culturais ou recreativas destinadas a crianças e jovens;

i) Um representante das associações de jovens existentes na área de competência da comissão de protecção ou um representante dos serviços de juventude;

j) Um ou dois representantes das forças de segurança, conforme na área de competência territorial da comissão de protecção existam apenas a Guarda Nacional Republicana ou a Polícia de Segurança Pública, ou ambas;

l) Quatro pessoas designadas pela assembleia municipal, ou pela assembleia de freguesia, nos casos previstos no n.º 2 do artigo 15.º, de entre cidadãos eleitores preferencialmente com especiais conhecimentos ou capacidades para intervir na área das crianças e jovens em perigo;

m) Os técnicos que venham a ser cooptados pela comissão, com formação, designadamente, em serviço social, psicologia, saúde ou direito, ou cidadãos com especial interesse pelos problemas da infância e juventude.

ARTIGO 18.º
Competência da comissão alargada

1 – À comissão alargada compete desenvolver acções de promoção dos direitos e de prevenção das situações de perigo para a criança e jovem.

2 – São competências da comissão alargada:

a) Informar a comunidade sobre os direitos da criança e do jovem e sensibilizá-la para os apoiar sempre que estes conheçam especiais dificuldades;

b) Promover acções e colaborar com as entidades competentes tendo em vista a detecção dos factos e situações que, na área da sua competência territorial, afectem os direitos e interesses da criança e do jovem, ponham em perigo a sua segurança, saúde, formação ou educação ou se mostrem desfavoráveis ao seu desenvolvimento e inserção social;

c) Informar e colaborar com as entidades competentes no levantamento das carências e na identificação e mobilização dos recursos necessários à promoção dos direitos, do bem-estar e do desenvolvimento integral da criança e do jovem;

d) Colaborar com as entidades competentes no estudo e elaboração de projectos inovadores no domínio da prevenção primária dos factores de risco e no apoio às crianças e jovens em perigo;

GUIA DE PROCEDIMENTOS DO PROCESSO DE PROMOÇÃO E PROTECÇÃO

e) Colaborar com as entidades competentes na constituição e funcionamento de uma rede de acolhimento de crianças e jovens, bem como na formulação de outras respostas sociais adequadas;

f) Dinamizar e dar parecer sobre programas destinados às crianças e aos jovens em perigo;

g) Analisar a informação semestral relativa aos processos iniciados e ao andamento dos pendentes na comissão restrita;

h) Aprovar o relatório anual de actividades e avaliação elaborado pelo presidente e enviá-lo à Comissão Nacional de Protecção de Crianças e Jovens em Risco, à assembleia municipal e ao Ministério Público.

ARTIGO 19.º
Funcionamento da comissão alargada

1 – A comissão alargada funciona em plenário ou por grupos de trabalho para assuntos específicos.

2 – O plenário da comissão reúne com a periodicidade exigida pelo cumprimento das suas funções, no mínimo de dois em dois meses.

ARTIGO 20.º
Composição da comissão restrita

1 – A comissão restrita é composta sempre por um número ímpar, nunca inferior a cinco dos membros que integram a comissão alargada.

2 – São, por inerência, membros da comissão restrita o presidente da comissão de protecção e os representantes do município ou das freguesias, no caso previsto no n.º 2 do artigo 15.º, e da segurança social, quando não exerçam a presidência.

3 – Os restantes membros são designados pela comissão alargada, devendo a designação de, pelo menos, um deles ser feita de entre os representantes de instituições particulares de solidariedade social ou de organizações não governamentais.

4 – Os membros da comissão restrita devem ser escolhidos de forma que esta tenha uma composição interdisciplinar e interinstitucional, incluindo, sempre que possível, pessoas com formação nas áreas de serviço social, psicologia e direito, educação e saúde.

5 – Não sendo possível obter a composição nos termos do número anterior, a designação dos membros aí referidos é feita por cooptação, nomeadamente de entre os técnicos a que se refere a alínea m) do artigo 17.º.

ARTIGO 21.º
Competência da comissão restrita

1 – À comissão restrita compete intervir nas situações em que uma criança ou jovem está em perigo.

2 – Compete designadamente à comissão restrita:

a) Atender e informar as pessoas que se dirigem à comissão de protecção;

b) Apreciar liminarmente as situações de que a comissão de protecção tenha conhecimento, decidindo o arquivamento imediato do caso quando se verifique manifesta desnecessidade de intervenção ou a abertura de processo de promoção de direitos e de protecção;

c) Proceder à instrução dos processos;

d) Solicitar a participação dos membros da comissão alargada nos processos referidos na alínea anterior, sempre que se mostre necessário;

e) Solicitar parecer e colaboração de técnicos ou de outras pessoas e entidades públicas ou privadas;

f) Decidir a aplicação e acompanhar e rever as medidas de promoção e protecção, *com excepção da medida de confiança a pessoa seleccionada para a adopção ou a instituição com vista a futura adopção*; (alterado pela Lei n.º 31/2003, de 22/08)

g) Informar semestralmente a comissão alargada, sem identificação das pessoas envolvidas, sobre os processos iniciados e o andamento dos processos pendentes.

ARTIGO 22.º

Funcionamento da comissão restrita

1 – A comissão restrita funciona em permanência.

2 – O plenário da comissão restrita reúne sempre que convocado pelo presidente, no mínimo com periodicidade quinzenal, e distribui entre os seus membros as diligências a efectuar nos processos de promoção dos direitos e protecção das crianças e jovens em perigo.

3 – Os membros da comissão restrita exercem funções em regime de tempo completo ou de tempo parcial, a definir na respectiva portaria de instalação.

4 – A comissão restrita funcionará sempre que se verifique situação qualificada de emergência que o justifique.

ARTIGO 23.º

Presidência da comissão de protecção

1 – O presidente da comissão de protecção é eleito pelo plenário da comissão alargada de entre todos os seus membros.

2 – O presidente designa um membro da comissão para desempenhar as funções de secretário.

3 – O secretário substitui o presidente nos seus impedimentos.

GUIA DE PROCEDIMENTOS DO PROCESSO DE PROMOÇÃO E PROTECÇÃO

ARTIGO 24.º
Competências do presidente

Compete ao presidente:

a) Representar a comissão de protecção;

b) Presidir às reuniões da comissão alargada e da comissão restrita e orientar e coordenar as suas actividades;

c) Promover a execução das deliberações da comissão de protecção;

d) Elaborar o relatório anual de actividades e avaliação e submetê-lo à aprovação da comissão alargada;

e) Autorizar a consulta dos processos de promoção dos direitos e de protecção;

f) Proceder às comunicações previstas na lei.

ARTIGO 25.º
Estatuto dos membros da comissão de protecção

1 – Os membros da comissão de protecção representam e obrigam os serviços e as entidades que os designam.

2 – As funções dos membros da comissão de protecção, no âmbito da competência desta, têm carácter prioritário relativamente às que exercem nos respectivos serviços.

ARTIGO 26.º
Duração do mandato

1 – Os membros da comissão de protecção são designados por um período de dois anos, renovável.

2 – O exercício de funções na comissão de protecção não pode prolongar-se por mais de seis anos consecutivos.

ARTIGO 27.º
Deliberações

1 – As comissões de protecção, alargada e restrita, deliberam por maioria de votos, tendo o presidente voto de qualidade.

2 – Para deliberar validamente é necessária a presença do presidente ou do seu substituto e da maioria dos membros da comissão de protecção.

ARTIGO 28.º
Vinculação das deliberações

1 – As deliberações da comissão de protecção são vinculativas e de execução obrigatória para os serviços e entidades nela representados, salvo oposição devidamente fundamentada.

2 – A comissão de protecção comunica ao Ministério Público as situações em que um serviço ou entidade se oponha à execução das suas deliberações.

ARTIGO 29.º
Actas

1 – As reuniões da comissão de protecção são registadas em acta.

2 – A acta contém a identificação dos membros presentes e indica se as deliberações foram tomadas por maioria ou por unanimidade.

SUBSECÇÃO III
Acompanhamento, apoio e avaliação

ARTIGO 30.º
Acompanhamento, apoio e avaliação

As comissões de protecção são acompanhadas, apoiadas e avaliadas pela Comissão Nacional de Protecção das Crianças e Jovens em Risco, adiante designada por Comissão Nacional.

ARTIGO 31.º
Acompanhamento e apoio

O acompanhamento e apoio da Comissão Nacional consiste, nomeadamente, em:

a) Proporcionar formação e informação adequadas no domínio da promoção dos direitos e da protecção das crianças e jovens em perigo;

b) Formular orientações e emitir directivas genéricas relativamente ao exercício das competências das comissões de protecção;

c) Apreciar e promover as respostas às solicitações que lhe sejam apresentadas pelas comissões de protecção sobre questões surgidas no exercício das suas competências;

d) Promover e dinamizar as respostas e os programas adequados ao desempenho das competências das comissões de protecção;

e) Promover e dinamizar a celebração dos protocolos de cooperação entre as entidades referidas na alínea d) do artigo 5.º e as comissões de protecção necessários ao exercício das suas competências.

ARTIGO 32.º
Avaliação

1 – As comissões de protecção elaboram anualmente um relatório de actividades, com identificação da situação e dos problemas existentes no município em matéria de promoção dos direitos e protecção das crianças e jovens em perigo, incluindo dados estatísticos e informações que permitam conhecer a natureza dos casos apreciados e as medidas aplicadas e avaliar as dificuldades e a eficácia da intervenção.

2 – O relatório é remetido à Comissão Nacional, à assembleia municipal e ao Ministério Público, até 31 de Janeiro do ano seguinte àquele a que respeita.

GUIA DE PROCEDIMENTOS DO PROCESSO DE PROMOÇÃO E PROTECÇÃO

3 – O relatório relativo ao ano em que se inicia a actividade da comissão de protecção é apresentado no prazo previsto no número anterior.

4 – As comissões de protecção fornecem à Comissão Nacional os dados estatísticos e as informações que lhe sejam solicitados.

5 – A Comissão Nacional promoverá a realização anual de um encontro de avaliação das comissões de protecção.

ARTIGO 33.º
Auditoria e inspecção

As comissões de protecção são objecto de auditorias e de inspecção sempre que a Comissão Nacional o entenda necessário ou a requerimento do Ministério Público.

CAPÍTULO III
Medidas de promoção dos direitos e de protecção

SECÇÃO I
Das medidas

ARTIGO 34.º
Finalidade

As medidas de promoção dos direitos e de protecção das crianças e dos jovens em perigo, adiante designadas por medidas de promoção e protecção, visam:

a) Afastar o perigo em que estes se encontram;

b) Proporcionar-lhes as condições que permitam proteger e promover a sua segurança, saúde, formação, educação, bem-estar e desenvolvimento integral;

c) Garantir a recuperação física e psicológica das crianças e jovens vítimas de qualquer forma de exploração ou abuso.

ARTIGO 35.º
Medidas

1 – As medidas de promoção e protecção são as seguintes:

a) Apoio junto dos pais;

b) Apoio junto de outro familiar;

c) Confiança a pessoa idónea;

d) Apoio para a autonomia de vida;

e) Acolhimento familiar;

f) Acolhimento em instituição;

g) *Confiança a pessoa seleccionada para a adopção ou a instituição com vista a futura adopção.* (alterado pela Lei n.º 31/2003, de 22/08)

LEGISLAÇÃO

2 – As medidas de promoção e de protecção são executadas no meio natural de vida ou em regime de colocação, consoante a sua natureza, e podem ser decididas a título provisório.

3 – Consideram-se medidas a executar no meio natural de vida as previstas nas alíneas a), b), c) e d) do n.º 1 e medidas de colocação as previstas nas alíneas e) e f); *a medida prevista na alínea g) é considerada a executar no meio natural de vida no primeiro caso e de colocação no segundo.* (alterado pela Lei n.º 31/2003, de 22/08)

4 – O regime de execução das medidas consta de legislação própria.

ARTIGO 36.º

Acordo

As medidas aplicadas pelas comissões de protecção ou em processo judicial, por decisão negociada, integram um acordo de promoção e protecção.

ARTIGO 37.º

Medidas provisórias

As medidas provisórias são aplicáveis nas situações de emergência ou enquanto se procede ao diagnóstico da situação da criança e à definição do seu encaminhamento subsequente, não podendo a sua duração prolongar-se por mais de seis meses.

ARTIGO 38.º

Competência para aplicação das medidas

A aplicação das medidas de promoção dos direitos e de protecção é da competência exclusiva das comissões de protecção e dos tribunais; *a aplicação da medida prevista na alínea g) do n.º 1 do artigo 35 é da competência exclusiva dos tribunais.* (alterado pela Lei n.º 31/2003, de 22/08)

ARTIGO 38.º-A

**Confiança a pessoa seleccionada para a adopção
ou a instituição com vista a futura adopção**

A medida de confiança a pessoa seleccionada para adopção ou a instituição com vista a futura adopção, aplicável quando se verifique alguma das situações previstas no art.º 1978.º do Código Civil, consiste:

b) Na colocação da criança ou do jovem sob a guarda de candidato seleccionado para a adopção pelo competente organismo de segurança social;

c) Ou na colocação da criança ou do jovem sob a guarda de instituição com vista a futura adopção. (aditado pela Lei n.º 31/2003, de 22/08)

GUIA DE PROCEDIMENTOS DO PROCESSO DE PROMOÇÃO E PROTECÇÃO

SECÇÃO II
Medidas no meio natural de vida

ARTIGO 39.º
Apoio junto dos pais

A medida de apoio junto dos pais consiste em proporcionar à criança ou jovem apoio de natureza psicopedagógica e social e, quando necessário, ajuda económica.

ARTIGO 40.º
Apoio junto de outro familiar

A medida de apoio junto de outro familiar consiste na colocação da criança ou do jovem sob a guarda de um familiar com quem resida ou a quem seja entregue, acompanhada de apoio de natureza psicopedagógica e social e, quando necessário, ajuda económica.

ARTIGO 41.º
Educação parental

1 – Quando sejam aplicadas as medidas previstas nos artigos 39.º e 40.º, os pais ou os familiares a quem a criança ou o jovem sejam entregues podem beneficiar de um programa de formação visando o melhor exercício das funções parentais.

2 – O conteúdo e a duração dos programas de educação parental são objecto de regulamento.

ARTIGO 42.º
Apoio à família

As medidas de apoio previstas nos artigos 39.º e 40.º podem abranger o agregado familiar da criança e do jovem.

ARTIGO 43.º
Confiança a pessoa idónea

A medida de confiança a pessoa idónea consiste na colocação da criança ou do jovem sob a guarda de uma pessoa que, não pertencendo à sua família, com eles tenha estabelecido relação de afectividade recíproca.

ARTIGO 44.º
Colocação sob a guarda de pessoa idónea seleccionada para adopção

No caso previsto no artigo 67.º, a medida de confiança a pessoa idónea prevista na alínea c) do artigo 35.º pode consistir na colocação da criança ou do jovem sob a guarda de candidato seleccionado para a adopção pelo competente organismo da segurança social, desde que não ocorra oposição expressa e fundamentada deste organismo.

(Revogado pela Lei n.º 31/2003, de 22/08).

ARTIGO 45.º
Apoio para a autonomia de vida

1 – A medida de apoio para a autonomia de vida consiste em proporcionar directamente ao jovem com idade superior a 15 anos apoio económico e acompanhamento psicopedagógico e social, nomeadamente através do acesso a programas de formação, visando proporcionar-lhe condições que o habilitem e lhe permitam viver por si só e adquirir progressivamente autonomia de vida.

2 – A medida referida no número anterior pode ser aplicada a mães com idade inferior a 15 anos, quando se verifique que a situação aconselha a aplicação desta medida.

SECÇÃO III
Medidas de colocação

SUBSECÇÃO I
Acolhimento familiar

ARTIGO 46.º
Definição

1 – O acolhimento familiar consiste na atribuição da confiança da criança ou do jovem a uma pessoa singular ou a uma família, habilitadas para o efeito, visando a sua integração em meio familiar e a prestação de cuidados adequados às suas necessidades e bem-estar e a educação necessária ao seu desenvolvimento integral.

2 – Para efeitos do disposto no número anterior, considera-se que constituem uma família duas pessoas casadas entre si ou que vivam uma com a outra há mais de dois anos em união de facto ou parentes que vivam em comunhão de mesa e habitação.

ARTIGO 47.º
Tipos de famílias de acolhimento

1 – Podem constituir-se famílias de acolhimento em lar familiar ou em lar profissional.

2 – A família de acolhimento em lar familiar é constituída por pessoas que se encontrem nas situações previstas no n.º 2 do artigo anterior.

3 – A família de acolhimento em lar profissional é constituída por uma ou mais pessoas com formação técnica adequada.

GUIA DE PROCEDIMENTOS DO PROCESSO DE PROMOÇÃO E PROTECÇÃO

ARTIGO 48.º

Modalidades de acolhimento familiar

1 – O acolhimento familiar é de curta duração ou prolongado.

2 – O acolhimento de curta duração tem lugar quando seja previsível o retorno da criança ou do jovem à família natural em prazo não superior a seis meses.

3 – O acolhimento prolongado tem lugar nos casos em que, sendo previsível o retorno à família natural, circunstâncias relativas à criança ou ao jovem exijam um acolhimento de maior duração.

SUBSECÇÃO II

Acolhimento em instituição

ARTIGO 49.º

Noção de acolhimento em instituição

A medida de acolhimento em instituição consiste na colocação da criança ou jovem aos cuidados de uma entidade que disponha de instalações e equipamento de acolhimento permanente e de uma equipa técnica que lhes garantam os cuidados adequados às suas necessidades e lhes proporcionem condições que permitam a sua educação, bem-estar e desenvolvimento integral.

ARTIGO 50.º

Modalidades de acolhimento em instituição

1 – O acolhimento em instituição pode ser de curta duração ou prolongado.

2 – O acolhimento de curta duração tem lugar em casa de acolhimento temporário por prazo não superior a seis meses.

3 – O prazo referido no número anterior pode ser excedido quando, por razões justificadas, seja previsível o retorno à família ou enquanto se procede ao diagnóstico da respectiva situação e à definição do encaminhamento subsequente.

4 – O acolhimento prolongado tem lugar em lar de infância e juventude e destina-se à criança ou ao jovem quando as circunstâncias do caso aconselhem um acolhimento de duração superior a seis meses.

ARTIGO 51.º

Lares de infância e juventude

1 – Os lares de infância e juventude podem ser especializados ou ter valências especializadas.

2 – Os lares de infância ou juventude devem ser organizados segundo modelos educativos adequados às crianças e jovens neles acolhidos.

SECÇÃO IV
Das instituições de acolhimento

ARTIGO 52.º
Natureza das instituições de acolhimento

As instituições de acolhimento podem ser públicas ou cooperativas, sociais ou privadas com acordo de cooperação com o Estado.

ARTIGO 53.º
Funcionamento das instituições de acolhimento

1 – As instituições de acolhimento funcionam em regime aberto e são organizadas em unidades que favoreçam uma relação afectiva do tipo familiar, uma vida diária personalizada e a integração na comunidade.

2 – Para efeitos do número anterior, o regime aberto implica a livre entrada e saída da criança e do jovem da instituição, de acordo com as normas gerais de funcionamento, tendo apenas como limites os resultantes das suas necessidades educativas e da protecção dos seus direitos e interesses.

3 – Os pais, o representante legal ou quem tenha a guarda de facto podem visitar a criança ou o jovem, de acordo com os horários e as regras de funcionamento da instituição, salvo decisão judicial em contrário.

ARTIGO 54.º
Equipa técnica

1 – As instituições de acolhimento dispõem necessariamente de uma equipa técnica, a quem cabe o diagnóstico da situação da criança ou do jovem acolhidos e a definição e execução do seu projecto de promoção e protecção.

2 – A equipa técnica deve ter uma constituição pluridisciplinar, integrando as valências de psicologia, serviço social e educação.

3 – A equipa técnica deve ainda dispor da colaboração de pessoas com formação na área de medicina, direito, enfermagem e, no caso dos lares de infância e juventude, da organização de tempos livres.

SECÇÃO V
Acordo de promoção e protecção e execução das medidas

ARTIGO 55.º
Acordo de promoção e protecção

1 – O acordo de promoção e protecção inclui obrigatoriamente:

a) A identificação do membro da comissão de protecção ou do técnico a quem cabe o acompanhamento do caso;

GUIA DE PROCEDIMENTOS DO PROCESSO DE PROMOÇÃO E PROTECÇÃO

b) O prazo por que é estabelecido e em que deve ser revisto;

c) As declarações de consentimento ou de não oposição necessárias.

2 – Não podem ser estabelecidas cláusulas que imponham obrigações abusivas ou que introduzam limitações ao funcionamento da vida familiar para além das necessárias a afastar a situação concreta de perigo.

ARTIGO 56.º
Acordo de promoção e protecção relativo a medidas em meio natural de vida

1 – No acordo de promoção e de protecção em que se estabeleçam medidas a executar no meio natural de vida devem constar nomeadamente as cláusulas seguintes:

a) Os cuidados de alimentação, higiene, saúde e conforto a prestar à criança ou ao jovem pelos pais ou pelas pessoas a quem sejam confiados;

b) A identificação do responsável pela criança ou pelo jovem durante o tempo em que não possa ou não deva estar na companhia ou sob a vigilância dos pais ou das pessoas a quem estejam confiados, por razões laborais ou outras consideradas relevantes;

c) O plano de escolaridade, formação profissional, trabalho e ocupação dos tempos livres;

d) O plano de cuidados de saúde, incluindo consultas médicas e de orientação psicopedagógica, bem como o dever de cumprimento das directivas e orientações fixadas;

e) O apoio económico a prestar, sua modalidade, duração e entidade responsável pela atribuição, bem como os pressupostos da concessão.

2 – Nos casos previstos na alínea e) do n.º 2 do artigo 3.º, se o perigo resultar de comportamentos adoptados em razão de alcoolismo, toxicodependência ou doença psiquiátrica dos pais ou das pessoas a quem a criança ou o jovem esteja confiado, o acordo inclui ainda a menção de que a permanência da criança na companhia destas pessoas é condicionada à sua submissão a tratamento e ao estabelecimento de compromisso nesse sentido.

3 – Quando a intervenção seja determinada pela situação prevista na alínea f) do n.º 2 do artigo 3.º, podem ainda constar do acordo directivas e obrigações fixadas à criança ou ao jovem relativamente a meios ou locais que não deva frequentar, pessoas que não deva acompanhar, substâncias ou produtos que não deva consumir e condições e horários dos tempos de lazer.

ARTIGO 57.º
Acordo de promoção e protecção relativo a medidas de colocação

1 – No acordo de promoção e protecção em que se estabeleçam medidas de colocação devem ainda constar, com as devidas adaptações, para além das cláusulas enumeradas nos artigos anteriores:

a) A modalidade do acolhimento e o tipo de família ou de lar em que o acolhimento terá lugar;

b) Os direitos e os deveres dos intervenientes, nomeadamente a periodicidade das visitas por parte da família ou das pessoas com quem a criança ou o jovem tenha especial ligação afectiva, os períodos de visita à família, quando isso seja do seu interesse, e o montante da prestação correspondente aos gastos com o sustento, educação e saúde da criança ou do jovem e a identificação dos responsáveis pelo pagamento;

c) A periodicidade e o conteúdo da informação a prestar às entidades administrativas e às autoridades judiciárias, bem como a identificação da pessoa ou da entidade que a deve prestar.

2 – A informação a que se refere a alínea c) do número anterior deve conter os elementos necessários para avaliar o desenvolvimento da personalidade, o aproveitamento escolar, a progressão em outras aprendizagens, a adequação da medida aplicada e a possibilidade de regresso da criança ou do jovem à família.

ARTIGO 58.º

Direitos da criança e do jovem em acolhimento

A criança e o jovem acolhidos em instituição têm, em especial, os seguintes direitos:

a) Manter regularmente, e em condições de privacidade, contactos pessoais com a família e com pessoas com quem tenham especial relação afectiva, sem prejuízo das limitações impostas por decisão judicial ou pela comissão de protecção;

b) Receber uma educação que garanta o desenvolvimento integral da sua personalidade e potencialidades, sendo-lhes asseguradas a prestação dos cuidados de saúde, formação escolar e profissional e a participação em actividades culturais, desportivas e recreativas;

c) Usufruir de um espaço de privacidade e de um grau de autonomia na condução da sua vida pessoal adequados à sua idade e situação;

d) Receber dinheiro de bolso;

e) A inviolabilidade da correspondência;

f) Não ser transferidos da instituição, salvo quando essa decisão corresponda ao seu interesse;

g) Contactar, com garantia de confidencialidade, a comissão de protecção, o Ministério Público, o juiz e o seu advogado.

2 – Os direitos referidos no número anterior constam necessariamente do regulamento interno das instituições de acolhimento.

GUIA DE PROCEDIMENTOS DO PROCESSO DE PROMOÇÃO E PROTECÇÃO

ARTIGO 59.º

Acompanhamento da execução das medidas

1 – As comissões de protecção executam as medidas nos termos do acordo de promoção e protecção.

2 – A execução da medida aplicada em processo judicial é dirigida e controlada pelo tribunal que a aplicou.

3 – Para efeitos do disposto no número anterior, o tribunal designa a entidade que considere mais adequada para o acompanhamento da execução da medida.

4 – No caso previsto no n.º 3 do artigo 50.º, a situação é obrigatoriamente reexaminada de três em três meses.

SECÇÃO VI

Duração, revisão e cessação das medidas

ARTIGO 60.º

Duração das medidas no meio natural de vida

1 – Sem prejuízo do disposto no n.º 2, as medidas previstas nas alíneas a), b), c) e d) do artigo 35.º têm a duração estabelecida no acordo ou na decisão judicial.

2 – As medidas referidas no número anterior não poderão ter duração superior a um ano, podendo, todavia, ser prorrogadas até 18 meses se o interesse da criança ou do jovem o aconselhar e, no caso das medidas previstas nas alíneas b) e c), desde que se mantenham os consentimentos e os acordos legalmente exigidos.

ARTIGO 61.º

Duração das medidas de colocação

As medidas previstas nas alíneas e) e f) do artigo 35.º têm a duração estabelecida no acordo ou na decisão judicial.

ARTIGO 62.º

Revisão das medidas

1 – A medida aplicada é obrigatoriamente revista findo o prazo fixado no acordo ou na decisão judicial, e, em qualquer caso, decorridos períodos nunca superiores a seis meses.

2 – A revisão da medida pode ter lugar antes de decorrido o prazo fixado no acordo ou na decisão judicial, oficiosamente ou a pedido das pessoas referidas nos artigos 9.º e 10.º, desde que ocorram factos que a justifiquem.

3 – A decisão de revisão pode determinar:

a) A cessação da medida;

b) A substituição da medida por outra mais adequada;

c) A continuação ou a prorrogação da execução da medida;

d) A verificação das condições de execução da medida;

e) *A comunicação à segurança social da verificação dos requisitos da adopção.* (*)

4 – É decidida a cessação da medida sempre que a sua continuação se mostre desnecessária.

5 – As decisões tomadas na revisão constituem parte integrante dos acordos de promoção e protecção ou da decisão judicial.

6 – As medidas provisórias são obrigatoriamente revistas no prazo máximo de seis meses após a sua aplicação.

(*) *Revogado pela Lei n.º 31/2003, de 22/08.*

ARTIGO 62.º-A (*)
Medida de confiança a pessoa seleccionada para a adopção ou a instituição com vista a futura adopção

1 – A medida de confiança a pessoa seleccionada para a adopção ou a instituição com vista a futura adopção dura até ser decretada a adopção e não está sujeita a revisão.

2 – É aplicável o artigo 167.º da Organização Tutelar de Menores e não há lugar a visitas por parte da família natural.

3 – Até ser instaurado o processo de adopção, o tribunal solicita, de seis em seis meses, informação ao organismo de segurança social sobre os procedimentos em curso com vista à adopção.»

(*) *Aditado pela L 31/2003, de 22/08.*

ARTIGO 63.º
Cessação das medidas

1 – As medidas cessam quando:

a) Decorra o respectivo prazo de duração ou eventual prorrogação;

b) A decisão de revisão lhes ponha termo;

c) Seja decretada a adopção, nos casos previstos no art.º 62.º-A; (*)

d) O jovem atinja a maioridade ou, nos casos em que tenha solicitado a continuação da medida para além da maioridade, complete 21 anos;

e) Seja proferida decisão em procedimento cível que assegure o afastamento da criança ou do jovem da situação de perigo.

2 – Após a cessação da medida aplicada em comissão de protecção, a criança, o jovem e a sua família poderão continuar a ser apoiados pela comissão, nos termos e pelo período que forem acordados.

(*) *Alterado pela L 31/2003, de 22/08.*

CAPÍTULO IV
Comunicações

ARTIGO 64.º
Comunicação das situações de perigo pelas autoridades policiais e judiciárias

1 – As entidades policiais e as autoridades judiciárias comunicam às comissões de protecção as situações de crianças e jovens em perigo de que tenham conhecimento no exercício das suas funções.

2 – Sem prejuízo do disposto no número anterior, as autoridades judiciárias adoptam as providências tutelares cíveis adequadas.

ARTIGO 65.º
Comunicação das situações de perigo conhecidas pelas entidades com competência em matéria de infância e juventude

1 – As entidades com competência em matéria de infância e juventude comunicam às comissões de protecção as situações de perigo de que tenham conhecimento no exercício das suas funções sempre que não possam, no âmbito exclusivo da sua competência, assegurar em tempo a protecção suficiente que as circunstâncias do caso exigem.

2 – Caso a comissão de protecção não esteja instalada ou quando não tenha competência para aplicar a medida adequada, designadamente sempre que os pais da criança ou do jovem expressem a sua vontade quanto ao seu consentimento ou à não oposição para a futura adopção, as entidades devem comunicar a situação de perigo directamente ao Ministério Público.(*)

3 – As instituições de acolhimento devem comunicar ao Ministério Público todas as situações de crianças e jovens que acolham sem prévia decisão da comissão de protecção ou judicial.

(*) *Alterado pela L 31/2003, de 22/08.*

ARTIGO 66.º
Comunicação das situações de perigo por qualquer pessoa

1 – Qualquer pessoa que tenha conhecimento das situações previstas no artigo 3.º pode comunicá-las às entidades com competência em matéria de infância ou juventude, às entidades policiais, às comissões de protecção ou às autoridades judiciárias.

2 – A comunicação é obrigatória para qualquer pessoa que tenha conhecimento de situações que ponham em risco a vida, a integridade física ou psíquica ou a liberdade da criança ou do jovem.

3 – Quando as comunicações sejam dirigidas às entidades referidas no n.º 1, estas procedem ao estudo sumário da situação e proporcionam a protecção compatível com as suas atribuições, dando conhecimento da situação à comissão de protecção sempre que entendam que a sua intervenção não é adequada ou suficiente.

ARTIGO 67.º
Comunicações das comissões de protecção aos organismos de segurança social

As comissões de protecção dão conhecimento aos organismos de segurança social das situações de crianças e jovens que se encontrem em alguma das situações previstas no artigo 1978.º do Código Civil e de outras situações que entendam dever encaminhar para a adopção.

ARTIGO 68.º
Comunicações das comissões de protecção ao Ministério Público

As comissões de protecção comunicam ao Ministério Público:

a) As situações em que considerem adequado o encaminhamento para a adopção; (*)

b) As situações em que não sejam prestados ou sejam retirados os consentimentos necessários à sua intervenção, à aplicação da medida ou à sua revisão, em que haja oposição da criança ou do jovem, ou em que, tendo estes sido prestados, não sejam cumpridos os acordos estabelecidos;

c) As situações em que não obtenham a disponibilidade dos meios necessários para aplicar ou executar a medida que considerem adequada, nomeadamente por oposição de um serviço ou instituição;

d) As situações em que não tenha sido proferida decisão decorridos seis meses após o conhecimento da situação da criança ou do jovem em perigo;

e) A aplicação da medida que determine ou mantenha a separação da criança ou do jovem dos seus pais, representante legal ou das pessoas que tenham a sua guarda de facto.

(*) *Alterado pela L 31/2003, de 22/08.*

ARTIGO 69.º
**Comunicações das comissões de protecção ao Ministério Público
para efeitos de procedimento cível**

As comissões de protecção comunicam ainda ao Ministério Público as situações de facto que justifiquem a regulação ou a alteração do regime de exercício do poder paternal, a inibição do poder paternal, a instauração da tutela ou a adopção de qualquer outra providência cível, nomeadamente nos casos em que se mostre necessária a fixação ou a alteração ou se verifique o incumprimento das prestações de alimentos.

ARTIGO 70.º
Participação dos crimes cometidos contra crianças e jovens

Quando os factos que tenham determinado a situação de perigo constituam crime, as entidades e instituições referidas nos artigos 7.º e 8.º devem comunicá-los ao Ministério Público ou às entidades policiais, sem prejuízo das comunicações previstas nos artigos anteriores.

GUIA DE PROCEDIMENTOS DO PROCESSO DE PROMOÇÃO E PROTECÇÃO

ARTIGO 71.º

Consequências das comunicações

1 – As comunicações previstas nos artigos anteriores não determinam a cessação da intervenção das entidades e instituições, salvo quando não tiverem sido prestados ou tiverem sido retirados os consentimentos legalmente exigidos.

2 – As comunicações previstas no presente capítulo devem indicar as providências tomadas para protecção da criança ou do jovem e ser acompanhadas de todos os elementos disponíveis que se mostrem relevantes para apreciação da situação, salvaguardada a intimidade da criança ou do jovem.

CAPÍTULO V
Intervenção do Ministério Público

ARTIGO 72.º

Atribuições

1 – O Ministério Público intervém na promoção e defesa dos direitos das crianças e jovens em perigo, nos termos da presente lei, podendo exigir aos pais, ao representante legal ou a quem tenha a sua guarda de facto os esclarecimentos necessários.

2 – O Ministério Público acompanha a actividade das comissões de protecção, tendo em vista apreciar a legalidade e a adequação das decisões, a fiscalização da sua actividade processual e a promoção dos procedimentos judiciais adequados.

3 – Compete, ainda, de modo especial, ao Ministério Público representar as crianças e jovens em perigo, propondo acções, requerendo providências tutelares cíveis e usando de quaisquer meios judiciais necessários à promoção e defesa dos seus direitos e à sua protecção.

Cfr. Circulares da PGR 1/2001 e 3/2006 e Directiva Conjunta da PGR/CNPCJR de 2009.

ARTIGO 73.º

Iniciativa do processo judicial de promoção e protecção

1 – O Ministério Público requer a abertura do processo judicial de promoção dos direitos e de protecção quando:

a) Tenha conhecimento das situações de crianças e jovens em perigo residentes em áreas em que não esteja instalada comissão de protecção, sem prejuízo do disposto no artigo 74.º;

b) Recebidas as comunicações a que se refere o artigo 68.º, considere necessária a aplicação judicial de uma medida de promoção e protecção;

c) Requeira a apreciação judicial da decisão da comissão de protecção nos termos do artigo 76.º.

2 – No caso previsto na alínea b) do número anterior, o Ministério Público, antes de requerer a abertura do processo judicial, pode requisitar à comissão o processo relativo ao menor e solicitar-lhe os esclarecimentos que tiver por convenientes.

ARTIGO 74.º

Arquivamento liminar

O Ministério Público arquiva liminarmente, através de despacho fundamentado, as comunicações que receba quando seja manifesta a sua falta de fundamento ou a desnecessidade da intervenção.

ARTIGO 75.º

Requerimento de providências tutelares cíveis

O Ministério Público requer ao tribunal as providências tutelares cíveis adequadas:

a) No caso previsto na alínea a) do artigo 68.º, quando concorde com o entendimento da comissão de protecção;

b) Sempre que considere necessário, nomeadamente nas situações previstas no artigo 69.º

ARTIGO 76.º

Requerimento para apreciação judicial

1 – O Ministério Público requer a apreciação judicial da decisão da comissão de protecção quando entenda que as medidas aplicadas são ilegais ou inadequadas para promoção dos direitos e protecção da criança ou do jovem em perigo.

2 – O requerimento para apreciação judicial da decisão da comissão de protecção indica os fundamentos da necessidade de intervenção judicial e é acompanhado do processo da comissão.

3 – Para efeitos do número anterior, o Ministério Público requisita previamente à comissão de protecção o respectivo processo.

4 – O requerimento para apreciação judicial deve ser apresentado no prazo de 15 dias após o recebimento da comunicação da decisão da comissão pelo Ministério Público e dele é dado conhecimento à comissão de protecção.

5 – O presidente da comissão de protecção é ouvido sobre o requerimento do Ministério Público.

CAPÍTULO VI
Disposições processuais gerais

ARTIGO 77.º
Disposições comuns

As disposições do presente capítulo aplicam-se aos processos de promoção dos direitos e de protecção, adiante designados processos de promoção e protecção, instaurados nas comissões de protecção ou nos tribunais.

ARTIGO 78.º
Carácter individual e único do processo

O processo de promoção e protecção é individual, sendo organizado um único processo para cada criança ou jovem.

ARTIGO 79.º
Competência territorial

1 – É competente para a aplicação das medidas de promoção e protecção a comissão de protecção ou o tribunal da área da residência da criança ou do jovem no momento em que é recebida a comunicação da situação ou instaurado o processo judicial.

2 – Se a residência da criança ou do jovem não for conhecida, nem for possível determiná-la, é competente a comissão de protecção ou o tribunal do lugar onde aquele for encontrado.

3 – Sem prejuízo do disposto nos números anteriores, a comissão de protecção ou o tribunal do lugar onde a criança ou o jovem for encontrado realiza as diligências consideradas urgentes e toma as medidas necessárias para a sua protecção imediata.

4 – Se, após a aplicação da medida, a criança ou o jovem mudar de residência por período superior a três meses, o processo é remetido à comissão de protecção ou ao tribunal da área da nova residência.

5 – Salvo o disposto no número anterior, são irrelevantes as modificações de facto que ocorrerem posteriormente ao momento da instauração do processo.

ARTIGO 80.º
Apensação de processos

Sem prejuízo das regras de competência territorial, quando a situação de perigo abranger simultaneamente mais de uma criança ou jovem, pode ser instaurado um único processo e, tendo sido instaurado processos distintos, pode proceder-se à apensação de todos eles ao que foi instaurado em primeiro lugar, se as relações familiares ou as situações de perigo em concreto o justificarem.

ARTIGO 81.º
Apensação de processos de natureza diversa

1 – Quando, relativamente à mesma criança ou jovem, forem instaurados sucessivamente processos de promoção e protecção, tutelar educativo ou relativos a providências tutelares cíveis, devem os mesmos correr por apenso, sendo competente para deles conhecer o juiz do processo instaurado em primeiro lugar.

2 – A apensação referida no número anterior só será determinada relativamente ao processo de promoção e protecção a correr termos na comissão de protecção se o juiz, por despacho fundamentado, entender que existe ou pode existir incompatibilidade das respectivas medidas ou decisões.

3 – Para a observância do disposto no número anterior, o juiz solicita à comissão de protecção que o informe sobre qualquer processo de promoção e protecção pendente ou que venha a ser instaurado posteriormente relativamente à mesma criança ou jovem.

ARTIGO 82.º
Jovem arguido em processo penal

1 – Quando relativamente a um mesmo jovem correrem simultaneamente processo de promoção e protecção e processo penal, a comissão de protecção ou o tribunal de família e menores remete à autoridade judiciária competente para o processo penal cópia da respectiva decisão, podendo acrescentar as informações sobre a inserção familiar e sócio-profissional do jovem que considere adequadas.

2 – Os elementos referidos no número anterior são remetidos após a notificação ao jovem do despacho que designa dia para a audiência de julgamento, sendo-lhes correspondentemente aplicável o disposto nos artigos 369.º, n.º 1, 370.º, n.º 3, e 371.º, n.º 2, do Código de Processo Penal.

3 – Quando o jovem seja preso preventivamente, os elementos constantes do n.º 1 podem ser remetidos a todo o tempo, a solicitação deste ou do defensor, ou com o seu consentimento.

4 – As autoridades judiciárias participam às entidades competentes em matéria de promoção dos direitos e protecção as situações de jovens arguidos em processo penal que se encontrem em perigo, remetendo-lhes os elementos de que disponham e que se mostrem relevantes para a apreciação da situação, nos termos do n.º 2 do artigo 71.º.

ARTIGO 83.º
Aproveitamento dos actos anteriores

As comissões de protecção e os tribunais devem abster-se de ordenar a repetição de diligências já efectuadas, nomeadamente relatórios sociais ou exames médicos, salvo quando o interesse superior da criança exija a sua repetição ou esta se torne necessária para assegurar o princípio do contraditório.

ARTIGO 84.º
Audição da criança e do jovem

1 – As crianças e os jovens com mais de 12 anos, ou com idade inferior quando a sua capacidade para compreender o sentido da intervenção o aconselhe, são ouvidos pela comissão de protecção ou pelo juiz sobre as situações que deram origem à intervenção e relativamente a aplicação, revisão ou cessação de medidas de promoção e protecção.

2 – A criança ou o jovem tem direito a ser ouvido individualmente ou acompanhado pelos pais, pelo representante legal, por advogado da sua escolha ou oficioso ou por pessoa da sua confiança.

ARTIGO 85.º
Audição dos titulares do poder paternal

Os pais, o representante legal e as pessoas que tenham a guarda de facto da criança ou do jovem são obrigatoriamente ouvidos sobre a situação que originou a intervenção e relativamente à aplicação, revisão ou cessação de medidas de promoção e protecção.

ARTIGO 86.º
Informação e assistência

1 – O processo deve decorrer de forma compreensível para a criança ou jovem, considerando a idade e o grau de desenvolvimento intelectual e psicológico.

2 – Na audição da criança ou do jovem e no decurso de outros actos processuais ou diligências que o justifiquem, a comissão de protecção ou o juiz podem determinar a intervenção ou a assistência de médicos, psicólogos ou outros especialistas ou de pessoa da confiança da criança ou do jovem, ou determinar a utilização dos meios técnicos que lhes pareçam adequados.

ARTIGO 87.º
Exames

1 – Os exames médicos que possam ofender o pudor da criança ou do jovem apenas são ordenados quando for julgado indispensável e o seu interesse o exigir e devem ser efectuados na presença de um dos progenitores ou de pessoa da confiança da criança ou do jovem, salvo se o examinado o não desejar ou o seu interesse o exigir.

2 – Os exames médicos referidos no número anterior são realizados por pessoal médico devidamente qualificado, sendo garantido à criança ou ao jovem o necessário apoio psicológico.

3 – Aos exames médicos é correspondentemente aplicável o disposto nos artigos 9.º e 10.º.

LEGISLAÇÃO

4 – Os exames têm carácter de urgência e, salvo quando outro prazo for exigido pela sua natureza, os respectivos relatórios são apresentados no prazo máximo de 30 dias.

5 – A comissão de protecção ou o tribunal podem, quando necessário para assegurar a protecção da criança ou do jovem, requerer ao tribunal certidão dos relatórios dos exames efectuados em processos relativos a crimes de que tenham sido vítimas, que possam ser utilizados como meios de prova.

ARTIGO 88.º
Carácter reservado do processo

1 – O processo de promoção e protecção é de carácter reservado.

2 – Os membros da comissão de protecção têm acesso aos processos em que intervenham, sendo aplicável, nos restantes casos, o disposto nos n.ºs 1 e 5.

3 – Os pais, o representante legal e as pessoas que detenham a guarda de facto podem consultar o processo pessoalmente ou através de advogado.

4 – A criança ou jovem podem consultar o processo através do seu advogado ou pessoalmente se o juiz o autorizar, atendendo à sua maturidade, capacidade de compreensão e natureza dos factos.

5 – Pode ainda consultar o processo, directamente ou através de advogado, quem manifeste interesse legítimo, quando autorizado e nas condições estabelecidas em despacho do presidente da comissão de protecção ou do juiz, conforme o caso.

6 – Os processos das comissões de protecção são destruídos quando a criança ou jovem atinjam a maioridade ou, no caso da alínea d) do n.º 1 do artigo 63.º os 21 anos.

7 – Em caso de aplicação da medida de promoção e protecção prevista na alínea d) do n.º 1 do artigo 35.º, deve ser respeitado o segredo de identidade relativo aos adoptantes e aos pais biológicos do adoptado, nos termos previstos no artigo 1985.º do Código Civil e no artigo 173.º-B da Organização Tutelar de Menores. (*)

(*) *Alterado pela L. 31/2003, 22/08.*

ARTIGO 89.º
Consulta para fins científicos

1 – A comissão de protecção ou o tribunal podem autorizar a consulta dos processos por instituições credenciadas no domínio científico, ficando todos aqueles que lhe tiverem acesso obrigados a dever de segredo relativamente àquilo de que tomarem conhecimento.

2 – A divulgação de quaisquer estudos deve ser feita de modo que torne impossível a identificação das pessoas a quem a informação disser respeito.

GUIA DE PROCEDIMENTOS DO PROCESSO DE PROMOÇÃO E PROTECÇÃO

3 – Para fins científicos podem, com autorização da comissão restrita de protecção ou do juiz, ser publicadas peças de processos, desde que se impossibilite a identificação da criança ou jovem, seus familiares e restantes pessoas nelas referidas.

ARTIGO 90.º
Comunicação social

1 – Os órgãos de comunicação social, sempre que divulguem situações de crianças ou jovens em perigo, não podem identificar, nem transmitir elementos, sons ou imagens que permitam a sua identificação, sob pena de os seus agentes incorrerem na prática de crime de desobediência.

2 – Sem prejuízo do disposto no número anterior, os órgãos de comunicação social podem relatar o conteúdo dos actos públicos do processo judicial de promoção e protecção.

3 – Sempre que tal seja solicitado e sem prejuízo do disposto no n.º 1, o presidente da comissão de protecção ou o juiz do processo informam os órgãos de comunicação social sobre os factos, decisão e circunstâncias necessárias para a sua correcta compreensão.

CAPÍTULO VII
Procedimentos de urgência

ARTIGO 91.º
Procedimentos urgentes na ausência do consentimento

1 – Quando exista perigo actual ou iminente para a vida ou integridade física da criança ou do jovem e haja oposição dos detentores do poder paternal ou de quem tenha a guarda de facto, qualquer das entidades referidas no artigo 7.º ou as comissões de protecção tomam as medidas adequadas para a sua protecção imediata e solicitam a intervenção do tribunal ou das entidades policiais.

2 – As entidades policiais dão conhecimento, de imediato, das situações referidas no número anterior ao Ministério Público ou, quando tal não seja possível, logo que cesse a causa da impossibilidade.

3 – Enquanto não for possível a intervenção do tribunal, as autoridades policiais retiram a criança ou o jovem do perigo em que se encontra e asseguram a sua protecção de emergência em casa de acolhimento temporário, nas instalações das entidades referidas no artigo 7.º ou em outro local adequado.

4 – O Ministério Público, recebida a comunicação efectuada por qualquer das entidades referidas nos números anteriores, requer imediatamente ao tribunal competente procedimento judicial urgente nos termos do artigo seguinte.(*)

(*) *Alterado pela L. 31/2003.de 22/08.*

ARTIGO 92.º
Procedimentos judiciais urgentes

1 – O tribunal, a requerimento do Ministério Público, quando lhe sejam comunicadas as situações referidas no artigo anterior, profere decisão provisória, no prazo de quarenta e oito horas, confirmando as providências tomadas para a imediata protecção da criança ou do jovem, aplicando qualquer uma das medidas previstas no artigo 35.º ou determinando o que tiver por conveniente relativamente ao destino da criança ou do jovem.

2 – Para efeitos do disposto no artigo anterior, o tribunal procede às averiguações sumárias e indispensáveis e ordena as diligencias necessárias para assegurar a execução das suas decisões, podendo recorrer às entidades policiais e permitir às pessoas a quem incumba do cumprimento das suas decisões a entrada, durante o dia, em qualquer casa.

3 – Proferida a decisão provisória referida no n.º 1, o processo segue os seus termos como processo judicial de promoção e protecção.

CAPÍTULO VIII
Do processo nas comissões de protecção de crianças e jovens

ARTIGO 93.º
Iniciativa da intervenção das comissões de protecção

Sem prejuízo do disposto nos artigos 64.º a 66.º, as comissões de protecção intervêm:

a) A solicitação da criança ou do jovem, dos seus pais, representante legal ou das pessoas que tenham a sua guarda de facto;

b) Por sua iniciativa, em situações de que tiverem conhecimento no exercício das suas funções.

ARTIGO 94.º
Informação e audição dos interessados

1 – A comissão de protecção, recebida a comunicação da situação ou depois de proceder a diligências sumárias que a confirmem, deve contactar a criança ou o jovem, os titulares do poder paternal ou a pessoa com quem a criança ou o jovem residam, informando-os da situação e ouvindo-os sobre ela.

2 – A comissão de protecção deve informar as pessoas referidas no número anterior do modo como se processa a sua intervenção, das medidas que pode tomar, do direito de não autorizarem a intervenção e suas possíveis consequências e do seu direito a fazerem-se acompanhar de advogado.

ARTIGO 95.º
Falta do consentimento

Faltando ou tendo sido retirados os consentimentos previstos no artigo 9.º, ou havendo oposição do menor, nos termos do artigo 10.º, a comissão abstém-se de intervir e comunica a situação ao Ministério Público competente, remetendo-lhe o processo ou os elementos que considere relevantes para a apreciação da situação.

ARTIGO 96.º
Diligências nas situações de guarda ocasional

1 – Quando a criança se encontre a viver com uma pessoa que não detenha o poder paternal, não seja o seu representante legal, nem tenha a sua guarda de facto, a comissão de protecção deve diligenciar de imediato, por todos os meios ao seu alcance, no sentido de entrar em contacto com as pessoas que devem prestar o consentimento, a fim de que estes ponham cobro à situação de perigo ou prestem o consentimento para a intervenção.

2 – Até ao momento em que o contacto com os pais ou representantes legais seja possível e sem prejuízo dos procedimentos de urgência, a comissão de protecção proporciona à criança ou ao jovem os meios de apoio adequados, salvo se houver oposição da pessoa com quem eles residem.

3 – Quando se verifique a oposição referida no número anterior, a comissão de protecção comunica imediatamente a situação ao Ministério Público.

ARTIGO 97.º
Processo

1 – O processo inicia-se com o recebimento da comunicação escrita ou com o registo das comunicações verbais ou dos factos de que a referida comissão tiver conhecimento.

2 – O processo da comissão de protecção inclui a recolha de informação, as diligências e os exames necessários e adequados ao conhecimento da situação, à fundamentação da decisão, à aplicação da respectiva medida e à sua execução.

3 – O processo é organizado de modo que nele sejam registados por ordem cronológica todos os actos e diligências praticados ou solicitados pela comissão de protecção.

4 – Relativamente a cada processo é transcrita na acta da comissão restrita, de forma sumária, a deliberação e a sua fundamentação.

ARTIGO 98.º
Decisão relativa à medida

1 – Reunidos os elementos sobre a situação da criança ou do jovem, a comissão restrita, em reunião, aprecia o caso, arquivando o processo quando a situação de perigo não se confirme ou já não subsista, ou delibera a aplicação da medida adequada.

2 – Perante qualquer proposta de intervenção da comissão de protecção, as pessoas a que se referem os artigos 9.º e 10.º podem solicitar um prazo, não superior a oito dias, para prestar consentimento ou manifestar a não oposição.

3 – Havendo acordo entre a comissão de protecção e as pessoas a que se referem os artigos 9.º e 10.º no tocante à medida a adoptar, a decisão é reduzida a escrito, tomando a forma de acordo, nos termos do disposto nos artigos 55.º a 57.º, o qual é assinado pelos intervenientes.

4 – Não havendo acordo, e mantendo-se a situação que justifique a aplicação de medida, a comissão de protecção remete o processo ao Ministério Público.

ARTIGO 99.º
Arquivamento do processo

Cessando a medida, o processo é arquivado, só podendo ser reaberto se ocorrerem novos factos que justifiquem a aplicação de medida de promoção e protecção.

CAPÍTULO IX
Do processo judicial de promoção e protecção

ARTIGO 100.º
Processo

O processo judicial de promoção dos direitos e protecção das crianças e jovens em perigo, doravante designado processo judicial de promoção e protecção, é de jurisdição voluntária.

ARTIGO 101.º
Tribunal competente

1 – Compete ao tribunal de família e menores a instrução e o julgamento do processo.

2 – Fora das áreas abrangidas pela jurisdição dos tribunais de família e menores cabe ao tribunal da respectiva comarca conhecer das causas que àqueles estão atribuídas.

3 – No caso previsto no número anterior, o tribunal constitui-se em tribunal de família e menores.

ARTIGO 102.º
Processos urgentes

1 – Os processos judiciais de promoção e protecção são de natureza urgente, correndo nas férias judiciais.

2 – Os processos não estão sujeitos a distribuição, sendo imediatamente averbados ao juiz de turno.

ARTIGO 103.º
Advogado

1 – Os pais, o representante legal ou quem tiver a guarda de facto podem, em qualquer fase do processo, constituir advogado ou requerer a nomeação de patrono que o represente, a si ou à criança ou ao jovem.

2 – É obrigatória a nomeação de patrono à criança ou jovem quando os seus interesses e os dos seus pais, representante legal ou de quem tenha a guarda de facto sejam conflituantes e ainda quando a criança ou jovem com a maturidade adequada o solicitar ao tribunal.

3 – A nomeação do patrono é efectuada nos termos da lei do apoio judiciário.

4 – No debate judicial é obrigatória a constituição de advogado ou a nomeação de patrono à criança ou Jovem.

ARTIGO 104.º
Contraditório

1 – A criança ou jovem, os seus pais, representante legal ou quem tiver a guarda de facto têm direito a requerer diligências e oferecer meios de prova.

2 – No debate judicial podem ser apresentadas alegações escritas e é assegurado o contraditório.

3 – O contraditório quanto aos factos e à medida aplicável é sempre assegurado em todas as fases do processo, designadamente na conferência tendo em vista a obtenção de acordo e no debate judicial, quando se aplicar a medida prevista na alínea g) do n.º 1 do artigo 35.º(*)

(*) *Alterado pela L. 31/2003, de 22/08.*

ARTIGO 105.º
Iniciativa processual

1 – À iniciativa processual cabe ao Ministério Público.

2 – Os pais, o representante legal, as pessoas que tenham a guarda de facto e a criança ou jovem com idade superior a 12 anos podem também requerer a intervenção do tribunal no caso previsto na alínea e) do artigo 11.º.

ARTIGO 106.º
Fases do processo

1 – O processo de promoção e protecção é constituído pelas fases de instrução, debate judicial, decisão e execução da medida.

2 – Recebido o requerimento inicial, o juiz profere despacho de abertura de instrução ou, se considerar que dispõe de todos os elementos necessários, ordena as notificações a que se refere o n.º 1 do artigo 114.º, seguindo-se os demais termos nele previstos.

ARTIGO 107.º

Despacho inicial

1 – Declarada aberta a instrução, o juiz designa data para a audição obrigatória:

a) Da criança ou do jovem;

b) Dos pais, do representante legal da criança ou do jovem ou da pessoa que tenha a sua guarda de facto.

2 – No mesmo despacho, o juiz, sempre que o julgar conveniente, pode designar dia para ouvir os técnicos que conheçam a situação da criança ou do jovem a fim de prestarem os esclarecimentos necessários.

3 – Com a notificação da designação da data referida no n.º 1 procede-se também à notificação dos pais, representantes legais ou de quem tenha a guarda de facto da criança ou do jovem para, querendo, requererem a realização de diligências instrutórias ou juntarem meios de prova.

ARTIGO 108.º

Informação ou relatório social

1 – O juiz, se o entender necessário, pode utilizar, como meios de obtenção da prova, a informação ou o relatório social sobre a situação da criança e do jovem e do seu agregado familiar.

2 – A informação é solicitada pelo juiz às entidades referidas na alínea d) do artigo 5.º, que a remetem ao tribunal no prazo de oito dias.

3 – A elaboração de relatório social é solicitada pelo juiz a qualquer das entidades a que se refere o artigo 5.º, alínea d), que disponha de serviço social adequado para o efeito, que o remete no prazo de 30 dias.

ARTIGO 109.º

Duração

A instrução do processo de promoção e de protecção não pode ultrapassar o prazo de quatro meses.

ARTIGO 110.º

Encerramento da instrução

O juiz, ouvido o Ministério Público, declara encerrada a instrução e:

a) Decide o arquivamento do processo;

b) Designa dia para uma conferencia com vista à obtenção de acordo de promoção e protecção; ou

c) Quando se mostre manifestamente improvável uma solução negociada, determina o prosseguimento do processo para realização de debate judicial e ordena as notificações a que se refere o n.º 1 do artigo 114.º.

ARTIGO 111.º
Arquivamento

O juiz decide o arquivamento do processo quando concluir que, em virtude de a situação de perigo não se comprovar ou já não subsistir, se tornou desnecessária a aplicação de qualquer medida de promoção e protecção.

ARTIGO 112.º
Decisão negociada

O juiz convoca para a conferência, com vista à obtenção de acordo de promoção e protecção, o Ministério Público, os pais, o representante legal ou quem tenha a guarda de facto, a criança ou jovem com mais de 12 anos e as pessoas e representantes de entidades cuja presença e subscrição do acordo seja entendida como relevante.

ARTIGO 113.º
Acordo de promoção e protecção

1 – Ao acordo de promoção e protecção é aplicável, com as devidas adaptações, o disposto nos artigos 55.º a 57.º.

2 – Não havendo oposição do Ministério Público, o acordo é homologado por decisão judicial.

3 – O acordo fica a constar da acta e é subscrito por todos os intervenientes.

ARTIGO 114.º
Debate judicial

1 – Se não tiver sido possível obter o acordo de promoção e protecção, ou quando este se mostre manifestamente improvável, o juiz notifica o Ministério Público, os pais, o representante legal, quem detiver a guarda de facto e a criança ou jovem com mais de 12 anos para alegarem, por escrito, querendo, e apresentarem prova no prazo de 10 dias.

2 – O Ministério Público deve alegar por escrito e apresentar provas sempre que considerar que a medida a aplicar é a prevista na alínea g) do n.º 1 do artigo 35.º. (*)

3 – Recebidas as alegações e apresentada a prova, o juiz designa dia para o debate judicial e ordena a notificação das pessoas que devam comparecer.(*)

4 – Com a notificação da data para o debate judicial é dado conhecimento aos pais, ao representante legal ou a quem tenha a guarda de facto das alegações e prova apresentada pelo Ministério Público e a este das restantes alegações e prova apresentada. (*)

(*) *Alterado pela L. 31/2003, de 22/08.*

LEGISLAÇÃO

ARTIGO 115.º
Composição do tribunal

O debate judicial será efectuado perante um tribunal composto pelo juiz, que preside, e por dois juízes sociais.

ARTIGO 116.º
Organização do debate judicial

1 – O debate judicial é contínuo, decorrendo sem interrupção ou adiamento até ao encerramento, salvo as suspensões necessárias para alimentação e repouso dos participantes.

2 – O debate judicial não pode ser adiado e inicia-se com a produção da prova e audição das pessoas presentes, ordenando o juiz as diligências necessárias para que compareçam os não presentes na data que designar para o seu prosseguimento.

3 – A leitura da decisão é pública, mas ao debate judicial só podem assistir as pessoas que o tribunal expressamente autorizar.

ARTIGO 117.º
Regime das provas

Para a formação da convicção do tribunal e para a fundamentação da decisão só podem ser consideradas as provas que puderem ter sido contraditadas durante o debate judicial.

ARTIGO 118.º
Documentação

1 – As declarações prestadas em audiência são documentadas em acta quando o tribunal não dispuser de meios idóneos para assegurar a sua reprodução integral.

2 – No caso previsto no número anterior, o juiz dita para a acta uma súmula das declarações, podendo o Ministério Público e os advogados requerer que sejam aditados os elementos que se mostrarem necessários à boa decisão da causa.

ARTIGO 119.º
Alegações

Produzida a prova, o juiz concede a palavra ao Ministério Público e aos advogados para alegações, por trinta minutos cada um.

ARTIGO 120.º
Competência para a decisão

1 – Terminado o debate, o tribunal recolhe para decidir.

2 – A decisão é tomada por maioria de votos, votando em primeiro lugar os juízes sociais, por ordem crescente de idade, e, no fim, o juiz presidente.

GUIA DE PROCEDIMENTOS DO PROCESSO DE PROMOÇÃO E PROTECÇÃO

ARTIGO 121.º
Decisão

1 – A decisão inicia-se por um relatório sucinto, em que se identifica a criança ou jovem, os seus pais, representante legal, ou a pessoa que tem a guarda de facto e se procede a uma descrição da tramitação do processo.

2 – Ao relatório segue-se a fundamentação que consiste na enumeração dos factos provados e não provados, bem como na sua valoração e exposição das razões que justificam o arquivamento ou a aplicação de uma medida de promoção e protecção, terminando pelo dispositivo e decisão.

ARTIGO 122.º
Leitura da decisão

1 – A decisão é lida pelo juiz presidente, podendo ser ditada para a acta, em acto contínuo à deliberação.

2 – Nos casos de especial complexidade, o debate judicial pode ser suspenso e designado novo dia para leitura da decisão.

ARTIGO 123.º
Recursos

1 – Cabe recurso das decisões que, definitiva ou provisoriamente, se pronunciem sobre a aplicação, alteração ou cessação de medidas de promoção e protecção.

2 – Podem recorrer o Ministério Público, a criança ou o jovem, os pais, o representante legal e quem tiver a guarda de facto da criança ou do jovem.

ARTIGO 124.º
Processamento e efeito dos recursos

1 – Os recursos são processados e julgados como os agravos em matéria cível.

2 – Cabe ao tribunal recorrido fixar o efeito do recurso.

ARTIGO 125.º
A execução da medida

No processo judicial de promoção e protecção a execução da medida será efectuada nos termos dos n.ºs 2 e 3 do artigo 59.º.

ARTIGO 126.º
Direito subsidiário

Ao processo de promoção e protecção são aplicáveis subsidiariamente, com as devidas adaptações, na fase de debate judicial e de recursos, as normas relativas ao processo civil de declaração sob a forma sumária.

REGULAMENTO DA L.P.C.J

DECRETO-LEI N.º 332-B/2000, DE 30 DE DEZEMBRO

A Lei n.º 147/99, de 1 de Setembro (Lei de Protecção de Crianças e Jovens em Perigo), entrará em vigor, em simultâneo com a Lei n.º 166/99, de 14 de Setembro (Lei Tutelar Educativa), no dia 1 de Janeiro de 2001. Impõe-se proceder à respectiva regulamentação, de acordo com o Programa de Acção para a Entrada em Vigor da Reforma do Direito de Menores, aprovado Resolução do Conselho de Ministros n.º 108/2000, 19 de Agosto.

O presente diploma leva a efeito a referida regulamentação, disciplinando o regime da intervenção das autarquias locais nas comissões de protecção de crianças e jovens, especificando o sistema de atribuição e de gestão do fundo de maneio a conceder às referidas comissões de protecção, estabelecendo o regime legal a seguir na execução das medidas de promoção dos direitos e de protecção, assim como a competência para o acompanhamento das crianças em perigo junto dos tribunais.

Assim:

No desenvolvimento do regime jurídico estabelecido pela Lei de Protecção de Crianças e Jovens em Perigo e nos termos da alínea *c)* do n.º 1 do artigo 198.º da Constituição, o Governo decreta o seguinte:

ARTIGO 1.º

O presente diploma procede à **regulamentação da Lei de Protecção de Crianças e Jovens em Perigo**, criando as condições jurídicas necessárias à sua integral aplicação.

CAPÍTULO I
Intervenção das autarquias locais

ARTIGO 2.º

1 – A representação das autarquias locais na composição da comissão de protecção de crianças e jovens, nos casos previstos no n.º 2 do artigo 15.º da Lei de Protecção, é sempre assegurada por um representante do município, quer funcione na modalidade alargada ou na modalidade restrita.

2 – O representante do município é indicado pela câmara municipal, de entre pessoas com especial interesse ou aptidão na área das crianças e jovens em perigo.

ARTIGO 3.º

1 – A comissão de protecção na modalidade de funcionamento alargado, nos casos previstos no n.º 2 do artigo 15.º da Lei de Protecção, e tendo em vista a alínea l) do artigo 17.º do mesmo diploma, é composta por quatro pessoas designadas pela assembleia de freguesia, de entre cidadãos eleitores preferencialmente com especiais conhecimentos ou capacidades para intervir na área das crianças e jovens em perigo.

2 – No caso de a comissão de protecção exercer a sua competência em mais de uma freguesia, as assembleias de freguesia, do âmbito da competência territorial da comissão de protecção, designarão as quatro pessoas segundo o critério definido pela Comissão Nacional de Protecção de Crianças e Jovens em Risco, adoptando-se o sistema de rotatividade bienal ou anual, consoante se trate de agrupamentos de quatro ou mais freguesias.

CAPÍTULO II
Fundo de maneio

ARTIGO 4.º

1 – O fundo de maneio, previsto no n.º 1 do artigo 14.º da Lei de Protecção, é assegurado transitoriamente pela segurança social, sendo os montantes atribuídos a cada comissão os fixados de acordo com os critérios definidos pela Comissão Nacional de Protecção de Crianças e Jovens em Risco.

2 – O fundo de maneio destina-se a suportar despesas ocasionais e de pequeno montante resultantes da acção das comissões de protecção junto das crianças e jovens, suas famílias ou pessoas que têm a sua guarda.

ARTIGO 5.º

1 – A gestão do fundo de maneio compete ao representante da segurança social na comissão de protecção.

2 – A utilização das verbas está sujeita a decisão conjunta do presidente da comissão de protecção e do representante da segurança social na mesma.

3 – No prazo de um ano após a entrada em vigor da Lei de Protecção, o montante apurado para cada comissão de protecção será revisto em função das necessidades diagnosticadas, decorrido este período de funcionamento efectivo.

CAPÍTULO IV
Medidas de promoção dos direitos e de protecção

ARTIGO 6.º

1 – O regime de execução das medidas de promoção e de protecção, previstas no artigo 35.º da Lei de Protecção, consta de regulamentação específica.

2 – Até à entrada em vigor da regulamentação referida no número anterior é aplicável o regime legal vigente, com as devidas adaptações, relativamente às medidas constantes das alíneas *a), h), c), e)* e *f)* do n.º 1 do referido artigo 35.º.

3 – A medida prevista na alínea *d)* do n.º 1 do artigo 35.º da Lei de Protecção é executada, até à entrada em vigor da regulamentação referida no n.º 1, através dos apoios previstos a menores no sistema de solidariedade e de segurança social.

CAPÍTULO V
Acompanhamento dos menores em perigo junto dos tribunais

ARTIGO 7.º

O acompanhamento dos menores em perigo junto dos tribunais compete às equipas multidisciplinares do sistema de solidariedade e de segurança social, a constituir, consistindo designadamente:

a) No apoio técnico às decisões dos tribunais tomadas no âmbito dos processos judiciais de promoção e protecção;

b) No acompanhamento da execução das medidas de promoção dos direitos e de protecção aplicadas;

c) No apoio aos menores que intervenham em processos judiciais de promoção e protecção.

ARTIGO 8.º

O apoio técnico às decisões dos tribunais tomadas no âmbito dos processos judiciais de promoção e protecção consiste, designadamente:

a) Na elaboração de informações ou relatórios sociais sobre a situação da criança ou do jovem, do seu agregado familiar ou das pessoas a quem estejam confiados;

b) Na intervenção em audiência judicial;

c) Na participação nas diligências instrutórias, quando o juiz assim o determine.

GUIA DE PROCEDIMENTOS DO PROCESSO DE PROMOÇÃO E PROTECÇÃO

ARTIGO 9.º

1 – O acompanhamento a que se reporta o presente capítulo inicia-se relativamente aos processos judiciais de promoção e protecção entrados nos tribunais a partir do dia 1 de Janeiro de 2001.

2 – O disposto no número anterior não abrange os processos que sejam reclassificados por força do disposto no n.º 3 do artigo 2.º da Lei n.º 147/99, de 1 de Setembro, como processo de promoção e protecção.

Visto e aprovado em Conselho de Ministros de 21 de Dezembro de 2000. – *António Manuel de Oliveira Guterres – Guilherme d'Oliveira Martins – Eduardo Luís Barreto Ferro Rodrigues – António Luís Santos Costa – José Manuel Lello Ribeiro de Almeida.*

Promulgado em 30 de Dezembro de 2000. Publique-se.

O Presidente da República, JORGE SAMPAIO. Referendado em 30 de Dezembro de 2000.

O Primeiro-Ministro, *António Manuel de Oliveira Guterres*

DECRETO-LEI N.º 11/2008, DE 17 DE JANEIRO

A Lei n.º 147/99, de 1 de Setembro, que aprovou a lei de protecção de crianças e jovens em perigo, foi presidida por preocupações de prevenção e protecção das crianças e dos jovens, no sentido de evitar situações de perigo e de criar medidas de promoção e de protecção, numa abordagem integrada dos direitos da criança por forma a garantir o seu bem-estar e desenvolvimento integral.

Na prossecução de tal desiderato, os n.ᵒˢ 1 e 2 do artigo 35.º da referida lei enumeraram taxativamente um conjunto de medidas de promoção e protecção, prevendo no n.º 4 do mesmo artigo a regulamentação do regime de execução das mesmas.

Estas medidas encontram-se repartidas em dois grupos, assentando esta divisão na sua distinta forma de execução, reportadas, consoante a sua natureza, a medidas executadas no meio natural de vida e medidas executadas em regime de colocação.

No âmbito das medidas de colocação, a alínea e) do n.º 1 do citado artigo prevê o acolhimento familiar, que se encontra concebido como uma medida de carácter temporário cujo pressuposto de aplicação assenta na previsibilidade do retorno da criança ou do jovem à família natural.

O Decreto-Lei n.º 190/92, de 3 de Setembro, previa já o acolhimento familiar sendo, então, concebido como uma resposta da acção social promovida directamente pelas instituições de segurança social com o objectivo de assegurar à criança ou jovem um meio sócio-familiar adequado ao desenvolvimento da sua personalidade em substituição da família natural.

Na ausência de um mecanismo específico de apoio a familiares de crianças e jovens que com eles residissem sob a sua guarda, este regime previa ainda que esses familiares pudessem ser considerados família de acolhimento, mediante processo de selecção. Por igual razão tornava também extensível aos parentes em 1.º grau da linha recta e ou do 2.º grau da linha colateral o apoio que era concedido pela manutenção da criança ou do jovem no âmbito do regime de acolhimento familiar.

GUIA DE PROCEDIMENTOS DO PROCESSO DE PROMOÇÃO E PROTECÇÃO

Tendo em conta que na lógica dos princípios enformadores da Lei n.º 147/99, de 1 de Setembro, o apoio junto dos pais e o apoio junto de outro familiar constituem medidas de promoção e protecção que, de acordo com a elencagem do artigo 35.º prevalecem sobre as medidas de colocação, o acolhimento familiar que ora se regulamenta apenas admite como famílias de acolhimento pessoas ou famílias que não tenham qualquer relação de parentesco com a criança ou o jovem e não sejam candidatos a adopção.

De harmonia com esta nova concepção o acolhimento familiar consiste, assim, na atribuição da confiança da criança ou do jovem a uma pessoa singular ou a uma família, habilitadas para o efeito, visando a integração em meio familiar, bem como a prestação de cuidados adequados às necessidades, bem-estar e educação necessária ao desenvolvimento integral das crianças e dos jovens.

Dentro desta nova óptica, em que se atenta de modo especial às características e necessidades das crianças e jovens, o artigo 47.º da lei de protecção preconiza dois tipos de famílias de acolhimento: famílias em lar familiar ou em lar profissional. O acolhimento familiar em lar profissional pretende a plena integração familiar das crianças e jovens cuja situação, por exigir uma especial preparação, aponta para a necessidade de a família de acolhimento ter uma formação técnica adequada.

É pois, neste contexto, e de harmonia com os princípios, objectivos, finalidades e o estipulado na Lei n.º 147/99, de 1 de Setembro, que se procede à regulamentação do regime da execução da medida de acolhimento familiar que, assentando na previsibilidade do regresso da criança ou do jovem à sua família natural, está naturalmente associado à capacitação da família natural para o exercício da função parental, assumindo ainda especial relevância a interacção com as famílias de acolhimento bem como o fortalecimento das relações da criança ou do jovem com a sua família natural.

É dentro destas coordenadas, e a par de um maior rigor e exigências nos requisitos e condições inerentes ao processo de selecção e formação das famílias de acolhimento, bem como no acompanhamento abrangente da família de acolhimento, da criança ou do jovem e da família natural, que se pretende qualificar o acolhimento familiar num quadro que apela aos direitos, às obrigações e aos deveres das partes envolvidas.

No desenvolvimento e acompanhamento deste processo é fundamental o papel das instituições de enquadramento cuja intervenção, de harmonia com as suas competências, se coloca ainda no plano de colaboração e articulação com as comissões de protecção de crianças e jovens e com os tribunais, bem como ao nível da monitorização da execução da medida de acolhimento familiar.

Foi ouvida a Comissão Nacional de Protecção de Crianças e Jovens em Risco.

Assim:

Nos termos da alínea a) do n.º 1 do artigo 198.º da Constituição, o Governo decreta o seguinte:

CAPÍTULO I
Disposições gerais

ARTIGO 1.º
Objecto

O presente decreto-lei estabelece o regime de execução do acolhimento familiar, medida de promoção dos direitos e de protecção das crianças e jovens em perigo prevista na alínea e) do n.º 1 do artigo 35.º e no artigo 46.º do anexo à Lei n.º 147/99, de 1 de Setembro.

ARTIGO 2.º
Definição e objectivos do acolhimento familiar

Conforme o disposto no artigo 46.º do anexo à Lei n.º 147/99, de 1 de Setembro, o acolhimento familiar consiste na atribuição da confiança da criança ou do jovem a uma pessoa singular ou a uma família, habilitadas para o efeito, e visa a integração da criança ou do jovem em meio familiar e a prestação de cuidados adequados às suas necessidades e bem-estar e a educação necessária ao seu desenvolvimento integral.

ARTIGO 3.º
Pressupostos de execução

1 – A medida de acolhimento familiar é executada tendo por base a previsibilidade do regresso da criança ou do jovem à família natural, quando esta se encontre em condições de garantir a promoção dos direitos e da protecção da criança ou do jovem.

2 – Não sendo possível a solução prevista no número anterior constitui igualmente pressuposto da execução a preparação da criança ou jovem para a autonomia de vida.

ARTIGO 4.º
Execução da medida

1 – As comissões de protecção de crianças e jovens acompanham a execução da medida de acolhimento familiar de que decidem, nos termos do acordo de promoção e protecção, em articulação com as instituições de enquadramento referidas no artigo 10.º, a quem cabem os respectivos actos materiais de execução.

GUIA DE PROCEDIMENTOS DO PROCESSO DE PROMOÇÃO E PROTECÇÃO

2 – A execução desta medida aplicada no âmbito de um processo judicial é dirigida e controlada pelo tribunal, cabendo os actos materiais de acompanhamento da sua execução às instituições de enquadramento referidas no artigo 10.º

ARTIGO 5.º
Plano de intervenção

1 – A execução da medida de acolhimento familiar obedece a um plano de intervenção elaborado de harmonia com o estabelecido em acordo de promoção e protecção ou em decisão judicial.

2 – O plano de intervenção é elaborado pela equipa técnica da instituição de enquadramento, com a participação da criança ou do jovem, dos pais, representante legal ou quem tem a guarda de facto, e da família de acolhimento.

ARTIGO 6.º
Revisão da medida

1 – A revisão da medida, prevista no artigo 62.º do anexo à Lei n.º 147/99, de 1 de Setembro, pressupõe a avaliação da situação actual da criança ou do jovem e os resultados do processo da sua execução.

2 – Para efeitos da avaliação referida no número anterior, a equipa técnica deve considerar, nomeadamente:

a) A satisfação das necessidades básicas de alimentação, higiene, saúde, afecto e conforto da criança ou do jovem;

b) A sua estabilidade emocional;

c) O cumprimento do plano de escolaridade, orientação vocacional, formação profissional e ocupação dos tempos livres, no respeito pela individualidade, iniciativa e interesses da criança ou do jovem;

d) O cumprimento do plano de cuidados de saúde e de orientação psicopedagógica;

e) A opinião da criança ou do jovem, dos pais, do representante legal ou da pessoa que tenha a guarda de facto, e da pessoa ou da família a quem tenha sido atribuída, em acolhimento familiar, a confiança da criança ou do jovem;

f) A integração social e comunitária da criança e da família natural;

g) Os sinais concretos da evolução da capacidade da família natural para a integração no seu seio, da criança ou do jovem, em termos de garantir a satisfação das necessidades do seu desenvolvimento integral.

3 – Para efeitos da revisão antecipada nos termos do n.º 2 do artigo 62.º do anexo à Lei n.º 147/99, de 1 de Setembro, a proposta de substituição ou cessação das medidas deve ser fundamentada nas circunstâncias concretas que a justifiquem, designadamente as relativas aos elementos referidos no n.º 2.

CAPÍTULO II
Acolhimento familiar

ARTIGO 7.º
Acolhimento familiar

A confiança da criança ou do jovem, para os efeitos do disposto no artigo 2.º, só pode ser atribuída a uma pessoa singular ou a uma família que seja seleccionada pelas instituições de enquadramento referidas no artigo 10.º e que não tenha qualquer relação de parentesco com a criança ou o jovem.

ARTIGO 8.º
Acolhimento em lar familiar

1 – Em acolhimento familiar podem colocar-se, em regra, até duas crianças ou jovens, desde que o número total de crianças ou jovens em coabitação simultânea não seja superior a quatro, salvo quando as condições objectivas da família permitirem uma coabitação superior e as circunstâncias o aconselharem, nomeadamente quando se trate de fratrias.

2 – Para efeitos da determinação do número de crianças ou jovens a acolher, são considerados os filhos menores ou outras crianças a cargo da pessoa ou da família a quem foi atribuída a confiança da criança ou do jovem.

3 – Nos casos em que a família de acolhimento não tem filhos menores nem outras crianças a cargo, o número de crianças ou jovens em acolhimento é em regra de três, salvo se as condições da família permitirem uma coabitação superior e as circunstâncias o aconselharem, nomeadamente quando se trate de fratrias.

ARTIGO 9.º
Acolhimento em lar profissional

1 – O lar profissional destina-se a crianças e jovens com problemáticas e necessidades especiais relacionadas, nomeadamente, com situações de deficiência, doença crónica e problemas do foro emocional e comportamental, que exijam uma especial preparação e capacidade técnica.

2 – Em lar profissional podem colocar-se o máximo de duas crianças ou jovens, identificados com problemáticas e necessidades especiais, sempre que possível.

3 – O acolhimento familiar em lar profissional não dispensa a utilização dos recursos sócio-terapêuticos da comunidade.

GUIA DE PROCEDIMENTOS DO PROCESSO DE PROMOÇÃO E PROTECÇÃO

CAPÍTULO III
Instituições de enquadramento

ARTIGO 10.º
Definição e condições

1 – Para efeitos da execução da medida de acolhimento familiar, consideram-se instituições de enquadramento os serviços da segurança social e a Santa Casa da Misericórdia de Lisboa, no âmbito das respectivas competências.

2 – Mediante acordos de cooperação celebrados com os serviços da segurança social, as entidades que desenvolvem actividades nas áreas da infância e juventude, que disponham das equipas técnicas previstas no artigo 15.º podem actuar como instituições de enquadramento.

ARTIGO 11.º
Competências

1 – Compete, em geral, às instituições de enquadramento:

a) Promover a informação sobre o acolhimento familiar e a sensibilização da comunidade e das famílias para cooperarem na sua viabilização;

b) Proceder ao recrutamento e à selecção das famílias de acolhimento;

c) Estabelecer as condições da prestação de serviço de acolhimento familiar, através da formalização do respectivo contrato;

d) Garantir a elaboração e execução do plano de intervenção, a que se refere o artigo 5.º, bem como a sua supervisão e avaliação;

e) Assegurar a execução de programas de formação inicial e de formação contínua, para a aquisição e o reforço de competências das famílias de acolhimento;

f) Efectuar o pagamento dos valores devidos pela prestação do serviço de acolhimento familiar e pelo subsídio de manutenção da criança ou do jovem;

g) Disponibilizar às famílias de acolhimento, sempre que necessário, o equipamento indispensável ao acolhimento da criança ou do jovem;

h) Disponibilizar às famílias de acolhimento o apoio técnico necessário ao desenvolvimento do plano de intervenção e ao cumprimento das obrigações decorrentes do acolhimento familiar, sempre que se justifique;

i) Celebrar contratos de seguros de acidentes pessoais para cobertura dos riscos a que fiquem sujeitas as crianças e jovens;

j) Proceder anualmente à avaliação do acolhimento familiar e elaborar o respectivo relatório.

2 – Compete, em especial, às instituições de enquadramento, através das respectivas equipas técnicas:

a) Instruir e apreciar o processo de candidatura a família de acolhimento;

b) Analisar e actualizar o diagnóstico da situação da criança ou do jovem e da respectiva família natural;

c) Concretizar o plano de intervenção para cada situação de acolhimento familiar, nos termos definidos no acordo de promoção e protecção ou em decisão judicial;

d) Acompanhar, com periodicidade regular, a situação do acolhimento familiar;

e) Apoiar a família natural, em articulação com os serviços locais, com vista à reintegração familiar da criança ou do jovem.

ARTIGO 12.º

Equipa técnica da instituição de enquadramento

1 – A equipa técnica é constituída, de modo multidisciplinar, por profissionais com formação diversificada e experiência no domínio da capacitação das famílias e do desenvolvimento integral da criança ou do jovem.

2 – A composição da equipa é dimensionada em função das necessidades e recursos existentes, tendo em conta, nomeadamente, a exigência de acompanhamento individualizado da família de acolhimento, da criança ou do jovem e da família natural.

3 – A equipa escolhe, de entre os seus elementos, o coordenador de caso para acompanhar cada criança ou jovem, em função da sua situação específica.

4 – O coordenador de caso é o interlocutor privilegiado junto da família natural, devendo constituir uma referência para esta, para a criança ou o jovem e para a família de acolhimento.

5 – É obrigação da instituição de enquadramento garantir a formação inicial e contínua da equipa técnica, bem como a sua supervisão e avaliação.

ARTIGO 13.º

**Articulação com os tribunais e as comissões
de protecção de crianças e jovens**

1 – As instituições de enquadramento elaboram informações ou relatórios sociais, dando conhecimento ao tribunal ou à comissão de protecção de crianças e jovens, que aplicou a medida, dos elementos necessários à avaliação do desenvolvimento físico e psicológico da criança ou do jovem, nomeadamente do aproveitamento escolar e da progressão em outras aprendizagens, da adequação da medida aplicada e da previsibilidade ou possibilidade do regresso à família natural.

2 – A informação ou o relatório social a que se refere o número anterior são apresentados nos prazos fixados na decisão judicial ou no acordo de promoção e protecção, ou sempre que ocorram factos que o justifiquem.

CAPÍTULO IV
Selecção das famílias de acolhimento

SECÇÃO I
Requisitos e condições

ARTIGO 14.º
Requisitos de candidatura

1 – Pode candidatar-se a responsável pelo acolhimento familiar quem reúna os seguintes requisitos:

a) Ter idade superior a 25 e inferior a 65 anos, salvo tratando-se de casais ou de parentes que vivam em economia comum, casos em que a exigência deste requisito só se aplica a um dos elementos;

b) Possuir a escolaridade mínima obrigatória;

c) Ter as condições de saúde necessárias para acolher crianças ou jovens;

d) Possuir condições de higiene e habitacionais adequadas;

e) Não ser candidato à adopção;

f) Exercer o acolhimento familiar a título de actividade profissional principal ou secundária;

g) Não ter sido condenado, por sentença transitada em julgado, por crimes contra a vida, a integridade física, a liberdade pessoal, a liberdade e a autodeterminação sexual;

h) Não estar inibido do exercício do poder paternal, nem ter o seu exercício limitado nos termos do artigo 1918.º do Código Civil.

2 – Para efeitos do disposto na alínea f) do número anterior o exercício de actividade profissional complementar deve ter horário compatível com as funções próprias de família de acolhimento.

ARTIGO 15.º
Requisitos especiais de candidatura para lar profissional

1 – Os candidatos a família de acolhimento em lar profissional têm de possuir formação técnica adequada, nos termos do disposto no artigo 9.º, e apresentar curriculum vitae, detalhado, com especial referência às habilitações académicas e à formação e experiência profissional, preferencialmente na área das crianças e jovens.

2 – A actividade de família de acolhimento em lar profissional é exercida em regime de exclusividade.

ARTIGO 16.º
Condições de selecção

A selecção das famílias de acolhimento exige, para além dos requisitos previstos nos artigos anteriores, a avaliação dos seguintes elementos:

a) Personalidade, maturidade, capacidade afectiva e equilíbrio emocional dos membros da família candidata a família de acolhimento;

b) Motivação da família para o acolhimento, seu perfil psicológico e grau de estabilidade relacional;

c) Disponibilidade da família para colaborar no processo de recuperação do papel parental da família natural;

d) Estabilidade sócio-familiar e aceitação do acolhimento familiar por todos os membros da família, por forma a garantir a integração num ambiente familiar, harmonioso, afectivo e securizante.

SECÇÃO II
Processo de selecção

ARTIGO 17.º
Candidatura

1 – A candidatura a responsável pelo acolhimento familiar formaliza-se mediante a apresentação de ficha de candidatura na instituição de enquadramento da área de residência do candidato, acompanhada de documentos comprovativos dos seguintes elementos:

a) Estado de saúde do candidato e dos membros da família de acolhimento, através de declaração médica;

b) Situação económica da família de acolhimento, mediante declaração dos rendimentos anuais, referentes ao ano transacto;

c) Registo criminal do candidato e dos elementos da família de acolhimento maiores de 16 anos;

d) Certificado de habilitações escolares do candidato;

e) Curriculum vitae do candidato, nos termos do artigo 15.º, no caso de acolhimento em lar profissional.

2 – Quando justificado, o candidato pode requerer à instituição de enquadramento que, relativamente aos requisitos de candidatura a que se referem as alíneas g) e h) do n.º 1 do artigo 14.º e aos elementos a que se reporta a alínea c) do número anterior, solicite informações substitutivas dos respectivos documentos às entidades competentes que, de acordo com o dever de colaboração, as deverão prestar.

GUIA DE PROCEDIMENTOS DO PROCESSO DE PROMOÇÃO E PROTECÇÃO

ARTIGO 18.º
Avaliação

A avaliação compreende a verificação dos requisitos e a apreciação das condições definidas nos artigos anteriores, mediante:

a) Entrevistas sociais e psicológicas;
b) Visitas domiciliárias;
c) Análise do curriculum vitae, no caso de acolhimento em lar profissional.

ARTIGO 19.º
Decisão

1 – A decisão é precedida da elaboração de relatório psicossocial sobre a candidatura apresentada.

2 – A decisão a que se refere o número anterior é proferida no prazo de seis meses, contados a partir da data da formalização da candidatura, instruída nos termos do artigo 17.º

3 – Sempre que a proposta de decisão seja no sentido desfavorável à pretensão, o candidato é dela notificado nos termos e para os efeitos dos artigos 100.º e 101.º do Código do Procedimento Administrativo.

CAPÍTULO V
Direitos e obrigações

ARTIGO 20.º
Direitos das famílias de acolhimento

1 – Nos termos do acordo de promoção e protecção ou da decisão judicial, as famílias de acolhimento exercem, em relação à criança ou jovem, os poderes – deveres inerentes às responsabilidades que decorrem da confiança da criança ou do jovem à família de acolhimento, nomeadamente de guarda, de orientação e de educação, tendo em vista o seu desenvolvimento integral.

2 – As famílias de acolhimento têm direito ao respeito pela sua intimidade e à reserva da sua vida privada, sem prejuízo dos actos necessários ao acompanhamento da execução da medida.

3 – As famílias de acolhimento têm direito a receber das instituições de enquadramento:

a) Informação referente à medida de acolhimento familiar, incluindo a relativa às condições de saúde, educação e problemáticas da criança ou do jovem e família natural, na medida indispensável à aceitação informada do acolhimento familiar e à sua execução;
b) Formação inicial;
c) Apoio técnico e formação contínua;

LEGISLAÇÃO

d) Retribuição mensal pelos serviços prestados, por cada criança ou jovem;

e) Subsídio para a manutenção, por cada criança ou jovem;

f) Equipamento indispensável ao acolhimento familiar, sempre que necessário.

4 – A realização das despesas decorrentes do disposto na alínea f) do número anterior deve ser proposta à instituição de enquadramento, com indicação do montante estimado e sua fundamentação.

5 – A família de acolhimento tem legitimidade para requerer às entidades competentes os apoios, nomeadamente de saúde e educação, a que a criança ou o jovem tenha direito.

ARTIGO 21.º

Obrigações das famílias de acolhimento

1 – Constituem obrigações das famílias de acolhimento:

a) Atender, prioritariamente, aos interesses e direitos da criança e do jovem;

b) Orientar e educar a criança ou jovem com diligência e afectividade, contribuindo para o seu desenvolvimento integral;

c) Assegurar as condições para o fortalecimento das relações da criança ou do jovem com a família natural;

d) Garantir à instituição de enquadramento, através do coordenador de caso, e à família natural permanente informação sobre a situação e os aspectos relevantes do desenvolvimento da criança ou do jovem;

e) Dar conhecimento à instituição de enquadramento através do coordenador de caso, de quaisquer factos supervenientes que alterem as condições da prestação de serviço, nomeadamente qualquer alteração na constituição do agregado familiar;

f) Respeitar o direito da família natural à intimidade e à reserva da vida privada, sem prejuízo do disposto nas alíneas d) e e);

g) Comunicar à instituição de enquadramento, através do coordenador de caso, e à família natural a eventual alteração de residência e o período e local de férias, salvo se, quanto à família natural, o tribunal ou a comissão de protecção, no respeito pelas normas e princípios da Lei de Protecção de Crianças e Jovens em Perigo, o julgar inconveniente;

h) Participar nos programas e acções de formação e nas reuniões para que seja convocada, promovidos pela instituição de enquadramento;

i) Não acolher, a título permanente, outras crianças ou jovens que não sejam membros da sua família, para além das abrangidas pelo contrato de prestação de serviço de acolhimento familiar nos termos do disposto no artigo 8.º;

j) Renovar, anualmente, documento comprovativo do estado de saúde de todos os elementos da família de acolhimento;

l) Providenciar os cuidados de saúde adequados à idade da criança ou jovem, inclusive mantendo actualizado o seu boletim individual de saúde;

GUIA DE PROCEDIMENTOS DO PROCESSO DE PROMOÇÃO E PROTECÇÃO

m) Assegurar à criança ou jovem a frequência de estabelecimento de ensino adequado à sua idade e condições de desenvolvimento.

2 – É obrigatória a inscrição do responsável pelo acolhimento familiar na respectiva repartição de finanças como trabalhador independente.

3 – Constitui, ainda, obrigação da família de acolhimento em lar profissional a elaboração de relatórios e informações com a periodicidade acordada com a equipa técnica da instituição de enquadramento, para avaliação da situação da criança ou do jovem.

ARTIGO 22.º
Direitos da família natural

A família natural tem direito:

a) A ser informada sobre o modo como se irá processar o acolhimento familiar;

b) Ao apoio dos serviços locais e ao acompanhamento técnico da instituição de enquadramento, em conformidade com o sentido do acordo de promoção e protecção ou da decisão judicial, tendo em vista a reintegração familiar da criança ou do jovem;

c) A ser ouvida e a participar na educação da criança ou do jovem, salvo decisão judicial em contrário;

d) Ao respeito pela sua intimidade e à reserva da sua vida privada.

ARTIGO 23.º
Obrigações da família natural

No âmbito da execução da medida de acolhimento familiar, a família natural obriga-se a:

a) Colaborar com a família de acolhimento e com a instituição de enquadramento na execução do plano de intervenção a que se refere o artigo 5.º, com vista à promoção dos direitos e protecção da criança ou do jovem;

b) Respeitar o direito da família de acolhimento à intimidade e reserva da vida privada;

c) Comparticipar, sempre que possível nos encargos com a manutenção da criança ou do jovem, tendo por referência o disposto nas normas sobre comparticipações familiares para a utilização de equipamentos e serviços de acção social.

ARTIGO 24.º
Direitos e deveres da criança ou do jovem

1 – A criança ou o jovem com idade superior a 12 anos, ou de idade inferior mas com maturidade para compreender o sentido da intervenção, tem direito:

a) A ser ouvida pela instituição de enquadramento sobre o processo de escolha da família de acolhimento;

b) A ser ouvida pela instituição de enquadramento no âmbito do processo de elaboração do plano de intervenção e a nele participar.

2 – Em todo o procedimento da execução da medida, a criança ou o jovem tem direito ao respeito pela intimidade e reserva da vida privada e, de acordo com o seu grau de maturidade, o direito de ser ouvida e o direito e o dever de participar, colaborando na execução do plano de intervenção.

CAPÍTULO VI
Escolha da família de acolhimento e fases do acolhimento familiar

SECÇÃO I
Escolha da família e fases do acolhimento

ARTIGO 25.º
Escolha da família de acolhimento

Na escolha da família de acolhimento deve ser tido em consideração:
a) A idade da criança ou do jovem;
b) A adequação ao perfil e situação da criança ou do jovem;
c) A não separação de fratrias;
d) A proximidade geográfica com a família natural, sem prejuízo de decisão contrária das comissões de protecção de crianças e jovens ou tribunal.

ARTIGO 26.º
Fases

O acolhimento familiar da criança ou do jovem compreende as seguintes fases:
a) Preparação do acolhimento e elaboração do plano de intervenção;
b) Início e acompanhamento da situação do acolhimento;
c) Revisão da medida;
d) Cessação do acolhimento.

SECÇÃO II
Preparação do acolhimento e elaboração do plano de intervenção

ARTIGO 27.º
Informação e preparação da família de acolhimento

Entre a família de acolhimento e a família natural são promovidos encontros tendo em vista:
a) Obter-se da família natural informação sobre a situação da criança ou do jovem, e de todos os demais elementos facilitadores da integração na família de acolhimento;
b) Facilitar-se o processo comunicacional e de colaboração entre a família de acolhimento e a família natural.

ARTIGO 28.º
Informação e preparação da família natural

A família natural é informada dos seus direitos e obrigações, de forma a promover-se a sua participação como parceiro co-responsável no processo de acolhimento, na perspectiva dos direitos e protecção da criança ou do jovem.

ARTIGO 29.º
Informação, audição e preparação da criança ou do jovem

1 – A criança ou o jovem é devidamente informado e ouvido sobre a medida aplicada, e é preparado para a sua execução, de acordo com a sua capacidade para compreender o sentido da intervenção.

2 – A adaptação da criança ou do jovem à família de acolhimento deve processar-se gradualmente e pelo período de tempo necessário à sua integração.

SECÇÃO III
Início e acompanhamento do acolhimento

ARTIGO 30.º
Início do acolhimento

A equipa técnica acompanha a criança ou o jovem à família de acolhimento, dando-se início ao processo de execução da medida.

ARTIGO 31.º
Acompanhamento

1 – O acompanhamento da situação do acolhimento familiar abrange a família de acolhimento, a criança ou o jovem e a família natural.

2 – O processo de acompanhamento é efectuado pela equipa técnica, envolvendo a monitorização da execução da medida.

3 – A monitorização a que se refere o número anterior compreende a avaliação da execução da medida, tendo em conta a promoção dos direitos e a protecção da criança ou do jovem e a previsibilidade do seu regresso à família natural.

4 – No âmbito da avaliação da execução da medida, com vista à proposta de prorrogação, alteração ou cessação da mesma, o coordenador de caso deve ouvir e ter em conta as posições da família natural, da família de acolhimento e da criança ou do jovem, em harmonia com o seu grau de maturidade, tendo sempre em vista o seu desenvolvimento integral.

5 – Do processo de acompanhamento da execução da medida e da sua avaliação, é dado conhecimento à comissão de protecção de crianças e jovens ou ao tribunal competente, nos termos previstos no artigo 13.º

LEGISLAÇÃO

ARTIGO 32.º
Providências urgentes

1 – Todos os procedimentos adoptados que exijam uma intervenção terapêutica urgente e especializada são de imediato comunicados ao coordenador de caso pela família de acolhimento.

2 – Dos procedimentos a que se refere o número anterior é dado conhecimento imediato, pelas instituições de enquadramento, à família natural e à comissão de protecção de crianças e jovens ou ao tribunal competente.

SECÇÃO IV
Cessação do acolhimento

ARTIGO 33.º
Preparação da saída

1 – A saída da criança ou do jovem da família de acolhimento deve ser devidamente preparada, promovendo-se a participação e o envolvimento da família de acolhimento, da criança ou do jovem e da família natural.

2 – A preparação da saída da criança ou do jovem deve efectuar-se com a antecedência adequada, em regra, não inferior a um mês.

ARTIGO 34.º
Acompanhamento após termo da medida

1 – Após substituição ou cessação da medida, a família de acolhimento pode manter-se disponível para continuar a relacionar-se com a criança ou o jovem, sempre que a equipa técnica o tiver por conveniente e a família natural a tal não se oponha.

2 – Após o regresso da criança ou do jovem à família natural, a equipa técnica mantém-se informada, em articulação com as entidades competentes em matéria de infância e juventude, sobre o percurso de vida da criança ou do jovem por um período mínimo de seis meses, no respeito pelos princípios consignados na Lei de Protecção de Crianças e Jovens em Perigo.

CAPÍTULO VII
Prestações da segurança social e regime contratual

SECÇÃO I
Prestações da segurança social

ARTIGO 35.º
Prestações pecuniárias

1 – Os valores respeitantes à retribuição mensal e ao subsídio para a manutenção, previstos nas alíneas d) e e) do n.º 3 do artigo 20.º são fixados por despacho

do membro do Governo responsável pela área do trabalho e da solidariedade social e estão sujeitos a actualização anual.

2 – Quando se trate de crianças e jovens com problemáticas e necessidades especiais relacionadas com situações de deficiência, doença crónica e problemas do foro emocional e comportamental, que determinem despesas extraordinárias, o valor da retribuição mensal pelos serviços prestados é acrescido de 100 %, por cada criança ou jovem.

ARTIGO 36.º

Prestações familiares

1 – Durante o período do acolhimento familiar são pagas às famílias de acolhimento as seguintes prestações familiares de que as crianças ou jovens sejam titulares:

a) Abono de família para crianças e jovens, a que acresce a bonificação por deficiência;

b) Subsídio por assistência de terceira pessoa;

c) Subsídio por frequência de estabelecimento de educação especial.

2 – As famílias de acolhimento que recebam o subsídio referido na alínea c) do número anterior são responsáveis pelo pagamento das mensalidades ao respectivo estabelecimento.

3 – A pedido expresso das famílias de acolhimento, o subsídio por frequência de estabelecimento de educação especial pode ser pago directamente ao estabelecimento pelo serviço da segurança social gestor da prestação.

4 – As famílias de acolhimento devem requerer, nos termos da legislação aplicável, aos serviços da segurança social competentes, a atribuição das prestações familiares devidas em função das crianças e jovens sempre que não tenham sido requeridas ou, caso já o tenham sido, o respectivo pagamento.

5 – Para os efeitos do disposto no número anterior, as famílias de acolhimento podem solicitar às instituições de enquadramento o apoio que se mostrar necessário.

SECÇÃO II

Regime de segurança social

ARTIGO 37.º

Regime

O membro da família de acolhimento ou a pessoa singular para quem a prestação de serviço constitua actividade profissional fica abrangido pelo regime de segurança social dos trabalhadores independentes.

SECÇÃO III
Contrato de prestação de serviço

ARTIGO 38.º
Contrato

O serviço de acolhimento familiar e as condições da respectiva prestação constam de contrato, assinado pelo representante legal da instituição de enquadramento e pelo membro da família de acolhimento que assume a responsabilidade pelo acolhimento familiar.

ARTIGO 39.º
Conteúdo do contrato

Do contrato a que se refere o artigo anterior, exceptuando as adequações que se imponham pela sua natureza não onerosa, constam, designadamente, os seguintes elementos:

a) Identificação dos outorgantes;

b) Indicação da residência da família de acolhimento; c) Número máximo de crianças ou jovens a acolher; d) Direitos e obrigações dos outorgantes;

e) Valor mensal da retribuição e do subsídio, por criança ou jovem, previsto nas alíneas d) e e) do n.º 3 do artigo 20.º, devidos pela instituição de enquadramento e datas de pagamento;

f) Início e período de vigência do contrato.

ARTIGO 40.º
Anexos ao contrato

Em anexo ao contrato deve constar uma ficha por criança ou jovem que integre:

a) Elementos de identificação da criança ou do jovem, bem como da sua família natural, sem prejuízo pelas regras próprias da protecção de dados pessoais e o respeito do direito à privacidade;

b) Data de início do acolhimento;

c) Entidade que determinou a aplicação da medida;

d) Outros elementos considerados relevantes.

ARTIGO 41.º
Cessação do contrato

1 – A instituição de enquadramento pode fazer cessar, a todo o tempo, o contrato de prestação de serviço, sempre que ocorram situações que ponham em causa a promoção dos direitos e a protecção das crianças, impliquem a violação de obrigações contratuais assumidas ou a perda de requisitos e condições previstas na secção I do capítulo IV.

GUIA DE PROCEDIMENTOS DO PROCESSO DE PROMOÇÃO E PROTECÇÃO

2 – Da cessação do contrato de prestação de serviço, com fundamento no disposto no número anterior, é dado imediato conhecimento à comissão de protecção de crianças e jovens ou ao tribunal.

3 – O contrato de prestação de serviço pode ser denunciado pela família de acolhimento, mediante comunicação escrita à instituição de enquadramento, com antecedência mínima de 30 dias.

4 – O contrato de prestação de serviço, sem prejuízo do disposto no número seguinte, cessa a partir do mês seguinte àquele em que deixar de se verificar a prestação do serviço que deu lugar à sua celebração.

5 – O contrato de prestação de serviço pode manter-se durante um período máximo de três meses, quando a instituição de enquadramento considere previsível a integração de outras crianças ou jovens naquela família de acolhimento.

6 – No período a que se refere o número anterior a retribuição da prestação de serviço não pode exceder 50 % do montante legalmente fixado para uma criança ou jovem sem deficiência.

ARTIGO 42.º

Fiscalização

As famílias de acolhimento ficam sujeitas às acções de fiscalização dos serviços competentes do Ministério do Trabalho e da Solidariedade Social.

SECÇÃO IV

Prestação de serviço

ARTIGO 43.º

Início e cessação da prestação

1 – Para efeitos do pagamento da retribuição referida na alínea d) do n.º 3 do artigo 20.º considera-se que a prestação de serviço tem início no dia um do mês em que se processa o acolhimento da criança ou do jovem e cessa no final do mês em que se verificar o termo do acolhimento.

2 – O subsídio de manutenção é pago desde a data do acolhimento e cessa na data em que ocorrer o seu termo.

3 – Para efeitos do disposto no número anterior, os valores diários dos subsídios de manutenção correspondem a 1/30 dos respectivos valores mensais.

ARTIGO 44.º

Gratuitidade da prestação de serviço

O regime previsto no presente decreto-lei aplica-se, ainda, às situações em que o serviço de acolhimento é prestado gratuitamente, com as alterações decorrentes da natureza não onerosa do contrato.

CAPÍTULO VIII
Disposições finais

ARTIGO 45.º
Adequação

As situações previstas no n.º 3 do artigo 12.º e no artigo 26.º do Decreto-Lei n.º 190/92, de 3 de Setembro, são objecto de reapreciação, com vista à aplicação da adequada medida de promoção e protecção ou à necessidade de apoio social.

ARTIGO 46.º
Norma revogatória

É revogado o Decreto-Lei n.º 190/92, de 3 de Setembro, com excepção da alínea b) do n.º 2 e n.ºs 3 e 4 do artigo 4.º, aos quais se aplica, com as devidas adaptações, o disposto no presente decreto-lei.

ARTIGO 47.º
Entrada em vigor

O presente decreto-lei entra em vigor no dia seguinte ao da sua publicação.

Visto e aprovado em Conselho de Ministros de 8 de Novembro de 2007. – *José Sócrates Carvalho Pinto de Sousa – José António Fonseca Vieira da Silva.*

Promulgado em 3 de Janeiro de 2008. Publique-se.

O Presidente da República, ANÍBAL CAVACO SILVA. Referendado em 4 de Janeiro de 2008.

O Primeiro-Ministro, *José Sócrates Carvalho Pinto de Sousa.*

DECRETO-LEI N.º 12/2008, DE 17 DE JANEIRO

ALTERADO PELA LEI 108/2009, DE 14 DE SETEMBRO, E DECRETO-LEI 63/2010, DE 9 DE JUNHO

A promoção dos direitos e a protecção das crianças e dos jovens, conformemente aos princípios enformadores da Lei n.º 147/99, de 1 de Setembro, Lei de Protecção de Crianças e Jovens em Perigo que define o regime jurídico da intervenção social do Estado e da comunidade nas situações em que aquelas se encontrem em perigo, tem por pressuposto essencial uma intervenção que permita assegurar às famílias condições para garantirem um desenvolvimento pleno das crianças e dos jovens no âmbito do exercício de uma parentalidade responsável.

A intervenção referenciada está concebida de modo, por um lado, a potenciar o papel da família mediante o reforço e aquisição de competências dos pais, do representante legal ou de quem tenha a guarda de facto da criança ou do jovem por forma a permitir a manutenção ou regresso desta à sua família natural e, por outro, a só admitir a separação da criança ou jovem dos pais contra a vontade destes, quando o tribunal a entender como necessária à salvaguarda e prossecução do superior interesse da criança.

Neste entendimento, as medidas de promoção e protecção previstas no artigo 35.º do anexo à Lei n.º 147/99, de 1 de Setembro, são elencadas e classificadas como «medidas em meio natural de vida» e «medidas em regime de colocação», estabelecendo-se uma ordem de preferência.

Nos termos das alíneas a) a d) do n.º 1 do artigo 35.º da referida lei constituem medidas a executar em meio natural de vida: o apoio junto dos pais, o apoio junto de outro familiar, a confiança a pessoa idónea e o apoio para a autonomia de vida.

A execução destas medidas, por terem por pressuposto essencial o direito da criança e do jovem a serem educados numa família, de preferência a sua, implica que sejam considerados os apoios a conceder àquela, bem como o suporte a proporcionar à família para que desempenhe o papel que lhe incumbe.

Neste quadro, a Lei de Protecção de Crianças e Jovens em Perigo consagra a tipologia dos apoios a prestar definindo apoios de natureza psicopedagógica, de natureza social e económica.

Dentro destas coordenadas a execução da medida de apoio junto dos pais é orientada no sentido da aquisição ou reforço, por parte destes, das competências necessárias ao exercício de uma parentalidade responsável e à adequada satisfação das necessidades de protecção da criança ou do jovem. As medidas de apoio junto de outro familiar e de confiança a pessoa idónea são orientadas para a aquisição, por parte da criança ou do jovem, no grau correspondente à sua idade, de competências emocionais, educativas e sociais, que a capacitem para prosseguir em condições de segurança o seu percurso, de preferência junto dos pais ou em autonomia de vida.

Os conteúdos e a duração dos programas de educação parental, a que poderão ter acesso os pais ou outro familiar a quem a criança ou o jovem seja entregue, serão objecto de regulamentação autónoma dada a sua especificidade própria e o seu carácter inovador que aconselham o contributo de diversas entidades, nomeadamente das academias, na sua preparação, já em desenvolvimento.

No que concerne à medida de apoio para a autonomia de vida, aplicada a jovens de idade superior a 15 anos ou inferior quando se trate de mães adolescentes, esta é executada no sentido de proporcionar as condições necessárias a uma autonomização nos contextos escolar, profissional e social, bem como ao fortalecimento de relações com os outros e consigo próprio.

Foi ouvida a Comissão Nacional de Protecção de Crianças e Jovens em Risco. Assim:

Nos termos da alínea a) do n.º 1 do artigo 198.º da Constituição, o Governo decreta o seguinte:

CAPÍTULO I
Disposições gerais

ARTIGO 1.º
Objecto

O presente decreto-lei estabelece o regime de execução das medidas de promoção e protecção das crianças e jovens em perigo em meio natural de vida, previstas nos artigos 39.º, 40.º, 43.º e 45.º do anexo à Lei n.º 147/99, de 1 de Setembro, Lei de Protecção de Crianças e Jovens em Perigo.

LEGISLAÇÃO

ARTIGO 2.º
Medidas a executar em meio natural de vida

Constituem medidas a executar em meio natural de vida o apoio junto dos pais, o apoio junto de outro familiar, a confiança a pessoa idónea e o apoio para a autonomia de vida, adiante designadas por medidas.

ARTIGO 3.º
Objectivos das medidas

As medidas visam manter a criança ou o jovem no seu meio natural, proporcionando condições adequadas ao seu desenvolvimento integral, através de apoio psicopedagógico e social e, quando necessário, de apoio económico.

ARTIGO 4.º
Definições

Para efeitos do presente decreto-lei, considera-se:

a) «Pais», os pais, o representante legal ou a pessoa que tenha a guarda de facto da criança ou do jovem;

b) «Familiar acolhedor», a pessoa da família da criança ou do jovem com quem estes residam ou à qual sejam entregues para efeitos de execução da medida de apoio junto de outro familiar;

c) «Pessoa idónea», a pessoa que, não tendo qualquer relação familiar com a criança ou o jovem, com ela tenha estabelecido relação de afectividade recíproca e possua capacidade educativa e correspondente disponibilidade para lhe assegurar as condições necessárias ao seu desenvolvimento integral;

d) «Agregado familiar», o conjunto das pessoas que nos termos do presente artigo são «pais», «familiar acolhedor» e «pessoa idónea», bem como os familiares destes e as pessoas que com eles vivam em economia comum.

ARTIGO 5.º
Execução das medidas

1 – As comissões de protecção de crianças e jovens executam, dirigindo e controlando, as medidas que aplicam nos termos do acordo de promoção e protecção, cabendo os actos materiais da sua execução aos membros e aos técnicos das comissões ou às entidades ou serviços indicados no acordo.

2 – A execução das medidas decididas em processo judicial é dirigida e controlada pelo tribunal, cabendo os actos materiais da sua execução e respectivo acompanhamento às entidades que forem legalmente competentes e designadas na decisão.

GUIA DE PROCEDIMENTOS DO PROCESSO DE PROMOÇÃO E PROTECÇÃO

ARTIGO 6.º
Entidades que asseguram a execução das medidas

1 – Para efeitos do disposto no n.º 2 do artigo anterior, a execução das medidas pode ser assegurada pelos serviços distritais da segurança social e pela Santa Casa da Misericórdia de Lisboa, no âmbito das respectivas competências.

2 – Nos casos em que a execução das medidas envolva aspectos específicos relacionados com competências de entidades de outros sectores, nomeadamente da educação e da saúde, e com as atribuições do município, é dever dessas entidades a colaboração com as referidas no número anterior, nos termos definidos em acordo de promoção e protecção ou em decisão judicial.

3 – As instituições particulares podem assegurar a execução das medidas, mediante acordos de cooperação com os serviços distritais da segurança social, devendo para o efeito dispor cumulativamente de:

a) Equipas técnicas pluridisciplinares, previstas no artigo 15.º;

b) Experiência de intervenção comunitária, centrada na família e na comunidade;

c) Experiência e disponibilidade para a intervenção no âmbito das medidas a executar em meio natural de vida.

4 – Podem ainda intervir como entidades que asseguram a execução das medidas, mediante acordos de cooperação específicos, as instituições promotoras de projectos ou programas de desenvolvimento social, no âmbito dos quais procedam à implementação, ao acompanhamento e à avaliação de acções de apoio a crianças e jovens e suas famílias.

ARTIGO 7.º
Plano de intervenção

1 – A execução das medidas obedece a um plano de intervenção, elaborado de harmonia com o estabelecido em acordo de promoção e protecção ou em decisão judicial.

2 – O plano de intervenção, consoante a medida aplicada, é elaborado com a participação dos pais e respectivo agregado familiar, do familiar acolhedor ou da pessoa idónea, e da criança ou jovem, de acordo com a sua capacidade para compreender o sentido da intervenção.

3 – Na operacionalização do plano de intervenção deve ter-se em conta a necessidade do contacto directo e continuado da criança ou jovem com o respectivo agregado familiar, na observância dos princípios estabelecidos nas alíneas f), g), h) e i) do artigo 4.º do anexo à Lei n.º 147/99, de 1 de Setembro.

4 – Quando se trate da medida de apoio para a autonomia de vida, o plano de intervenção é elaborado com a participação directa do jovem em obediência ao direito previsto na alínea i) do artigo 4.º do anexo à Lei n.º 147/99, de 1 de Setembro, e de harmonia com o disposto no n.º 1 do artigo 32.º

LEGISLAÇÃO

ARTIGO 8.º
Fases de execução das medidas

A execução das medidas compreende as seguintes fases:

a) Preparação da criança ou jovem, dos pais, do familiar acolhedor ou da pessoa idónea, consoante a tipologia da medida;

b) Acompanhamento e monitorização do plano de intervenção;

c) Avaliação de eventual revisão da medida;

d) Cessação da medida.

ARTIGO 9.º
Revisão das medidas

1 – A revisão das medidas, prevista no artigo 62.º do anexo à Lei n.º 147/99, de 1 de Setembro, pressupõe a avaliação da situação actual da criança ou do jovem e dos resultados do processo da sua execução.

2 – Para efeitos da avaliação referida no número anterior, a equipa técnica da entidade que assegura os actos materiais de execução da medida deve considerar, nomeadamente:

a) A satisfação das necessidades de alimentação, higiene, saúde, afecto e bem--estar da criança ou do jovem;

b) A sua estabilidade emocional;

c) O cumprimento do plano de escolaridade, orientação vocacional, formação profissional e ocupação dos tempos livres;

d) O cumprimento do plano de cuidados de saúde e de orientação psicopedagógica;

e) A opinião da criança ou do jovem, dos pais, do familiar acolhedor e da pessoa idónea;

f) A integração social e comunitária da criança ou do jovem;

g) Os sinais concretos da dinâmica e organização familiares estabelecidas, tendo em vista a avaliação da evolução da capacidade dos pais para proteger a criança ou o jovem de situações de perigo e garantir a satisfação das necessidades do seu desenvolvimento.

3 – Para efeitos da revisão antecipada prevista no n.º 2 do artigo 62.º do anexo à Lei n.º 147/99, de 1 de Setembro, a proposta de substituição ou cessação das medidas deve ser fundamentada nas circunstâncias concretas que a justifiquem, nomeadamente as relativas aos elementos referidos no número anterior.

CAPÍTULO II
Disposições comuns à execução das medidas

SECÇÃO I
Natureza e caracterização dos apoios

ARTIGO 10.º
Natureza dos apoios

Os apoios a prestar, no âmbito da execução das medidas, são de natureza psicopedagógica e social e, quando se justifique, de natureza económica, em conformidade com o estabelecido em acordo de promoção e protecção ou em decisão judicial.

ARTIGO 11.º
Apoio psicopedagógico

O apoio psicopedagógico consiste numa intervenção de natureza psicológica e pedagógica que tenha em conta as diferentes etapas de desenvolvimento da criança ou do jovem e o respectivo contexto familiar e que vise, nomeadamente:

a) Promover o desenvolvimento integral da criança ou do jovem e contribuir para a construção da sua identidade pessoal;

b) Identificar necessidades especiais;

c) Desenvolver potencialidades e capacidades através de técnicas de intervenção adequada, nomeadamente de natureza psicológica, pedagógica e social;

d) Desenvolver processos de intervenção cognitivo-comportamental que visem o bem-estar, a satisfação e a aquisição de competências pessoais e sociais;

e) Promover actividades específicas de formação escolar e profissional, susceptíveis de ajudar o jovem a situar-se perante as oportunidades disponíveis, tanto no domínio dos estudos e formação, como no das actividades profissionais, favorecendo a sua inserção profissional;

f) Promover a construção de interacções positivas entre os membros do agregado familiar;

g) Orientar o agregado familiar nas suas atitudes para com a criança ou jovem.

ARTIGO 12.º
Apoio social

1 – O apoio social consiste numa intervenção que envolve os recursos comunitários, tendo em vista contribuir para o desenvolvimento integral da criança ou jovem e para a satisfação das necessidades sociais do agregado familiar.

LEGISLAÇÃO

2 – O apoio social concretiza-se mediante, nomeadamente:

a) A criação de condições para a prestação de cuidados adequados de alimentação, higiene, saúde, segurança, educação e bem-estar;

b) A promoção do desenvolvimento de competências pessoais, sociais e profissionais;

c) A prestação de informação e aconselhamento na resolução das situações complexas e na tomada de decisões;

d) A construção de interacções positivas entre os membros do agregado familiar;

e) A promoção da participação em actividades de formação, culturais e de lazer, potenciando o estabelecimento de relações positivas com os vizinhos, a escola, o contexto laboral e a comunidade em geral.

3 – Na prestação do apoio social deve ter-se em especial atenção o princípio da intervenção mínima e assegurar-se a continuidade de relação de apoio anteriormente estabelecida.

ARTIGO 13.º

Apoio económico

1 – O apoio económico consiste na atribuição de uma prestação pecuniária, a pagar pelos serviços distritais da segurança social, para a manutenção da criança ou do jovem, ao agregado familiar com quem reside, tendo como fundamento a necessidade de garantir os cuidados adequados ao desenvolvimento integral da criança ou jovem.

2 – O montante do apoio económico tem como limite máximo o equivalente ao valor do subsídio mensal de manutenção fixado para a medida de acolhimento familiar.

3 – A requerimento das pessoas que nos termos do presente diploma são 'pais', 'familiar acolhedor' e 'pessoa idónea', e verificada a situação de especial carência, pode ser atribuído pelos serviços da Segurança Social um montante de apoio económico adicional correspondente à diferença entre a retribuição mensal prevista na alínea d) do n.º 3 do artigo 20.º do Decreto-Lei n.º 11/2008, de 17 de Janeiro, e o valor do subsídio mensal referido no número anterior.

4 – A atribuição dos apoios referidos nos números anteriores não prejudica o pagamento de despesas relacionadas com a aquisição do equipamento indispensável ao alojamento da criança ou do jovem, sempre que se justifique, tendo em conta as disponibilidades orçamentais.

5 – O apoio económico previsto no âmbito da medida de apoio para a autonomia de vida é atribuído directamente ao jovem no contexto do respectivo plano de intervenção.

Alterado pela Lei 108/2009, de 14 de Setembro e Decreto-Lei 63/2010, de 9 de Junho.

GUIA DE PROCEDIMENTOS DO PROCESSO DE PROMOÇÃO E PROTECÇÃO

SECÇÃO II
Intervenção das entidades que asseguram os actos materiais de execução das medidas

ARTIGO 14.º
Competências

1 – Compete, em geral, às entidades que asseguram os actos materiais de execução das medidas:

a) Garantir, nos termos do n.º 2 do artigo 7.º, a elaboração e o cumprimento do plano de intervenção;

b) Prestar ao agregado familiar com quem a criança reside, ou directamente ao jovem no âmbito da medida de apoio para a autonomia de vida, o apoio económico definido no artigo 13.º;

c) Promover o acesso a programas de formação parental;

d) Promover o acesso a projectos integrados de educação e formação no âmbito da medida de apoio para a autonomia de vida;

e) Dar conhecimento à comissão de protecção de crianças e jovens competente ou ao tribunal, nos prazos previstos ou sempre que ocorram factos que o justifiquem mediante informação ou relatório social, dos elementos necessários à avaliação da execução da medida aplicada, nomeadamente os elementos previstos nas alíneas do n.º 2 do artigo 9.º;

f) Garantir às equipas técnicas formação especializada em metodologias de intervenção familiar e formação de formadores, e assegurar a respectiva supervisão e avaliação;

g) Proceder anualmente à avaliação da execução das medidas em meio natural de vida, no âmbito da sua intervenção.

2 – Compete, em especial, às entidades que asseguram os actos materiais de execução das medidas, através das respectivas equipas técnicas:

a) Elaborar e executar o plano de intervenção;

b) Informar e preparar os pais da criança ou jovem para o cumprimento do plano de intervenção;

c) Informar e preparar a criança ou o jovem e o agregado familiar para as fases de execução da medida;

d) Elaborar e manter actualizado o diagnóstico da situação da criança ou jovem;

e) Prestar o apoio psicopedagógico e social de harmonia com o disposto nos artigos 11.º e 12.º;

f) Apoiar os pais e os familiares a quem a criança ou o jovem esteja entregue, promovendo o reforço das suas competências para o melhor exercício das funções parentais;

g) Promover a interacção entre a criança ou jovem e o agregado familiar;

296

LEGISLAÇÃO

h) Proceder ao acompanhamento e avaliação de cada uma das fases de execução das medidas.

3 – No decurso da execução das medidas as entidades devem ainda:

a) Dar conhecimento às comissões de protecção, para os efeitos do disposto no artigo 69.º do anexo à Lei n.º 147/99, de 1 de Setembro, ou ao tribunal, consoante a entidade que aplicou a medida, das situações de facto que justifiquem a regulação ou a alteração do regime de exercício do poder paternal, a inibição do poder paternal, a instauração da tutela ou a adopção de qualquer outra providência cível, nomeadamente nos casos em que se mostre necessária a fixação ou a alteração ou se verifique o incumprimento das prestações de alimentos;

b) Para os efeitos do disposto nos artigos 91.º e 92.º do anexo à Lei n.º 147/99, de 1 de Setembro, comunicar imediatamente ao tribunal ou às comissões de protecção, consoante a entidade que aplicou a medida, as situações em que se verifique perigo actual ou eminente para a vida ou integridade física da criança ou do jovem e haja a oposição dos detentores do poder paternal para uma intervenção que a afaste desse perigo.

4 – Da avaliação referida na alínea g) do n.º 1 é elaborado relatório anual pelos serviços distritais da segurança social e pela Santa Casa da Misericórdia de Lisboa, no âmbito da respectiva intervenção, a enviar à tutela e à Comissão Nacional de Protecção de Crianças e Jovens em Risco.

ARTIGO 15.º
**Equipas técnicas das entidades que asseguram os actos materiais
de execução das medidas**

1 – As equipas técnicas são multidisciplinares, constituídas por profissionais com experiência nos domínios da capacitação das famílias e do desenvolvimento integral da criança ou do jovem, sendo obrigatório para as entidades garantir-lhes formação inicial e contínua e assegurar a respectiva supervisão e avaliação.

2 – Cada equipa escolhe o coordenador de caso, de entre os seus elementos, para acompanhar cada criança ou jovem.

3 – O coordenador de caso é o interlocutor privilegiado junto da criança ou do jovem, devendo constituir uma referência para esta e para o respectivo agregado familiar.

4 – A composição de cada equipa é dimensionada em função das necessidades e dos recursos existentes, tendo em conta, nomeadamente, a exigência de acompanhamento individualizado da criança ou do jovem e do respectivo agregado familiar.

5 – As equipas técnicas podem acompanhar, simultaneamente, a execução das diferentes medidas previstas no presente decreto-lei.

GUIA DE PROCEDIMENTOS DO PROCESSO DE PROMOÇÃO E PROTECÇÃO

CAPÍTULO III
Disposições específicas da execução das medidas de apoio junto dos pais, de apoio junto de outro familiar e de confiança a pessoa idónea

SECÇÃO I
Finalidades e fases de execução

ARTIGO 16.º
Finalidades

1 – A execução da medida de apoio junto dos pais, de apoio junto de outro familiar ou de confiança a pessoa idónea deve ter em conta a situação de perigo que determinou a sua aplicação e o nível das competências parentais ou da capacidade protectora do outro familiar ou da pessoa idónea, reveladas quando da aplicação da medida, consoante os casos.

2 – A execução da medida de apoio junto dos pais deve ser orientada no sentido do reforço ou aquisição por parte destes das competências para o exercício da função parental adequadas à superação da situação de perigo e suas consequências e à conveniente satisfação das necessidades de protecção e promoção da criança.

3 – A execução da medida de apoio junto de outro familiar e de confiança a pessoa idónea deve ser orientada no sentido do acompanhamento afectivo, responsável e securizante da criança ou do jovem, para aquisição, no grau correspondente à sua idade, das competências afectivas, físicas, psicológicas, educacionais e sociais que lhe permitam, cessada a medida, prosseguir em condições adequadas o seu desenvolvimento integral, de preferência junto dos pais ou em autonomia de vida.

4 – Tendo presentes os objectivos referidos no n.º 2 devem ser considerados na operacionalização do plano de intervenção, entre outros, os seguintes elementos:

a) Capacidade dos pais para remover qualquer situação de perigo;

b) Ausência de comportamentos que afectem a segurança ou o equilíbrio emocional da criança ou do jovem;

c) Disponibilidade dos pais para colaborar nas acções constantes do plano de intervenção.

5 – Tendo presentes os objectivos referidos no n.º 3 devem ser considerados na elaboração e execução do plano de intervenção, entre outros, os seguintes elementos relativos ao familiar acolhedor ou à pessoa idónea, consoante o caso:

a) Capacidade para remover qualquer situação de perigo;

b) Ausência de comportamentos que afectem a segurança ou o equilíbrio emocional da criança ou do jovem;

c) Disponibilidade para colaborar nas acções constantes do plano de intervenção;

d) Relação de afectividade recíproca entre a criança ou o jovem e o familiar acolhedor ou a pessoa idónea, consoante o caso;

e) Proximidade geográfica com os pais da criança ou do jovem;

f) Idade superior a 18 e inferior a 65 anos, à data em que a criança ou o jovem lhes for confiado, salvo o disposto no n.º 6;

g) A não condenação, por sentença transitada em julgado, por crimes contra a vida, integridade física, liberdade pessoal, liberdade e autodeterminação sexual.

6 – O limite de idade de 65 anos estabelecido na alínea f) do número anterior pode ser ultrapassado quando, no superior interesse da criança ou do jovem, a relação de afectividade existente e as competências pessoais do familiar acolhedor ou da pessoa idónea constituam uma vantagem acrescida.

ARTIGO 17.º
Informação, audição e preparação da criança ou do jovem

1 – A criança ou o jovem são devidamente informados e ouvidos sobre a medida aplicada e preparados para a sua concretização e forma de acompanhamento da execução da medida, de acordo com a sua capacidade para compreender o sentido da intervenção.

2 – Quando se trate de medida de apoio junto de outro familiar ou de confiança a pessoa idónea, a equipa técnica acompanha a criança ou jovem à residência do familiar acolhedor ou da pessoa idónea, consoante os casos.

3 – Os pais da criança ou do jovem devem ser associados à realização da diligência referida no número anterior, sempre que possível e se afigure benéfico.

ARTIGO 18.º
Informação e preparação dos pais e respectivo agregado

1 – Os pais e respectivo agregado familiar são informados dos seus direitos e obrigações, dos objectivos a alcançar com a execução da medida e dos termos do seu desenvolvimento.

2 – Quando à criança ou jovem for aplicada uma medida de apoio junto de outro familiar ou de confiança a pessoa idónea, os pais são informados dos seus direitos e obrigações, dos objectivos a alcançar com a execução da medida e dos termos do seu desenvolvimento, e preparados para a sua participação activa e co-responsabilidade na integração dos filhos junto do familiar acolhedor ou da pessoa idónea, na perspectiva da protecção da criança ou do jovem e da promoção dos seus direitos.

GUIA DE PROCEDIMENTOS DO PROCESSO DE PROMOÇÃO E PROTECÇÃO

ARTIGO 19.º

Informação e preparação do familiar acolhedor ou da pessoa idónea

O familiar acolhedor ou a pessoa idónea são informados e preparados sobre a forma da execução da medida, tendo em conta as informações obtidas, nomeadamente as prestadas pelos pais sobre as características da criança ou do jovem, bem como sobre outros elementos facilitadores da sua integração, da sua protecção e da promoção dos seus direitos.

ARTIGO 20.º

Acompanhamento e monitorização

1 – O processo de acompanhamento é efectuado mediante a monitorização da situação da criança ou do jovem bem como da prestação e utilização dos apoios definidos no âmbito da execução do plano de intervenção.

2 – A monitorização, referida no número anterior, tem em conta a promoção dos direitos e a protecção da criança ou do jovem, e compreende, designadamente:

a) A avaliação das relações entre a criança ou o jovem, os pais e o respectivo agregado familiar ou, consoante o tipo de medida, o familiar acolhedor ou a pessoa idónea;

b) A actualização permanente do diagnóstico da situação da criança ou do jovem;

c) O acompanhamento de acções de formação, no âmbito do conteúdo da medida, nomeadamente de formação parental.

3 – No âmbito da avaliação da execução da medida, com vista à proposta da sua prorrogação, alteração, substituição ou cessação, a equipa técnica deve ouvir e ter em conta as posições da criança ou do jovem, dos pais e, consoante os casos, do familiar acolhedor ou da pessoa idónea.

4 – A proposta referida no número anterior é remetida à comissão de protecção de crianças e jovens ou ao tribunal onde correr o respectivo processo.

ARTIGO 21.º

Cessação da medida

1 – A cessação da medida deve ser devidamente preparada, promovendo-se a participação activa e o envolvimento da criança ou jovem e dos pais neste processo.

2 – Cessada a medida, a equipa técnica, obtido o consenso dos pais e da criança ou jovem e em articulação com os serviços locais, mantém-se informada sobre o percurso de vida da criança ou do jovem, por um período em regra não inferior a seis meses.

3 – O conhecimento de qualquer perturbação no processo de desenvolvimento da criança ou jovem, deve ser de imediato sinalizado à comissão de protecção de crianças e jovens ou ao tribunal onde correu o respectivo processo de promoção e protecção.

LEGISLAÇÃO

SECÇÃO II
Direitos e deveres

ARTIGO 22.º
Direitos da criança ou jovem

1 – A criança ou o jovem quando lhe seja aplicada uma medida de apoio junto dos pais de apoio junto de outro familiar ou de confiança a pessoa idónea tem direito:

a) A ser ouvido e a participar em todos os actos relacionados com a execução da medida, de acordo com a sua capacidade para entender o sentido da intervenção;

b) A ser ouvido pela comissão de protecção ou pelo tribunal que aplicou a medida, sempre que o requeira e o seu grau de maturidade o permita, podendo fazer-se acompanhar pelos pais, representante legal, pessoa que tenha a guarda de facto ou pessoa da sua confiança;

c) A receber a protecção e educação que garanta o desenvolvimento integral da sua personalidade e suas potencialidades, sendo-lhe assegurada a prestação dos cuidados de saúde, formação escolar, vocacional e profissional e a participação em actividades culturais, desportivas e recreativas, de acordo com as suas motivações e interesses;

d) Ao respeito pela sua intimidade e reserva da sua vida privada;

e) Ao acesso aos recursos definidos pela comissão de protecção de crianças e jovens em risco ou pelo tribunal, bem como aos constantes do plano de intervenção para execução da medida.

2 – Quando se trate de medida de apoio junto de outro familiar ou de confiança a pessoa idónea a criança ou jovem tem ainda direito a:

a) Permanecer junto do familiar acolhedor ou da pessoa idónea pelo tempo estritamente necessário a que os pais disponham das condições para assumir a sua função parental;

b) Ser acolhido juntamente com os seus irmãos, sempre que a conciliação do superior interesse das crianças envolvidas o aconselhe;

c) Manter regularmente e em condições de privacidade contactos pessoais com os pais e com as pessoas com quem tenham especial relação afectiva, sem prejuízo das limitações decorrentes do estabelecido em acordo de promoção e protecção ou em decisão judicial.

ARTIGO 23.º
Obrigações da criança ou jovem

São deveres da criança ou do jovem participar e colaborar em todos os actos da execução da medidas respeitantes à sua pessoa e condições de vida, de acordo com a sua capacidade para entender o sentido da intervenção e os compromissos que lhe cabem.

GUIA DE PROCEDIMENTOS DO PROCESSO DE PROMOÇÃO E PROTECÇÃO

ARTIGO 24.º
Direitos dos pais, familiar acolhedor ou pessoa idónea

1 – Os pais, familiar acolhedor ou pessoa idónea têm direito, no respeito pela sua intimidade e reserva da sua vida privada, a receber da entidade que assegura os actos materiais de execução da medida:

a) Informação sobre a medida e a forma como se irá processar a sua execução;

b) Apoio psico-social, com vista ao bem-estar pessoal e social da criança ou do jovem;

c) Prestação pecuniária quando, de acordo com a avaliação efectuada, a sua atribuição seja indispensável para responder às necessidades de manutenção da criança ou do jovem de montante condicionado às disponibilidades orçamentais;

d) Apoio económico, quando necessário, para a aquisição do equipamento indispensável relacionado com o alojamento da criança ou do jovem, tendo em conta as disponibilidades orçamentais;

e) Apoio psicopedagógico destinado à criança ou ao jovem.

2 – A informação e o apoio psico-social, previstos respectivamente nas alíneas a) e b) do número anterior, podem abranger os demais elementos do agregado familiar.

3 – Os pais podem ainda beneficiar de programas de formação, previstos no n.º 2 do artigo 41.º do anexo à Lei n.º 147/99, de 1 de Setembro, visando o melhor exercício das suas funções parentais.

4 – Os conteúdos e a duração dos programas de educação parental, referidos no número anterior, a definir em diploma autónomo, têm como objectivo capacitar as famílias para o exercício de uma parentalidade responsável, através do reforço e aquisição de competências nas dimensões da vida familiar que mais directamente se relacionam com a educação das crianças, promovendo interacções positivas entre pais e filhos e um ambiente familiar de qualidade que assegurem o bem-estar da criança.

5 – Os pais, familiar acolhedor ou a pessoa idónea devem requerer aos serviços oficiais da segurança social competentes, nos termos da legislação aplicável, a atribuição das prestações familiares devidas em função das crianças e dos jovens.

ARTIGO 25.º
Direitos específicos dos pais

Quando se trate de medida de apoio junto de outro familiar ou de confiança a pessoa idónea, os pais têm especificamente direito a:

a) A ser informados sobre a forma como se irá realizar a execução da medida;

b) Ao acompanhamento técnico da entidade que assegura a execução da medida;

c) A beneficiar do acesso a programa de formação parental, tendo em vista uma maior capacitação para o exercício das funções parentais;

LEGISLAÇÃO

d) A ser ouvidos e a participar no desenvolvimento e educação da criança ou jovem, salvo decisão judicial em contrário;

e) Ao respeito pela sua intimidade e reserva da sua vida privada.

ARTIGO 26.º
Direitos específicos do familiar acolhedor ou pessoa idónea

O familiar acolhedor ou pessoa idónea pode exercer os poderes-deveres de guarda, de representação, assistência e educação, na medida indispensável à protecção da criança ou jovem e no respeito pelos termos do acordo de promoção ou da decisão judicial.

ARTIGO 27.º
Obrigações dos pais, familiares acolhedores ou pessoa idónea

1 – Para além do fixado no acordo de promoção e protecção ou na decisão judicial, são ainda obrigações dos pais, familiar acolhedor ou pessoa idónea:

a) Respeitar e promover os direitos da criança ou do jovem, prosseguindo sempre o seu superior interesse;

b) Orientar, assistir e educar a criança ou o jovem;

c) Participar nos programas e acções de formação e sensibilização que decorram da medida aplicada, salvo pedido expresso de escusa;

d) Garantir permanente informação à equipa técnica sobre a situação e os aspectos relevantes do desenvolvimento da criança ou do jovem, bem como de factos supervenientes que possam alterar as condições do apoio;

e) Comunicar à equipa técnica alteração de residência e, quando entendido conveniente por aquela, o período e local de férias.

2 – Os pais, familiar acolhedor ou pessoa idónea devem requerer aos serviços oficiais da segurança social competentes, nos termos da legislação aplicável, a atribuição das prestações familiares devidas à criança ou ao jovem.

3 – No caso das prestações familiares devidas à criança ou jovem já terem sido requeridas pelos pais, devem o familiar acolhedor ou a pessoa idónea requerer o respectivo pagamento.

ARTIGO 28.º
Obrigações específicas dos pais

Quando se trate de medida de apoio junto de outro familiar ou de colocação em família idónea, os pais da criança ou jovem ficam obrigados a:

a) Colaborar com o familiar acolhedor ou a pessoa idónea e com a entidade que assegura os actos materiais de execução da medida, no processo de desenvolvimento da criança ou do jovem, sempre que possível e se afigure benéfico;

GUIA DE PROCEDIMENTOS DO PROCESSO DE PROMOÇÃO E PROTECÇÃO

b) Aceitar acompanhamento técnico conforme previsto no acordo de promoção e protecção ou decisão judicial, com vista à reintegração familiar da criança ou jovem;

c) Participar em programa de educação parental quando o superior interesse da criança o justifique salvo se for apresentado pedido de escusa com motivos atendíveis;

d) Comparticipar nos encargos com a manutenção da criança ou do jovem de acordo com as normas sobre comparticipações familiares para a utilização de equipamentos e serviços de acção social.

ARTIGO 29.º

Obrigações específicas dos familiares acolhedores ou pessoa idónea

1 – O familiar acolhedor ou a pessoa idónea fica obrigado ao cumprimento dos deveres e orientações fixadas no acordo de promoção e protecção ou em decisão judicial.

2 – Constituem, ainda, obrigações do familiar acolhedor ou da pessoa idónea:

a) Assegurar condições para o fortalecimento das relações da criança e jovem com os seus pais, salvo decisão judicial em contrário;

b) Comunicar aos pais a eventual alteração de residência e o período e local de férias, salvo se o tribunal ou a comissão de protecção no respeito pelas normas e princípios da Lei de Protecção de Crianças e Jovens em Perigo o julgar inconveniente;

c) Dar conhecimento aos pais de factos supervenientes que possam alterar as condições do acolhimento.

CAPÍTULO IV

**Regras específicas de execução da medida de apoio
para a autonomia de vida**

SECÇÃO I

Finalidades, requisitos e fases de execução

ARTIGO 30.º

Finalidades

1 – A medida de apoio para a autonomia de vida visa proporcionar a autonomização do jovem nos contextos escolar, profissional, social, bem como o fortalecimento de relações com os outros e consigo próprio.

2 – Constituem objectivos específicos da medida de apoio para a autonomia de vida:

LEGISLAÇÃO

a) Proporcionar ao jovem, considerando o seu perfil e contexto de vida, condições que lhe permitam viver por si só e adquirir progressivamente autonomia de vida através de um projecto integrado de educação e formação, tecnicamente orientado para a aquisição ou desenvolvimento das necessárias competências, capacidades e sentido de responsabilidade;

b) Criar condições especiais de acesso dos jovens aos recursos de que necessitam para a sua autonomização, nomeadamente, formação pessoal, profissional e inserção na vida activa.

ARTIGO 31.º

Requisitos

1 – A execução da medida de apoio para a autonomia de vida deve ter em conta as competências e potencialidades do jovem para mobilizar os recursos necessários que o habilitem a adquirir progressivamente a autonomia de vida.

2 – Para efeitos do número anterior, a equipa técnica procede à realização do diagnóstico de inserção, tendo em conta o perfil do jovem e as expectativas e motivações na perspectiva da sua autonomia.

ARTIGO 32.º

Plano de intervenção

1 – O plano de intervenção é discutido, elaborado e operacionalizado com a participação directa do jovem, sendo estabelecidos os objectivos a atingir, bem como as estratégias e as metas para o seu processo de autonomização, compreendendo nomeadamente as seguintes acções:

a) Formação pessoal contínua, assente no desenvolvimento de competências pessoais e sociais, que permita ao jovem a aquisição de autonomia positiva, desenvolvendo espírito crítico, implicando a interiorização de valores, a assertividade em função destes e a gestão de obstáculos e frustrações;

b) Continuação do percurso de formação escolar ou realização de cursos de formação profissional adequados ao perfil vocacional do jovem, consoante os casos;

c) Apoio à inserção laboral do jovem;

d) Apoio na utilização de redes inter-institucionais de suporte a nível de educação, formação profissional e emprego.

2 – A participação directa do jovem deve ser formalizada em contrato escrito, assinado pelo coordenador de caso e pelo jovem, dele devendo constar os objectivos a atingir, respectivos prazos e os compromissos assumidos por todos os intervenientes.

ARTIGO 33.º
Acompanhamento e monitorização

1 – O processo de acompanhamento efectua-se através da automonitorização pelo jovem, com a participação directa da equipa técnica, quanto aos progressos relativos à sua situação e quanto à prestação dos apoios definidos no plano de intervenção.

2 – A monitorização a que se refere o número anterior compreende, nomeadamente:

a) A supervisão do processo de formação pessoal do jovem, através de avaliações sistemáticas individuais e de grupo;

b) A avaliação do respeito pelos compromissos assumidos pelo jovem;

c) O acompanhamento da execução de programas de formação profissional e a avaliação periódica da evolução dos comportamentos adoptados no contexto da formação;

d) A actualização permanente do diagnóstico da situação do jovem e da sua evolução pessoal;

e) A avaliação da articulação com as redes inter-institucionais de suporte ao nível escolar, de formação profissional e emprego.

3 – A prestação dos apoios definidos no âmbito da execução do plano de intervenção deve permitir o treino de competências pessoais, sociais e funcionais para a vida autónoma.

4 – À entidade que aplicou a medida é dado conhecimento dos factos ocorridos e da avaliação da execução da medida através de informação e relatório.

ARTIGO 34.º
Cessação da medida

1 – A cessação da medida deve ser preparada com a participação activa do jovem.

2 – Cessada a medida, a equipa técnica, em articulação com os serviços locais, mantém-se informada sobre o percurso de vida do jovem por um período, em regra, não inferior a seis meses, desde que consensualizado com o jovem e no respeito pelos princípios consignados na Lei de Protecção de Crianças e Jovens em Perigo.

SECÇÃO II
Direitos e deveres

ARTIGO 35.º
Direitos do jovem

1 – São direitos do jovem:

a) Ser ouvido e participar em todas as decisões que lhe respeitem;

b) Beneficiar de acompanhamento psicopedagógico e social;

LEGISLAÇÃO

c) Ser apoiado e acompanhamento ao nível escolar, de formação profissional ou de emprego;

d) Ser apoiado e incentivado a participar em actividades culturais, desportivas e recreativas, de acordo com as suas motivações e interesses;

e) Ser apoiado no acesso aos recursos definidos pela comissão de protecção ou pelo tribunal, bem como aos constantes do plano de intervenção;

f) Receber prestação pecuniária para apoio à sua manutenção, bem como equipamento indispensável para o seu processo de autonomização, sem prejuízo da eventual efectivação da prestação de alimentos devidos pelos seus familiares.

2 – O jovem tem genericamente direito a ser devidamente informado, ouvido e preparado sobre a medida aplicada, o acompanhamento a efectuar e os apoios a prestar, tendo em conta a sua idade, contexto de vida e desenvolvimento emocional.

3 – Para efeitos da atribuição da prestação a que se refere a alínea f) do n.º 1, a equipa técnica apoia o jovem na apresentação da respectiva proposta aos serviços distritais da segurança social competentes, bem como na elaboração do requerimento e diligências complementares para a obtenção dos alimentos que lhe sejam eventualmente devidos.

ARTIGO 36.º

Obrigações do jovem

1 – O jovem fica obrigado ao cumprimento do estabelecido em acordo de promoção e protecção ou em decisão judicial, bem como aos compromissos resultantes do contrato escrito a que se refere o n.º 2 do artigo 32.º, e a dar conhecimento ao coordenador de caso de factos supervenientes que possam alterar as condições dos apoios prestados no âmbito da execução da medida.

2 – Constituem ainda obrigações do jovem participar em:

a) Actividades de formação pessoal e social;

b) Programas e actividades escolares;

c) Cursos de formação profissional;

d) Reuniões para que seja convocado;

e) Contribuir para as despesas de manutenção de alojamento e alimentação, quando em situação de emprego, em montante a fixar em função do respectivo salário, consensualizado entre o jovem e o coordenador do caso.

3 – O jovem ou o seu representante legal deve requerer, nos termos da legislação aplicável, aos serviços distritais da segurança social, a atribuição das prestações familiares a que tenha direito.

GUIA DE PROCEDIMENTOS DO PROCESSO DE PROMOÇÃO E PROTECÇÃO

CAPÍTULO V
Disposição final

ARTIGO 37.º
Entrada em vigor

O presente decreto-lei entra em vigor no dia seguinte ao da sua publicação.

Visto e aprovado em Conselho de Ministros de 8 de Novembro de 2007. – *José Sócrates Carvalho Pinto de Sousa – José António Fonseca Vieira da Silva – António Fernando Correia de Campos – Valter Victorino Lemos.*

Promulgado em 3 de Janeiro de 2008. Publique-se.

O Presidente da República, ANÍBAL CAVACO SILVA. Referendado em 4 de Janeiro de 2008.

O Primeiro-Ministro, *José Sócrates Carvalho Pinto de Sousa.*

ADOPÇÃO

DECRETO-LEI N.º 120/98, DE 8 DE MAIO DE 1998

PUBLICADO NO DR N.º 106/98, SÉRIE I-A
ALTERA O REGIME JURÍDICO DA ADOPÇÃO

1 – O instituto da adopção foi introduzido no nosso direito de família pelo actual Código Civil há praticamente três décadas.

A adopção passou, assim, a ser fonte de relações jurídicas familiares, conjuntamente com o casamento, o parentesco e a afinidade.

Centrada na defesa e promoção do interesse da criança e enquadrada no conjunto dos instrumentos tradicionalmente previstos para a protecção de crianças desprovidas de um meio familiar normal, a adopção permite a constituição ou a reconstituição de vínculos em tudo semelhantes aos que resultam da filiação biológica, de essencial relevância no contexto dos complexos processos de desenvolvimento social e psicológico próprios da formação da autonomia individual.

A actualidade do instituto e o interesse de que se reveste para a globalidade dos países estão bem patentes na forma como estes aceitaram, enquanto Estados Partes, o que nesta matéria vem regulado pela Convenção sobre os Direitos da Criança. Num mundo progressivamente mais interligado e mais próximo, assume a maior importância a Convenção sobre a Protecção de Menores e a Cooperação Internacional em Matéria de Adopção, assinada na Haia em 29 de Maio de 1993.

Uma das características específicas do direito de família é a sua permeabilidade às modificações das estruturas sociais e por isso o instituto da adopção foi objecto de duas importantes alterações, ocorridas em 1977 e em 1993 (Decreto-Lei n.º 496/77, de 25 de Novembro, e Decreto-Lei n.º 185/93, de 22 de Maio).

Estas modificações, tal como a que agora se opera, visam adequar a adopção às nobres finalidades para que foi projectada, em contextos de permanentes

GUIA DE PROCEDIMENTOS DO PROCESSO DE PROMOÇÃO E PROTECÇÃO

transformações. Mas, se é inquestionável esta premência em actualizar a legislação por forma a corresponder aos legítimos anseios e necessidades de toda a comunidade, é imperioso que as soluções adoptadas traduzam pontos de equilíbrio, consideradas as múltiplas variantes que, de forma mais ou menos directa, confluem numa área tão sensível como esta. É por isso também que a reforma da legislação sobre a adopção, que agora se leva a efeito, corresponde aos objectivos intercalares definidos pelo despacho conjunto dos Ministros da Justiça e da Solidariedade e Segurança Social de 18 de Março de 1997 (publicado no Diário da República, 2.ª série, n.º 92, de 19 de Abril de 1997), ao mesmo tempo que se conjuga com as propostas já elaboradas pela Comissão para a Reforma do Sistema de Execução de Penas e Medidas (despacho n.º 20/MJ/96, do Ministro da Justiça, de 30 de Janeiro de 1996, publicado no Diário da República, 2.ª série, n.º 35, de 10 de Fevereiro de 1996) e ainda com o Relatório da Comissão Interministerial para o Estudo da Articulação entre os Ministérios da Justiça e da Solidariedade e Segurança Social (despacho conjunto dos Ministros da Justiça e da Solidariedade e Segurança Social de 2 de Outubro de 1996, publicado no Diário da República, 2.ª série, n.º 262, de 12 de Novembro de 1996).

2 – As modificações que seguidamente se enumeram nos seus traços essenciais encontram fundamento e justificação no que acaba de se expor e prosseguem reforçadamente, por um lado, o escopo final do interesse do menor e, por outro, o da responsabilidade que a comunidade tem com todas as crianças e, em especial, com as crianças que se encontram privadas de meio familiar normal.

Introduz-se a possibilidade de, após decisão sobre a confiança administrativa de menor ao candidato a adopção, este poder vir a ser designado como curador provisório do adoptando, obviando-se, assim, à discrepância que actualmente existe entre quem tem a confiança administrativa e quem exerce o poder paternal. Possibilita-se ainda que, requerida a confiança judicial do menor com vista a futura adopção, este seja colocado à guarda provisória do candidato à adopção sempre que, face aos elementos dos autos, for de concluir pela probabilidade séria de procedência da acção. Esta alteração, de grande alcance, permitirá, com as garantias advindas do controlo judiciário, uma mais precoce e segura convivência do menor com o seu adoptante, diminuindo o período de estada das crianças adoptáveis em estabelecimento público ou particular de acolhimento.

Tendo em conta o interesse de que se reveste para a viabilização e a clarificação da decisão sobre a confiança administrativa, procede-se à definição do que, à face do nosso sistema legal, se poderá qualificar como guarda de facto de menor.

Estabelece-se a obrigatoriedade de as instituições públicas e particulares de solidariedade social comunicarem às comissões de protecção de menores ou, caso estas não estejam ainda instaladas, ao Ministério Público os acolhimentos

LEGISLAÇÃO

de menores a que procederam nas situações de perigo previstas no artigo 1918.º do Código Civil, e adequa-se o sistema de citação, máxime, da citação edital dos pais biológicos do menor no processo de adopção, tendo em conta os respectivos princípios informadores constantes da lei processual civil.

Confere-se atenção especial às questões relativas ao consentimento, prevendo-se a possibilidade de se alargar o consentimento prévio a todos aqueles que o devam prestar a final, tornando-se, neste caso, desnecessária a sua citação no processo de confiança judicial. Realce-se que, nesta matéria, o organismo de segurança social passará a poder requerer dia para a prestação do consentimento prévio, a exemplo do que já se permitia ao Ministério Público, e que o consentimento prévio poderá ser prestado em qualquer tribunal desde que seja competente em matéria de família.

Consagra-se expressamente a necessidade de, através de decreto regulamentar, desenvolver as condições a que devem estar sujeitas as instituições particulares de solidariedade social que pretendam actuar como organismos de segurança social, bem como as entidades mediadoras.

Aproveita-se o ensejo para introduzir outras alterações que reorganizam sistematicamente o processo da adopção e que emprestam coerência a todo o sistema de protecção do menor e, em particular, ao instituto da adopção. Trata-se, neste domínio, de aspectos ligados à idade máxima para ser candidato a adoptante, à idade para prestar consentimento, à defesa do segredo de identidade previsto no artigo 1985.º do Código Civil e à inexistência de prejudicialidade dos procedimentos legais visando a averiguação ou a investigação da maternidade ou da paternidade do menor face ao processo de adopção.

Introduz-se ainda a possibilidade de o candidato a adoptante, seleccionado pelos serviços competentes, solicitar a confiança judicial do menor com vista a futura adopção quando, por virtude de anterior decisão de um tribunal, tenha o menor a seu cargo ou quando, reunidas as condições para a atribuição da confiança administrativa de menor a seu cargo, o organismo de segurança social não decida pela confirmação da permanência do menor, depois de efectuado o estudo da pretensão ou decorrido o prazo para esse efeito.

No âmbito do direito registral, reforça-se o segredo de identidade do nubente adoptado plenamente, estabelecendo-se expressamente que, no processo preliminar de publicações, a existência de impedimentos resultantes da filiação natural deve ser averiguada pelo conservador com exclusão de publicidade.

Por fim, fixa-se um regime transitório, tendo presentes as situações que, de facto, se foram constituindo, prevendo-se a possibilidade de, em determinadas condições, adoptar plenamente quem não tiver atingido 60 anos de idade à data em que passou a ter o menor a seu cargo, independentemente da diferença de idades entre o adoptante e o adoptado, se tiver o menor a seu cargo

GUIA DE PROCEDIMENTOS DO PROCESSO DE PROMOÇÃO E PROTECÇÃO

por período não inferior a um ano e for possível estabelecer um vínculo semelhante ao da filiação.

Assim:

No uso da autorização legislativa concedida pela Lei n.º 9/98, de 18 de Fevereiro, e nos termos do n.º 5 do artigo 112.º e das alíneas a) e b) do n.º 1 do artigo 198.º da Constituição, o Governo decreta o seguinte:

ARTIGO 1.º
Alterações ao Código Civil

ARTIGO 2.º
Alterações ao Decreto-Lei n.º 314/78, de 27 de Outubro

ARTIGO 3.º
Alterações ao Decreto-Lei n.º 185/93, de 22 de Maio

Os capítulos III, IV, V e VI do Decreto-Lei n.º 185/93, de 22 de Maio, passam a ter a seguinte redacção:

«CAPÍTULO III
Intervenção dos organismos de segurança social

ARTIGO 3.º
**Comunicação ao Ministério Público, às comissões de protecção de menores
e aos organismos de segurança social**

1 – As instituições oficiais ou particulares que tenham conhecimento de menores em alguma das situações previstas no artigo 1978. do Código Civil devem dar conhecimento desse facto ao organismo de segurança social da respectiva área, o qual procederá ao estudo da situação e tomará as providências adequadas.

2 – As instituições públicas e particulares de solidariedade social comunicam obrigatoriamente, em cinco dias, às comissões de protecção de crianças e jovens em perigo, ou, no caso de não se encontrarem instaladas, ao Ministério Público junto do tribunal competente em matéria de família e menores da área da residência do menor, o acolhimento de menores a que procederem em qualquer das situações previstas no artigo 1918.º do Código Civil e no artigo 3.º da Lei de Protecção de Crianças e Jovens em Perigo. (*)

3 – Quem tiver menor a seu cargo em situação de poder vir a ser adoptado deve dar conhecimento da situação ao organismo de segurança social da área da sua residência, o qual procederá ao estudo da situação.

LEGISLAÇÃO

4 – O organismo de segurança social deve dar conhecimento, no prazo de 15 dias, ao magistrado do Ministério Público junto do tribunal competente das comunicações que receber, dos estudos que realizar e das providências que tomar nos termos do n.º 1.

5 – As comunicações referidas nos n.ºs 1 e 2 são feitas sem prejuízo do disposto na Lei de Protecção de Crianças e Jovens em Perigo. (*)

(*) *L. 31/2003, 22/08.*

ARTIGO 4.º

Estudo da situação do menor

1 – O estudo da situação do menor deverá incidir, nomeadamente, sobre a saúde, o desenvolvimento e a situação familiar e jurídica do adoptando.

2 – O estudo será realizado com a maior brevidade possível, tendo em conta o interesse do menor e as circunstâncias do caso.

3 – Não se mostrando possível a adopção em Portugal, em tempo útil, e tendo sido já decretada a confiança judicial do menor, o organismo de segurança social informará a autoridade central, no prazo de 15 dias contados do trânsito em julgado daquela decisão, para efeitos de colocação no estrangeiro de menores residentes em Portugal com vista à futura adopção. (*)

(*) *L. 31/2003, 22/08.*

ARTIGO 5.º

Candidato a adoptante

1 – Quem pretender adoptar deve comunicar essa intenção ao organismo de segurança social da área da sua residência.

2 – O organismo de segurança social emite e entrega ao candidato a adoptante, verificados os requisitos legais, certificado da comunicação e do respectivo registo. (*)

(*) *L. 31/2003, 22/08.*

ARTIGO 6.º

Estudo da pretensão e decisão

1 – Recebida a comunicação, o organismo de segurança social procede ao estudo da pretensão no prazo máximo de seis meses.

2 – O estudo da pretensão do candidato a adoptante deverá incidir, nomeadamente, sobre a personalidade, a saúde, a idoneidade para criar e educar o menor e a situação familiar e económica do candidato a adoptante e as razões determinantes do pedido de adopção.

GUIA DE PROCEDIMENTOS DO PROCESSO DE PROMOÇÃO E PROTECÇÃO

3 – Concluído o estudo, o organismo de segurança social profere decisão fundamentada sobre a pretensão e notifica-a ao interessado; em caso de decisão que rejeite a candidatura, recuse a entrega do menor ao candidato a adoptante ou não confirme a permanência do menor a cargo, a notificação deve incluir referência à possibilidade de recurso, menção do prazo e identificação do tribunal competente para o efeito. (*)

4 – O organismo de segurança social solicita, todos os 18 meses, aos candidatos a adoptantes a confirmação de que mantêm o processo de candidatura. (*)

(*) *L. 31/2003, de 22/08.*

ARTIGO 7.º
Recurso

1 – Da decisão que rejeite a candidatura, recuse a entrega do menor ao candidato a adoptante ou não confirme a permanência do menor a cargo, cabe recurso, a interpor no prazo de 30 dias, para o tribunal competente em matéria de família e menores da área da sede do organismo da segurança social. (*)

2 – O requerimento, acompanhado das respectivas alegações, é apresentado ao organismo que proferiu a decisão, o qual poderá repará-la; não o fazendo, o organismo remete o processo ao tribunal, no prazo de 15 dias, com as observações que entender convenientes.

3 – Recebido o recurso, o juiz ordena as diligências que julgue necessárias e, dada vista ao Ministério Público, profere a decisão no prazo de 15 dias.

4 – A decisão não admite recurso.

5 – Para o fim de interposição do recurso a que se refere o n.º 1, pode o requerente, por si ou por mandatário judicial, examinar o processo.

(*) *L. 31/2003, de 22/08.*

ARTIGO 8.º
Confiança do menor (*)

1 – O candidato a adoptante só pode tomar o menor a seu cargo, com vista a futura adopção, mediante confiança administrativa, confiança judicial ou medida de promoção e protecção de confiança a pessoa seleccionada para a adopção.

2 – A confiança administrativa resulta de decisão que entregue o menor, com idade superior a seis semanas, ao candidato a adoptante ou confirme a permanência de menor a seu cargo.

3 – A confiança administrativa só pode ser atribuída se, após audição do representante legal e de quem tiver a guarda de direito e de facto do menor e, ainda, do menor com idade superior a 12 anos, resultar, inequivocamente, que estes não se opõem a tal decisão.

4 – Estando pendente processo de promoção e protecção ou tutelar cível, é também necessário que o tribunal, a requerimento do Ministério Público ou do organismo de segurança social, considere que a confiança administrativa corresponde ao interesse do menor.

5 – Para os efeitos previstos no número anterior, considera-se que tem a guarda de facto quem, nas situações previstas nos artigos 1915.º e 1918.º do Código Civil, e não havendo qualquer decisão judicial nesse sentido, vem assumindo com continuidade as funções essenciais próprias do poder paternal.

6 – O organismo de segurança social deve:

a) Comunicar, em cinco dias, ao Ministério Público junto do tribunal de família e menores da área de residência do menor a decisão relativa à confiança administrativa e os respectivos fundamentos, bem como a oposição que, nos termos do n.º 3, tenha impedido a confiança;

b) Efectuar as comunicações necessárias à conservatória do registo civil onde estiver lavrado o assento de nascimento do menor, para efeitos de preservação do segredo de identidade previsto no artigo 1985.º do Código Civil;

c) Emitir e entregar ao candidato a adoptante certificado da data em que o menor lhe foi confiado.

(*) *L. 31/2003 de 22/08.*

ARTIGO 9.º

Período de pré-adopção e realização de inquérito

1 – Estabelecida a confiança administrativa, a confiança judicial ou confiança a pessoa seleccionada para a adopção, e após a verificação do início do processo de vinculação observada, o organismo de segurança social procede ao acompanhamento da situação do menor durante um período de pré-adopção não superior a seis meses e à realização do inquérito a que se refere o n.º 2 do artigo 1973.º do Código Civil. (*)

2 – Quando considere verificadas as condições para ser requerida a adopção, ou decorrido o período de pré-adopção, o organismo de segurança social elabora, em 30 dias, o relatório do inquérito.

3 – O organismo de segurança social notifica o candidato a adoptante do resultado do inquérito, fornecendo-lhe cópia do relatório.

(*) *L. 31/2003 de 22/08.*

ARTIGO 10.º

Pedido de adopção

1 – A adopção só pode ser requerida após a notificação prevista no artigo anterior ou decorrido o prazo de elaboração do relatório.

2 – Caso a adopção não seja requerida dentro do prazo de um ano, o organismo de segurança social reapreciará obrigatoriamente a situação.

GUIA DE PROCEDIMENTOS DO PROCESSO DE PROMOÇÃO E PROTECÇÃO

ARTIGO 11.º

Pessoal com formação adequada (*)

1 – Os organismos de segurança social devem providenciar no sentido de o acompanhamento e o apoio às situações de adopção serem assegurados por equipas técnicas pluridisciplinares suficientemente dimensionadas e qualificadas em termos de recursos humanos, integrando designadamente as valências da psicologia, do serviço social, do direito e da educação.

2 – As equipas que intervêm no estudo da situação social e jurídica da criança e do jovem e na concretização do seu projecto de vida, com vista à sua adopção, devem ser autónomas e distintas relativamente às equipas que intervêm na selecção dos candidatos a adoptantes.

(*) *L. 31/2003 de 22/08.*

ARTIGO 11.º-A

Responsável pelos processos de adopção

Em cada organismo de segurança social deve existir um responsável pelo accionamento e seguimento de todos os procedimentos e processos tendentes à instauração de adopções.

(*) *L. 31/2003 de 22/08.*

ARTIGO 11.º-B

Listas nacionais para a adopção

Devem existir, no âmbito dos organismos de segurança social, listas nacionais dos candidatos seleccionados para a adopção, bem como das crianças e dos jovens em situação de adoptabilidade, por forma a aumentar as possibilidades de adopção e a melhor adequação na escolha dos candidatos a adoptantes e dos menores que lhes sejam confiados para a adopção.

(*) *L. 31/2003 de 22/08.*

ARTIGO 11.º-C

Regras de procedimentos e de boas práticas

A definição de padrões mínimos de qualidade dos serviços de adopção, bem como de procedimentos a observar na definição de projectos de vida e no encaminhamento de crianças e jovens para a adopção e na selecção dos candidatos a adoptantes, constará de normas a aplicar uniformemente por todos os organismos de segurança social.

(*) *L. 31/2003 de 22/08.*

LEGISLAÇÃO

ARTIGO 12.º
Comunicações do tribunal

O tribunal deve comunicar ao organismo de segurança social o consentimcnto prévio para a adopção e remeter cópias das sentenças proferidas nos processos de promoção e protecção, quando for aplicada a medida de confiança a pessoa seleccionada para a adopção ou de confiança a instituição com vista a futura adopção, nos processos de confiança judicial e nos processos de adopção e seus incidentes. (*)

(*) *L 31/2003, 22/08.*

ARTIGO 13.º
Adopção de filho do cônjuge do adoptante

1 – Se o adoptando for filho do cônjuge do adoptante, à comunicação prevista no n.º 1 do artigo 6.º seguir-se-á o período de pré-adopção, que não excederá três meses, sendo correspondentemente aplicável o disposto no artigo 9.º.

2 – À adopção prevista no número anterior não é aplicável o disposto no n.º 2 do artigo 10.º.

CAPÍTULO IV
Colocação no estrangeiro de menores residentes em Portugal com vista à adopção

ARTIGO 14.º
Necessidade de prévia decisão judicial

1 – A colocação no estrangeiro de menores residentes em Portugal com vista à adopção depende de prévia decisão judicial de aplicação de medida de promoção e protecção de confiança a pessoa seleccionada para a adopção ou a instituição com vista a futura adopção, ou de confiança judicial do menor.*

2 – À confiança judicial prevista no número anterior aplica-se, com as necessárias adaptações, o disposto no artigo 1978.º do Código Civil e nos artigos 164.º, 165.º, 166.º e 167.º do decreto-lei n. 314/78, de 27 de Outubro.

3 – Sempre que tenha sido decretada confiança judicial do menor ou confiança a pessoa seleccionada para a adopção sem referência à colocação do menor no estrangeiro, o tribunal, a requerimento do Ministério Público ou da segurança social, após verificar os requisitos do artigo 16.º, transfere a curadoria provisória do menor para o candidato a adoptante, no mesmo processo.*

(*) *L. 31/2003 de 22/08.*

ARTIGO 15.º
Princípio da subsidiariedade

1 – Quando se mostrar viável a adopção em Portugal, não é permitida a colocação de menor com vista à sua adopção no estrangeiro.

GUIA DE PROCEDIMENTOS DO PROCESSO DE PROMOÇÃO E PROTECÇÃO

2 – Para efeitos do disposto no número anterior, considera-se viável a adopção em Portugal quando, à data do pedido de confiança judicial ou da aplicação de medida de promoção e protecção de confiança a pessoa seleccionada para a adopção ou a instituição com vista a futura adopção, existam candidatos residentes em território nacional cuja pretensão se apresente com probabilidade de vir a proceder em tempo útil, tendo em atenção o interesse do menor. (*)

(*) *L. 31/2003 de 22/08.*

ARTIGO 16.º

Requisitos da colocação

A colocação do menor no estrangeiro, nos termos e para os efeitos previstos no artigo 15.º, só poderá ser deferida:

a) Se for prestado consentimento ou se verificarem as condições que justificam a sua dispensa, nos termos da lei portuguesa;

b) Se os serviços competentes segundo a lei do Estado da residência dos candidatos a adoptantes reconhecerem estes como idóneos e a adopção do menor em causa como possível no respectivo país;

c) Se estiver previsto um período de convivência entre o menor e o candidato a adoptante suficiente para avaliar da conveniência da constituição do vínculo;

d) Se houver indícios de que a futura adopção apresenta vantagens reais para o adoptando e se funda em motivos legítimos e for razoável supor que entre adoptante e adoptando virá a estabelecer-se um vínculo semelhante ao da filiação.

ARTIGO 17.º

Manifestação e apreciação da vontade de adoptar

1 – A manifestação da vontade de adoptar deve ser dirigida directamente à autoridade central portuguesa pela autoridade central ou outros serviços competentes do país de residência dos candidatos, ou ainda por intermédio de entidade autorizada, quer em Portugal, quer no país da residência dos candidatos, a exercer actividade mediadora nesta matéria.

2 – Recebida a pretensão de adoptar, a autoridade central procede à sua apreciação, no prazo de 10 dias, aceitando-a, rejeitando-a ou convidando a completá-la ou aperfeiçoá-la, e comunica a decisão à entidade que haja remetido a pretensão.

3 – A pretensão deve ser instruída com os documentos que forem necessários à demonstração de que os candidatos reúnem os requisitos previstos no artigo anterior.

ARTIGO 18.º
Estudo da viabilidade

1 – Na situação referida no n.º 3 do artigo 4.º, a viabilidade concreta da adopção pretendida será analisada conjuntamente pela autoridade central portuguesa e pelo organismo de segurança social da área de residência do menor, levando em conta o perfil dos candidatos e as características daquele.

2 – Para os efeitos do disposto no número anterior, o organismo de segurança social elaborará estudo donde constem a identidade do menor, a apreciação da possibilidade de adopção, a caracterização do meio social e da evolução pessoal e familiar do menor, o seu passado médico e o da sua família, bem como os demais elementos que considere necessários, designadamente os referidos no artigo 16.º.

3 – O relatório será comunicado pela autoridade central à autoridade que apresentou a pretensão de adoptar.

ARTIGO 19.º
Confiança judicial

1 – Caso se conclua pela viabilidade da adopção, o organismo de segurança social providenciará junto do Ministério Público para que a confiança judicial seja transferida para o candidato a adoptante.*

2 – Para efeitos do disposto no número anterior, as autoridades centrais dos dois Estados ou a autoridade central e a entidade competente que apresenta a pretensão deverão desenvolver as medidas necessárias com vista à obtenção de autorização de saída do Estado de origem e de entrada e permanência no Estado de acolhimento.

3 – A decisão proferida num processo de confiança judicial que não tenha sido requerida no âmbito de um processo de adopção internacional também é válida para esses efeitos quando se verificarem os outros requisitos da adopção internacional. (*)

(*) *L 31/2003, 22/08.*

ARTIGO 20.º
Acompanhamento e reapreciação da situação

1 – Durante o período de pré-adopção, a autoridade central acompanhará a evolução da situação, através de contactos regulares com a autoridade central do país de residência dos candidatos ou com a entidade competente para o efeito.

2 – Caso não esteja previsto no país de acolhimento um período de pré-adopção, o candidato a adoptante deverá permanecer em Portugal durante um período de tempo suficiente para avaliar da conveniência da constituição do vínculo.(*)

GUIA DE PROCEDIMENTOS DO PROCESSO DE PROMOÇÃO E PROTECÇÃO

3 – Sempre que dos acompanhamentos referidos nos números anteriores se conclua que a situação não corresponde ao interesse do menor, serão tomadas as medidas necessárias à protecção do menor, pondo-se em prática um projecto de vida alternativo que salvaguarde aquele interesse. (*)

4 – A autoridade central remeterá cópia das informações prestadas ao organismo de segurança social e ao tribunal que tiver decidido a confiança judicial do menor. (*)

(*) *L 31/2003, 22/08*

ARTIGO 21.º

Comunicação da decisão

A autoridade central providenciará para que, decretada a adopção no estrangeiro, lhe seja remetida cópia da decisão, que comunicará ao tribunal que tiver decidido a confiança judicial do menor.

ARTIGO 22.º

Revisão da decisão

1 – O Ministério Público tem legitimidade para requerer a revisão da decisão estrangeira que decrete a adopção de menor nacional, devendo fazê-lo sempre que esta não tenha sido requerida pelos adoptantes no prazo de três meses a contar da data do trânsito em julgado.

2 – Para os efeitos previstos no número anterior, a autoridade central remeterá ao Ministério Público junto do tribunal competente todos os elementos necessários à revisão.

3 – O tribunal deve remeter à autoridade central cópia da decisão de revisão de decisão estrangeira que decrete a adopção. (*)

4 – No processo de revisão de sentença estrangeira que haja decretado a adopção plena, na citação, nas notificações e no acesso aos autos deverá ser preservado o segredo de identidade, nos termos do artigo 1985.º do Código Civil. (*)

(*) *L. 231/2003, 22/08*

CAPÍTULO V

Adopção por residentes em Portugal de menores residentes no estrangeiro

ARTIGO 23.º

Candidatura

1 – Quem, residindo habitualmente em Portugal, pretenda adoptar menor residente no estrangeiro deve apresentar a sua candidatura ao organismo de segurança social da área da sua residência, o qual procederá ao estudo da pretensão, com vista a concluir sobre a aptidão do requerente para a adopção internacional.

2 – À candidatura e ao estudo referidos no número anterior aplica-se o disposto no n.º 2 do artigo 5.º e nos artigos 6.º e 7.º do presente diploma.

ARTIGO 24.º
Transmissão da candidatura

Se for reconhecida ao candidato aptidão para a adopção internacional, o organismo de segurança social transmite a candidatura e o estudo referidos no artigo anterior à autoridade central, que, por sua vez, os transmitirá à autoridade central ou a outros serviços competentes do país de residência do adoptando, ou ainda à entidade autorizada, quer em Portugal, quer no país de residência dos candidatos, a exercer actividade mediadora nesta matéria.

ARTIGO 25.º
Estudo de viabilidade

1 – A autoridade central analisará com o organismo de segurança social competente a viabilidade da adopção pretendida, tendo em conta o perfil do candidato e o relatório sobre a situação do menor elaborado pela autoridade central ou por outra entidade competente do seu país de residência.

2 – Caso se conclua pela viabilidade da adopção, a autoridade central fará a respectiva comunicação à autoridade central ou à entidade competente do país de residência do menor, devendo assegurar-se os procedimentos previstos no artigo 19.º.

ARTIGO 26.º
Acompanhamento do processo

1 – O organismo de segurança social da área de residência do candidato deverá comunicar ao Ministério Público o início do período de pré-adopção e acompanhar a situação do menor durante esse período, nos termos referidos no artigo 9.º, mantendo informada a autoridade central sobre a respectiva evolução. (*)

2 – A autoridade central prestará à entidade competente do país de residência do menor as informações relativas ao acompanhamento da situação.

3 – Nas fases ulteriores do processo é aplicável, com as necessárias adaptações, o disposto nos artigos 9.º, 10.º e 20.º.

(*) L31/2003, 22/08.

ARTIGO 26.º-A
Revisão de decisão estrangeira

1 – Caso a adopção tenha sido decretada no país de origem do menor, deverá a autoridade central requerer a revisão da decisão estrangeira, sempre que esta não tenha sido requerida pelos adoptantes, no prazo de três meses a contar da data do trânsito em julgado.

2 – Para os efeitos do número anterior, a autoridade central remeterá ao Ministério Público junto do tribunal competente todos os elementos necessários à revisão.

GUIA DE PROCEDIMENTOS DO PROCESSO DE PROMOÇÃO E PROTECÇÃO

3 – O tribunal deve remeter à autoridade central cópia da revisão da decisão estrangeira de adopção.

4 – No processo de revisão de sentença estrangeira que haja decretado a adopção plena, deve ser preservado o segredo de identidade, nos termos do artigo 1985.º do Código Civil.»

L 31/2003, 22/08.

ARTIGO 27.º
Comunicação da decisão

O organismo de segurança social enviará cópia autenticada da decisão de adopção à autoridade central, que, por sua vez, a remeterá à autoridade central ou à entidade competente do país de residência do adoptando.

CAPÍTULO VI
Disposições finais e transitórias

ARTIGO 28.º
Atribuições da autoridade central

À autoridade central compete, nomeadamente:

a) Exercer as funções de autoridade central prevista em convenções internacionais relativas à adopção de que Portugal seja parte;

b) Preparar acordos e protocolos em matéria de adopção internacional;

c) Acompanhar, prestar a colaboração necessária e avaliar os procedimentos respeitantes à adopção internacional;

d) à recolha, tratamento e divulgação dos dados estatísticos relativos à adopção internacional;

e) Elaborar e publicar anualmente relatório de actividades, donde constem, designadamente, informações e conclusões sobre as atribuições referidas nas alíneas anteriores.

ARTIGO 29.º
Entidades intervenientes

1 – Para os efeitos do presente diploma entende-se por:

a) Organismos de segurança social: os centros regionais de segurança social e, no município de Lisboa, a Santa Casa da Misericórdia de Lisboa;

b) Autoridade central: a Direcção-Geral da Acção Social.

2 – As instituições particulares de solidariedade social que disponham de equipas adequadas, de acordo com o disposto no artigo 11.º, podem actuar como organismos de segurança social nos termos para estes previstos se, por portaria

conjunta dos Ministros da Justiça e do Trabalho e da Solidariedade, lhes for reconhecida capacidade para essa actuação».

3 – A autorização para o exercício, em Portugal, da actividade mediadora prevista no n.º 1 do artigo 17.º e no artigo 24.º é concedida por portaria conjunta dos Ministros da Justiça e do Trabalho e da Solidariedade.

4 – A concessão das autorizações previstas nos n.º 2 e 3 está sujeita às condições a estabelecer por decreto regulamentar, que especificará, nomeadamente, as actividades a desenvolver pelas instituições particulares de solidariedade social e pelas entidades mediadoras, assim como a respectiva articulação com os organismos de segurança social.»

O APADRINHAMENTO CIVIL

PROPOSTA DE LEI N.º 253/X

REGIME JURÍDICO DO APADRINHAMENTO CIVIL

LEI N.º 103/2009, DE 11 DE SETEMBRO

REGULAMENTAÇÃO DO REGIME JURÍDICO DO APADRINHAMENTO CIVIL CONCRETIZANDO OS REQUISITOS E OS PROCEDIMENTOS NECESSÁRIOS À HABILITAÇÃO DA PESSOA QUE PRETENDE APADRINHAR UMA CRIANÇA

DECRETO-LEI N.º 121/2010, DE 27 DE OUTUBRO

PROPOSTA DE LEI N.º 253/X

APROVADA PELA ASSEMBLEIA DA REPÚBLICA EM MAIO DE 2009

Exposição de Motivos

A protecção das crianças e dos jovens é uma preocupação e uma missão fundamental do Estado português.

A insatisfação quanto aos resultados obtidos – para além de ser saudável – tem levado muitos especialistas a fazer diagnósticos consistentes do sistema vigente.

No ano de 2006, a Subcomissão de Igualdade de Oportunidades, da Comissão de Assuntos Constitucionais, Direitos, Liberdades e Garantias, da Assembleia da República, publicou um *Relatório das audições efectuadas no âmbito da "avaliação dos sistemas de acolhimento, protecção e tutelares de crianças e jovens".*

No referido Relatório destacam-se algumas necessidades prioritárias: clarificar e consagrar o princípio da prevalência das relações afectivas profundas, promover a desinstitucionalização, dinamizar o instituto da adopção, «*pensar e (re)criar outras formas de acolhimento", designadamente, através de "modelos mais flexíveis do que a adopção", de "uma medida intermédia", que poderia ser "uma medida de tutela, acolhimento prolongado, ou inclusive (...) adopção restrita*».

Durante o primeiro ano de funcionamento (2006/2007), o Observatório Permanente da Adopção também formulou a necessidade de encontrar novas formas de colocação definitiva das crianças e dos jovens, que se acrescentem ao regresso à família biológica e à adopção, pois que estas duas soluções conhecidas não têm sido suficientes para evitar que as crianças e os jovens permaneçam internados demasiado tempo em instituições de acolhimento (cfr. *Relatório de Actividades 2006/2007*, p. 75).

O regime jurídico do apadrinhamento civil – que agora se apresenta – pretende satisfazer aquelas preocupações e necessidades prioritárias.

O apadrinhamento civil visa sobretudo promover a desinstitucionalização, através da constituição de uma relação para-familiar tendencialmente permanente, destinada às crianças e jovens que não são encaminhados para a adopção ou não são adoptados.

Deseja-se que os primeiros beneficiários do regime sejam as crianças e jovens que estejam acolhidos em instituição, embora não se exclua que outras crianças e jovens sejam apadrinhados, na sequência da revisão de outra medida, ou mesmo antes da aplicação de qualquer medida.

Pretende-se que várias entidades possam tomar a iniciativa do apadrinhamento civil e espera-se que as próprias instituições de acolhimento contribuam para que o processo seja desencadeado por aquelas entidades, esperando-se mesmo, que as instituições mais apetrechadas e diligentes adquiram a capacidade jurídica para designar e habilitar os padrinhos, através de uma delegação da segurança social.

A relação jurídica de apadrinhamento civil espera corresponder a uma real vinculação afectiva entre padrinhos e afilhados. É esse o propósito da definição do apadrinhamento civil, do requisito de que o vínculo apresente reais vantagens para a criança ou o jovem, do dever de cooperação entre os padrinhos e os pais no sentido do bem-estar e desenvolvimento da criança ou do jovem, da possibilidade de serem os pais ou a própria criança ou o jovem a designar os padrinhos, da necessidade de que o principal interessado participe no processo, da pretensão de que o vínculo assente num compromisso assinado pelos intervenientes, da afirmação do carácter tendencialmente permanente do apadrinhamento civil, da imposição de um dever recíproco de alimentos, da previsão de alguns direitos dos padrinhos mesmo depois de cessada a relação.

Não se pretende, no entanto, criar um vínculo semelhante ao de filiação, nem se cortam os laços com a família biológica.

O vínculo de apadrinhamento civil quer servir para as crianças e os jovens que não vão seguir o caminho da adopção.

Pensa-se nas crianças e nos jovens que não reúnem os pressupostos da adoptabilidade, ou para quem a adopção se tornou inviável, mas que também não podem regressar à família biológica.

Trata-se, afinal, da população de crianças e de jovens que permanece muito tempo nas instituições.

Os procedimentos e o acto de constituição têm apenas o formalismo indispensável. Estabelecem-se as devidas cautelas, mas procurou-se evitar que formalismos longos e exigências demasiadas constituam entraves e gerem demoras que prejudiquem os possíveis beneficiários.

Nem todas as pessoas podem tornar-se padrinhos e é necessário mostrar as competências pessoais mínimas num pequeno processo de habilitação junto da entidade que tem mais experiência nesta matéria.

LEGISLAÇÃO

Mas um familiar, uma pessoa idónea ou uma família de acolhimento, a quem a criança ou o jovem já foi confiado num processo de promoção e protecção, já não precisa de nova habilitação.

Deseja-se que o apadrinhamento civil assente fundamentalmente num simples compromisso subscrito pelos participantes directos e indirectos, à semelhança do acordo de promoção e protecção.

Salvo nos casos em que tenha sido aberto um processo judicial, a constituição da relação caberá ao Ministério Público. Note-se que, nestes casos, os pais estão de acordo, subscrevem o compromisso e mantém direitos mais ou menos extensos relativamente ao filho, embora deixem de exercer as responsabilidades parentais.

O apadrinhamento civil cria uma relação jurídica nova no direito português – acrescenta-se à tutela e à adopção restrita.

A tutela desempenha funções conhecidas no sistema, e poderia pensar-se que bastaria alargar o seu âmbito. Porém, a tutela ocupa há muito tempo um espaço tradicional, pressupõe a ausência dos pais, e não sugere uma dimensão afectiva, emocional, que agora se deseja promover.

A adopção restrita poderia satisfazer melhor as necessidades enunciadas pelos vários diagnósticos, mas os seus pressupostos são demasiado exigentes e os seus efeitos são muito amplos, para além de que este instituto nunca se impôs na sociedade portuguesa, talvez por não ter suportado a proximidade da Adopção Plena.

O apadrinhamento civil situa-se entre a tutela e a adopção restrita.

O padrinho *é mais* do que um tutor, e *é menos* do que um adoptante restrito.

O padrinho *é mais* do que um tutor no sentido em que entra numa relação quase-familiar, que não se extingue com a maioridade, que é para toda a vida, salvo quando houver revogação, prevê-se uma obrigação recíproca de alimentos – que é sinal de solidariedade familiar – embora subsidiária relativamente à obrigação que cabe aos pais do afilhado e àquela que impende sobre os filhos do padrinho, as obrigações de relacionar os bens do afilhado e a de prestar contas – que cabem sempre ao tutor – não são impostas se os pais forem vivos e conhecidos, e se não tiverem sido inibidos do exercício das responsabilidades parentais.

O padrinho *é menos* do que um adoptante restrito no sentido em que os requisitos de apadrinhamento civil são menos exigentes, a dispensa do consentimento para a constituição do apadrinhamento civil é mais fácil do que para a constituição da adopção restrita, não se prevê a atribuição ao afilhado de apelidos do padrinho, não há direitos sucessórios recíprocos entre padrinho e afilhado, e a revogação do vínculo de apadrinhamento civil é mais fácil do que a revogação da adopção restrita.

Os nomes – mais sugestivos ou mais obscuros, fáceis de pronunciar ou demasiado eruditos – têm importância para o êxito dos institutos.

GUIA DE PROCEDIMENTOS DO PROCESSO DE PROMOÇÃO E PROTECÇÃO

Neste contexto, supõe-se que as expressões "apadrinhamento civil", "padrinho", "madrinha" têm vantagem sobre outras quaisquer, na medida em que são conhecidas pela população com um sentido relativamente aproximado do que se pretende estabelecer na lei civil: o padrinho ou madrinha são substitutos dos pais no cuidado das crianças e dos jovens, sem pretenderem fazer-se passar por pais.

Salienta-se a circunstância da colaboração da Comissão Nacional de Protecção das Crianças e Jovens em Risco na elaboração do anteprojecto de lei que deu origem à presente iniciativa legislativa.

O conhecimento do terreno e a antevisão de potenciais vicissitudes decorrentes da aplicação do instituto que agora se pretende criar favoreceram o processo de elaboração do acto legislativo.

Devem ainda ser ouvidos, em sede de apreciação parlamentar, o Conselho Superior da Magistratura, o Conselho Superior do Ministério Público, a Ordem dos Advogados e o Conselho dos Oficiais de Justiça.

Assim:

Nos termos da alínea d) do n.º 1 do artigo 197.º da Constituição, o Governo apresenta à Assembleia da República a seguinte Proposta de Lei:

ARTIGO 1.º
Objecto

A presente lei estabelece o regime jurídico aplicável ao apadrinhamento civil.

ARTIGO 2.º
Definição

Para efeitos de aplicação da presente lei considera-se «apadrinhamento civil» a integração de uma criança ou jovem em um ambiente familiar, confiando-o a uma pessoa singular ou a uma família que exerça os poderes e deveres próprios dos pais e que com ele estabeleçam vínculos afectivos que permitam o seu bem-estar e desenvolvimento.

ARTIGO 3.º
Âmbito

A presente lei aplica-se às crianças e jovens que residam em território nacional.

ARTIGO 4.º
Capacidade para apadrinhar

Podem apadrinhar pessoas maiores de 25 anos, previamente habilitadas para o efeito, sem prejuízo do disposto no n.º 5 do artigo 11.º.

LEGISLAÇÃO

ARTIGO 5.º
Capacidade para ser apadrinhado

1 – Pode ser apadrinhada qualquer criança ou jovem menor de 18 anos:

a) Que esteja a beneficiar de uma medida de acolhimento em instituição;

b) Que esteja a beneficiar de outra medida de promoção e protecção;

c) Que se encontre numa situação de perigo confirmada em processo de uma comissão de protecção ou em processo judicial;

d) Que, para além dos casos previstos nas alíneas anteriores, seja encaminhada para o apadrinhamento civil por iniciativa das pessoas ou das entidades referidas no artigo 10.º, desde que não se verifiquem os pressupostos da confiança com vista à adopção, a verificar pela entidade competente para a constituição do apadrinhamento civil nos termos do n.º 1 do artigo 14.º, e desde que o apadrinhamento civil apresente reais vantagens para a criança ou o jovem.

2 – Também pode ser apadrinhada qualquer criança ou jovem menor de 18 anos que esteja a beneficiar de confiança administrativa, confiança judicial ou medida de promoção e protecção de confiança a instituição com vista a futura adopção ou a pessoa seleccionada para a adopção quando, depois de uma reapreciação fundamentada do caso, se mostre que a adopção é inviável.

ARTIGO 6.º
Proibição de vários apadrinhamentos civis

Enquanto subsistir um apadrinhamento civil, não pode constituir-se outro quanto ao mesmo afilhado, excepto se os padrinhos viverem em família.

ARTIGO 7.º
Exercício das responsabilidades parentais

1 – Os padrinhos exercem as responsabilidades parentais, ressalvadas as limitações previstas no compromisso de apadrinhamento civil ou na decisão judicial.

2 – São aplicáveis, com as necessárias adaptações, os artigos 1936.º a 1941.º do Código Civil.

3 – Se os pais da criança ou do jovem tiverem falecido, se estiverem inibidos do exercício das responsabilidades parentais, ou se forem incógnitos, são ainda aplicáveis, com as devidas adaptações, os artigos 1943.º e 1944.º do mesmo Código.

4 – As obrigações estabelecidas nos artigos referidos no número anterior são cumpridas perante as entidades que constituem o vínculo de apadrinhamento civil.

GUIA DE PROCEDIMENTOS DO PROCESSO DE PROMOÇÃO E PROTECÇÃO

ARTIGO 8.º
Direitos dos pais

1 – Os pais, exceptuados os casos previstos no n.º 3 do artigo 18.º, não podem ser privados do direito a:

a) Conhecer a identidade dos padrinhos;

b) Dispor de uma forma de contactar os padrinhos;

c) Saber o local de residência do filho;

d) Dispor de uma forma de contactar o filho;

e) Ser informados sobre o desenvolvimento integral do filho, a sua progressão escolar ou profissional, a ocorrência de factos particularmente relevantes ou de problemas graves, nomeadamente de saúde;

f) Receber com regularidade fotografias ou outro registo de imagem do filho;

g) Visitar o filho, nas condições fixadas no compromisso ou na decisão judicial, designadamente por ocasião de datas especialmente significativas.

2 – O Tribunal pode estabelecer limitações aos direitos enunciados nas alíneas d) e g) do número anterior quando os pais, no exercício destes direitos, ponham em risco a segurança ou a saúde física ou psíquica da criança ou do jovem ou comprometam o êxito da relação de apadrinhamento civil.

3 – Os direitos previstos no n.º 1 podem ser reconhecidos relativamente a outras pessoas, nos termos que vierem a ser estabelecidos no compromisso de apadrinhamento civil ou na decisão judicial, sendo neste caso aplicáveis os princípios referidos no artigo 8.º.

ARTIGO 9.º
Princípios orientadores das relações entre pais e os padrinhos

1 – Os pais e os padrinhos têm um dever mútuo de respeito e de preservação da intimidade da vida privada e familiar, do bom nome e da reputação.

2 – Os pais e os padrinhos devem cooperar na criação das condições adequadas ao bem-estar e desenvolvimento do afilhado.

ARTIGO 10.º
Legitimidade para tomar a iniciativa

1 – O apadrinhamento civil pode ser da iniciativa:

a) Do tribunal;

b) Do Ministério Público

c) Da Comissão de Protecção das Crianças e Jovens, no âmbito dos processos que aí corram termos;

d) Do organismo competente da Segurança Social, ou de instituição por esta habilitada nos termos do artigo 13.º;

e) Dos pais, representante legal da criança ou do jovem, ou pessoa que tenha a sua guarda de facto;

f) Da criança ou do jovem maior de 12 anos.

2 – Quando a iniciativa for da criança ou do jovem maior de 12 anos, o Tribunal ou o Ministério Público, conforme o caso, nomeia, a seu pedido, patrono que o represente.

3 – O apadrinhamento civil pode também ser constituído oficiosamente pelo Tribunal.

ARTIGO 11.º

Designação dos padrinhos

1 – Tomada a iniciativa do apadrinhamento civil por quem tiver legitimidade, os padrinhos são designados de entre pessoas ou famílias habilitadas, constantes de uma lista regional do organismo competente da Segurança Social.

2 – Quando o apadrinhamento civil tiver lugar por iniciativa dos pais, do representante legal da criança ou do jovem, ou da pessoa que tenha a sua guarda de facto, ou ainda da criança ou do jovem, estes podem designar a pessoa ou a família da sua escolha para padrinhos, mas a designação só se torna efectiva após a respectiva habilitação.

3 – Quando a designação prevista no número anterior não tiver sido feita, ou não se tiver tornado efectiva, os padrinhos são escolhidos nos termos do n.º 1.

4 – A instituição que tiver acolhido a criança ou o jovem pode designar e habilitar os padrinhos, desde que tenha obtido legitimidade para tanto do organismo da Segurança Social, nos termos do artigo 13.º

5 – Podem ser designados como padrinhos, e não necessitam de habilitação, os familiares, a pessoa idónea ou a família de acolhimento a quem a criança ou o jovem tenha sido confiado no processo de promoção e protecção.

6 – A escolha dos padrinhos é feita no respeito pelo princípio da audição obrigatória e da participação no processo da criança ou do jovem e dos pais, representante legal ou pessoa que tenha a sua guarda de facto.

ARTIGO 12.º

Habilitação dos padrinhos

1 – A habilitação consiste na certificação de que a pessoa singular ou os membros da família que pretendem apadrinhar uma criança ou jovem possuem idoneidade e autonomia de vida que lhes permitam assumir as responsabilidades próprias do vínculo de apadrinhamento civil.

2 – A habilitação dos padrinhos cabe ao organismo competente da Segurança Social.

3 – À recusa de habilitação dos padrinhos é aplicável o disposto no artigo 7.º do Decreto-Lei n.º 185/93, de 22 de Maio, alterado pelo Decreto-Lei n.º 120/98, de 8 de Maio e pela Lei n.º 31/2003, de 22 de Agosto.

ARTIGO 13.º
Legitimidade para designar e habilitar padrinhos

Mediante acordos de cooperação celebrados com o organismo competente da Segurança Social, as instituições que disponham de meios adequados podem adquirir a legitimidade para designar e habilitar padrinhos.

ARTIGO 14.º
Constituição da relação de apadrinhamento civil

1 – O apadrinhamento civil constitui-se:

a) Por decisão do Tribunal, nos casos em que esteja a correr um processo judicial de promoção e protecção ou um processo tutelar cível e nos casos em que, não sendo obtido o consentimento de uma das pessoas referidas no n.º 1 do artigo 18.º, possa o mesmo ser dispensado nos termos do n.º 4 do mesmo artigo;

b) Nos restantes casos, pela homologação, pelo Ministério Público, do compromisso de apadrinhamento civil.

2 – No caso previsto na alínea a) do número anterior o Tribunal deve, sempre que possível, tomar em conta um compromisso de apadrinhamento civil que lhe seja proposto, ou promover a sua celebração.

3 – O apadrinhamento civil pode constituir-se em qualquer altura de um processo de promoção e protecção ou de um processo tutelar cível, e quando tiver lugar após a aplicação de uma medida de promoção e protecção, ou após uma decisão judicial sobre responsabilidades parentais com que se mostre incompatível, determina necessariamente a sua cessação.

ARTIGO 15.º
Comunicação

Nos casos em que as comissões de protecção de crianças e jovens ou o organismo competente da segurança social, ou a instituição por esta habilitada, entenderem que a iniciativa do apadrinhamento civil que lhes foi apresentada pelos pais, pelo representante legal da criança ou do jovem, pela pessoa que tenha a sua guarda de facto, ou pela criança ou jovem maior de 12 anos, não se revela capaz de satisfazer o interesse da criança ou do jovem, comunicam-no ao Ministério Público, com o seu parecer.

ARTIGO 16.º
Compromisso de apadrinhamento civil

O compromisso de apadrinhamento civil, ou a decisão do Tribunal, contém obrigatoriamente:

a) A identificação da criança ou do jovem;

b) A identificação dos pais, representante legal ou pessoa que tenha a sua guarda de facto;

c) A identificação dos padrinhos;

d) As eventuais limitações ao exercício, pelos padrinhos, das responsabilidades parentais;

e) O regime das visitas dos pais ou de outras pessoas, familiares ou não, cujo contacto com a criança ou jovem deva ser preservado;

f) O montante dos alimentos devidos pelos pais;

g) As informações a prestarem pelos padrinhos ou pelos pais, representante legal ou pessoa que tinha a sua guarda de facto, à entidade encarregada do apoio do vínculo de apadrinhamento civil.

ARTIGO 17.º
Subscritores do compromisso

Subscrevem obrigatoriamente o compromisso:

a) Os padrinhos

b) As pessoas que têm de dar consentimento;

c) A instituição onde a criança ou o jovem estava acolhido e que promoveu o apadrinhamento civil;

d) A entidade encarregada de apoiar o apadrinhamento civil.

ARTIGO 18.º
Consentimento para o apadrinhamento civil

1 – Para o apadrinhamento civil, é necessário o consentimento:

a) Da criança ou do jovem maior de 12 anos;

b) Do cônjuge do padrinho ou da madrinha não separado judicialmente de pessoas e bens ou de facto, ou da pessoa que viva com o padrinho ou a madrinha em união de facto;

c) Dos pais do afilhado, mesmo que não exerçam as responsabilidades parentais, e ainda que sejam menores;

d) Do representante legal do afilhado;

e) De quem tiver a sua guarda de facto, nos termos do artigo 5.º da Lei de Protecção de Crianças e Jovens em Perigo.

2 – O consentimento das pessoas referidas nas alíneas c), d) e e) do número anterior não é necessário quando, tendo havido confiança judicial ou tendo sido aplicada medida de promoção e protecção de confiança a instituição com vista a futura adopção ou a pessoa seleccionada para adopção, se verifique a situação prevista no n.º 2 do artigo 5.º

3 – Não é necessário o consentimento dos pais que tenham sido inibidos das responsabilidades parentais por terem infringido culposamente os deveres para com os filhos, com grave prejuízo destes.

4 – O Tribunal pode dispensar o consentimento:

GUIA DE PROCEDIMENTOS DO PROCESSO DE PROMOÇÃO E PROTECÇÃO

a) Das pessoas que o deveriam prestar nos termos dos números anteriores, se estiverem privadas do uso das faculdades mentais ou se, por qualquer outra razão, houver grave dificuldade em as ouvir;

b) Das pessoas referidas nas alíneas c), d) e e) do n.º 1, quando se verifique alguma das situações que, nos termos das alíneas c), d) e e) do n.º 1 do artigo 1978.º do Código Civil, permitiriam a confiança judicial;

c) Do representante legal ou de quem tenha a guarda de facto quando estes ponham em perigo a segurança, saúde, formação, educação ou desenvolvimento da criança ou do jovem;

d) Dos pais da criança ou do jovem, quando tenham sido inibidos totalmente do exercício das responsabilidades parentais fora dos casos previstos no número anterior;

e) Dos pais da criança ou do jovem, quando, tendo sido aplicada qualquer medida de promoção e protecção, a criança ou o jovem não possa regressar para junto deles ou aí permanecer, por persistirem factores de perigo que imponham o afastamento, passados 18 meses após o início da execução da medida.

ARTIGO 19.º
Competência

É competente para a constituição do apadrinhamento civil, nos termos do n.º 1 do artigo 14.º, o Tribunal de Família e Menores ou, fora das áreas abrangidas pela jurisdição dos tribunais de família e menores, o Tribunal de Comarca, ou o Ministério Público, da área da residência da instituição em que a criança ou o jovem se encontra acolhido, ou da área de residência da criança ou do jovem.

ARTIGO 20.º
Processo

1 – Quando o compromisso de apadrinhamento civil for celebrado na comissão de protecção de menores ou no organismo competente da Segurança Social, ou em instituição por esta habilitada, é o mesmo enviado ao Ministério Público, para homologação, acompanhado de relatório social.

2 – Caso o Ministério Público considere que o compromisso não acautela suficientemente os interesses da criança ou do jovem, ou não satisfaz os requisitos legais, pode convidar os subscritores a alterá-lo, após o que decide sobre a homologação.

3 – As pessoas referidas no artigo 10.º da presente lei dirigem a sua pretensão à comissão de protecção, ou ao Tribunal, em que já corra termos processo respeitante à mesma criança ou jovem ou, na sua inexistência, ao Ministério Público, ao organismo competente da Segurança Social ou a instituição por esta habilitada nos termos do artigo 13.º

LEGISLAÇÃO

4 – No prazo de 10 dias após a sua notificação, a criança ou o jovem, os seus pais, representante legal, a pessoa que tenha a guarda de facto e os padrinhos podem requerer a apreciação judicial:

a) Da decisão de não homologação do compromisso de apadrinhamento civil pelo Ministério Público;

b) Do despacho de confirmação, pelo Ministério Público, do parecer negativo à constituição do apadrinhamento civil, previsto no artigo 15.º, seguindo o processo os seus termos como processo judicial quando o juiz dele discordar.

5 – Nos casos em que pode haver lugar a dispensa do consentimento, nos termos do n.º 3 do artigo 18.º, o Tribunal notifica o Ministério Público, a criança ou o jovem maior de 12 anos, os pais, o representante legal ou quem detiver a guarda de facto, para alegarem por escrito, querendo, e apresentarem prova no prazo de 10 dias.

6 – Se não for apresentada prova, a decisão é da competência do juiz singular, se for apresentada prova há lugar a debate judicial perante um tribunal composto pelo juiz, que preside, e por dois juízes sociais.

7 – O processo judicial de apadrinhamento civil é de jurisdição voluntária.

8 – O processo judicial de apadrinhamento civil é tramitado por via electrónica nos termos gerais das normas de processo civil.

9 – Em qualquer estado da causa e sempre que o entenda conveniente, oficiosamente, com o consentimento dos interessados, ou a requerimento destes, pode o juiz ou o Ministério Público determinar a intervenção de serviços públicos ou privados de mediação.

ARTIGO 21.º

Apoio do apadrinhamento civil

1 – O apoio do apadrinhamento civil tem em vista:

a) Criar ou intensificar as condições necessárias para o êxito da relação de apadrinhamento;

b) Avaliar o êxito da relação de apadrinhamento, do ponto de vista do interesse do afilhado.

2 – O apoio cabe às comissões de protecção, nos casos em que o compromisso de apadrinhamento civil foi celebrado em processo que aí correu termos, ou ao organismo competente da Segurança Social.

3 – O organismo competente da Segurança Social pode delegar o apoio em instituições que disponham de meios adequados.

4 – O apoio termina quando a entidade responsável concluir que a integração familiar normal do afilhado se verificou e, em qualquer caso, passados dezoito meses sobre a constituição do vínculo.

GUIA DE PROCEDIMENTOS DO PROCESSO DE PROMOÇÃO E PROTECÇÃO

ARTIGO 22.º

Alimentos

1 – Os padrinhos consideram-se ascendentes em primeiro grau do afilhado para efeitos da obrigação de lhe prestar alimentos, mas são precedidos pelos pais deste em condições de satisfazer esse encargo.

2 – O afilhado considera-se descendente em primeiro grau dos padrinhos para o efeito da obrigação de lhes prestar alimentos, mas é precedido pelos filhos destes em condições de satisfazer este encargo.

ARTIGO 23.º

Impedimento matrimonial e dispensa

1 – O vínculo de apadrinhamento civil é impedimento impediente à celebração do casamento entre padrinhos e afilhados.

2 – O impedimento é susceptível de dispensa pelo conservador do registo civil, que a concede quando haja motivos sérios que justifiquem a celebração do casamento.

3 – A infracção do disposto no n.º 1 importa do presente artigo, para o padrinho ou madrinha, a incapacidade para receber do seu consorte qualquer benefício por doação ou testamento.

ARTIGO 24.º

Compensações

1 – Os padrinhos e o afilhado têm direito a:

a) Beneficiar do regime jurídico de faltas e licenças equiparado ao dos pais e dos filhos;

b) Beneficiar de prestações sociais nos mesmos termos dos pais e dos filhos.

c) Acompanhar-se reciprocamente na assistência na doença, como se fossem pais e filhos.

2 – Os padrinhos têm direito a:

a) Considerar o afilhado como dependente para efeitos do disposto no artigo 79.º, no artigo 82.º e no artigo 83.º do Código do IRS;

b) Acompanhar o afilhado, na assistência na doença, como os pais acompanham os filhos;

c) Beneficiar do estatuto de dador de sangue.

3 – O afilhado beneficia das prestações de protecção nos encargos familiares e integra, para o efeito, o agregado familiar dos padrinhos.

ARTIGO 25.º

Duração

1 – O apadrinhamento civil constitui um vínculo permanente, salvo o disposto no artigo seguinte.

2 – Os direitos e obrigações dos padrinhos inerentes ao exercício das responsabilidades parentais, e os alimentos, cessam nos mesmos termos em que cessam os dos pais, ressalvadas as disposições em contrário estabelecidas no compromisso de apadrinhamento civil.

ARTIGO 26.º

Revogação

1 – O apadrinhamento civil pode ser revogado por iniciativa de qualquer subscritor do compromisso de apadrinhamento, do organismo competente da Segurança Social ou de instituição por esta habilitada nos termos do artigo 13.º, da comissão de protecção, do Ministério Público, ou do Tribunal, quando:

a) Houver acordo de todos os intervenientes no compromisso de apadrinhamento;

b) Os padrinhos infrinjam culposa e reiteradamente os deveres assumidos com o apadrinhamento, em prejuízo do superior interesse do afilhado, ou quando, por enfermidade, ausência ou outras razões, não se mostrem em condições de cumprir aqueles deveres;

c) O apadrinhamento civil se tenha tornado contrário aos interesses do afilhado;

d) A criança ou o jovem assuma comportamentos, actividades ou consumos que afectem gravemente a sua saúde, segurança, formação, educação ou desenvolvimento, sem que os padrinhos se lhe oponham de modo adequado a remover essa situação;

e) A criança ou jovem assuma de modo persistente comportamentos que afectem gravemente a pessoa ou a vida familiar dos padrinhos, de tal modo que a continuidade da relação de apadrinhamento civil se mostre insustentável;

f) Houver acordo dos padrinhos e do afilhado maior.

2 – A decisão de revogação do apadrinhamento civil cabe à entidade que o constituiu.

3 – Pedida a revogação, e havendo oposição de alguma das pessoas que deram o consentimento, a decisão compete ao Tribunal.

4 – O processo judicial de revogação do apadrinhamento civil é tramitado por via electrónica nos termos gerais das normas de processo civil.

5 – Em qualquer estado da causa e sempre que o entenda conveniente, oficiosamente, com o consentimento dos interessados, ou a requerimento destes, pode o juiz ou o Ministério Público determinar a intervenção de serviços públicos ou privados de mediação.

GUIA DE PROCEDIMENTOS DO PROCESSO DE PROMOÇÃO E PROTECÇÃO

ARTIGO 27.º

Direitos dos padrinhos

Quando o apadrinhamento civil for revogado contra a vontade dos padrinhos, e sem culpa deles, as pessoas que tiveram o estatuto de padrinhos mantêm, enquanto o seu exercício não for contrário aos interesses da criança ou do jovem, os seguintes direitos:

a) Saber o local de residência da criança ou do jovem;

b) Dispor de uma forma de contactar a criança ou o jovem;

c) Ser informados sobre o desenvolvimento integral da criança ou do jovem, a sua progressão escolar ou profissional, a ocorrência de factos particularmente relevantes ou de problemas graves, nomeadamente de saúde;

d) Receber com regularidade fotografias ou outro registo de imagem da criança ou do jovem;

e) Visitar a criança ou o jovem, designadamente por ocasião de datas especialmente significativas.

ARTIGO 28.º

Efeitos da revogação

Os efeitos do apadrinhamento civil cessam no momento em que a decisão de revogação se torna definitiva.

ARTIGO 29.º

Registo civil

1 – A constituição do apadrinhamento civil e a sua revogação são sujeitas a registo civil obrigatório, efectuado imediata e oficiosamente pelo Tribunal que decida pela sua constituição ou revogação ou pelo Ministério Público que homologue o compromisso de apadrinhamento ou revogue o apadrinhamento.

2 – O registo civil da constituição ou da revogação do apadrinhamento civil é efectuado, sempre que possível, por via electrónica, nos termos do artigo 78.º do Código do Registo Civil.

ARTIGO 30.º

Alteração ao Código do Registo Civil

Os artigos 1.º, 69.º e 78.º do Código do Registo Civil, aprovado pelo Decreto-Lei n.º 131/95, de 6 de Junho, alterado pelos Decretos-Leis n.º 224-A/96, de 26 de Novembro, 36/97, de 31 de Janeiro, 120/98, de 8 de Maio, 375-A/99, de 20 de Setembro, 228/2001, de 20 de Agosto, 273/2001, de 13 de Outubro, 323/2001, de 17 de Dezembro, 113/2002, de 20 de Abril, 194/2003, de 23 de Agosto, e 53/2004, de 18 de Março, pela Lei n.º 29/2007, de 2 de Agosto, pelo Decreto-

LEGISLAÇÃO

-Lei n.º 324/2007, de 28 de Setembro, pela Lei n.º 61/2008, de 31 de Outubro e pelo Decreto-Lei nº 247-B/2008, de 30 de Dezembro, passam a ter a seguinte redacção:

«ARTIGO 1.º

[...]
O registo civil é obrigatório e tem por objecto os seguintes factos
a) [...];
b) [...];
c) [...];
d) [...];
e) [...];
f) [...];
g) [...];
h) [...];
i) O apadrinhamento civil e a sua revogação;
j) [Anterior alínea i)];
l) [Anterior alínea j)];
m) [Anterior alínea l)];
n) [Anterior alínea m)];
o) [Anterior alínea n)];
p) [Anterior alínea o)];
q) [Anterior alínea p)].

ARTIGO 69.º

[...]
1 – Ao assento de nascimento são especialmente averbados:
a) [...];
b) [...];
c) [...];
d) [...];
e) [...];
f) [...];
g) [...];
h) A constituição do apadrinhamento civil e a sua revogação;
i) [Anterior aliena h)];
j) [Anterior alínea i)];
l) [Anterior alínea j)];
m) [Anterior alínea l)];
n) [Anterior alínea m)];

GUIA DE PROCEDIMENTOS DO PROCESSO DE PROMOÇÃO E PROTECÇÃO

o) [Anterior alínea n)];
p) [Anterior alínea o)];
q) [Anterior alínea p)].
2 – [...].
3 – [...].

ARTIGO 78.º

[...]
1 – [...].
2 – A comunicação prevista no número anterior é enviada no prazo de um dia após o trânsito em julgado da decisão e dela tem de constar a indicação do tribunal, juízo e secção em que correu o processo, a identificação das partes, o objecto da acção e da reconvenção, se a houver, os fundamentos do pedido, a transcrição da parte dispositiva da sentença, a data desta e do trânsito em julgado e, bem assim, os demais elementos necessários ao averbamento.
3 – [...].»

ARTIGO 31.º

Alteração ao Código do Imposto sobre o Rendimento das Pessoas Singulares

Os artigos 79.º, 82.º e 83.º do Código do Imposto sobre o Rendimento das Pessoas Singulares, abreviadamente designado por Código do IRS, aprovado pelo DecretoLei n.º 442-A/88, de 30 de Novembro, passam a ter a seguinte redacção:

«ARTIGO 79.º

[...]
1 – [...]:
a) [...];
b) [...];
c) [...];
d) 40% do valor da retribuição mínima mensal, por cada dependente ou afilhado civil que não seja sujeito passivo deste imposto;
e) [...].
2 – [...].
3 – [...].
4 – [...].

ARTIGO 82.º

[...]
1 – [...]:
a) [...];

LEGISLAÇÃO

b) Aquisição de bens e serviços directamente relacionados com despesas de saúde dos afilhados civis, ascendentes e colaterais até ao 3.º grau do sujeito passivo, que sejam isentas de IVA, ainda que haja renúncia à isenção, ou sujeitas à taxa reduzida de 5%, desde que não possuam rendimentos superiores ao salário mínimo nacional mais elevado e com aquele vivam em economia comum;

c) [...];

d) [...].

2 – [...].

ARTIGO 83.º

[...]

1 – São dedutíveis à colecta 30% das despesas de educação e de formação profissional do sujeito passivo, dos seus dependentes e dos afilhados civis, com o limite de 160% do valor mensal do salário mínimo nacional mais elevado, independentemente do estado civil do sujeito passivo.

2 – [...].

3 – [...].

4 – [...].

5 – [...].»

Visto e aprovado em Conselho de Ministros de 5 de Fevereiro de 2009.

O Primeiro-Ministro
O Ministro da Presidência
O Ministro dos Assuntos Parlamentares

REGIME JURÍDICO DO APADRINHAMENTO CIVIL

LEI N.º 103/2009, DE 11 DE SETEMBRO

APROVA O REGIME JURÍDICO DO APADRINHAMENTO CIVIL

A Assembleia da República decreta, nos termos da alínea c) do artigo 161.º da Constituição, o seguinte:

ARTIGO 1.º
Objecto
A presente lei estabelece o regime jurídico aplicável ao apadrinhamento civil.

ARTIGO 2.º
Definição
O apadrinhamento civil é uma relação jurídica, tendencialmente de carácter permanente, entre uma criança ou jovem e uma pessoa singular ou uma família que exerça os poderes e deveres próprios dos pais e que com ele estabeleçam vínculos afectivos que permitam o seu bem-estar e desenvolvimento, constituída por homologação ou decisão judicial e sujeita a registo civil.

ARTIGO 3.º
Âmbito
A presente lei aplica-se às crianças e jovens que residam em território nacional.

ARTIGO 4.º
Capacidade para apadrinhar
Podem apadrinhar pessoas maiores de 25 anos, previamente habilitadas para o efeito, sem prejuízo do disposto no n.º 5 do artigo 11.º

ARTIGO 5.º
Capacidade para ser apadrinhado

1 – Desde que o apadrinhamento civil apresente reais vantagens para a criança ou o jovem e desde que não se verifiquem os pressupostos da confiança com vista à adopção, a apreciar pela entidade competente para a constituição do apadrinhamento civil, pode ser apadrinhada qualquer criança ou jovem menor de 18 anos:

a) Que esteja a beneficiar de uma medida de acolhimento em instituição;

b) Que esteja a beneficiar de outra medida de promoção e protecção;

c) Que se encontre numa situação de perigo confirmada em processo de uma comissão de protecção de crianças e jovens ou em processo judicial;

d) Que, para além dos casos previstos nas alíneas anteriores, seja encaminhada para o apadrinhamento civil por iniciativa das pessoas ou das entidades referidas no artigo 10.º

2 – Também pode ser apadrinhada qualquer criança ou jovem menor de 18 anos que esteja a beneficiar de confiança administrativa, confiança judicial ou medida de promoção e protecção de confiança a instituição com vista a futura adopção ou a pessoa seleccionada para a adopção quando, depois de uma reapreciação fundamentada do caso, se mostre que a adopção é inviável.

ARTIGO 6.º
Proibição de vários apadrinhamentos civis

Enquanto subsistir um apadrinhamento civil não pode constituir-se outro quanto ao mesmo afilhado, excepto se os padrinhos viverem em família.

ARTIGO 7.º
Exercício das responsabilidades parentais dos padrinhos

1 – Os padrinhos exercem as responsabilidades parentais, ressalvadas as limitações previstas no compromisso de apadrinhamento civil ou na decisão judicial.

2 – São aplicáveis, com as necessárias adaptações, os artigos 1936.º a 1941.º do Código Civil.

3 – Se os pais da criança ou do jovem tiverem falecido, se estiverem inibidos do exercício das responsabilidades parentais ou se forem incógnitos, são ainda aplicáveis, com as devidas adaptações, os artigos 1943.º e 1944.º do mesmo Código.

4 – As obrigações estabelecidas nos artigos referidos no número anterior são cumpridas perante as entidades que constituem o vínculo de apadrinhamento civil.

5 – É aplicável, com as necessárias adaptações, o disposto nos artigos 2.º a 4.º do Decreto-Lei n.º 272/2001, de 13 de Outubro.

ARTIGO 8.º
Direitos dos pais

1 – Os pais, exceptuados os casos previstos no n.º 3 do artigo 14.º, beneficiam dos direitos expressamente consignados no compromisso de apadrinhamento civil, designadamente:

a) Conhecer a identidade dos padrinhos;

b) Dispor de uma forma de contactar os padrinhos;

c) Saber o local de residência do filho;

d) Dispor de uma forma de contactar o filho;

e) Ser informados sobre o desenvolvimento integral do filho, a sua progressão escolar ou profissional, a ocorrência de factos particularmente relevantes ou de problemas graves, nomeadamente de saúde;

f) Receber com regularidade fotografias ou outro registo de imagem do filho;

g) Visitar o filho, nas condições fixadas no compromisso ou na decisão judicial, designadamente por ocasião de datas especialmente significativas.

2 – O tribunal pode estabelecer limitações aos direitos enunciados nas alíneas d) e g) do número anterior quando os pais, no exercício destes direitos, ponham em risco a segurança ou a saúde física ou psíquica da criança ou do jovem ou comprometam o êxito da relação de apadrinhamento civil.

3 – Os direitos previstos no n.º 1 podem ser reconhecidos relativamente a outras pessoas, nos termos que vierem a ser estabelecidos no compromisso de apadrinhamento civil ou na decisão judicial, sendo neste caso aplicáveis os princípios referidos no artigo 9.º

ARTIGO 9.º
Princípios orientadores das relações entre pais e padrinhos

1 – Os pais e padrinhos têm um dever mútuo de respeito e de preservação da intimidade da vida privada e familiar, do bom nome e da reputação.

2 – Os pais e padrinhos devem cooperar na criação das condições adequadas ao bem-estar e desenvolvimento do afilhado.

ARTIGO 10.º
Legitimidade para tomar a iniciativa

1 – O apadrinhamento civil pode ser da iniciativa:

a) Do Ministério Público;

b) Da comissão de protecção de crianças e jovens, no âmbito dos processos que aí corram termos;

c) Do organismo competente da segurança social ou de instituição por esta habilitada nos termos do n.º 3 do artigo 12.º;

d) Dos pais, representante legal da criança ou do jovem ou pessoa que tenha a sua guarda de facto;

e) Da criança ou do jovem maior de 12 anos.

2 – Quando a iniciativa for da criança ou do jovem maior de 12 anos, o tribunal ou o Ministério Público, conforme o caso, nomeia, a seu pedido, patrono que o represente.

3 – O apadrinhamento civil pode também ser constituído oficiosamente pelo tribunal.

ARTIGO 11.º

Designação dos padrinhos

1 – Tomada a iniciativa do apadrinhamento civil por quem tiver legitimidade, os padrinhos são designados de entre pessoas ou famílias habilitadas, constantes de uma lista regional do organismo competente da segurança social.

2 – Quando o apadrinhamento civil tiver lugar por iniciativa dos pais, do representante legal da criança ou do jovem, ou da pessoa que tenha a sua guarda de facto, ou ainda da criança ou do jovem, estes podem designar a pessoa ou a família da sua escolha para padrinhos, mas a designação só se torna efectiva após a respectiva habilitação.

3 – Quando a designação prevista no número anterior não tiver sido feita, ou não se tiver tornado efectiva, os padrinhos são escolhidos nos termos do n.º 1.

4 – A instituição que tiver acolhido a criança ou o jovem pode designar os padrinhos, nos termos do n.º 1.

5 – Podem ser designados como padrinhos os familiares, a pessoa idónea ou a família de acolhimento a quem a criança ou o jovem tenha sido confiado no processo de promoção e protecção ou o tutor.

6 – A escolha dos padrinhos é feita no respeito pelo princípio da audição obrigatória e da participação no processo da criança ou do jovem e dos pais, representante legal ou pessoa que tenha a sua guarda de facto.

ARTIGO 12.º

Habilitação dos padrinhos

1 – A habilitação consiste na certificação de que a pessoa singular ou os membros da família que pretendem apadrinhar uma criança ou jovem possuem idoneidade e autonomia de vida que lhes permitam assumir as responsabilidades próprias do vínculo de apadrinhamento civil.

2 – A habilitação dos padrinhos cabe ao organismo competente da segurança social.

3 – Mediante acordos de cooperação celebrados com o organismo competente da segurança social, as instituições que disponham de meios adequados podem adquirir a legitimidade para designar e habilitar padrinhos.

LEGISLAÇÃO

4 – À recusa de habilitação dos padrinhos é aplicável o disposto no artigo 7.º do Decreto-Lei n.º 185/93, de 22 de Maio, alterado pelo Decreto-Lei n.º 120/98, de 8 de Maio, e pelas Leis n.ºˢ 31/2003, de 22 de Agosto, e 28/2007, de 2 de Agosto.

ARTIGO 13.º
Constituição da relação de apadrinhamento civil

1 – O apadrinhamento civil constitui-se:

a) Por decisão do tribunal, nos casos em que esteja a correr um processo judicial de promoção e protecção ou um processo tutelar cível, nos casos em que, não sendo obtido o consentimento de uma das pessoas referidas no n.º 1 do artigo 14.º, possa o mesmo ser dispensado nos termos do n.º 4 do mesmo artigo, e nos casos em que tenha havido parecer desfavorável do conselho de família;

b) Por compromisso de apadrinhamento civil homologado pelo tribunal.

2 – O tribunal deve, sempre que possível, tomar em conta um compromisso de apadrinhamento civil que lhe seja proposto ou promover a sua celebração, com a observância do n.º 6 do artigo 11.º

3 – O apadrinhamento civil pode constituir-se em qualquer altura de um processo de promoção e protecção ou de um processo tutelar cível e, quando tiver lugar após a aplicação de uma medida de promoção e protecção ou após uma decisão judicial sobre responsabilidades parentais com que se mostre incompatível, determina necessariamente a sua cessação.

ARTIGO 14.º
Consentimento para o apadrinhamento civil

1 – Para o apadrinhamento civil é necessário o consentimento:

a) Da criança ou do jovem maior de 12 anos;

b) Do cônjuge do padrinho ou da madrinha não separado judicialmente de pessoas e bens ou de facto ou da pessoa que viva com o padrinho ou a madrinha em união de facto;

c) Dos pais do afilhado, mesmo que não exerçam as responsabilidades parentais, e ainda que sejam menores;

d) Do representante legal do afilhado;

e) De quem tiver a sua guarda de facto, nos termos do artigo 5.º da Lei de Protecção de Crianças e Jovens em Perigo.

2 – O consentimento das pessoas referidas nas alíneas c), d) e e) do número anterior não é necessário quando, tendo havido confiança judicial ou tendo sido aplicada medida de promoção e protecção de confiança a instituição com vista a futura adopção ou a pessoa seleccionada para adopção, se verifique a situação prevista no n.º 2 do artigo 5.º

GUIA DE PROCEDIMENTOS DO PROCESSO DE PROMOÇÃO E PROTECÇÃO

3 – Não é necessário o consentimento dos pais que tenham sido inibidos das responsabilidades parentais por terem infringido culposamente os deveres para com os filhos, com grave prejuízo destes.

4 – O tribunal pode dispensar o consentimento:

a) Das pessoas que o deveriam prestar nos termos do n.º 1, se estiverem privadas do uso das faculdades mentais ou se, por qualquer outra razão, houver grave dificuldade em as ouvir;

b) Das pessoas referidas nas alíneas c), d) e e) do n.º 1, quando se verifique alguma das situações que, nos termos das alíneas c), d) e e) do n.º 1 do artigo 1978.º do Código Civil, permitiriam a confiança judicial;

c) Do representante legal ou de quem tenha a guarda de facto quando estes ponham em perigo a segurança, saúde, formação, educação ou desenvolvimento da criança ou do jovem;

d) Dos pais da criança ou do jovem, quando tenham sido inibidos totalmente do exercício das responsabilidades parentais fora dos casos previstos no número anterior;

e) Dos pais da criança ou do jovem, quando, tendo sido aplicada qualquer medida de promoção e protecção, a criança ou o jovem não possa regressar para junto deles ou aí permanecer por persistirem factores de perigo que imponham o afastamento, passados 18 meses após o início da execução da medida.

5 – As comissões de protecção de crianças e jovens, a segurança social e as instituições por esta habilitadas nos termos do n.º 3 do artigo 12.º comunicam ao tribunal os casos em que entendam dever haver lugar a dispensa do consentimento, cabendo a este desencadear o procedimento previsto no n.º 5 do artigo 19.º

6 – Quando a criança ou o jovem estiver sujeito a tutela, exige-se o parecer favorável do conselho de família.

ARTIGO 15.º

Comunicação

Nos casos em que a comissão de protecção de crianças e jovens ou o organismo competente da segurança social, ou a instituição por esta habilitada, entenderem que a iniciativa do apadrinhamento civil que lhes foi apresentada pelos pais, pelo representante legal da criança ou do jovem, pela pessoa que tenha a sua guarda de facto, ou pela criança ou jovem maior de 12 anos, não se revela capaz de satisfazer o interesse da criança ou do jovem, comunicam-no ao tribunal, com o seu parecer.

ARTIGO 16.º

Compromisso de apadrinhamento civil

O compromisso de apadrinhamento civil, ou a decisão do tribunal, contém obrigatoriamente:

a) A identificação da criança ou do jovem;

b) A identificação dos pais, representante legal ou pessoa que tenha a sua guarda de facto;

c) A identificação dos padrinhos;

d) As eventuais limitações ao exercício, pelos padrinhos, das responsabilidades parentais;

e) O regime das visitas dos pais ou de outras pessoas, familiares ou não, cujo contacto com a criança ou jovem deva ser preservado;

f) O montante dos alimentos devidos pelos pais, se for o caso;

g) As informações a prestar pelos padrinhos ou pelos pais, representante legal ou pessoa que tinha a sua guarda de facto, à entidade encarregada do apoio do vínculo de apadrinhamento civil.

ARTIGO 17.º

Subscritores do compromisso

Subscrevem obrigatoriamente o compromisso:

a) Os padrinhos;

b) As pessoas que têm de dar consentimento;

c) A instituição onde a criança ou o jovem estava acolhido e que promoveu o apadrinhamento civil;

d) A entidade encarregada de apoiar o apadrinhamento civil;

e) O pró-tutor, quando o tutor vier a assumir a condição de padrinho.

ARTIGO 18.º

Competência

É competente para a constituição do apadrinhamento civil, nos termos do n.º 1 do artigo 13.º, o tribunal de família e menores ou, fora das áreas abrangidas pela jurisdição dos tribunais de família e menores, o tribunal da comarca da área da localização da instituição em que a criança ou o jovem se encontra acolhido ou da área da sua residência.

ARTIGO 19.º

Processo

1 – Quando o compromisso de apadrinhamento civil for celebrado na comissão de protecção de crianças e jovens ou no organismo competente da segurança social, ou em instituição por esta habilitada, é o mesmo enviado ao tribunal competente, para homologação, acompanhado de relatório social.

2 – Caso o tribunal considere que o compromisso não acautela suficientemente os interesses da criança ou do jovem, ou não satisfaz os requisitos legais, pode convidar os subscritores a alterá-lo, após o que decide sobre a homologação.

GUIA DE PROCEDIMENTOS DO PROCESSO DE PROMOÇÃO E PROTECÇÃO

3 – As pessoas referidas no artigo 10.º da presente lei dirigem a sua pretensão à comissão de protecção de crianças e jovens, ou ao tribunal, em que já corra termos processo respeitante à mesma criança ou jovem ou, na sua inexistência, ao Ministério Público, ao organismo competente da segurança social ou a instituição por esta habilitada nos termos do n.º 3 do artigo 12.º

4 – No prazo de 10 dias após a sua notificação, a criança ou o jovem, os seus pais, representante legal, a pessoa que tenha a guarda de facto e os padrinhos podem requerer a apreciação judicial:

a) Da decisão de não homologação do compromisso de apadrinhamento civil pelo Ministério Público;

b) Do despacho de confirmação, pelo Ministério Público, do parecer negativo à constituição do apadrinhamento civil, previsto no artigo 15.º, seguindo o processo os seus termos como processo judicial quando o juiz dele discordar.

5 – Nos casos em que pode haver lugar a dispensa do consentimento, nos termos do n.º 4 do artigo 14.º, o tribunal notifica o Ministério Público, a criança ou o jovem maior de 12 anos, os pais, o representante legal ou quem detiver a guarda de facto para alegarem por escrito, querendo, e apresentarem prova no prazo de 10 dias.

6 – Se não for apresentada prova, a decisão é da competência do juiz singular, se for apresentada prova, há lugar a debate judicial perante um tribunal composto pelo juiz, que preside, e por dois juízes sociais.

7 – O processo judicial de apadrinhamento civil é de jurisdição voluntária.

8 – O processo judicial de apadrinhamento civil é tramitado por via electrónica nos termos gerais das normas de processo civil.

9 – Em qualquer estado da causa e sempre que o entenda conveniente, oficiosamente, com o consentimento dos interessados, ou a requerimento destes, pode o juiz determinar a intervenção de serviços públicos ou privados de mediação.

ARTIGO 20.º

Apoio ao apadrinhamento civil

1 – O apoio do apadrinhamento civil tem em vista:

a) Criar ou intensificar as condições necessárias para o êxito da relação de apadrinhamento;

b) Avaliar o êxito da relação de apadrinhamento, do ponto de vista do interesse do afilhado.

2 – O apoio cabe às comissões de protecção de crianças e jovens, nos casos em que o compromisso de apadrinhamento civil foi celebrado em processo que aí correu termos, ou ao organismo competente da segurança social.

3 – O organismo competente da segurança social pode delegar o apoio em instituições que disponham de meios adequados.

LEGISLAÇÃO

4 – O apoio termina quando a entidade responsável concluir que a integração familiar normal do afilhado se verificou e, em qualquer caso, passados 18 meses sobre a constituição do vínculo.

ARTIGO 21.º
Alimentos

1 – Os padrinhos consideram-se ascendentes em 1.º grau do afilhado para efeitos da obrigação de lhe prestar alimentos, mas são precedidos pelos pais deste em condições de satisfazer esse encargo.

2 – O afilhado considera-se descendente em 1.º grau dos padrinhos para o efeito da obrigação de lhes prestar alimentos, mas é precedido pelos filhos destes em condições de satisfazer este encargo.

ARTIGO 22.º
Impedimento matrimonial e dispensa

1 – O vínculo de apadrinhamento civil é impedimento impediente à celebração do casamento entre padrinhos e afilhados.

2 – O impedimento é susceptível de dispensa pelo conservador do registo civil, que a concede quando haja motivos sérios que justifiquem a celebração do casamento, ouvindo, sempre que possível, quando um dos nubentes for menor, os pais.

3 – A infracção do disposto no n.º 1 do presente artigo importa, para o padrinho ou madrinha, a incapacidade para receber do seu consorte qualquer benefício por doação ou testamento.

ARTIGO 23.º
Direitos

1 – Os padrinhos e o afilhado têm direito a:

a) Beneficiar do regime jurídico de faltas e licenças equiparado ao dos pais e dos filhos;

b) Beneficiar de prestações sociais nos mesmos termos dos pais e dos filhos;

c) Acompanhar-se reciprocamente na assistência na doença, como se fossem pais e filhos.

2 – Os padrinhos têm direito a:

a) Considerar o afilhado como dependente para efeitos do disposto nos artigos 79.º, 82.º e 83.º do Código do IRS;

b) Beneficiar do estatuto de dador de sangue.

3 – O afilhado beneficia das prestações de protecção nos encargos familiares e integra, para o efeito, o agregado familiar dos padrinhos.

GUIA DE PROCEDIMENTOS DO PROCESSO DE PROMOÇÃO E PROTECÇÃO

ARTIGO 24.º
Duração

1 – O apadrinhamento civil constitui um vínculo permanente, salvo o disposto no artigo seguinte.

2 – Os direitos e obrigações dos padrinhos inerentes ao exercício das responsabilidades parentais e os alimentos cessam nos mesmos termos em que cessam os dos pais, ressalvadas as disposições em contrário estabelecidas no compromisso de apadrinhamento civil.

ARTIGO 25.º
Revogação

1 – O apadrinhamento civil pode ser revogado por iniciativa de qualquer subscritor do compromisso de apadrinhamento, do organismo competente da segurança social ou de instituição por esta habilitada nos termos do n.º 3 do artigo 12.º, da comissão de protecção de crianças e jovens, do Ministério Público ou do tribunal, quando:

a) Houver acordo de todos os intervenientes no compromisso de apadrinhamento;

b) Os padrinhos infrinjam culposa e reiteradamente os deveres assumidos com o apadrinhamento, em prejuízo do superior interesse do afilhado, ou quando, por enfermidade, ausência ou outras razões, não se mostrem em condições de cumprir aqueles deveres;

c) O apadrinhamento civil se tenha tornado contrário aos interesses do afilhado;

d) A criança ou o jovem assuma comportamentos, actividades ou consumos que afectem gravemente a sua saúde, segurança, formação, educação ou desenvolvimento sem que os padrinhos se lhe oponham de modo adequado a remover essa situação;

e) A criança ou jovem assuma de modo persistente comportamentos que afectem gravemente a pessoa ou a vida familiar dos padrinhos, de tal modo que a continuidade da relação de apadrinhamento civil se mostre insustentável;

f) Houver acordo dos padrinhos e do afilhado maior.

2 – A decisão de revogação do apadrinhamento civil cabe à entidade que o constituiu.

3 – Pedida a revogação e havendo oposição de alguma das pessoas que deram o consentimento, a decisão compete ao tribunal, por iniciativa do Ministério Público.

4 – Ao previsto nos n.ºs 2 e 3 do presente artigo aplicam-se, com as devidas adaptações, os critérios de fixação de competência estabelecidos no artigo 18.º, cabendo a decisão à entidade que, no momento, se mostrar territorialmente competente.

5 – O processo judicial de revogação do apadrinhamento civil é tramitado por via electrónica nos termos gerais das normas de processo civil.

LEGISLAÇÃO

6 – Em qualquer estado da causa e sempre que o entenda conveniente, oficiosamente, com o consentimento dos interessados, ou a requerimento destes, pode o juiz determinar a intervenção de serviços públicos ou privados de mediação.

ARTIGO 26.º

Direitos dos padrinhos

Quando o apadrinhamento civil for revogado contra a vontade dos padrinhos, e sem culpa deles, as pessoas que tiveram o estatuto de padrinhos mantêm, enquanto o seu exercício não for contrário aos interesses da criança ou do jovem, os seguintes direitos:

a) Saber o local de residência da criança ou do jovem;

b) Dispor de uma forma de contactar a criança ou o jovem;

c) Ser informados sobre o desenvolvimento integral da criança ou do jovem, a sua progressão escolar ou profissional, a ocorrência de factos particularmente relevantes ou de problemas graves, nomeadamente de saúde;

d) Receber com regularidade fotografias ou outro registo de imagem da criança ou do jovem;

e) Visitar a criança ou o jovem, designadamente por ocasião de datas especialmente significativas.

ARTIGO 27.º

Efeitos da revogação

Os efeitos do apadrinhamento civil cessam no momento em que a decisão de revogação se torna definitiva.

ARTIGO 28.º

Registo civil

1 – A constituição do apadrinhamento civil e a sua revogação são sujeitas a registo civil obrigatório, efectuado imediata e oficiosamente pelo tribunal que decida pela sua constituição ou revogação.

2 – O registo civil da constituição ou da revogação do apadrinhamento civil é efectuado, sempre que possível, por via electrónica, nos termos do artigo 78.º do Código do Registo Civil.

ARTIGO 29.º

Alteração ao Código do Registo Civil

Os artigos 1.º, 69.º e 78.º do Código do Registo Civil, aprovado pelo Decreto-Lei n.º 131/95, de 6 de Junho, alterado pelos Decretos-Leis n.os 224-A/96, de 26 de Novembro, 36/97, de 31 de Janeiro, 120/98, de 8 de Maio, 375-A/99, de 20 de Setembro, 228/2001, de 20 de Agosto, 273/2001, de 13 de Outubro, 323/2001, de 17 de Dezembro, 113/2002, de 20 de Abril, 194/2003, de 23 de Agosto, e

GUIA DE PROCEDIMENTOS DO PROCESSO DE PROMOÇÃO E PROTECÇÃO

53/2004, de 18 de Março, pela Lei n.º 29/2007, de 2 de Agosto, pelo Decreto--Lei n.º 324/2007, de 28 de Setembro, pela Lei n.º 61/2008, de 31 de Outubro, e pelos Decretos-Leis n.ºˢ 247-B/2008, de 30 de Dezembro, e 100/2009, de 11 de Maio, e pela Lei n.º 29/2009, de 29 de Junho, passam a ter a seguinte redacção:

ARTIGO 30.º

Alteração ao Código do Imposto sobre o Rendimento das Pessoas Singulares

Os artigos 79.º, 82.º e 83.º do Código do Imposto sobre o Rendimento das Pessoas Singulares, abreviadamente designado por Código do IRS, aprovado pelo Decreto-Lei n.º 442-A/88, de 30 de Novembro, passam a ter a seguinte redacção:

ARTIGO 31.º

Alteração à Lei de Organização e Funcionamento dos Tribunais Judiciais

O n.º 1 do artigo 115.º da Lei n.º 52/2008, de 28 de Agosto, que aprova a Lei de Organização e Funcionamento dos Tribunais Judiciais, passa a ter a seguinte redacção:

ARTIGO 32.º

Alteração ao Código Civil

Os artigos 1921.º e 1961.º do Código Civil passam a ter a seguinte redacção:

ARTIGO 33.º

Entrada em vigor

1 – A habilitação dos padrinhos, prevista no artigo 12.º, será regulamentada por decreto-lei no prazo de 120 dias.

2 – A presente lei entra em vigor no dia seguinte ao da publicação daquele diploma regulamentador.

3 – Entre a data da publicação e a data de entrada em vigor desta lei, serão desenvolvidas acções de formação tendo como destinatários as entidades a que sejam atribuídas competências nesta lei.

Aprovada em 23 de Julho de 2009.

O Presidente da Assembleia da República, *Jaime Gama.*

Promulgada em 31 de Agosto de 2009.

Publique-se.

O Presidente da República, ANÍBAL CAVACO SILVA.

Referendada em 31 de Agosto de 2009.

O Primeiro-Ministro, *José Sócrates Carvalho Pinto de Sousa.*

REGULAMENTAÇÃO DO REGIME JURÍDICO DO APADRINHAMENTO CIVIL

DECRETO-LEI N.º 121/2010, DE 27 DE OUTUBRO

O presente decreto -lei procede à regulamentação do regime jurídico do apadrinhamento civil, aprovado pela Lei n.º 103/2009, de 11 de Setembro, concretizando os requisitos e os procedimentos necessários à habilitação da pessoa que pretende apadrinhar uma criança.

A regulamentação da Lei n.º 103/2009, de 11 de Setembro, é necessária para que o regime jurídico do apadrinhamento civil possa produzir efeitos, e consequentemente concretizar novas respostas para crianças e jovens em risco, que permanecem em instituições de acolhimento, e que não beneficiam de forma plena dos cuidados parentais dos progenitores e que não se encontram em situação de adoptabilidade.

O apadrinhamento civil permite que crianças e jovens em risco possam, a título definitivo, viver e criar laços de afectividade com uma família, que assume os poderes e os deveres dos pais, mantendo a criança, contudo, a sua filiação biológica.

A criança ou jovem é integrada num ambiente familiar, ficando confiada a uma pessoa ou a uma família, que exerce os poderes próprios dos pais, através do vínculo do apadrinhamento civil, estabelecendo -se entre eles vínculos afectivos que permitam o bem -estar e desenvolvimento da criança.

Porque está em causa o projecto de vida de crianças e jovens, o superior interesse da criança impõe a certificação das competências pessoais mínimas através de um processo de habilitação que avalia a idoneidade e a autonomia de vida das pessoas que pretendem adoptar.

De facto, apesar de os efeitos do apadrinhamento civil implicarem um regime mais simplificado e célere do que o regime da adopção, a habilitação dos padrinhos não deve ser, por isso, menos exigente do que a selecção dos candidatos a adoptantes, uma vez que, em ambos os casos, está em causa a constituição de um

GUIA DE PROCEDIMENTOS DO PROCESSO DE PROMOÇÃO E PROTECÇÃO

vínculo afectivo e jurídico entre uma criança ou jovem e um adulto ou família, com a atribuição de responsabilidades parentais.

Por isso, a habilitação dos padrinhos pressupõe não só uma avaliação das capacidades dos candidatos ao apadrinhamento civil para estabelecerem relações afectivas próximas com uma criança ou jovem e para exercerem as inerentes responsabilidades parentais mas também uma avaliação das suas capacidades para estabelecerem relações de cooperação com os pais da criança ou jovem, tal como a lei exige.

Na habilitação dos padrinhos torna-se, portanto, essencial proceder à avaliação de determinados elementos, nomeadamente a capacidade para o exercício das responsabilidades parentais, a disponibilidade para respeitar os direitos dos pais ou de outras pessoas relevantes para a criança ou o jovem, assim como a capacidade e disponibilidade dos padrinhos para promover a cooperação com os pais na criação das condições adequadas ao bem-estar e desenvolvimento da criança ou do jovem.

De facto, a constituição do vínculo de apadrinhamento civil nas condições previstas na Lei n.º 103/2009, de 11 de Setembro, não exclui o seu relacionamento com os progenitores, nos termos estabelecidos no compromisso ou decisão de apadrinhamento, nomeadamente no que respeita ao regime de visitas, pretendendo-se, com isto, uma cooperação entre os padrinhos e os pais da criança ou do jovem que concorra para o seu bem-estar e desenvolvimento integral.

O presente decreto-lei permite ainda a intervenção, na habilitação de padrinhos, de instituições que disponham dos meios adequados e com as quais o organismo competente da segurança social celebre, para o efeito, acordos de cooperação.

Foi ouvida a Comissão Nacional de Protecção das Crianças e Jovens em Risco.

Foi promovida a audição do Observatório Permanente da Adopção.

Assim:

Nos termos da alínea a) do n.º 1 do artigo 198.º da Constituição, o Governo decreta o seguinte:

ARTIGO 1.º

Objecto

O presente decreto -lei define os procedimentos para a habilitação dos padrinhos e procede à regulamentação da Lei n.º 103/2009, de 11 de Setembro.

ARTIGO 2.º

Candidatura

1 – Quem pretenda apadrinhar civilmente uma criança ou jovem deve comunicar essa intenção ao centro distrital de segurança social da sua área de residência, mediante preenchimento de uma ficha de candidatura.

LEGISLAÇÃO

2 – A ficha de candidatura é acompanhada de todos os documentos necessários à comprovação dos requisitos previstos na Lei n.º 103/2009, de 11 de Setembro, e no artigo seguinte.

3 – A falta de qualquer documento exigido no número anterior determina a rejeição liminar da candidatura.

4 – Verificados os requisitos legais, o centro distrital de segurança social da sua área de residência comunica aos candidatos a admissão da candidatura ou a sua rejeição liminar.

ARTIGO 3.º

Factores de habilitação

1 – A certificação, para efeitos do artigo 12.º da Lei n.º 103/2009, de 11 de Setembro, da idoneidade e autonomia de vida que permita ao candidato assumir as responsabilidades próprias do vínculo de apadrinhamento civil depende, para além da verificação dos requisitos gerais previstos na lei, da ponderação dos seguintes factores:

a) Personalidade, maturidade, capacidade afectiva e estabilidade emocional;

b) Capacidades educativas e relacionais para responder às necessidades específicas da criança ou do jovem e para promover o seu desenvolvimento integral;

c) Condições de higiene e de habitação;

d) Situação económica, profissional e familiar;

e) Ausência de limitações de saúde que impeçam prestar os cuidados necessários à criança ou ao jovem;

f) Motivação e expectativas para a candidatura ao apadrinhamento civil;

g) Disponibilidade para cooperar com o apoio previsto no artigo 20.º da Lei n.º 103/2009, de 11 de Setembro;

h) Disponibilidade para receber a formação que os organismos competentes vierem a proporcionar;

i) Disponibilidade para respeitar os direitos dos pais ou de outras pessoas relevantes para a criança ou o jovem;

j) Capacidade e disponibilidade para promover a cooperação com os pais na criação das condições adequadas ao bem -estar e desenvolvimento da criança ou do jovem;

l) Posição dos membros do agregado familiar dos candidatos, e por outros familiares com influência na dinâmica da família, face ao vínculo do apadrinhamento civil.

2 – A habilitação depende, ainda, de o candidato ou de qualquer das pessoas que com ele coabitem não terem sido condenados, por sentença transitada em julgado, por qualquer dos crimes previstos na alínea *a*) do n.º 3 do artigo 2.º da

GUIA DE PROCEDIMENTOS DO PROCESSO DE PROMOÇÃO E PROTECÇÃO

Lei n.º 113/2009, de 17 de Setembro, devendo o respectivo certificado do registo criminal ser emitido nos termos dos n.ºs 4 e 5 do artigo 2.º da referida lei.

3 – O candidato a padrinho não pode, igualmente, estar inibido do exercício das responsabilidades parentais nem ter o seu exercício limitado nos termos do artigo 1918.º do Código Civil.

4 – Para efeitos da ponderação a que se refere o n.º 1, é, ainda, aplicável à habilitação dos padrinhos, com as necessárias adaptações, o disposto no artigo 3.º da Lei n.º 9/2010, de 31 de Março, e no artigo 7.º da Lei n.º 7/2001, de 11 de Maio.

ARTIGO 4.º
Decisão sobre a habilitação

1 – A decisão sobre a habilitação dos padrinhos é precedida da elaboração de relatório psicossocial dos candidatos pelo centro distrital de segurança social da sua área de residência ou por qualquer das entidades previstas no artigo 7.º

2 – A decisão a que se refere o número anterior é proferida no prazo de seis meses contados a partir da data de entrega da ficha de candidatura, instruída nos termos do artigo 2.º

ARTIGO 5.º
Casos especiais

1 – As pessoas indicadas no n.º 5 do artigo 11.º da Lei n.º 103/2009, de 11 de Setembro, que pretendam apadrinhar devem apresentar, ao centro distrital de segurança social da sua área de residência, a informação prevista nas alíneas f) a l) do n.º 1 do artigo 3.º

2 – Para efeitos do número anterior, o organismo da segurança social procede à audição da Comissão de Protecção de Crianças e Jovens que aplicou a medida ou da entidade que realizou a avaliação em que se baseou a decisão judicial de aplicação da medida ou de instauração da tutela.

3 – Sempre que da informação prestada nos termos dos números anteriores resultem motivos que justifiquem a necessidade de uma avaliação global das pessoas referidas no n.º 1, o organismo da segurança social deve proceder à mesma nos termos do artigo 3.º

ARTIGO 6.º
Alargamento da relação de apadrinhamento civil

1 – Sem prejuízo do número seguinte, a relação de apadrinhamento civil pode ser alargada ao cônjuge ou à pessoa que viva em união de facto com quem tenha apadrinhado civilmente uma criança ou jovem, desde que efectuada a respectiva habilitação, nos termos dos artigos 3.º a 5.º, e se mantenham as condições da relação inicial.

2 – Ao alargamento da relação de apadrinhamento civil aplica-se o disposto no artigo 13.º da Lei n.º 103/2009, de 11 de Setembro, correndo o respectivo procedimento no processo em que foi constituída, por decisão ou homologação, a relação de apadrinhamento já constituída.

ARTIGO 7.º

Competência

1 – São competentes para receber a ficha de candidatura os centros distritais do Instituto da Segurança Social, I. P., o Instituto de Acção Social da Região Autónoma dos Açores, o Centro de Segurança Social da Região Autónoma da Madeira e, no concelho de Lisboa, a Santa Casa da Misericórdia de Lisboa.

2 – Podem ainda receber a ficha de candidatura os organismos que tenham celebrado acordos de cooperação, nos termos do artigo seguinte.

ARTIGO 8.º

Acordos de cooperação

1 – Para os efeitos previstos no n.º 3 do artigo 12.º da Lei n.º 103/2009, de 11 de Setembro, nos acordos de cooperação existentes com instituições na área da infância e juventude que desenvolvem respostas sociais no âmbito da protecção de crianças e jovens em situação de perigo, entende-se por meios adequados a constituição de uma equipa técnica multidisciplinar, composta por profissionais com formação diversificada no domínio da capacitação das famílias e do desenvolvimento integral da criança ou do jovem, assim como da logística necessária à respectiva intervenção.

2 – É obrigação da instituição garantir a formação inicial e contínua da equipa técnica, bem como a sua supervisão e avaliação, com base em instrumentos de referência criados e disponibilizados pelo Instituto da Segurança Social, I. P.

3 – Os acordos de cooperação devem prever o modo de evitar que o mesmo candidato mantenha candidaturas simultâneas em diferentes organismos competentes.

4 – As alterações aos acordos de cooperação referidos no n.º 1 estão condicionadas às disponibilidades orçamentais afectas ao organismo competente da segurança social.

ARTIGO 9.º

Informação e formação

As entidades previstas no artigo 7.º devem proporcionar aos interessados as informações que considerem relevantes para a realização de uma candidatura consciente, assim como garantir aos candidatos habilitados a formação conveniente para o sucesso do apadrinhamento civil.

GUIA DE PROCEDIMENTOS DO PROCESSO DE PROMOÇÃO E PROTECÇÃO

ARTIGO 10.º

Entrada em vigor

O presente decreto-lei entra em vigor 60 dias após a sua publicação.

Visto e aprovado em Conselho de Ministros de 26 de Agosto de 2010. – *José Sócrates Carvalho Pinto de Sousa – Alberto de Sousa Martins – Maria Helena dos Santos André.*

Promulgado em 14 de Outubro de 2010.

Publique-se.

O Presidente da República, ANÍBAL CAVACO SILVA.

Referendado em 14 de Outubro de 2010.

O Primeiro -Ministro, *José Sócrates Carvalho Pinto de Sousa.*

LEGISLAÇÃO

ANEXO

ESQUEMA DO PROCESSO DE APADRINHAMENTO CIVIL

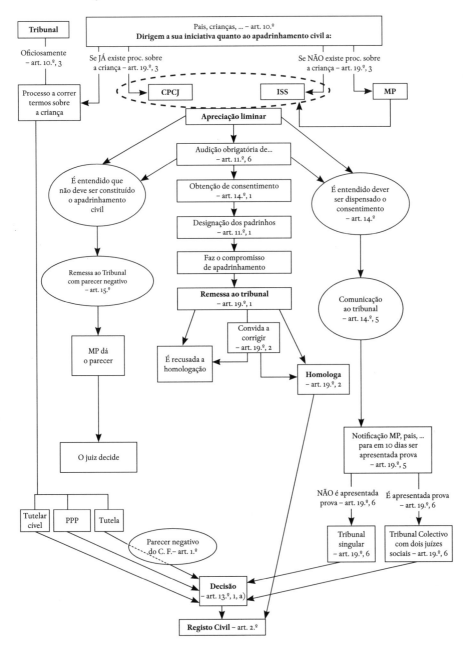

LEI N.º 7/2001, DE 11 DE MAIO

ADOPTA MEDIDAS DE PROTECÇÃO DAS UNIÕES DE FACTO

A Assembleia da República decreta, nos termos da alínea c) do artigo 161.º da Constituição, para valer como lei geral da República, o seguinte:

ARTIGO 1.º
Objecto

1 – A presente lei adopta medidas de protecção das uniões de facto.

2 – A união de facto é a situação jurídica de duas pessoas que, independentemente do sexo, vivam em condições análogas às dos cônjuges há mais de dois anos.

ARTIGO 2.º
Excepções

Impedem a atribuição de direitos ou benefícios, em vida ou por morte, fundados na união de facto:

a) Idade inferior a 18 anos à data do reconhecimento da união de facto;

b) Demência notória, mesmo com intervalos lúcidos, e a interdição ou inabilitação por anomalia psíquica, salvo se a demência se manifestar ou a anomalia se verificar em momento posterior ao do início da união de facto;

c) Casamento não dissolvido, salvo se tiver sido decretada a separação de pessoas e bens;

d) Parentesco na linha recta ou no 2.º grau da linha colateral ou afinidade na linha recta;

e) Condenação anterior de uma das pessoas como autor ou cúmplice por homicídio doloso ainda que não consumado contra o cônjuge do outro.

Alterado pela Lei n.º 23/2010, de 30/08.

ARTIGO 2.º-A
Prova da união de facto

1 – Na falta de disposição legal ou regulamentar que exija prova documental específica, a união de facto prova-se por qualquer meio legalmente admissível.

2 – No caso de se provar a união de facto por declaração emitida pela junta de freguesia competente, o documento deve ser acompanhado de declaração de ambos os membros da união de facto, sob compromisso de honra, de que vivem em união de facto há mais de dois anos, e de certidões de cópia integral do registo de nascimento de cada um deles.

3 – Caso a união de facto se tenha dissolvido por vontade de um ou de ambos os membros, aplica-se o disposto no número anterior, com as necessárias adaptações, devendo a declaração sob compromisso de honra mencionar quando cessou a união de facto; se um dos membros da união dissolvida não se dispuser a subscrever a declaração conjunta da existência pretérita da união de facto, o interessado deve apresentar declaração singular.

4 – No caso de morte de um dos membros da união de facto, a declaração emitida pela junta de freguesia atesta que o interessado residia há mais de dois anos com o falecido, à data do falecimento, e deve ser acompanhada de declaração do interessado, sob compromisso de honra, de que vivia em união de facto com o falecido há mais de dois anos, à mesma data, de certidão de cópia integral do registo de nascimento do interessado e de certidão do óbito do falecido.

5 – As falsas declarações são punidas nos termos da lei penal.

Aditado pela Lei n.º 23/2010, de 30/08.

ARTIGO 3.º
Efeitos

1 – As pessoas que vivem em união de facto nas condições previstas na presente lei têm direito a:

a) Protecção da casa de morada de família, nos termos da presente lei;

b) Beneficiar do regime jurídico aplicável a pessoas casadas em matéria de férias, feriados, faltas, licenças e de preferência na colocação dos trabalhadores da Administração Pública;

c) Beneficiar de regime jurídico equiparado ao aplicável a pessoas casadas vinculadas por contrato de trabalho, em matéria de férias, feriados, faltas e licenças;

d) Aplicação do regime do imposto sobre o rendimento das pessoas singulares nas mesmas condições aplicáveis aos sujeitos passivos casados e não separados de pessoas e bens;

e) Protecção social na eventualidade de morte do beneficiário, por aplicação do regime geral ou de regimes especiais de segurança social e da presente lei;

f) Prestações por morte resultante de acidente de trabalho ou doença profissional, por aplicação dos regimes jurídicos respectivos e da presente lei;

g) Pensão de preço de sangue e por serviços excepcionais e relevantes prestados ao País, por aplicação dos regimes jurídicos respectivos e da presente lei.

2 – Nenhuma norma da presente lei prejudica a aplicação de qualquer outra disposição legal ou regulamentar em vigor tendente à protecção jurídica de uniões de facto ou de situações de economia comum.

3 – Ressalvado o disposto no artigo 7.º da presente lei, e no n.º 1 do artigo 6.º da Lei n.º 32/2006, de 26 de Julho, qualquer disposição em vigor tendente à atribuição de direitos ou benefícios fundados na união de facto é aplicável independentemente do sexo dos seus membros.

Alterado pela Lei n.º 23/2010, de 30/08.

ARTIGO 4.º
**Protecção da casa de morada da família
em caso de ruptura**

O disposto nos artigos 1105.º e 1793.º do Código Civil é aplicável, com as necessárias adaptações, em caso de ruptura da união de facto.

Alterado pela Lei n.º 23/2010, de 30/08.

ARTIGO 5.º
Protecção da casa de morada da família em caso de morte

1 – Em caso de morte do membro da união de facto proprietário da casa de morada da família e do respectivo recheio, o membro sobrevivo pode permanecer na casa, pelo prazo de cinco anos, como titular de um direito real de habitação e de um direito de uso do recheio.

2 – No caso de a união de facto ter começado há mais de cinco anos antes da morte, os direitos previstos no número anterior são conferidos por tempo igual ao da duração da união.

3 – Se os membros da união de facto eram comproprietários da casa de morada da família e do respectivo recheio, o sobrevivo tem os direitos previstos nos números anteriores, em exclusivo.

4 – Excepcionalmente, e por motivos de equidade, o tribunal pode prorrogar os prazos previstos nos números anteriores considerando, designadamente, cuidados dispensados pelo membro sobrevivo à pessoa do falecido ou a familiares deste, e a especial carência em que o membro sobrevivo se encontre, por qualquer causa.

5 Os direitos previstos nos números anteriores caducam se o interessado não habitar a casa por mais de um ano, salvo se a falta de habitação for devida a motivo de força maior.

6 – O direito real de habitação previsto no n.º 1 não é conferido ao membro sobrevivo se este tiver casa própria na área do respectivo concelho da casa de morada da família; no caso das áreas dos concelhos de Lisboa ou do Porto incluem--se os concelhos limítrofes.

7 – Esgotado o prazo em que beneficiou do direito de habitação, o membro sobrevivo tem o direito de permanecer no imóvel na qualidade de arrendatário, nas condições gerais do mercado, e tem direito a permanecer no local até à celebração do respectivo contrato, salvo se os proprietários satisfizerem os requisitos legalmente estabelecidos para a denúncia do contrato de arrendamento para habitação, pelos senhorios, com as devidas adaptações.

8 – No caso previsto no número anterior, na falta de acordo sobre as condições do contrato, o tribunal pode fixá-las, ouvidos os interessados.

9 – O membro sobrevivo tem direito de preferência em caso de alienação do imóvel, durante o tempo em que o habitar a qualquer título.

10 – Em caso de morte do membro da união de facto arrendatário da casa de morada da família, o membro sobrevivo beneficia da protecção prevista no artigo 1106.º do Código Civil.

Alterado pela Lei n.º 23/2010, de 30/08.

ARTIGO 6.º
Regime de acesso às prestações por morte

1 – O membro sobrevivo da união de facto beneficia dos direitos previstos nas alíneas e), f) e g) do artigo 3.º, independentemente da necessidade de alimentos.

2 – A entidade responsável pelo pagamento das prestações previstas nas alíneas e), f) e g) do artigo 3.º, quando entenda que existem fundadas dúvidas sobre a existência da união de facto, deve promover a competente acção judicial com vista à sua comprovação.

3 – Exceptuam-se do previsto no n.º 2 as situações em que a união de facto tenha durado pelo menos dois anos após o decurso do prazo estipulado no n.º 2 do artigo 1.º

Alterado pela Lei n.º 23/2010, de 30/08.

ARTIGO 7.º
Adopção

Nos termos do actual regime de adopção, constante do livro IV, título IV, do Código Civil, é reconhecido às pessoas de sexo diferente que vivam em união de facto nos termos da presente lei o direito de adopção em condições análogas às previstas no artigo 1979.º do Código Civil, sem prejuízo das disposições legais respeitantes à adopção por pessoas não casadas.

ARTIGO 8.º
Dissolução da união de facto

1 – A união de facto dissolve-se:

a) Com o falecimento de um dos membros;

b) Por vontade de um dos seus membros;

c) Com o casamento de um dos membros.

2 – A dissolução prevista na alínea b) do número anterior apenas tem de ser judicialmente declarada quando se pretendam fazer valer direitos que dependam dela.

3 – A declaração judicial de dissolução da união de facto deve ser proferida na acção mediante a qual o interessado pretende exercer direitos dependentes da dissolução da união de facto, ou em acção que siga o regime processual das acções de estado.

Alterado pela Lei n.º 23/2010, de 30/08.

ARTIGO 9.º
Regulamentação

O Governo publicará no prazo de 90 dias os diplomas regulamentares das normas da presente lei que de tal careçam.

ARTIGO 10.º
Revogação

É revogada a Lei n.º 135/99, de 28 de Agosto.

ARTIGO 11.º
Entrada em vigor

Os preceitos da presente lei com repercussão orçamental produzem efeitos com a lei do Orçamento do Estado posterior à sua entrada em vigor.

Aprovada em 15 de Março de 2001.

O Presidente da Assembleia da República, *António de Almeida Santos.*

Promulgada em 20 de Abril de 2001.

Publique-se.

O Presidente da República, Jorge Sampaio.

Referendada em 26 de Abril de 2001.

O Primeiro-Ministro, em exercício, *Jaime José Matos da Gama.*

LEI N.º 9/2010, DE 31 DE MAIO

PERMITE O CASAMENTO CIVIL ENTRE PESSOAS DO MESMO SEXO

A Assembleia da República decreta, nos termos da alínea c) do artigo 161.º da Constituição, o seguinte:

ARTIGO 1.º
Objecto
A presente lei permite o casamento civil entre pessoas do mesmo sexo.

ARTIGO 2.º
Alterações ao regime do casamento
Os artigos 1577.º, 1591.º e 1690.º do Código Civil passam a ter a seguinte redacção:

«ARTIGO 1577.º
[...]
Casamento é o contrato celebrado entre duas pessoas que pretendem constituir família mediante uma plena comunhão de vida, nos termos das disposições deste Código.

ARTIGO 1591.º
[...]
O contrato pelo qual, a título de esponsais, desposórios ou qualquer outro, duas pessoas se comprometem a contrair matrimónio não dá direito a exigir a celebração do casamento, nem a reclamar, na falta de cumprimento, outras indemnizações que não sejam as previstas no artigo 1594.º, mesmo quando resultantes de cláusula penal.

GUIA DE PROCEDIMENTOS DO PROCESSO DE PROMOÇÃO E PROTECÇÃO

ARTIGO 1690.º

[...]

1 Qualquer dos cônjuges tem legitimidade para contrair dívidas sem o consentimento do outro.

2 ...»

ARTIGO 3.º

Adopção

1 – As alterações introduzidas pela presente lei não implicam a admissibilidade legal da adopção, em qualquer das suas modalidades, por pessoas casadas com cônjuge do mesmo sexo.

2 – Nenhuma disposição legal em matéria de adopção pode ser interpretada em sentido contrário ao disposto no número anterior.

ARTIGO 4.º

Norma revogatória

É revogada a alínea e) do artigo 1628.º do Código Civil.

ARTIGO 5.º

Disposição final

Todas as disposições legais relativas ao casamento e seus efeitos devem ser interpretadas à luz da presente lei, independentemente do género dos cônjuges, sem prejuízo do disposto no artigo 3.º

Aprovada em 11 de Fevereiro de 2010.

O Presidente da Assembleia da República, *Jaime Gama.*

Promulgada em 17 de Maio de 2010.

Publique-se.

O Presidente da República, Aníbal Cavaco Silva.

Referendada em 18 de Maio de 2010.

O Primeiro-Ministro, *José Sócrates Carvalho Pinto de Sousa.*

LEI N.º 113/2009, DE 17 DE SETEMBRO

ESTABELECE MEDIDAS DE PROTECÇÃO DE MENORES, EM CUMPRIMENTO DO ARTIGO 5.º DA CONVENÇÃO DO CONSELHO DA EUROPA CONTRA A EXPLORAÇÃO SEXUAL E O ABUSO SEXUAL DE CRIANÇAS, E PROCEDE À SEGUNDA ALTERAÇÃO À LEI N.º 57/98, DE 18 DE AGOSTO

A Assembleia da República decreta, nos termos da alínea c) do artigo 161.º da Constituição, o seguinte:

ARTIGO 1.º
Objecto

A presente lei estabelece medidas de protecção de menores em cumprimento do artigo 5.º da Convenção do Conselho da Europa contra a Exploração Sexual e o Abuso Sexual de Crianças.

ARTIGO 2.º
Aferição de idoneidade no acesso a funções que envolvam contacto regular com menores

1 – No recrutamento para profissões, empregos, funções ou actividades, públicas ou privadas, ainda que não remuneradas, cujo exercício envolva contacto regular com menores, a entidade recrutadora está obrigada a pedir ao candidato a apresentação de certificado de registo criminal e a ponderar a informação constante do certificado na aferição da idoneidade do candidato para o exercício das funções.

2 – No requerimento do certificado, o requerente especifica obrigatoriamente o fim a que aquele se destina, indicando a profissão, emprego, função ou actividade a exercer e indicando ainda que o seu exercício envolve contacto regular com menores.

GUIA DE PROCEDIMENTOS DO PROCESSO DE PROMOÇÃO E PROTECÇÃO

3 – O certificado requerido por particulares para o fim previsto no n.º 1 tem a menção de que se destina a situação de exercício de funções que envolvam contacto regular com menores e deve conter, para além da informação prevista no artigo 11.º da Lei n.º 57/98, de 18 de Agosto:

a) As condenações por crime previsto no artigo 152.º, no artigo 152.º-A ou no capítulo v do título i do livro ii do Código Penal;

b) As decisões que apliquem penas acessórias nos termos dos artigos 152.º e 179.º do Código Penal ou medidas de segurança que interditem a actividade;

c) As decisões que sejam consequência, complemento ou execução das indicadas nas alíneas anteriores e não tenham como efeito o cancelamento do registo.

4 – Ao certificado requerido por particulares para o fim previsto no n.º 1 não é aplicável o disposto na alínea e) do n.º 2 do artigo 12.º da Lei n.º 57/98, de 18 de Agosto.

5 – No certificado requerido por particulares para o fim previsto no n.º 1 constam também as decisões proferidas por tribunais estrangeiros, equivalentes às previstas nas alíneas do n.º 3.

6 – O disposto no n.º 1 não prejudica a obrigatoriedade do cumprimento de proibições ou inibições decorrentes da aplicação de uma pena acessória ou de uma medida de segurança, cuja violação é punida nos termos do artigo 353.º do Código Penal.

7 – O não cumprimento do disposto no n.º 1 por parte da entidade recrutadora constitui contra-ordenação, punida com coima cujos limites mínimo e máximo são os previstos no artigo 17.º do regime que institui o ilícito de mera ordenação social e respectivo processo, aprovado pelo Decreto-Lei n.º 433/82, de 27 de Outubro, podendo também ser aplicadas as sanções acessórias previstas nas alíneas b), c), e), f) e g) do n.º 1 do artigo 21.º, verificados os pressupostos previstos no artigo 21.º-A do mesmo diploma.

8 – A negligência é punível.

9 – A instrução dos processos de contra-ordenação e a aplicação das coimas e sanções acessórias competem às entidades administrativas competentes para a fiscalização das correspondentes actividades, aplicando-se subsidiariamente o artigo 34.º do regime que institui o ilícito de mera ordenação social e respectivo processo.

10 – O produto das coimas reverte para o serviço que as tiver aplicado e para o Estado, nas percentagens de 40 % e 60 %, respectivamente.

11 – A entidade recrutadora deve assegurar a confidencialidade da informação de que tenha conhecimento através da consulta do certificado do registo criminal.

ARTIGO 3.º

Aferição de idoneidade na tomada de decisões de confiança de menores

1 – As autoridades judiciárias que, nos termos da lei, devam decidir sobre a adopção, tutela, curatela, acolhimento familiar, apadrinhamento civil, entrega, guarda ou confiança de menores ou regulação do exercício das responsabilidades parentais acedem à informação sobre identificação criminal das pessoas a quem o menor possa ser confiado, como elemento da tomada da decisão, nomeadamente para aferição da sua idoneidade.

2 – As autoridades judiciárias podem ainda aceder à informação sobre identificação criminal das pessoas que coabitem com as referidas no número anterior.

3 – A informação referida nos números anteriores abrange o teor integral do registo criminal, salvo a informação definitivamente cancelada, e pode ser obtida por acesso directo, nos termos do artigo 14.º da Lei n.º 57/98, de 18 de Agosto.

4 – Tratando-se de procedimento não judicial, a Comissão de Protecção de Crianças e Jovens, ou a entidade que for competente, solicita informação ao Ministério Público, que pode proceder de acordo com o n.º 1.

5 – As entidades que acedam a informação constante do registo criminal nos termos do presente artigo asseguram a sua reserva, salvo no que seja indispensável à tramitação e decisão dos respectivos procedimentos.

ARTIGO 4.º

Identificação criminal

1 – Tratando-se de condenação por crime previsto no capítulo V do título I do livro II do Código Penal, o cancelamento definitivo previsto na alínea a) do n.º 1 do artigo 15.º da Lei n.º 57/98, de 18 de Agosto, ocorre decorridos 23 anos sobre a extinção da pena, principal ou de substituição, ou da medida de segurança, e desde que, entretanto, não tenha ocorrido nova condenação por crime.

2 – Sem prejuízo do disposto no número anterior, mantêm-se os critérios e prazos estabelecidos na alínea a) do n.º 1 do artigo 15.º da Lei n.º 57/98, de 18 de Agosto, exclusivamente para efeito da interrupção prevista na parte final dessa alínea.

3 – Sem prejuízo do disposto no n.º 2 do artigo 11.º da Lei n.º 57/98, de 18 de Agosto, o Tribunal de Execução das Penas pode determinar, a pedido do titular, a não transcrição, em certificado de registo criminal requerido para os fins previstos no artigo 1.º da presente lei, de condenações previstas no número anterior, desde que já tenha sido extinta a pena principal e a pena acessória eventualmente aplicada, quando seja fundadamente de esperar que o titular conduzirá a sua vida sem voltar a cometer crimes da mesma espécie, sendo sensivelmente diminuto o perigo para a segurança e bem estar de menores que poderia decorrer do exercício da profissão, emprego, função ou actividade a exercer.

GUIA DE PROCEDIMENTOS DO PROCESSO DE PROMOÇÃO E PROTECÇÃO

4 – A decisão referida no número anterior é sempre precedida de realização de perícia de carácter psiquiátrico, com intervenção de três especialistas, com vista a aferir a reabilitação do requerente.

ARTIGO 5.º

Alteração à Lei n.º 57/98, de 18 de Agosto

O artigo 7.º da Lei n.º 57/98, de 18 de Agosto, passa a ter a seguinte redacção:

«ARTIGO 7.º

[...]

Podem ainda aceder à informação sobre identificação criminal:

a) Os magistrados judiciais e do Ministério Público para fins de investigação criminal, de instrução de processos criminais, de execução de penas e de decisão sobre adopção, tutela, curatela, acolhimento familiar, apadrinhamento civil, entrega, guarda ou confiança de menores ou regulação do exercício das responsabilidades parentais;

b) ...

c) ...

d) ...

e) ...

f) ...

g) ...

h) ...

i) ...»

Aprovada em 23 de Julho de 2009.

O Presidente da Assembleia da República, *Jaime Gama.*

Promulgada em 28 de Agosto de 2009.

Publique-se.

O Presidente da República, ANÍBAL CAVACO SILVA.

Referendada em 31 de Agosto de 2009.

O Primeiro-Ministro, *José Sócrates Carvalho Pinto de Sousa.*

ÍNDICE

PREFÁCIO DA 1.ª EDIÇÃO   7

LEI DE PROMOÇÃO E PROTECÇÃO DE CRIANÇAS E JOVENS EM RISCO

1. Noções gerais	11
1.1. Âmbito de aplicação da lei	11
1.1.1. Crianças e Jovens	11
1.1.2. Que se encontrem numa situação de perigo	11
1.1.3. Aplica-se a todas as crianças ou jovens	12
1.2. Objecto da lei	12
1.3. Intervenção	13
1.3.1. Quando deve ocorrer .	13
1.3.1.1. Agente causador do perigo	13
1.3.1.2. O que é colocado em perigo	13
1.3.1.3. Origem do perigo	13
1.3.1.4. Posição dos pais, representante legal ou quem tenha a guarda de facto da criança ou do jovem	13
1.3.2. Princípios a que deve obedecer a intervenção	14
1.3.3. Legitimidade para a Intervenção	14
1.3.3.1. Entidades com competência em matéria de infância e juventude	15
1.3.3.2. Comissões de protecção de crianças e jovens (CPCJ)	15
I) Natureza da CPCJ	15
II) Colaboração com a CPCJ	15
III) Apoio logístico à CPCJ	15
IV) Composição, Competência e Funcionamento	16

V) Acompanhamento, Apoio e Avaliação	16
VI) Auditoria e Inspecção	16
VII) Controle das decisões	16
1.3.3.3. Tribunais	17

2. Entidades com Competência em Matéria de Infância e Juventude — 17
  2.1. Noção — 17
  2.2. Modo de actuação — 17
    2.2.1. Pressupostos para a intervenção — 18
    2.2.2. Aplicação de medidas de promoção e protecção — 18
  2.3. Dever de comunicação obrigatória — 18

3. Comissão de Protecção de Crianças e Jovens (CPCJ) — 19
  3.1. Denúncia — 19
    3.1.1. Obrigatória — 19
    3.1.2. Facultativa — 19
  3.2. Iniciativa de intervenção — 19
    3.2.1. A solicitação de terceiro — 19
    3.2.2. Por iniciativa própria — 20
    3.2.3. Após comunicação de outra entidade — 20

4. O processo, na CPCJ — 20
  4.1. Inicio do processo — 20
    4.1.1. Abertura do processo — 20
    Regras gerais de aplicação aos processos na CPCJ — 20
    4.1.2. Distribuição a um técnico — 22
    4.1.3. Actuação do técnico — 22
      4.1.3.1. Critérios de actuação do técnico — 23
      4.1.3.2. Diligências — 23
      4.1.3.3. Dever de Informação — 24
      4.1.3.4. Tomada de declarações — 24
      4.1.3.5. Consentimento e não oposição — 25
      4.1.3.6. Elaboração de um relatório ou uma informação social — 25
    4.1.4. Distribuição do relatório — 26
    4.1.5. Agendamento do processo para reunião da Comissão Restrita (CR) — 26
    4.1.6. Reunião da Comissão Restrita (CR) — 26
      4.1.6.1. Formalismo da reunião da CR — 26
      4.1.6.2. Conteúdo da reunião — 26
      4.1.6.3. Decisão — 27

5. Medidas de Promoção e Protecção	27
5.1. Generalidades	27
5.1.1. Conceito	27
5.1.2. Objectivo	27
5.1.3. Elenco das medidas	28
5.1.3.1. A executar no meio natural de vida	28
5.1.3.2. Medidas de colocação	28
5.1.4. Aplicação provisória de uma medida	28
5.1.5. O acompanhamento das medidas	28
5.2. Medida de Apoio junto dos pais	28
5.2.1. Noção	28
5.2.2. Complemento da medida	29
5.3. Medida de Apoio junto de outro familiar	29
5.3.1. Noção	29
5.3.2. Comunicação ao Ministério Público	30
5.3.3. Complemento da medida	30
5.3.4. A instauração de processo tutelar cível	30
5.4. Medida de Confiança a pessoa idónea	30
5.4.1. Noção	31
5.4.2. Comunicação ao Ministério Público	31
5.4.3. A instauração de processo tutelar cível	31
5.5. Medida de Apoio para a autonomia de vida	31
5.5.1. Noção	31
5.5.2. Âmbito de aplicação	32
5.5.3. Comunicação ao Ministério Público	32
5.5.4. Programas sociais para implementação da medida	32
5.6. Medida de Acolhimento Familiar	32
5.6.1. Noção	32
5.6.2. Regime de acolhimento familiar – DL 190/92, de 3/9	33
5.6.3. Requisitos da família de acolhimento – art.º 12 do DL 190/92	33
5.6.4. Tipos de família de acolhimento – art.º 47.º	33
5.6.5. Modalidades de acolhimento – art.º 48.º	33
5.6.6. Comunicação ao Ministério Público	33
5.7. Medida de Acolhimento em Instituição	34
5.7.1. Noção	34
5.7.2. Modalidades de acolhimento	34
5.7.3. Comunicação ao Ministério Público	34
5.7.4. Lares – DL 2/86, de 02/01	34
5.7.5. Instituições de acolhimento	34
5.7.5.1. Natureza	34

5.7.5.2. Funcionamento	34
5.7.5.3. Equipas técnicas	35
5.8. Medida de Confiança para adopção	35
5.8.1. Noção	35
5.8.2. A competência para a aplicação desta medida	35
5.8.3. Medida sem prazo	35
5.8.4. Revisão da medida	35
5.8.5. Aplicação das regras do art.º 167.º da OTM	36
5.8.6. Restrição às visitas	36
5.8.7. A reserva das identidades	36
6. Gestor de processo	36
6.1. Funções do gestor	36
7. Acordo de Promoção e Protecção	37
7.1. Noção	37
7.2. Âmbito	37
7.3. Forma	37
7.3.1. Requisitos Obrigatórios Gerais	37
– Requisitos Positivos	37
– Requisito Negativo	38
7.3.2. Requisitos Obrigatórios Específicos	38
7.3.3. Incumprimento do acordo	40
8. Aplicação e Execução da medida de promoção e protecção aplicada	40
8.1. Competência – Aplicação das medidas	40
8.2. Execução das medidas de promoção e protecção	40
8.2.1. Formas de execução das medidas de promoção e protecção	40
8.2.2. Competência para a execução das medidas	41
8.2.2.1. Regra Geral	41
– Processo na C.P.C.J.	41
– Processo no Tribunal	41
8.3. Duração das medidas	42
8.4. Revisão da medida	43
8.4.1. Em que pode consistir a revisão da medida	43
8.4.2. Competência	43
8.4.2.1. Na CPCJ	43
8.4.2.2. No Tribunal	43
8.4.3. Prazo	43
8.4.3.1. Regra Geral	43

8.4.4. Formalidades	44
8.4.5. Recorribilidade da decisão de revisão	44
8.4.6. Conteúdo da decisão de revisão	45
8.5. Cessação da medida	45
9. Procedimentos de Urgência	47
9.1. Conceito	47
9.2. Pressupostos	47
9.2.1. Objectivos	47
9.2.2. Subjectivos	47
a) Em sentido amplo	47
b) Em sentido restrito	47
9.3. Legitimidade para a intervenção	48
9.4. Modo de actuação	48
9.4.1. Primeiros procedimentos	48
9.4.2. ... e de imediato	48
9.4.3. Retirada da criança	48
9.4.4. Acção da autoridade policial	49
9.5. Comunicações	49
9.6. Processo Judicial de Urgência	49
9.6.1. Início do processo	49
9.6.2. Diligências	50
9.6.3. Decisão	50
9.6.4. Prosseguimento do processo	50
10. Os Tribunais	50
10.1. O Processo Judicial	50
10.1.1. Regras gerais	50
10.1.2. Competência territorial	53
10.2. Fases do processo	54
– Instrução	54
– Debate judicial	54
10.3. Início do processo	54
10.4. Despacho inicial	54
– Conteúdo OBRIGATÓRIO	54
– Conteúdo FACULTATIVO	55
10.5. Informação/relatório social	55
10.6. Outras diligências	56
– Por iniciativa do tribunal	56
– A requerimento das partes	56

10.7. Duração da instrução	56
10.8. Encerramento da instrução	56
10.8.1. Conteúdo	56
A – Parecer do MP	56
B – Despacho do Juiz	57
10.8.2. Arquivamento	57
10.8.3. Designação de data para conferência	57
10.8.4. Passagem à fase de debate judicial	58

11. Debate Judicial 58
    11.1. Início 58
    11.2. Tramitação 59
    11.3. Composição do tribunal 59
    11.4. O debate 60
        11.4.1. Princípios 60
        11.4.2. Documentação da prova 60
        11.4.3. Alegações 60
        11.4.4. Decisão 61
            a) Competência 61
            b) Conteúdo 61
            c) Leitura da decisão 62
            d) Recurso 62
            1 – Âmbito 62
            2 – Legitimidade 62
            3 – Tipo de recurso 63
            4 – Efeito do recurso 63

12. Execução, Revisão e Cessação da medida 63

PROCEDIMENTOS DE URGÊNCIA NA LEI 147/99, DE 1 DE SETEMBRO

1. Introdução 67

2. Garantias legislativas 68
    2.1. Plano Internacional 69
    2.2. Perspectiva interna 70

3. Lei 147/99, de 1 de Setembro 71
   3.1. Protecção constitucional 72
   3.2. Programas sociais 73

4. "Urgência" 74

5. Regime de intervenção – Art.º 91.º 75
   5.1. Pressupostos 76
      5.1.1. Objectivos 76
      5.1.1. a) Existência de um perigo 76
      5.1.1. b) Característica do perigo 78
      5.1.2. Subjectivos 79
      5.1.2. a) Pressupostos Subjectivos em sentido amplo 89
      5.1.2. b) Pressupostos Subjectivos, em sentido estrito 80
   5.2. Legitimidade para a intervenção 83
      5.2.1. Quem pode intervir? 83
      5.2.2. Coordenação de meios 84
      5.2.2. a) Retirada da criança 85
      5.2.2. b) Intervenção no interior da residência 87
      5.2.2. c) Contactabilidade 88
   5.3. Âmbito da intervenção 88
      5.3.1. Requisitos 88
         5.3.1.1. Legalidade 89
         5.3.1.1. a) Comparação com o Código de Processo Penal e a Lei de Saúde Mental 89
         5.3.1.1. b) Rapidez da intervenção 90
         5.3.1.1. c) Eficácia da intervenção 91
      5.3.2. Medidas adequadas 91
   5.4. Case Study 92

6. Regime processual – Art.º 92.º 95
   6.1. Comunicação ao MP 95
   6.2. Autuação 97
   6.3. Diligências 99
   6.4. Decisão 99
   6.5. Termos ulteriores 100
      6.5.1. Articulação com a CPCJ 101

7. Conclusões 102
8. Bibliografia 104

REGIME JURÍDICO DO APADRINHAMENTO CIVIL

1. Introdução	109
2. Conceitos	112
2.1. Definição de Apadrinhamento Civil	112
2.2. O "Afilhado"	114
2.2.1. Pressupostos objectivos	115
2.2.2. Pressupostos subjectivos	116
2.3. O "Padrinho"	117
2.3.1. Modalidades	117
2.3.2. Segundo apadrinhamento	118
3. Conteúdos	119
3.1. Da relação entre o Padrinho e Criança	119
3.1.1. Estabelecimento de vinculos afectivos	120
3.1.2. Exercício de poderes e deveres	120
3.1.3. Limites ao exercício dos padrinhos	121
3.1.4. Outros actos dos padrinhos	121
3.2. Da relação entre a criança e os seus pais	123
3.2.1. Direitos dos pais	124
3.2.2. Limites aos direitos dos pais	125
3.3. Da relação entre a criança e outras pessoas	125
3.4. Da relação entre padrinhos e pais e/ou outras pessoas	126
4. A relação de Apadrinhamento Civil	126
4.1. Legitimidade para a iniciativa	126
4.2. Processo de Designação dos padrinhos	127
4.2.1. Princípios aplicáveis	127
4.2.2. A designação	128
4.2.3. Habilitação dos padrinhos	129
4.2.3.1. Regras Gerais	129
4.2.3.2. Processo de Habilitação	130
4.2.3.2.1. Processo Comum	131
I – Candidatura	131
A – Quem tem legitimidade	131
B – Onde deve requerer	131
C – Como deve fazer	131
II – Apreciação liminar	131
III – Requisitos legais e factores de ponderação	132
IV – Elementos complementares	133
V – Decisão	133

4.2.3.2.2. Processo Especial de habilitação	134
I – Candidatura	134
A – Quem tem legitimidade	134
B – Onde deve requerer	134
C – Como deve fazer	134
II – Elementos complementares	135
III – Decisão	135
4.2.3.2.3. Listagem de padrinhos	135
4.2.3.2.4. Formação	135
4.3. Constituição da Relação de Apadrinhamento Civil	136
4.3.1. Como se constitui	136
4.3.2. Quando se constitui	136
4.3.3. Efeitos sobre o processo	136
4.3.4. Consentimento/parecer para o apadrinhamento civil	137
A – Consentimento Obrigatório	137
B – Consentimento não necessário	137
C – Dispensa do consentimento	138
D – Parecer	139
4.3.5. Requisitos formais da decisão ou acordo	137
4.3.5.1. Conteúdo	139
4.3.5.2. Assinatura	140
4.3.6. Competência territorial para a apreciação/decisão	141
5. Processo	141
5.1. A iniciativa surge na CPCJ, na SS ou na instituição por esta habilitada	142
5.1.1. O processo inicia-se com a formalização da iniciativa sobre um projecto de apadrinhamento civil apresentado junto da CPCJ ou ISS (ou instituição por esta habilitada) pelos pais, representante legal da criança ou pessoa que tenha a sua guarda de facto ou da criança maior de 12 anos	143
5.1.2. Se se entender que deve ser dispensado o consentimento	145
5.1.3. Se se entender que NÃO DEVE SER CONSTITUÍDO o apadrinhamento civil	146
5.2. O processo tem início a partir da iniciativa do MP	146
5.3. O processo tem inicio dentro do processo que já correr termos no tribunal (tutelar cível, PP ou tutela), por iniciativa de qualquer das pessoas referidas no artigo 10.º da LAC que aí dirige a sua pretensão	147
5.4. O processo tem início dentro do processo que já correr termos no tribunal (tutelar cível, PP ou tutela), oficiosamente	147
5.5. Características do processo, na fase judicial	147

6. Efeitos da constituição do AC	148
6.1. Apoio ao apadrinhamento civil	148
6.1.1. Objectivos do apoio	148
6.1.2. Competência para a execução do apoio	148
6.1.3. Duração do apoio	148
6.2. Direito a alimentos	148
6.3. Impedimento matrimonial e dispensa	149
6.4. Outros Direitos	149
6.4.1. Direitos comuns a padrinhos e afilhados	149
6.4.2. Direitos exclusivos para os padrinhos	149
6.4.3. Direitos reservados só aos afilhados	150
7. Duração	150
8. Revogação	150
8.1. Legitimidade para tomar a iniciativa da revogação	150
8.2. Quando pode ocorrer	150
8.3. Quem decide a revogação	151
8.4. Processo de revogação	151
8.4.1. Tramitação	151
8.4.2. Registo civil	151
8.4.3. Tramitação electrónica	152
8.4.4. Serviços complementares	152
8.5. Efeitos da Revogação	152

NOVO REGIME DO EXERCÍCIO DAS RESPONSABILIDADES PARENTAIS

Lei 61/2008, de 31 de outubro (algumas notas)	155

MODELOS DE PEÇAS PROCESSUAIS

1. Requerimento para abertura de processo judicial	173
2. Requerimento para abertura de processo URGENTE	175
3. Regulação do exercício do poder paternal	176
4. Limitação do exercício do poder paternal, por apenso ao processo de promoção e protecção	177
5. Entrega judicial de menor	179
6. Inibição do exercício do poder paternal	180

7. Tutela 182
8. Confiança Judicial 185
9. Consentimento Prévio para adopção 188

ANEXO

Lista de instituições de acolhimento 191

LEGISLAÇÃO

OTM
Decreto-Lei n.º 314/78, de 27 de Outubro 199
LEI DE PROTECÇÃO DE CRIANÇAS E JOVENS EM PERIGO
Lei 147/99, de 01/09 225
REGULAMENTO da LPCJP
Decreto-Lei n.º 332-B/2000, de 30 de Dezembro 265
Decreto-Lei n.º 11/2008, de 17 de Janeiro 269
Decreto-Lei n.º 12/2008, de 17 de Janeiro 289
ADOPÇÃO
Decreto-Lei nº 120/98, de 8 de Maio de 1998 309
Proposta de Lei n.º 253/X – Aprovada pela Assembleia da República em Maio
de 2009, a Lei do Apadrinhamento Civil 325
Lei n.º 103/2009, de 11 de Setembro
Regime jurídico do apadrinhamento civil 345
Decreto-Lei n.º 121/2010, de 27 de Outubro
Regulamentação do regime jurídico do apadrinhamento civil 357
Lei n.º 7/2001, de 11 de Maio
Adopta medidas de protecção das uniões de facto 365
Lei n.º 9/2010, de 31 de Maio
Permite o casamento civil entre pessoas do mesmo sexo 371
Lei n.º 113/2009, de 17 de Setembro
Estabelece medidas de protecção de menores, em cumprimento do artigo 5.º
da Convenção do Conselho da Europa contra a Exploração Sexual e o Abuso
Sexual de Crianças, e procede à segunda alteração à Lei n.º 57/98, de
18 de Agosto 373